KB216771

신자들의 교회

급진적 프로테스탄티즘의 역사와 특성

도널드 F. 던바
최정인 옮김

신자들의 교회

지은이 도널드F. 던바 Donald F. Durnbaugh
옮긴이 최 정 인
초판발행 2015년 5월 13일
개정판1쇄 2019년 7월 19일

펴낸이 배용하
책임편집 배용하
등록 제364-2008-000013호
펴낸 곳 도서출판 대장간
www.daejanggan.org
등록한 곳 충청남도 논산시 가야곡면 매죽헌로1176번길 8-54

분류 교회사 | 신자들의 교회
편집부 전화 (041) 742-1424
영업부 전화 (041) 742-1424 · 전송 0303-0959-1424
ISBN 978-89-7071-340-3 03230

값 20,000원

목회자이며 예언자인 M. R. 지글러에게 바침

차례

제3부 신자들의 교회의 특성

The Believers' Church

The History and Character of Radical Protestantism

역자 서문

AD 30년 오순절에 탄생한 교회는 믿는 사람들, 즉 신자들로 구성되었다. 사도행전 2:41-47 예수 그리스도를 구주와 주님으로 고백한 신자들이 교회의 적합한 구성원이었던 것은 313년 로마제국 황제 콘스탄티누스에 의해 그리스도교가 합법적인 종교의 하나로 인정될 때까지였다. 그 이후로 교회는 신자와 불신자가 함께 구성원이 되었다. 참 신자와 거짓 신자에 대한 구분은 교회에 의해서가 아니라, 각 구성원이 하나님 앞에 서서 최후의 심판을 받을 때 드러나는 것이었다.

던바 박사는 이러한 초대교회가 가진 신자들의 교회 전통을 회복하기 시작한 중세중기 왈도파부터 시작하여 오늘날에 이르기까지 이 전통에 속하는 교회들의 역사와 특성을 이 책에 담았다. 신자들의 교회와 대비되는 교회는 국가교회, 영토교회, 교구교회이다. 그리스도교 역사에서 이렇게 신자들의 교회와 대비되는 교회는 구교전통에서 로마 가톨릭교회와 동방정교회, 그리고 신교전통에서 루터교회, 개혁교회, 영국성공회 등이다.

오늘날 자신이 어느 전통에 속해 있든지 간에, 중세 중기 이후 신자들의 교회 역사와 특성을 담은 이 책을 읽고, 통찰력을 얻는 것은 매우 유익하다. 신자들의 교회 전통에 서 있는 신자는 자신이 속한 신앙 전통의 큰 물줄기를 볼 수 있다. 영토교회 전통에 서 있는 신자는 신자들의 교회 전통에 서 있는 신앙에서 배울 수 있는 것이 무엇이며, 그들로부터 자신이 속한 교회에 들어온 주요한 신앙 원리가 무엇인지 파악할 수 있을 것이다.

특별히 그리스도교가 여러 방면에서 어려움을 겪고 있는 요즈음, 이 책의 각 장을 채우고 있는 주인공들과 그들이 추구하였던 신앙과 신학, 삶과 투쟁은 교회가 나아가야 할 방향을 제시한다. 비록 던바의 이 책이 세상에 등장하고 40여 년 이상 흐른 후 한국어로 번역 소개되며, 던바가 우리에게 거의 알려지지 않은 저자임에도 이 책이 지니는 가치는 결코 떨어지지 않는다.

독자 혼자 이 책을 읽을 수도 있겠지만, 독서모임이나 그룹에서 함께 읽고 느낀 점을 나누면 더욱 좋을 것이다. 신학대학원에서 독서 교재나 참고도서로 사용할 수도 있다. 목회자와 평신도 지도자를 위해서도 추천할 만하다. 이 책은 경건서적은 아니다. 그러나 이 책 각 페이지마다 흥미진진한 그리스도교 신자들의 이야기가 펼쳐진다.

이 책을 번역하는 과정에서 도움을 주신 많은 분들이 있다. 무엇보다도 먼저 페이스북에 개설된 번역이네 집 박규태 운영책임자와 많은 회원에게 감사를 표한다. 역자는 번역에 어려움을 겪을 때마다 이곳에 들어와 말로 다 할 수 없는 도움을 얻었다. 그런 면에서 이 책은 많은 이들의 숨결이 들어간 공역이라고 할 수 있다. 역자에게 번역의 길을 열어 주고, 또 던바가 한국에 소개되도록 꾸준히 격려한 한국아나뱁티스트협의회 김복기 목사님, 그리고 대장간 배용하 대표님께도 심심한 감사를 드린다.

저자가 서구 전통에서 당연히 상식으로 알 수 있을 것이라고 생각하여 독자에게 특별한 설명을 하지 않은 많은 개념을 역자가 간략하게 설명하고 역주로 표시하였다. 이러한 역자의 노파심이 이해를 돕는 것이 되기를 바란다. 아무쪼록 이 책을 통하여 단 한 사람이라도 주님을 사랑하고, 교회를 사랑하고, 이웃을 사랑함에 있어서 변화를 체험하게 된다면, 역자로서 지난 10여 개월 동안 땀을 쏟은 것이 결코 무익하지 않으리라.

2015년 4월

최정인 | 미국 루이지애나 주 배톤루지에서

초판 서문

"신자들의 교회"Believers' Church라는 용어는 일부 사람을 불쾌하게 만든다. 그들에게 이 용어는 분파정신과 자기만족 냄새를 피운다. 이 용어는 그 개념에 동조하지 않는 모든 사람을 불신자 진영으로 분류하는 듯하다. 다른 이들은 그 교회가 마치 사교 클럽처럼 그 안에 소속되어 있는 모든 개인의 소유라고 주장하는 것과 같은 암시를 받는다.

이러한 비난에 대하여 여러 가지로 응답할 수 있다. 무엇보다 보통 사용하는 다른 여러 교파 이름도 어느 정도는 주제넘은 용어라는 점인데, 그 예를 들자면 "정통"Orthodox, "보편"Catholic, "개혁"Reformed 같은 것이다. 또한, 이 책에서 이 이름 아래 논의된 여러 그리스도교 운동에 참여한 이들은 자신들이야말로 진정한 신자라고 주장했다는 점이다. 즉, 그들은 은연 중에 혹은 좀 더 많은 때에는 숨김없이, 다른 이들은 어떤 의미에서는 진정한 신자가 아니라고 선언해야만 했다. 그러므로 용어가 가지는 개념의 한계를 명확하게 구분하여 사용해야 역사를 바르게 서술할 수 있다. 이 용어를 사용해야 하는 가장 중요한 이유는 이 용어보다 더 나은 것으로 추천될 것이 없다는 점이다. 여기서 논의 할 그리스도교 역사에서의 그 갈래에 유용한 호칭으로 "자유교회"Free Church라는 용어를 사용할 수도 있지만, 이 용어 사용은 중대한 난점을 많이 야기한다. 이 문제를 토론하기 위하여 서론에서 상당한 분량을 할애하였다.

"신자들의 교회"라는 용어를 새롭게 만들어낸 이는 막스 베버Max Weber였다. 그는 개신교 윤리를 다루며, 새 시대를 연 저술에서 아나뱁티스트와 퀘이커 신자를 기술하면서 이 용어를 사용했다. 베버는 이러한 집단이 지상

교회를 "의인과 악인 양쪽을 반드시 포함할 수밖에 없는 기관으로서, 사후 종말을 대비하는 참된 토대 중" 한 종류로 보는 것을 거부하면서, "거듭남을 체험한 신자, 오직 그들로만 구성된 공동체"를 추구했다고 주장했다.[1)]

두 학술모임이 그들 연구 핵심으로서 이 표현을 사용하였다. 첫 번째 모임은 1955년 8월 23일부터 25일까지 "메노나이트교회일반총회" General Conference Mennonite Church 주최로 열린 "신자들의 교회 학술회의" Study Conference on the Believers' Church였다.[2)] 두 번째 모임은 1967년 6월 26일부터 30일까지 열렸던 "신자들의 교회 개념에 대한 학회" Conference on the Concept of the Believers' Church였다. 후자 학회에 일곱 개의 서로 다른 교파 구성원으로부터 모인 약 150여 참석자는 "역사 속에서, 그리고 우리 현재 사귐 속에서 공통되며 성경에 기초한 하나의 유산을 발견하였는데, 그 유산은 이 시대 삶을 위하여서도 유용하며 또한 여러 다른 전통을 따르는 교회 안에서도 발전하고 있음을 발견하였다"는 최종 결의를 채택하였다. 그들은 이 전통에는 다음 특징이 포함되어 있다는 점에 합의하였다: "그리스도가 주이심, 말씀의 권위, 성령에 의해서 다시 태어난 이들만이 가지는 교회 회원권, 신자 상호계약, 교회 회복에의 계속되는 필요성, 세상으로부터의 불가피한 분리, 세상을 향한 선포와 봉사, 그리고 그리스도인 연합에 대한 특별한 개

---

1) Max Weber, 『개신교 윤리와 자본주의 정신』 *The Protestant Ethic and the Spirit of Capitalism*, trans. T. Paraons (New York: Charles Scribner's Sons, 1958), pp. 144–145. [역서: 막스 베버, 『프로테스탄티즘의 윤리와 자본주의 정신』, 박성수 옮김 (서울: 문예출판사, 1996). 원제는 *Die protestantische Ethik und der 'Geist' des Kapitalismus*이며, 원서 출판 연도는 1905년이다.–역주]

2) 이 학술모임에 대한 보고서를 원한다면, 『신자들 교회 학술회의 의사록』 *Proceedings of the Study Conference on the Believers' Church* (Newton, Kan.: Mennonite Press, 1955), 246 이하를 보라.

념."[3]

이 책은 두 주요 선행연구서를 가지고 있으며, 이 두 권의 도움을 받았다. 첫 번째 선행연구서인 프랭클린 H. 라이텔Franklin H. Littell 의 『자유교회』*The Free Church*[4]는 자유교회 개념의 원천이라고 주장되는 좌익 종교개혁의 여러 관심사가 현대 개신교에게 매우 중요하다는 점에 대한 예리하고도 도발할 만한 도전을 다루었다. 두 번째 선행연구서인 스웨덴 학자 구나르 웨스틴 Gunnar Westin 의 『모든 시대에 있었던 자유교회』*The Free Church Through the Ages*[5]는 매우 주의 깊고 공평무사한 역사 연구서로서, 주제별 토의는 전혀 다루지 않는다.

이 책은 라이텔의 저서에서 다룬 주제연구와 웨스틴의 저서에서 다룬 서사서술의 중간 길을 지향한다. 이 방법은 백과사전처럼 모든 주제를 다루는 것은 피하면서도 적절한 역사 정보를 제공해야만 하며, 동시에 분명하게 진술되어야할 가장 중요한 주제를 고려하는 것이다.

이 책의 연구 범위를 규정하고자 하는 관점을 가지고, 이전부터 접근해왔던 여러 방식을 살펴보는 서론에 이어, 제1부에서는 여러 신자들의 교회를

---

3) 원래 침례교와 메노나이트 교회 지도자는 이와 흡사한 모습의 모임을 1964년 8월에 가지려고 구상했었으나, 이 계획은 실현되지 못했다. 켄터키 주 루이빌에 있는 남침례신학대학원(Southern Baptist Theological Seminary)은 초교파협력계획위원회를 통하여 이 학술회의를 후원하였다. 첫 번째 보고서는 *Watchman-Examiner*, LV (August 10, 1967), 383-389에 기술되었다. 또 Maynard Shelly, "'신자들 교회'에 대한 숙고" (Deliberations on the 'Believers' Church'), *Christian Century,* August 23, 1967, 1077-1080을 보라. 이 학술회의에서 발표된 여러 논문과 이에 대한 응답으로 쓰인 여러 논문은 곧 출간될 것이다.

4) Boston: Starr King Press, 1957.

5) Virgil A. Olson, trans., (Nashville: Broadman Press, 1958), 초판은 1954년에, 독일어판은 1956년에 나왔다.

선별하여 서술할 것이다. 채택된 여러 교회는 이 책에서 제외된 다른 많은 교회보다 더 대표성을 가지고 있다고 생각되며, 이들 교회는 역사 진행 과정에서 형성되었던 다양한 형태를 가진 신자들의 교회에 관한 공정한 실상을 제공할 것이다. 다루는 연대 범위는 중세 후기부터 현재까지이다. 개개 신자들의 교회가 형성되던 시기를 강조한 여러 장의 설명은 이미 확립된 연구 결과에 온전히 의존했으며, 저자는 새로운 분석을 거의 하지 않았다. 일차 사료에서 인용한 자료는 이 운동의 진수를 이해하는 데 도움을 줄 것이다. 그 후에 제2부에서 신자들의 교회가 가지는 주요한 강조점과 전체를 아우르는 특성을 묘사할 것이다.

재판 서문

새롭게 태어난 『신자들의 교회』. 맥밀란 출판사Macmillan Company에 의해서 1968년에 양장판으로, 그리고 1970년에 보급판으로 처음 출간된 이 책이 다른 출판사의 요청에 의해 다시 모습을 드러내게 되었다. 저자로서 나는 두 가지 이유로 이 책이 재판되는 것에 만족한다. 첫째로, 그것은 이 분야에 대한 관심이 계속된다는 것을 의미한다. 둘째로, 많은 학교 교수는 그들 학생이 이 책을 사용할 수 있도록 이 책 인쇄본을 다시 확보할 수 있게 될 것이다. 내가 알기로는, 25개 정도 단과대학, 종합대학교, 그리고 신학대학원에서 『신자들의 교회』를 읽기 교과서로 지정하여 사용하고 있다. 이 학교 중 절반 정도는 이 주제를 중심으로 하는 과목을 개설하였다.

이 책을 통하여 알게 된 친구 중 일부는 1968년 이후에 출판된 이 주제와 연관되는 엄청난 양에 달하는 단행본과 논문 결과를 반영하여 이 책 전체를 다시 고쳐서 저술해 보라고 나에게 제안하였다. 그 작업을 통하여 이 책 안에서 연대순으로 서술한 교회 개혁과 회복을 향해 되풀이하여 일어나는 강조에 관하여 좀 더 최근에 발견된 자료를 추가함으로써, 이 이야기를 좀 더 새롭게 할 수 있을 것이다. 예를 들자면, 개정 작업은 라틴아메리카에서 일어나고 있는 혁신을 이루는 공동체 운동 발전을 포함할 수 있을 것이다.

그러나 그러한 주요한 개정 작업은 이 재판에서는 가능하지 않았다. 이 책은 크게 보면 초판 모습 그대로 편집되었다. 고친 부분은 내가 발견한 십여 개 이상 작은 실수나 부적절한 것뿐이다. 그래서 독자는 초판이 나온 연대에 유념해야 할 것이며, 그래야 최근 이 분야에 대한 기록을 찾아볼 수 없는 것에 대하여 실망하지 않게 될 것이다.

여러 비평가는 초판의 공헌도와 학문성에 있어서 완성도를 평가함에 대단히 친절하였다. 나는 새롭게 태어난 이 책을 통해 새로운 독자층을 만날 수 있고, 그래서 이 책 곳곳에서 기술된 많은 그리스도교 운동을 시작한 이들과 그 구성원이 그렇게도 갈망하였던 교회 갱신이 이루어지는 증언이 계속 이루어질 수 있기 바란다.

도널드 F. 던바

감사의 글

이 연구를 착수하고 또 완성하는 과정에 특별하게 도움을 준 학자 둘이 있다. 프랭클린 라이텔은 나에게 이 책을 저술하라고 제안하였다. 더 나아가 그는 자신의 저서 출판을 통하여, 그리고 그와 대화를 나누는 중에 자유교회 이념에 속하는 여러 영향의 분지를 보여주었다. 다른 어떤 학자보다 그는 교회일치운동이라는 지도 위에 신자들의 교회 운동을 배치하였다. 존 하워드 요더John Howard Yoder는 이 운동에 속한 그룹, 특별히 아나뱁티스트 전통에 속한 그룹에 대하여 신학과 역사의 관점에서 가장 정곡을 찌르는 분석 결과를 제공함으로써 이 저서에 크게 공헌하였다. 그는 또한 이 원고를 비평 시각을 갖고 읽음으로써 이 책에 큰 도움을 주었다. 이 책이 현재 모습을 갖추기까지 이 두 학자가 지대한 공헌을 하였지만, 그들이 이 책의 결론에 완전히 동의할 것이라고 가정하는 것은 부당하다.

내 아내 헤다Hedda는 가사 업무와 강의 압박에도, 마감 시간을 맞추기 위해 수많은 초고를 타자하는 일에 협력하였다. 헤다는 일을 뒤로 미루지 않고 언제나 즉시 그리고 효율성이 있게 끝마쳤다. 그 과정에서 헤다는 이 책 뒷부분에서 서술한 신실함을 매력 있게 드러내었다. 이 저서 곳곳에서 밝힌 여러 출판사에게도 저작권이 있는 자료를 사용할 수 있도록 허락하여 준 것에 대하여 특별히 감사한다.

도널드 F. 던바

일리노이 주, 롬바르드에서

제1부 신자들의 교회 개념

제1장 신자들의 교회 정의

서론

마르틴 루터Martin Luther는 자신의 혁명과도 같은 교리로써 교황과 황제 둘 다에게 도전하여 성공한 후, 복음에 근거한 교회를 조직해야 하는 실제 문제에 직면하게 되었다. 그 시급한 필요 중 하나는 그가 가르친 새로운 교리와 전통 미사 형식이라는 서로 맞지 않는 전례liturgy를 개정하는 작업이었다. 1526년 그는 자국어『미사식서』*vernacular mass*를 출판하였다. 이 미사식서 서문에서 루터는 1523년 펴낸『라틴어 예배식서』*Latin service*도 그 개인으로는 만족스러웠다고 표명하였다. 그럼에도 그는 "배우지 못한 평신도 계층"을 위한 "보통 언어 미사식서"의 필요성을 절감하였다. 루터는 그 평신도 대부분이 "마치 우리가 공공 광장이나 교외 들판에서 무슬림이나 이교도 사이에서 예배를 인도하고 있는 것처럼, 무엇인가 새로운 것을 보기를 기대하면서 우리 주변에서 하품을 하며 서있었다"고 술회하였다.

그렇지만 그가 정말로 필요하다고 생각했던 것은 "진정으로 복음과 부합하는 조직"이었다. 이러한 조직은 앞에서 언급한 예배와 같이 공공장소에서 혼합된 회중을 위하여 드려지는 것이 아니라, "진정한 마음으로 그리스도인이 되기를 원하고 또 복음을 행함과 말로 고백하는 이들"을 위하여, 그리고 그들에 의하여만 드려져야 하는 것이었다. 아래 인용문은 루터가 이렇게 진정한 그리스도인만 예배를 드리기 위하여 모이는 모임을 어떻게 형성하여야 하는지에 대하여 제안한 내용이다:

> [그들은] 기도하고, 성서를 읽고, 침례를 베풀고, 성찬을 받고, 또 그리스도인에게 속한 여러 다른 사역을 하기 위하여 그들 이름으로 서명하고, 그들만이 한 건물에 따로 모여야 한다. 이러한 규칙에 의하면, 그리스도인 삶을 살지 않는 이들은 마태복음 18:15-17에서 그리스도께서 명령하신 것을 따라서 공개되고, 훈계를 받고, 질책을 당하고, 쫓겨나거나 출교되어야 한다. 또한 이 모임에서는 고린도후서 9장에 나오는 대로 성 바울이 가르친 예를 따라 가난한 자에게 나누어 주기 위하여 자원하여 사랑으로 드려지는 구제헌금을 요청할 수도 있다. 이 모임에서는 너무 많이 힘들여 찬양할 필요도 없게 된다. 또 침례식과 성찬식을 집행하기 위하여 간략하고 산뜻한 순서에 따라 예배할 수 있고, 모든 예배는 말씀과 기도와 사랑에 중점을 두게 된다.6)

그러나 루터는 그가 위에서 개략 진술한 조직을 만들기 위하여 어떠한 힘을 기울이지도 않았을 뿐만 아니라, 이러한 "진정한 그리스도인" 모임을 실제로 구성하지도 않았다. 그의 설명에 의하면, 그가 이러한 모임을 만들 수 없었던 이유는 순전히 그러한 조건에 맞는 인원이 부족하였기 때문이었다. 그럼에도 그에게 가능한 것은 "하나님 말씀을 진정으로 사랑하는 그리스도인이 서로를 발견하고 함께 모일" 때까지 "젊은이를 훈련하여 다른 사람을

---

6) Ulrich S. Leupold, ed., 『예배식서와 찬양』*Liturgy and Hymns*, Vol. 53 of 『루터 총서』*Luther's Works*, ed. Helmut T. Lehman (Philadelphia: Fortress Press, 1965), p. 53ff. 인용문에 대한 토론을 보기 원하면 George H. Williams, "'회중주의자' 루터와 자유교회" ('Congregationalist' Luther and the Free Churches), *Lutheran Quarterly*, XIX (August 1967), 283-295를 보라.

믿음으로 초청하고 그 믿음에 매료되게" 하는 것이라고 그는 진술하였다.7)

후에 루터는 그러한 혼합된 대중에게 주어진 이 꿈은 실제로 이루어질 수 없는 것이라고 결론지었으며, 결국 그는 종교개혁이 안정되도록 하는 과제를 이루기 위해서 영주에게로 돌아가게 되었다. "루터가 빠진 진퇴양난은, 그가 개인의 믿음과 경험에 근거한 고백 교회confessional church와 할당된 지역에 거주하는 모든 이들을 포함하는 영토교회territorial church 둘 다를 원했다는 것에 있었다. 만약 그가 어쩔 수 없이 이 둘 중 한 가지 형태의 교회를 선택했어야만 했다면, 그는 대중을 다 포함하는 편에 서는 입장을 취했을 것이며, 이것이 사실 그가 추구하였던 방향이었다." 배인톤Bainton8) 공교롭게도, 루터가 이 제3신분third order 구성원을 위하여 계획하였던 밑그림은 신자들의 교회의 성격과 관심사를 구성하는 탁월한 개요이다. 진정성, 증언, 그들 이름을 서명함으로써 성사되는 계약, 권징, 상호협조, 단순한 형태로 드리는 예배 등은 신자를 드러내는 품질증명이다. 개신교가 가진 비극은 이러한 모임이 역사에 등장하였을 때, 루터와 그 동료가 그들 안에서 열광주의, 광신주의, 그리고 반역정신 외에는 아무것도 볼 수 없었다는 것이다. 이러한 편견은 오늘날까지도 완전하게 극복되지 않고 있다.

자유교회 개념

보통 "신자들의 교회"보다는 "자유교회"라는 용어가 이 "제3체제"를 묘사하기 위하여, 그 전통 내부와 외부에 있는 이들에 의해 사용되어 왔다. 이미 사용되고 있는 전문용어를 바꾸어야만 하는 이유는 무엇일까?

---

7) Leupold, *op. cit.*, p. 64.

8) Roland H. Bainton, 『내가 여기 서 있나이다: 마르틴 루터의 생애』 *Here I Stand: A Life of Martin Luther* (Nashville: Abingdon Press, 1950), p. 311. [역서: 롤란드 배인톤, 『마르틴 루터의 생애』, 이종태 역 (서울: 생명의말씀사, 1982). – 역주]

사실 “자유교회”라는 용어는 모든 사람을 위한 모든 것을 의미하는 그런 개념 중 하나이다. 최근 한 영국 저자는 한 토의를 시작하면서, 영국에 있는 여러 자유교회의 미래 상황이 불투명하며, 그 교회에 대한 전문용어를 결정한다는 것은 좀 더 주관에 의한 것이라는 점을 시인하였다. 작업을 용이하게 하기 위해, 그는 이 단어에 대한 용법을 다음과 같이 공지하였다: “토의 주제로 ‘자유교회’ 라는 용어를 사용하여 내가 먼저 나타내고자 하는 것은 그 종파 이름이 많은 영국인 인식에 아련한 불꽃을 일으킨 침례교회, 회중교회, 감리교회, 그리고 장로교회 등이다.” 그러나 그는 자신의 토의 중 많은 부분이 아마도 “어려움에 봉착함이 없이” 모라비아 신자나 그리스도의 교회Churches of Christ 처럼 작은 모임을 “포함할 수” 있을 것이라고 말하는 데까지 나아갔다. “어떤 정황에서 그 범위는 스코틀랜드 장로교회에까지 확장될 수 있지만, 그 교회는 엄밀하게 말할 때 자유하지 않으며, 다른 정황에서는 친우회Society of Friends 퀘이커교나 구세군에까지 확장될 수 있지만, 이들은 엄밀하게 말할 때 교회는 아니다.” 또한 일부 사례에서 그는 유니테리언Unitarians 을 포함하기 원했지만, 보통은 그렇게 하지 않았다.9) 이러한 상황은 “자유교회”라는 용어를 사용한 결과로 혼란이 발생하는 예의 전형이다. 윈스롭 허드슨Winthrop S. Hudson 은 1961년 다음과 같이 그의 견해를 진술하였다:

> 때때로 “자유교회”는 회중 정체를 갖는 교회를 의미하고는 한다. 또 때때로 그 용어는 그들이 누구이든지 간에 예배식서를 갖지 않은 교회를 묘사하기도 한다. 또 때때로 그 용어는 신조를 갖지 않은 교회를 위하여 사용된다. 또 때때로 유니테리언 교회나 만인구원교회Universalists 처럼 “자

9) Christopher Driver, 『자유교회 미래는?』 *A Future for the Free Churches?* (London: S.C.M., 1962), 13.

유주의" 사상을 가진 교회에게 적합하다.… 그렇지만 "자유교회"라는 용어는 영국에서 국가로부터 분리하였던 주요한 비순응파 교회를 지칭하는 데 처음으로 사용되었다.… 10)

위에서 보여주듯이, "자유교회"에 대하여 큰 범주로 나누어서 다섯 개의 정의가 있는데, 이들은 현재 모두 통용되고 있으며, 개개 정의는 겉으로 보기에는 적절하며 또한 그 의미도 있어 보인다. 이 정의를 좀 더 상세하게 검토할 필요가 있다.

첫 번째로 보통 "자유교회"라는 용어는 장로연회 회의 혹은 감독 제도presbyterian synodal or episcopalian system 보다 회중 제도congregational polity를 선호하는 종교 조직체에 대한 정의 아래 사용한다. 이러한 예의 전형은 『크리스채너티 투데이』*Christianity Today*에 실린 한 연구 논문에서 발견할 수 있다: "그러한 그리스도인 모임을 규정하기 위하여 여기에서 채택된 '자유교회' 라는 용어는 그들 자신이 협력하기 위하여 지역을 선택하는 것에서 자유로우며, 그들 자신을 위하여 전체 혹은 위계에 의해 주어진 행동에 따르는 책임을 받아들여할 의무를 가지지 않는 모임이다." 미국침례교총회 산하 교회연합협의회에서 1966년 이루어진 토의 에서 몇 가지 "특징"이 이러한 교회일치 협상을 위한 지침으로 규정되었다. 이러한 특징 중 두 가지는 "감독제도에 의해서 통제를 받지 않는 각 영토교회가 그들 자신의 삶을 위하여 명령할 자유"와 "우리 지방회와 교파 조직이 가지고 있는 조언하고 협동하는 특성"이라고 하였다. 11)

"자유교회"와 한 동의어로서 비전례nonliturgical라는 말은 허드슨에 의해

---

10) Winthrop S. Hudson, 『당신의 용어를 정의하라』Define Your Terms, *Foundations*, IV (1961), 99.

11) A. Dale Ihrie, "자유교회와 교회일치운동" (The Free Churches and Ecumenics), *Christianity Today*, (May 25, 1962), 12–14; Kyly Haselden, "침례교의 상반된 태도" (Baptist Ambivalence), *Christian Century* (June 1, 1966), 705–706.

서 암시되었던 대로 그 자체에 문제를 가지고 있다. 교회 전체 삶, 행습, 예배로서 이해되는 전례는 어느 신실한 회중 속에서라도 발견될 수 있을 것이다. 저교회 low church 12) 전통에서 어떤 특정한 형태나 순서로 드리는 예배를 거부한다는 것을 나타내는 "비전례"라는 단어를 보통으로 사용할 때조차 여러 문제가 여전히 남아있다. 사실 자유교회 목회자는 중세 미사를 개혁하기보다 유지했던 루터교와 성공회 예배 방식을 거부하는 것에 의견을 같이 했다. 그들은 중세 예배가 성령님의 자유로운 흐르심을 억제했다고 주장했다. 그러나 체계화된 예배를 선호하지 않는 것은 교회 형태를 구분하는 것에서 적절한 평가 기준이 될 수 없다.

"자유교회"가 대개는 신조를 가지지 않는다는 것은 적절한 묘사이다. 이 교회는 신조creeds가 아니라 신앙고백confessions of faith을 가지고 있는데, 이것은 종종 그들이 가지고 있는 신앙을 표현하는 방법이다. 그러나 그들이 신조가 아니라 신앙고백을 가지고 있는 것이 니케아 신조나 사도신경에 담긴 교리 내용을 믿지 않는다거나 거부하는 것으로 이해되어서는 안 된다. 대다수 자유교회 신자는 이 점에서 거의 다 정통이다. 오히려 중요한 점은, 신조에 수학공식처럼 집착하는 것이 그리스도교를 지식으로 동의하기만 하면 되는 단순한 것으로 이해하게 한다고 자유교회 신자가 확신한다는 사실이다. 더욱이 자유교회 신자는 그들 자신이 하나님의 말씀에 새로운 이해가 계속 열려 있기를 갈망하였다. 그러나 이러한 그들 열망은 다음에 설명할 "자유주의 종파"를 옹호하는 사람에 의해서 주장되었던 관점과는 어떤 면에서 분명히 다른 것이다.

"자유교회는 교의 시험dogmatic tests에 대하여 자유롭다. 그 교회는 그 안

12) 역주–성공회의 복음주의에 입각한 프로테스탄트 성격의 신학조류. 세계적인 복음주의 신학자인 존 스토트 신부와 알리스터 맥그래스 신부 등이 저교회파를 대표한다. 종교개혁의 전통, 개인의 회심, 성서지상주의, 복음 설교, 신앙에 의한 의인의 교리(오직 믿음)를 강조하는 것이 특징이다. 성공회 내에서 종교개혁 전통을 강조한다.

으로 들어오고자 하는 모든 이들에게 열려 있다"는 것은 최근 유니테리언 교회의 공식 언급이다.[13] 그래서 요즈음 유니테리언 교회 소책자는 그들 기본 신념을 다음과 같이 정의한다: "한 유니테리언 신자는 마치 모든 것에 그러하듯이, 종교에서도 각 개인은 그 자신을 위하여 공식 신조에 의해서 방해를 받음이 없이, 진리를 보는 것에서 자유로운 사람이다. 그는 신조를 부정해야할 것으로 여긴다. 유니테리언은 새로운 진리에 '아니오' 라고 말한다.… 기본 원리는 신앙에 대한 개인의 자유이다."[14]

이러한 유니테리언 공식 표명이 가지고 있는 문제는 자유교회 신자로 구분된 이들 중 대다수는 곧바로 그들을 정통으로 받아들이기를 거부할 것이라는 점이다. 특별히 거부되는 특징은 그들이 가진 변함없는 개인주의이다. 신자들의 교회라는 어구에서 신자believer라는 단어를 복수로 만드는 "s" 뒤에 소유격 부호를 붙인 것은 그들 신앙이 갖는 질이 공동체와 회중 전체 중심인 것을 강조하는 것이다. 즉 이렇게 함으로써 그들이 강조하고자 하는 것은 그들 신앙이 개인에게 속해 있다는 것을 반대하는 것이다.

그러한 문제에서 개인주의는 자유주의 종파로 구분된 집단 안에서도 여러 자체 비판자를 갖게 되는데, 그들은 멘켄H. L. Mencken 에 의해서 "유니테리언주의는 전혀 그리스도교 한 종류가 아니며, 단지 회의에 가득 찬 그리스도인이 그 위로 떨어질 매트리스일 뿐이다"라고 공표한 것과 같은 유사한 반응을 거듭하여 드러낸다.[15] 이러한 비판이 바로 산타야나Santayana 심중에 있던 것으로, 그가 저작한 『마지막 청교도』*The Last Puritan* 에서 그렸던 감정으로 드러내고자 했던 것임에 분명하다:

---

13) Joseph A. Schneiders, "우리 자유교회는 얼마나 자유로운가?" (How Free Is Our Free Church?) *Crane Review,* VI (Spring 1964), 117–122.

14) A. Powell Davies, 『유니테리언주의: 몇몇 질문에 대한 응답』 *Unitarianism: Some Questions Answered* ([n.p.]: Church of the Larger Fellowship, Unitarian Universalist, [n.d.]).

15) Ralph W. Burhoe, "자유주의 종파의 미래에 대한 몇 가지 생각" (Some Thoughts on the Future of Liberal Religions), *Crane Review*, V. (Fall 1962), 15에서 재인용.

이것이 모든 사람의 시야에서 가려 있는 … 높이 솟은 가족용 예배 장의자 속에서 안전함을 느끼게 하는 위안이었다.… 예배 음악은 고전 음악 같았으며, 마음을 진정시켰다. 유니테리언 고교회 예배에서는 아무것도 신자들을 낙심하게 하거나 비신자들을 성가시게 하지 않았다. 교리가 뭐가 중요하단 말인가? 훈계는 그들의 매력과 고풍이 넘치는 영어에 맞도록 선정되었으며, 감정의 신비와 감동을 전달하는 음조로 울려 퍼졌다. 오늘날 우리가 탁월한 지식과 더 세련된 감정을 가졌다 해도 이런 말에서 첫 설교자가 의도했던 것보다 훨씬 더 깊은 의미를 찾아내기는 불가능하지 않을까? 16)

풍자하는 글이기 때문에 많이 삭감하고 본다 할지라도, 이러한 모습은 자유교회라 불리는 다른 교파, 예를 들자면 아나뱁티스트교나 초기 퀘이커교와는 너무나 다른 세상을 묘사한다.

교회와 국가의 분리를 "자유교회" 정의를 위한 핵심 요소로서 사용하는 것은 그 자체로 많은 장점을 가지고 있다. 그렇지만 역사가 보여준 실상은 이러한 개념을 판단 기준으로 삼기에는 너무나도 많은 내용을 포함하고 있다. 미국 독립 이후 교회와 국가 사이의 "분리 장벽"으로 얻은 환희에 가득 찬 승리, 그리고 동서양 많은 나라에 이 원리가 점차 확산되어 로마 가톨릭 교회부터 가장 멀게는 오순절교회까지 모든 교파가 "자유교회"로 구분되었다. 한 개념으로서 이렇게 특별히 광범위한 것은 아무런 쓸모가 없다.

다른 관점에서 보자면, 교회와 국가의 분리라는 이 개념을 사용하면 많

16) George Santayana, 『최후의 청교도』 *The Last Puritan* (New York: Charles Scribner's Sons, 1949), pp. 18–19. 또한 pp. 32–33을 주목하라: "우리 선조가 가지고 있던 가장 큰 오류는 종교를 한 토론 주제로 만들어 버린 것이었다. 논쟁은 과학에서는 피할 수 없는 것일 수도 있다. 그러나 이러한 논쟁은 사실로 드러난 부분이 사용 가능한 증거로 충분히 뒷받침 되지 않을 때에만 일어난다. 그러나 왜 믿음에 관하여, 소망에 관하여, 사랑에 관하여 말다툼을 해야 하는가? 만일 각 사람이 자신 가슴속에서 고무되는 대로 모든 것에 대한 개념을 가질 필요가 있다면, 왜 각 사람이 하나님과 천국에 대한 그의 개념을 형성해서는 안 되는 것인가?"

은 혼선이 빚어진다. 이 용어가 처음으로 대중화되었던 영국에서, 크롬웰의 호국경 통치Protectorate 기간에는 모든 장로교 신자, 대다수 회중교 신자, 그리고 심지어 일부 침례교 신자와 퀘이커 신자까지 교회와 국가 사이를 엄격하게 분리하지 않았고, 오히려 밀접하게 참여하여 협력했다. 그러나 이 여러 교회는 허드슨이 바르게 지적하듯이 자유교회라는 칭호를 얻음에 있어 역사 가운데 최고 근거를 가진다.17) 물론 이러한 역설은 1689년 명예혁명이 성공회가 가졌던 국교회로서의 지위를 다시 확정함으로써 청교도가 계속 가지고 있었던 소망을 뭉개버렸고, 이들 비순응파를 위해서는 제한된 관용을 베풀었다는 사실에 의해서 해결되었다. 비국교도 청교도Puritan Non-conformists를 역사상 자유교회로 간주하는 것은 아마도 이러한 개념을 분명하게 한다는 측면에서 매우 좋을 것이다.

독일 교회사가 피터 마인홀트Peter Meinhold는 간략하지만 유사한 토의 이후에 다음과 같은 결론을 맺었다:

> 이러한 혼동으로 인하여, "자유교회"라는 개념은 그 전통 의미 안에서는 더 이상 쓸모가 없어졌다는 것은 분명하다. 교회와 국가의 분리에 대하여 최근 발전이 인도하는 일반 경향을 따르는 한, "자유교회" 개념을 완전히 폐기하거나, 혹은 그 용어 안에 새로운 의미를 부여하여, 그 용어를 자원주의voluntaryism 원리에 기초해 있는 여러 교회를 위하여 사용하는 것이 좋을 것이다.18)

이 책에서 계속 다룰 다른 해결책은 보통 자유교회라 불렸던 이들 일부를

17) 자유교회 회합(Free Church Congress)은 영국에서 1892년 개최되었다. 이 이름은 1896년 자유교회전국총회(National Free Church Council)결성으로 공식화되었다. Horton Davies, 『영국 자유교회』 *The English Free Churches* (London: Oxford University Press, 1952), p. 1.

18) 『교회일치를 위한 지식: 오늘날 교회를 살리는 힘』 *Ökumenische Kirchenkunde: Lebensformen der Christenheit heute* (Stuttgart: Kreuz Verlag, 1962), p. 90.

위하여 새로운 용어를 사용하는 것인데, 이렇게 하는 것은 아직도 자유교회라는 용어를 주장하기 원하는 이들에게 이 새로운 용어를 거부하지 못하게 하려는 것이다. 이렇게 하는 것은 필요한 과정 중 하나인데, 자유교회 기원에 대한 몇 가지 학설을 다시 검토하는 것을 통하여 더욱 분명하게 드러날 것이다.

자유교회 기원에 대한 학설

교회사 지평선 위에 "자유교회"로 구분되는 조직이 언제 처음으로 드러났는지에 대하여 학자 사이에서 아직 합의점에 다다르지 못하였다는 것은 놀라운 일이다. 이 문제를 다루는 많은 저자는 "분파주의 학파," "청교도 학파," 그리고 "아나뱁티스트 학파"로 분류될 수 있다.

분파주의 학파

자유교회 기원에 대한 "분파주의" 관점을 쉽게 설명하자면, 전통 교회사의 방벽 건너편에서 보는 것이라 할 수 있다. 이 관점은 초대교회에서 중세에 이르기까지 동방과 서방 두 정통교회에 의해 이단이라는 호칭을 받은 운동에서부터, 종교개혁 시대와 현대에 이르기까지 좌익으로 분류된 운동에 이르기까지, 고난 받은 비순응파가 사도전승을 가지는 진정한 교회라고 본다. 이 학파에 속한 일부 학자는 역사에서 사도성이 끊이지 않고 계승되었음을 입증하는 자료를 찾아내는데 많은 고통을 겪어왔다. 그리하여 그들은 종국에 이르러서는 인접하는 지역과 시대에서 발생하였던 진짜 이단에 대한 해설집을 엮어내게 되고야 말았다. 좀 더 유용하게 설명하자면, 이 이론 지지자는, 하나님은 결코 어느 시대에라도 여러 신실한 증인이 없이 당신 자신을 방치하신 적이 없으며, 이는 비록 그 여러 증인이 분명하게 드러나는 삶을 살지 않아서 역사 기록에 어떠한 기여를 한 적이 없는 때에라도 그러하다고 단순하게 주장해왔다. 1660년 네덜란드 메노나이트 순교사화 martyrology 에서 한 저자는 다음과 같이 설명하였다.

> 하나님이 분리해내신 거룩한 회중이며 하나님이 소유하신 백성으로서, 하나님과 하늘에 속한 교회는 세상이 시작될 때부터 지구상에 기원하였으며, 현시대에 이르기까지 모든 세대에 존재해 왔으며, 세상 마지막 날까지 존재할 것이다. 달이 … 항상 가장 밝은 상태로 보이지는 않는 것과 [마찬가지로], … 어떤 상황에도 지구상에 하나님의 교회의 본질과 형태는 존재한다. 교회는 결코 그 전체가 다 멸망하지는 않지만, 우리에게 그 완전한 모습으로 항상 보여주지는 않는다. 때때로 교회가 다 함께 사라진 것처럼 보일지라도, 모두가 다 사라진 것이 아니라 몇몇 곳에서는 존재한다. 이는 하나님께서 주신 분명하고 명백한 계명을 망각한 … 일부 사람이든지, 혹은 일부 발생한 몰이해나 실수를 계기로 비록 일상 세계에서는 교회의 성격, 빛, 그리고 미덕이 잘 보이지 않고 훨씬 적게 알려졌다 할지라도, 진정한 교회는 세상에 존재해왔다.19)

19세기 영국과 미국 침례교 여러 역사가는 이러한 해석을 선호하였다. 그들이 이렇게 하였던 한 가지 이유는 그 시대에 교파 사이에 격앙된 경쟁심 때문에 그들 침례교 신앙 토대를 고대시대에서 찾도록 역사가를 부추겼기 때문이다. 영국 목회자였던 오차드G. H. Orchard 에 의해서 저술된 영향력 있던 책 제목에서 그는 자기 입장을 다음과 같이 드러냈다: 『외국 침례교 신

19) 『순교자의 거울』 *The Martyrs' Mirror* in Cornelius Krahn, "아나뱁티스트-메노나이트, 그리고 성서 교회" (The Anabaptist-Mennonite and the Biblical Church), 『신자들 교회 학술회의 의사록』 *Proceedings of the Study Conference on the Believers' Church* (Newton, Kan.: Mennonite Press, 1955), p. 84에서 재인용.

자의 간략한 역사: 신약성서, 초대 교부, 초기 저자, 그리고 모든 세대 역사에서 취함; 연대기로 정리함; 그리스도교가 성립된 때부터 현재까지 다양한 왕국에 있던 여러 구별되는 칭호로 불렸던 그들 조직에 대하여』[20] 오차드는 한 회중교회 사역자가 윌리엄 캐리William Carey를 "침례교를 어둠에서 일으킨" 위대한 인물로 찬양하며, 주제넘게 "침례교 신자는 영국 공화정 시대 이전에는 존재하지 않았었다"고 지적하였을 때, 그의 15년 동안에 달한 연구를 시작하였고, 마침내 그 결과가 그 책 안에서 드러났다. 1869년 웨스트버지니아 한 침례교 목회자는 독일 형제교회Church of the Brethren가 1708년 시작되었다고 지적함으로써 그 교회를 공격하였다. 그리하여 그는 형제교회는 "반석 위에 세워져서 지옥 권세가 결코 이기지 못하는 교회가 되기 위해서는" 약 "1675년이나 늦었으며" 그 영광은 이미 세워진 침례교 권리로 돌아간다고 의기양양하게 결론을 내렸다.[21]

일부 "주류" 개신교 교파도 또한 그들 조상을 초대교회에까지 거슬러 올라가 추적하기를 즐겨하였다. 성공회 고교회high-church Anglicans는 그들이 가지는 성만찬에서의 가톨릭 성격은 강조하는 한편, 종교개혁이 가지는 중요성은 폄훼했다. 장로교회, 그리고 개혁교회 전통에 서있는 다른 교파도 역시 그들 조상을 찾기 위하여 16세기 이전을 바라보았다. 필립 샤프Philip Schaff가 1844년 북미에 왔을 때, 그는 미국에 있는 일부 독일 개혁교회 지도자가 그러한 고대 계보론genealogy에 찬성하는 것을 발견하였다. 한 연회 회장은 남프랑스에 있었던 그리스도인 교회와 왈도파Waldensians에게 자신들을 잇댐으로써 "사도 질서와 계승을 주장하는" 중요한 연설에 열정을 쏟아붓고 있었다. 그는 "이것은 황당한 연결도 아니며, 믿을 수 없는 결합도 아닙니다"라고 간곡하게 호소했다.[22]

20) 제12판은 그레이브스(J. R. Graves)에 의해서 출판되었다(Nashville: 1855).
21) M. Ellison, 『덩커파 진단』*Dunkerism Examined* (Parkersburg, W. Va.: Gibben Bros., 1869), p. 14.
22) Bard Thompson and Geroge H Bricker, eds., "편집자 서문" (Editor's Preface), in Philip Schaff, 『개

1866년 그리스도의 제자교회Disciple of Christ 보수파 지도자였던 제임스 드포레스트 머치James DeForest Murch는 위와 동일한 논조를 가진 자칭 문제작을 출판하였는데, 이는 "자유교회는 주후 30년 예루살렘 첫 번째 그리스도인 교회에서 시작하여 현재까지 기독교제국Christendom에 끊어짐이 없이 존재해 왔다"는 것을 논증하기 위한 것이었다. 이 경로는 스페인에서 프리실리안Priscillian of Spain 추종자와 리옹의 비질란티우스Vigilantius of Lyon 추종자400년경에 왕성를 통하여 추적되었는데, 그는 리옹을 왈도파 발생지로 지정하였다. 또 다른 갈래는 밀라노 인근지역에서 발흥한 것으로 알려졌는데, 교황 대표단에게 저항한 일부 주교 지도력을 따랐던 이 모임은 초기에는 "자유교회 입장을 가지고 있었다." 여러 주교가 행한 저항이 마지막으로 분쇄되었을 때에도, 알피네Alpine 계곡 주민은 그들 독립정신을 계속 유지하였으며, 이러한 독립정신은 결국 페테르 왈도Peter Waldo 추종자에게 이어졌고, 다음에는 아나뱁티스트 신자에게, 그 다음에는 청교도 좌파에게, 그 다음에는 할데인Haldane 형제에 의해서 인도된 부흥운동에, 그리고 마지막에는 토머스와 알렉산더 캠벨Thomas and Alexander Campbell에 의해서 촉발된 환원운동Restoration에서 그 정점에 도달하였다.23)

자유교회 기원에 대하여 이러한 견해를 갖는 것이 교파 논객이 가지는 특권이라고 가정한다면, 그것은 곧 오늘날 인정받는 교회사가에 의해서 그러한 견해가 교회사 서술에의 공정한 접근이라고 인정함으로써 그 견해를 변호하는 것이 된다. 고트프리트 아르놀트Gottfried Arnold는 『교회와 이단에 관한 공평무사한 역사』*Impartial History of the Church and Heretics*라는 방대한 저술로써 자기 시대 학문 세계를 송두리째 바꾸어 놓았다. 이 저서는 진정한 그리스도교는 당당하고 확고한 교회, 혹은 고위 성직자, 교수, 그리고 사

신교 원리』 *The Principle of Protestantism* (Philadelphia and Boston: United Church Press, 1964), pp. 11-12. 이 연설을 한 성직자는 필라델피아의 조셉 F. 베르그(Joseph F. Berg)였다.

23) James DeForest Murch, 『자유교회』 *The Free Church* ([n.p.]:Restoration Press, 1966), pp. 36-48.

제에 의해서가 아니라, 경멸 받은 비순응파에 의해서 세기를 거쳐 보존되어 왔다는 내용에 대하여 지나칠 정도로 세심하게 서술된 주장을 담았다. 아르놀트가 자기 이론 토대로 삼은 것은 루터와 그 추종자에 의해서 유행하게 된 견해였다. 그 견해에 따르면, 콘스탄티누스 황제가 교회를 운명처럼 포용함으로 시작된 4세기 교회의 타락이, 방금 지나간 루터 종교개혁 시대 타락까지 지속되었다. 그는 다시 루터교 논객인 플라키우스Matthias Flacius Illyricus가 주장하였던 견해를 받아들였는데, 그 견해는 중세 부패가 있었던 암흑시대 동안에 하나님의 구원 계획을 증언하는 "진리에의 증인"Witnesses of Truth이 존재해 왔다는 것이다. 더 나아가 아르놀트는 플라키우스가 주장한 견해를, 모든 교회사를 통하여 박해를 받은 여러 "이단자"가 바로 이러한 증인이었다는 논제로 확장시켰다.

어떻게 이러한 주장이 입증될 수 있을까? 루터 자신이 주장한 역설 공식에 의하면, 하나님이 계시다는 것을 분명하게 아는 것은 곧 고난을 체험하는 것이다. 하나님과 세상은 원수지간이다. 하나님을 섬기는 사람은 세상에 의해 바보라 불릴 것이다. 진리는 반드시 고난을 당한다. 교회사를 숙고함으로써 아르놀트에게 분명해진 것은 이단재판소에서, 화형 기둥에서, 그리고 교회가 선동한 십자군 전쟁에 의해서 고난을 당한 여러 이단자가 곧 진리에의 증인이라는 점이었다. 마치 예수께서 산헤드린 앞에서 여러 유태교 고위성직자에게 박해를 받으셨듯이, 그분을 순수하게 따르는 자들은 국교회 지도자에 의한 고난을 감내해 왔다.[24]

독일 고문서 보관인이며 학자인 루드비히 켈러Ludwig Keller는 자유교회 기원에 대한 분파주의 견해를 가장 상세하게 다루었다.[25] 『종교개혁과 구

---

24) Erich Seeberg, 『고트프리트 아르놀트』 *Gottfried Arnold* (München: Albert Langen, 1934), pp. 20–22; Walter Nigg, 『교회사 저술』 *Die Kirchengeschichtsschreibung* (München: C. H. Beck, 1934), pp. 76–97.

25) 켈러의 생애에 관한 최근 묘사는 그의 딸인 아마일리 켈러(Amailie Keller)가 저술한 전기 "루트비히 켈러–투철한 사명을 품은 학자" (Ludwig Keller – a Scholar With a Mission), *Mennonite*

개혁파』*The Reformation and the Older Reformed Parties* 라는 저서에서 그는 종교개혁 시기에서 거슬러 올라가서 초대교회까지, 그리고 종교개혁 시기에서 앞으로 나아가서 그 자신 시대까지 "구복음주의 형제" Old Evangelical Brotherhoods 를 그린 끊어지지 않는 연속 가계도를 완성하였다. 비록 그가 "열광주의자와 같이" 묘사하는 태도 때문에 여러 학자로부터 날카롭게 공격받았지만, 그는 이 모든 구복음주의 형제 후예가 현존하는 동맹으로 함께 모이도록 하는 계획을 착수했다. 이러한 관심은 심지어 대서양을 건너 미주대륙에까지 도착하였다. 1887년 그는 희망에 가득 차 당대 최고 미국 메노나이트 학자였던 존 호르쉬John Horsch 에게 다음과 같이 편지를 보냈다:

> 여러분 교회가 … 1890년 베를린에서 열리는 일반총회에 대표단을 파견할 의향이 있으신지요? [그래서] … 메노나이트의 여러 분파가 퀘이커, 슈벵크펠터Schwenkfelders , 아르미니우스주의자Arminians , 항론파 Remonstrants , 덩커Dunkers , 일반침례교회 여러 분파, 후터라이트 형제단, 장로교회 여러 진영 등과 함께, 요약하여 말하자면, 구아나뱁티즘 Old Anabaptism 에서 자라난 모든 분파가 하나로 된 "구복음주의연맹" Old Evangelical Alliance 으로 모이도록 합시다.26)

켈러가 제시한 논지는 독일 출신 위대한 신학자이며 역사가인 에른스트 트뢸치Ernst Troeltsch 가, 오늘날까지도 깊은 영향력을 끼치고 있는 주저 『그리스도교 교회의 사회에 대한 가르침』*Social Teaching of the Christian Churches* 을

Life, VIII (October 1954), 159−160, 192를 보라. 아마일리는 켈러가 품었던 사명에 대하여 다음과 같이 특정하였다: "그는 교회 개혁 운동이 보통 생각하는 것보다 훨씬 오래되었고 '구복음주의' 회중은 초기 그리스도교 회중 시기부터 개혁 운동 개념을 받아들였음을 모든 저술에서 증명하려는 목표를 가지고 있었다.…"

26) Elizabeth Horsch Bender, ed., "루트비히 켈러가 존 호르쉬에게 보낸 편지들" (The Letters of Ludwig Keller to John Horsch), *Mennonite Quarterly Review*, XXI (1947), 202.

내었을 때 새 활력을 얻었다. 트뢸치에 의하면, 그리스도교 교회는 그 시초부터 지금까지 그 핵심부에 두 갈래 흐름이 있는 것을 분명하게 알 수 있다. 한 갈래는 바울에서 시작하여 아우구스티누스, 토머스 아퀴나스, 그리고 주요 종교개혁 교파를 거쳐서 현재에 도달했다. 또 다른 한 갈래는 복음서에서 시작하여 수도원과 중세 분파를 거쳐서 종교개혁에 이른 후 현재에 이르렀다. 전자는 제도화된 교회를 낳았는데, 이 교회는 신자와 불신자 모두를 포함하는 원칙을 가지며, 성례전을 통하여 은혜를 베푸는 특성을 갖는다. 그리고 후자는 분파를 낳았는데, 이 분파는 소금으로서 역할을 하도록 훈련을 받고 순종하는 특성을 갖는다. 트뢸치는 중세 동안 분파주의 운동의 급증을 교회 조직상 완전성과 아퀴나스 신학에 드러난 교회 지성의 완결성에 대한 반작용으로서 설명하였다. 성경에 주어진 급진적 율법radical law과, 중세 자연법natural law이 교회법canonical jurisprudence과 결합한 것 사이에 존재하는 현격한 차이점이 여러 분파 형성을 촉진했다. 그는 현대 자유교회 기원을 영국 청교도로 지목하는 데까지 나아갔지만, 그들은 "비록 보편교회Church 개념을 보존하고 있을 때에라도 점점 더 분파 형태에 근사해졌다.…"고 강조하였다. 그의 저술이 가져온 한 효과는 여러 분파가 가지고 있던 지성에의 정당성을 비준한 것이었다.27)

분파에 대한 견해를 자신 인격 안에서 옹호하고 병합시킨 이들 중에 미국 사회복음 예언자인 월터 라우쉔부쉬Walter Rauschenbusch보다 더한 이는 없었다. 1928년 사회복음운동 기초가 분파주의 토대 위에 있다고 처음으로 본 사람은 세계교회협의회WCC 지도자로 오랜 동안 활동하였던 비서트 후프트W. A. Visser 't Hooft였다. "사회복음은 트뢸치가 제시한 의견대로 이러한

27) 트뢸치는 켈러가 수행한 연구를 "매우 도움이 되며 자극을 주는 것이라"고 칭하였지만, 켈러가 발전시킨 "구복음주의 회중"이라는 개념은 "아마도 터무니없는" 것이라고 생각하였다. 자유교회에 대한 항목은 『사회에 대한 가르침』*Social Teachings*, Trans. Olive Wyon (London: George Allen & Unwin, 1931), II: 656-673 부분에서 찾을 수 있다. 켈러에 관한 내용은 다음에서 찾을 수 있다. II: 949.

분파 사상이 부흥한 것이지만, 이제는 단지 제한된 그룹뿐만이 아니라 전체 사회에 적용되었다." 좀 더 최근에 라인홀드 니버Reinhold Niebuhr는 라우쉔부쉬가 제시한 메시지 출발점으로서 라우쉔부쉬가 그의 아버지인 아우구스트 라우쉔부쉬로부터 물려받은 "분파주의 그리스도교의 근원주의"radicalism of sectarian Christianity를 세속 진보 개념과 함께 뽑아내었다.28)

신학대학원 교수로서 재직했던 경력을 가진 라우쉔부쉬는 초대교회, 중세분파, 그리고 종교개혁 좌익에 속한 운동이 다른 주제에 비하여 가볍게 다루어져왔음을 강조하였다. 사회 문제에 대한 이 저술에서 그는 창조성의 근원과 예언자 발언의 근원으로서의 초기 그리스도교 운동으로 거듭하여 돌아간다. 다음은 그가 한 진술 전형이다:

> 진정한 예언은 뜨거운 종교 경험이 민주주의 정신, 강한 사회 정서, 그리고 자유로운 발언과 결합한 곳에서 발생한다.… 종교개혁 이전, 그리고 종교개혁과 함께 그렇게 다각도로 나타난 급진주의 집단 안에서 동일한 결합이 일어났다. 그들 모두는 동일한 형태를 지향하는 경향을 가지고 있었는데, 그것은 곧 원시 그리스도교 형태였다. 강력한 형제사랑 정서, 단순성, 그리고 조직에서의 민주성, 재산에 관한 좀 더 강하거나 약한 공산주의 사상, 당대 위압하던 군사통치 정부를 향한 수동 복종 혹은 양심을 따르는 불복종, 이기심이 가득하고 압제하는 교회를 향한 반대, 예수께서 가르치시고 행하신 윤리를 실행하고자 하는 진정한 믿음, 그리고 개인이 거듭난 체험과 계시된 하나님 말씀을 해석하는 내면으로부터의

28) W. A. Visser 't Hooft, 『미국 사회복음의 배경』 *The Background of the Social Gospel in America* (Haarlem: H. D. Tjeenk William and Zoon, 1928), p. 64; Reinhold Niebuhr, "역사 관점에서 본 월터 라우쉔부쉬" (Walter Rauschenbusch in Historical Perspective), *Religion in Life*, XXVII (1957–1958), 530. 라우쉔부쉬가 개진한 분파주의 입장에 대한 광범위한 논의에 대하여는 다음을 참조하라. Donovan E. Smucker, 『월터 라우쉔부쉬의 사회윤리 기원』 *The Origins of Walter Rauschenbusch's Social Ethics* (Chicago: Department of Photographic Reproductions, University of Chicago, 1956).

> 빛에 대한 믿음으로 인해 그들 모두에게 있었던 비밀스러운 능력.… 그들이야말로 현대세계의 선구자였다.[29]

지성사에 대한 글을 쓰는 오스트리아 학자 프리드리히 히어Friedrich Heer는 이 학설과는 매우 다른 관점을 가지며 또 이 학설에 거의 동감하지도 않지만, 흥미롭게도 이 학설을 보강하였다. 그는 그리스도교 "상류 문화", 식자층 인본주의, 그리고 이성주의와 이에 대항하는 대중 "하류 문화" 사이에서 거듭되어 발생하는 투쟁, 즉 종교뿐만 아니라 정치를 포함하는 두 가지 형태로 발생하는 투쟁을 당연하게 인정한다. 프랑스 대혁명 이후에 주어진 점증하는 사회관용은, 곧 그전에 지식층에 의해서 비순응파가 일으키는 불온한 움직임이 발생하는 것을 막아내던 압제를 포기한 것을 의미했다:

> 새로운 대중 운동이 밖으로 표출되어 나왔을 때, 유럽 지성사에서 가장 주목할 만하고 흥분되는 사실이 부지중에 빛으로 드러났다. 1,000년에 다다르는 핍박에도, 단 하나 "이단" 사상, 철학, 혹은 신념도 근절되지 아니하였다.… 정통 교회와 세속 통치자에 의한 핍박은 이단 운동이 지하로 숨어들어 계승하게 하고, 그들로 변장하도록 강요했을 뿐이다.… 15세기부터 20세기까지 가장 철저하게 강압이 이루어졌던 스페인과 러시아에서의 운명, 그리고 독일 자유교회에 대한 억압은 교훈이 되는 예를 제공한다.[30]

같은 논조를 담는 또 다른 한 최근 역사서는 미국 네덜란드개혁교회 목

29) Walter Rauschenbusch, 『사회복음 신학』 *A Theology for the Social Gospel* (New York: The Macmillan Co., 1918), pp. 195–196; 또한 그의 『사회질서의 그리스도교화』 *Christianizing the Social Order* (New York: The Macmillan Co., 1912), p. 83을 보라.

30) Friedrich Heer, 『유럽 지성사』 *The Intellectual History of Europe*, trans. J. Steinberg (Cleveland: World Publishing Co., 1966), pp. 1–2.

사 레오나르드 페르다윈Leonard Verduin이 저술한 종교개혁 좌익 연구서이다. 그는 여러 급진주의자radicals가 온전한 종교 개혁full reformation을 요구함으로써 고전 개신교루터교회, 개혁교회, 성공회 등. 관주도:magisterial, 국교:establishment, 주류:mainline, 보수:conservative, 고전:classical 개신교 등으로 불림-역주에 대항하여 "제2전선"을 개시한 것으로 묘사한다. 여러 급진주의자는 성서를 유일한 권위로 삼고 전신자제사장직이라는 주요 종교개혁자 공식 견해가 가져온 논리 결과를 온전하게 이루기 위하여 이 전선을 형성하였다. 그러나 좀 더 중요하게, 페르다윈은 이 종교개혁의 여러 "서자"가 사실은 "중세 질서에 거듭해서 대항하여 이미 존재해 왔던 경향과 의견"의 활동 재기를 대표했다고 강력하게 주장한다. 말하자면, 페르다윈 저서는 일종의 주석이다. 그렇기 때문에, 그는 한 본문으로서 루터가 다음과 같이 저술한 진술에 주의를 기울일 것을 요청한다: "우리 시대에 다시 확립되고 정화된 복음 교리는, 초기에 적그리스도가 세운 독재자인 교황에 의해서 압박을 받았던 많은 사람을 복음으로 이끌어 내었다. 하지만 [이 사람들은] 얼마 안 되어서 우리를 떠났는데, 그것은 그들이 비록 잠시 동안 우리와 동행했다 하더라도 원래부터 우리에게 속하지 않았기 때문이다."31)

자유교회 역사를 집대성한 책을 저술한 스웨덴 교수 구나르 웨스틴Gunnar Westin은 연속이론theory of continuation을 조심스럽게 다뤄야할 견해로 받아들였다. 그는 초대교회에서 시작하여 중세 시기까지 망라하는 "이단으로서의 자유교회 운동"Free Church Movements as Heresies이라는 제목을 가진 한 장에서 그 설명을 진행한다. 웨스틴이 채택한 서술 방법은 주요한 이단 운동–마르키온주의Marcionism, 몬타누스주의Montanism, 노바티안주의Novationists, 도나투스주의Donatists, 파울루스파와 보고밀파Paulicians and Bogomiles, 카타

31) Leonard Verduin, 『종교개혁자와 그 서자』 *The Reformers and Their Stepchildren* (Grand Rapids: W. B. Eerdmans, 1964), pp 11–20; 루터가 쓴 글은 이 책 18페이지에서 인용해 왔다.

리파Cathari, 왈도파Waldensians, 롤라드파Lollards, 그리고 우니타스 프라트룸Unitas Fratrum을 포함하는 후스파Hussites–을 개개 운동이 서로 직접 연관이 있다고 주장하지 않고 취급하는 것이었다. 아래의 예는 동방과 서방에서 일어났던 여러 이단 운동에 대하여 그가 전개한 논의이다:

> 카타리파가 등장하였을 때 … 그들 사고와 관습은 파울로스파와 보고밀파의 의견과 방식과 원론에서 일치한다는 것을 드러내었다. 그렇다면 비록 사슬 사이에 있는 모든 연결을 지적해 내는 것은 불가능하다 할지라도 직접 연결되는 역사 고리가 있다고 확증하는 것이 자연스럽다. 역사에서 이 부분은 이미 언급된 여러 운동에 대한 연구에서 드러난 동일한 여러 문제로 인하여 불명료하다.… 이러한 집단에 대한 역사 자료 문서는 그들이 이단이었기 때문에 종종 파기되었다.

그럼에도, 이러한 여러 운동을 자유교회라고 부름으로써 웨스틴은 그들을 결합하여 나름대로의 연결 고리를 창조해낸다.32)

아르놀트, 켈러, 트뢸치, 라우쉔부쉬, 히어, 페르다윈, 웨스틴–이상의 학자는 자유교회 기원이 초대교회에서부터 발견된다는 확신을 상당한 정도로 공유하고 있다. 이상이 바로 자유교회 기원에 대한 분파주의 견해이다.

청교도 학파

자유교회 기원에 관하여 앞에서 해석한 것과는 달리, 이 이론은 그 시발점을 영국 청교도주의에 둔다. 이 이론은 자유교회가 17세기 앵글로색슨

---

32) Gunnar Westin, 『모든 시대에 있었던 자유교회』 *The Free Church Through the Ages*, trans. V. A. Olson, (Nashville: Broadman Press, 1958), pp. 9–38; 인용은 24–25에서 가져왔다.

그리스도교Anglo-Saxon Christianity에서 시작하여 현재에 이르기까지 직접 이어졌음을 주장하며, 좀 더 간략하다.

우리가 이 학설에서 발견하는 것은 대륙 급진종교개혁 발전이 청교도주의에 영향을 주었다는 제안을 용인하지 못하는 것과, 세대를 거쳐 오며 억압을 받던 신자들의 **비밀 교회**Heimliche Kirche가 있어왔다는 견해를 경멸하는 태도이다. 이 학설을 따르면, 자유교회는 청교도 비순응파 진영이 세운 특별한 공헌에 의하여 존재하게 된 것으로 여겨지는데, 그들은 영국이 청교도 혁명을 일으키던 1640-1660년 동안 호국경 올리버 크롬웰 치하에서 서서히 그 독특한 형태를 이루었다.

이 이론이 주장하는 입장은 산뜻하고 간략하게 『옥스퍼드 그리스도교 사전』*Oxford Dictionary of the Christian Church* 안에 들어가 있다. "자유교회" 아래 항목은 "비국교도를 보라" See Nonconformity고 되어 있다. 그리고 편집자는 "비국교도"를 다음과 같이 정의한다:

> 어느 국교회 교리, 정체, 혹은 권징에 순종conform하기를 거부함. 원래는 17세기에 영국 국교회 교리에는 동의하지만, 그 권징이나 행습, 특별히 의식에 관한 것에 순종하기를 거부했던 사람들에게 사용되었는데, 이 용어는 모든 비순응파, 특별히 개신교에 동감하는 모든 사람에게 적용되기에 이르렀다.

이 항목 나머지 부분에서 다루어진 영국 개개 교파는 장로교, 회중교, 감리교, 퀘이커, 그리고 침례교이다.[33]

좀 더 최근에, 여러 미국 교회사가는 이 관점을 받아들여서 영국 비순응

33) F. L. Cross, ed., 『옥스퍼드 그리스도교 사전』 *The Oxford Dictionary of the Christian Church* (London: Oxford University Press, 1957), pp. 527, 963.

파가 유럽대륙 좌익 종교 운동에 의존되어 있음을 보여주기를 기대하는 초기 이론을 공격하는 데 사용한다. 그들은 자유교회가 영국 토착 산물이라는 것을 주장한다. 예를 들자면, 윈스롭 허드슨Winthrop S. Hudson 은, 침례교 신자는 아나뱁티스트가 아니며, 오히려 청교도라고 분명하게 서술한다. 휴 바버Hugh Barbour 에 의한 최근 연구는, 루푸스 존스Rufus Jones 와 다른 이들이 퀘이커는 대륙의 "성령주의 종교개혁자"에게 영향을 받았다고 주장하는 것을 거부하면서, 퀘이커는 오직 청교도 기반 안에서만 이해될 수 있다고 본다. 시드니 미드Sidney Mead 는 윌리엄 워렌 스위트William Warren Sweet 에 의해서 제의된, 종교자유가 미국에서 발흥하게 된 것은 우선 좌익 분파가 세운 공헌에 힘입은 것이라는 주장을 거부하고, 그러한 변화가 일어난 것은 실제 필요와 청교도 신학이 결합한 것에 의한 것이라고 주장한다.34)

자유교회 청교도 기원 학파를 가장 논리 정연하게 지지하는 학자는 허드슨, 제임스 맥클리어James F. Maclear , 그리고 호르톤 데이비스Horton Daives 이다. 허드슨은 미국 교회가 세운 "위대한 전통"에 관한 그 중요한 저서에서 종교에서의 자원 원리voluntary principle 가 미국 교회가 이룩한 한 위대한 공헌이라고 옹호한다. 그는 만족스러운 마음으로 제임스 브라이스James Bryce 가 저술한 책에서 다음과 같이 인용한다. "구세계와 신세계 사이에 있는 많은 차이 중에서 아마도 이것이 가장 현저한 것이다. 즉 모든 종교 조직은 법 앞에서 절대 동등하며, 그 종교 조직이 순수한 시민 자원 협력체가 아닌 이상 법으로 인정받지 못한다는 것이다."35) 허드슨에 의하면, 이 원리로 인하여 미국 "교회 생활은 강력하고 활발하며, 명목상 소속보다는 개인 확신에

34) Winthrop S. Hudson, "침례교 신자는 재침례교 신자가 아니었다." (*Baptists Were Not Anabaptists*), *Chronicle*, XVI (1953), 171–178; Hugh Barbour, 『청교도 시대 영국 퀘이커』 *The Quakers in Puritan England* (New Haven: Yale University Press, 1964); Sidney Mead, 『생생한 실험』 *The Lively Experiment* (New York: Harper & Row, 1963), pp. 33–37.

35) Winthrop S. Hudson, 『미국 교회의 위대한 전통』 *The Great Tradition of the American Churches* (New York: Harper & Brothers, 1953), pp. 27–41; 인용은 28쪽에서부터 왔다.

근거하며, 선교 확장을 가져오는 영적 생명력이 가지는 새로운 격동 때문에 미국 시민이 서쪽으로 행진하여 새롭게 정착하는 곳마다 복음도 가져갔으며, 지구 모든 구석까지 많은 선교사를 내보냈고, 대학과 병원과 자선단체를 창립하였다." 그러나 허드슨에게 이 이론이 제시하는 주안점은 이러한 모든 공헌을 이룬 것은 청교도주의분명하게 하자면 좌익 청교도주의이지만 아직 청교도주의에 속하는 운동에 뿌리를 두고 있다는 것이다. 혼란스럽던 17세기 동안에 급진적 청교도Radical Puritans가 이루어낸 이러한 "독특한 공헌"은, 그들이 개신교 종교개혁 기본 신념을 그 논리 결론에까지 이끌어 감으로써 이루어낸 것이었다.[36]

허드슨이 주장한 이론 근간이 되는 주제는 청교도주의 안에 있는 한 새로운 교회 형태로서 교파주의denominationalsim 정체를 인정한 것이다. 그에게 있어서 "교파" 개념은 실용 필요성 그리고 경쟁하는 다양한 청교도 집단이 갖는 신학 경향에서 온 한 삶의 방식으로서 대두한 것이다. 그 삶의 방식은 한 "이론으로서 한 무리 청교도 성직자에 의해서 고안된 것이며 … 그것은 충분하게 광범위한 지지를 얻어냄으로써 그 신학이 갖는 정당성이 전체에 걸쳐 승인되었다."[37] 왜 뉴잉글랜드 지역 청교도 집단이 그렇게 사력을 다하여 국교회에 집착하였는지에 대한 이유는 설명되지 않은 채로 남겨졌다.

허드슨 입장과 매우 밀접하게 연관된 이론이 제임스 펄톤 맥클리어James Fulton Maclear에 의해서 전개되었는데, 그는 "자유교회 전통 탄생"을 규명하는 문제에 헌신하였다. 허드슨처럼, 맥클리어는 영국과 미국 두 곳 교회 생활에서 대다수를 지배하는 것이 곧 자유교회 형태라고 보는데, 그는 이것은 "본래 17세기 영국에서 비국교도가 형성되는 과정에서" 유래했다는 것

36) *Ibid.*, pp. 19–20.
37) Winthrop S. Hudson, "교회일치의 한 기초로서의 교파주의: 17세기 개념" (Denominationalism as a Basis for Ecumenicity: a Seventeenth Century Conception), *Church History*, XXIV (1955), 32–50.

이다. 그러나 맥클리어는 이 영국에서의 자유교회 발전은 교회와 국가 사이에 밀접하고 계속되는 결합으로 인하여, 후에 유럽 대륙에서 발생한 것과는 같지 않다는 점을 추가로 지적한다. "비국교도에게서 탄생한 자유교회는 세속 권위와 어떠한 근본 갈등을 일으킴이 없이, 그리스도교 국가와 사회 조직 속에서 발전했다." 이러한 관점을 가지고 있는 그는 자유교회가 국가에서 분리된 교회 조직이라고 정의하는 이들이 취하는 해석을 정면으로 반대한다. 맥클리어는 청교도주의 안에 교파 개념이 자리 잡도록 한다는 점에서 허드슨과 입장을 같이 한다. "영국과 미국에서 자유교회 형태는 청교도가 분열되면서 만들어낸 종교 다양성이라는 독특한 환경에서 빚어졌다."38)

영국 비국교도에 관한 저명한 학자인 호르톤 데이비스Horton Daives 는 자유교회의 청교도 기원 학파에 속하는 또 다른 지도급 주창자이다. 영국 국교회가 아닌 여러 교회의 역사와 신앙에 대한 간단한 요약에서 데이비스는 그 운동 기원이 청교도 안에 있다고 단호하게 주장하였지만, 다음과 같은 주석을 달았다: "청교도주의 조상을 찾아가고자 할 때, 청교도주의 그 자체는 방문할 곳이 아니다." 즉 데이비스에게는 신학에서 볼 때, 청교도주의 근본은 칼뱅의 제네바로 귀속되는 것이었다.39)

아나뱁티스트 학파

자유교회 기원에 대한 세 번째이며 마지막 학파는 우리가 "아나뱁티스트"라고 부르는 그것이다. 이 관점에 의하면 자유교회는 급진종교개혁의 복음주의 진영evangelical wing of the Radical Reformation 에서 기원하였다. 아나

38) James F. Maclear, "자유교회 전통의 탄생" (The Birth of the Free Church Tradition), *Church History*, XXVI (1957), 99–131. 또한 그의 "교회와 국가 관계의 미국에서의 진정한 연합: 신정론(神正論) 전통 재건" ('The True American Union' of Church and State: the Reconstruction of the Theocratic Tradition), *Church History,* XXVIII (1959), 41–62를 보라.

39) Davies, *op. cit.*, pp. 1–3

뱁티스트라 불리는 이 진영은 성서의 권위와 초대 그리스도인 행습을 표준으로 따랐다. 개신교와 로마 가톨릭교회 양쪽으로부터 받은 격심한 핍박 때문에 아나뱁티스트 신자는 그들 주요 기본 신념을 발전시키거나 뚜렷하게 할 자유가 없었으며, 지하로 내몰렸고, 고립된 생활로 물러났어야 하거나, 더 나아가 실제 처형까지 당해야만 했다. 하지만 여러 학자가 결론을 내린 것은 아나뱁티스트 신자에 의해서 선언되어 영국으로 전달되었던 신학 사상과 주장이, 영국이 공화국 시기에 정치 발전을 이루는 동안 청교도주의 좌익 운동left wing of Puritanism 안에서 만개하였다는 것이다.

이 관점은 자유교회 분파주의 기원 학파와 청교도 기원 학파의 몇몇 부분을 결합한 것으로 이해될 수 있다. 이 이론은 급진종교개혁Radical Reformation 에 속하는 아나뱁티스트 신자가 원시 그리스도교로 돌아가자고 한 본보기가 되는 호소를 인정하며, 또한 중세 분파주의 안에 있는 여러 유사한 운동도 용인하는 반면, 비순응파에게 사도 계승이 어떤 끊어지지 않은 연결을 통하여 이어진다는 이론은 받아들이지 않는다. 이 이론은 오늘날 우리가 알고 있는 많은 자유교회는 청교도주의에서 발생하였지만, 좌익 청교도주의는 단지 칼뱅주의 하나만을 언급하는 것으로는 결코 온전하게 설명되지 않는다고 믿는다.

20세기 학자 중에 "아나뱁티스트 학파"가 주장하는 것을 대략 동의하는 이들로 프랭클린 라이텔Franklin H. Littell, 조지 윌리엄스George H. Williams, 롤란드 배인톤Roland Bainton, 그리고 어네스트 페인Ernest A. Payne과 피터 테일러 포사이쓰Peter Taylor Forsyth 등이 거명될 수 있다. 특별히 감리교 신자 라이텔은 자유교회 기원을 아나뱁티즘으로 보는 견해를 활발하게 추진하여 왔다. 그는 마치 자신이 현대판 순회설교자인 것처럼 여기며, 이 시대 요구에 적합한 아나뱁티스트교 복음을 가지고 미국 전역을 순회하고 있다. 자신 저서 『아나뱁티스트 교회관』*The Anabaptist View of the Church* : 최근에 『분파 개신교 기원』*Origins of Sectarian Protestantism*이라는 주목할 만한 제목을 단 보급판으로 재간됨과 『자유교회』는 이 신학 전통에 대하여 오늘날 많은 관심을 만들어 내는데 원인을 제공하였다. 명목상으로 회개한 회중에 대한 교회 권징을 회복하는 것, 오직 종교 기반 위에서 종교자유를 증진하는 것, 평신도 사역을 장려하는 것, 인종 간 관계를 호전시키는 것-이러한 것들은 현시대 교회가 가지고 있는 문제를 해결하기 위하여 그가 적용하는 자유교회 원리 중 몇 가지에 지나지 않는다.40)

16세기 종교개혁 좌익에 대한 방대한 연구를 종합한 『급진종교개혁』*The Radical Reformation*에서 조지 윌리엄스George H. Williams는 라이텔이 주장한 많은 부분이 제시한 근거를 입증하였다. 그 저서 제목 자체가 루터교회, 개혁교회, 그리고 성공회 등 "관주도 국가교회 종교개혁"과 병립하여 동등하게 중요하고 시종일관한 위치를 점하는 종교개혁이 존재한다는 확신을 반영한다. 이 종교개혁은, 신실하고 순종하는 제자가 되기 위해서는 필요하다면 교회의 뿌리를 잘라내기를 원했던 여러 사람으로 이루어졌다. 급진주의자에 대하여 많은 학자가 가진 일관된 관심이 이 생각을 지지해 준다. 급진주의자를 "열광주의자"와 분열을 일삼는 광신자라며 별로 탐탁지 않게 해석해 온 끊이지 않는 전통에 대하여 윌리엄스가 꾸준하게 반대한 내용이 그가 소위 "분파주의 교회일치운동"으로 설명하는 것이다. 윌리엄스는 이것을 통하여 여러 급진종교개혁자가 모든 사람을 위하여 광범위하게 복음을 전하려는 열정에 가득 찬 관심을 가지고 있었음을 보여주고자 한다. 이러한 관심은 거의 모든 초기 개신교 신자에 의해서 받아들여졌던 교회 구성에서의 영토 중심 원리에 대하여 여러 급진종교개혁자가 가졌던 근본 반대로

40) Franklin H. Littell, 『아나뱁티스트 교회관』 *The Anabaptist View of the Church*, second rev. ed. (Boston: Starr King Press, 1958); 보급판은 1964년에 출간되었다. 『자유교회』 *The Free Church* (Boston: Starr King Press, 1957). 또한 그의 "역사로 본 자유교회 정의" (The Historical Free Church Defined), *Brethren Life and Thought*, IX (Autumn 1964), 78-90을 보라.

부터 흘러나온 것이다. 윌리엄스는 자신 책 서론에서 아래와 같이 결론을 맺었다:

> 또 다시 우리 시대에 세속과 교회를 동시에 지향하는 새로운 맥락 속에서 유럽에서 국가교회였던 여러 교회가 미국에서 그 지위를 잃어가고 있을 때, 미국에서는 국가교회 대신에 많은 교파가 새롭게 구성되고 있다. 아시아와 아프리카에서 일어난, 서구 교회보다 더 젊은 교회는 새롭게 일어나는 민족 종교 그리고 무산자를 위한 국제 종교공산주의-역주에 의해서 도전을 받고 있다. 요약하자면, 저변에서부터 적대하며 고립되는 환경 가운데 있는 모든 교회가 다시 선교를 시도할 때, 많은 교파 그리스도인은 스스로 단체를 구성하여, 개혁된 **그리스도교 제국***corpus christianum*을 지지하였던 주류 종교개혁 출신 방어자에게보다 오히려 종교개혁 시대에 혐오되던 여러 분파 후예와 더 가까워진다.41)

현재 미국 교회사가 중에서 롤란드 H. 배인톤이 그가 유행시킨 표현인 "종교개혁의 좌익" Left Wing of the Reformation에 관심을 집중하도록 가장 큰 영향을 끼쳐왔다. 많은 저술에서 그는 끈질긴 투쟁 혹은 "종교자유를 위한 진통" 속에서 자유 범위를 확대하는 데 기여한 그들의 역할을 보여주었다. 배인톤에 의하면 아나뱁티스트 신자는 "우리가 스스로를 입증하기 위하여 붙들고 있는 진리 중 북미 대륙에서 탄생한 세 가지 원리를 선포하고 모범을 보이는 데서 다른 모든 그리스도교 조직보다 앞서 나간 이들이다. 그 세 가지 원리는 자원 교회voluntary church, 교회와 국가의 분리, 그리고 종교자유religious liberty이다." 그러나 그는 이러한 주도성 그 자체가 그 이후 세기

41) George H. Williams, 『급진종교개혁』 *The Radical Reformation* (Philadelphia: Westminster Press, 1962), p. 31. [이 책 완결판인 제3판은 1992년에 1516면에 달하는 방대한 양으로 출판되었다.–역주]

에 직접 알려진 것이 아니라, 영국 청교도 혁명을 통해서 전달되었음을 주의하도록 한다.42)

교회일치운동협회 집행부 한 책임자이며 학자로서 영국 침례교 신자인 어네스트 페인은 대륙 급진종교개혁을 영국 종교개혁에서 분리시키고자 하는 이들을 날카롭게 비판한다. 그는 필그림 파더스Pilgrim Fathers를 포함하여 영국 비순응파가 네덜란드에서 네덜란드 아나뱁티스트와 의미 있는 만남을 가졌던 예에서 확연하게 드러난 것처럼, 이 두 진영 사이에서 사람과 사상이 교류하였음을 분명하게 보여주는 증거를 열거하였다. 예를 들어, 초기 침례교 지도자였던 존 스마이스John Smyth는 네덜란드 메노나이트Dutch Mennonites에게 침례를 받기 원하였으며, 결국 그의 추종자 대부분이 침례를 받았다.43)

20세기 초 영국 회중교회 신학을 주도하던 이들 중 한 명이 피터 테일러 포사이쓰Peter Taylor Forsyth였는데, 그는 자신의 저작을 통하여 그 신학이 가지는 탁월한 입장을 거듭하여 드러내고 있다. 그는 청교도주의를 열매 맺게 하고 강력해지도록 만든 것이 바로 아나뱁티스트 신자들 자신의 눈에는 말씀보다는 성령의 주된 옹호자이었음을 강력하게 견지하였다. "그리스도교 복음은 열정으로 가득 찬 아나뱁티즘 도움으로 칼뱅주의 곧 청교도 체계에 가득 찬 신조에서 탈출했지만, 다시 그 아나뱁티즘의 폐해에서 보호를 받기 위하여

42) Roland H. Bainton, "종교개혁의 좌익" (The Left Wing of the Reformation), *Journal of Religion*, XXI (1941), 125–134. 인용은 그의 "역사에 끼친 아나뱁티스트 공헌" (The Anabaptist Contribution to History), G. Hershberger, ed., 『아나뱁티스트 비전의 회복』 *The Recovery of the Anabaptist Vision* (Scottdale, Pa.: Herald Press, 1957), p. 317에서 왔다

43) Ernest A. Payne, 『16세기 아나뱁티스트 신자』 *The Anabaptists of the 16th Century* (London: The Carey Kingsgate Press, 1949). p. 5ff. 또한 그의 논문 "메노나이트 신자와 침례교 신자 사이의 접촉" (Contacts Between Mennonites and Baptists), *Foundations*, IV (1961), 39–55를 보라. [저자가 설명한 것과는 달리 존 스마이스는 1609년 먼저 스스로에게 침례를 베풀고 그 40여 명 추종자에게 침례를 베풀었다. 얼마 후 스마이스는 스스로에게 행한 침례로 인하여 비난을 받으며, 그가 네덜란드 메노나이트에게 침례를 받지 않은 것을 후회했다. 병중에 있던 그는 메노나이트 가입을 청원한 상태에서 1612년 사망하였고, 그를 따르던 이들은 1615년에 이르러서야 메노나이트에 새로운 침례를 받을 것을 요구받지 않고 가입이 받아들여졌다.–역주]

자신이 태어났던 칼뱅주의 주요한 신학으로 돌아갔다." 여기서 포사이스는 자유교회라는 자녀를 탄생시키기 위하여 아나뱁티즘이 어머니 역할을, 칼뱅주의가 아버지 역할을 한 것을 마음으로 그리고 있는데, 우리는 아마도 그가 영국을 요람으로 보았다고 추가할 수 있을 것이다. 이러한 방법을 통하여 "진정한 교회 원리가 현대 관심사 안으로 이동하게 되었다." 아버지인 칼뱅주의에서 하나님 말씀을 긍정하는 신학 위에 서 있는 복음이 왔으며, 어머니인 아나뱁티즘에서 성령에 대하여 각 개인이 주관을 가지고 응답하는 신앙이 왔다. 그리고 영국에서 "왕가에 구애받지 않고, 영토에 속박되지 않고, 회중이 주도하는 교회를 자유롭게 구성하는" 원리가 왔다. 만일 포사이스가 급진종교개혁자를 좀 더 잘 알았더라면, 그는 성령에 대한 단순한 강조 외에 그들 사상에 담겨 있는 다른 요소를 발견하였을 것이다.[44)]

자유교회 기원에 대한 이러한 학자 사이의 불일치 일부는 정체성identification에 대한 합의가 부족하기 때문이다. 자유교회 기원의 문제에 집중하는 또 다른 방법은 자유교회를 포함하여 그리스도교 여러 가지 전통을 분류해 온 방법을 살펴보는 것이다.

교회 분류 방법

크리스텐덤Christendom:기독교제국, 기독교왕국에 나타난 여러 교회 형태가 각양각색인 상황 가운데, 많은 이들이 이를 정의하고 이름을 붙이는 데 유용하게 사용할 범주나 유형을 끈질기게 찾아왔다. 사실을 말하자면, 최근까지 동방정교나 로마 가톨릭교회에게 이 문제는 과도한 관심을 불러일으키지 않았으며, 이들 각자는 자신들이 하나이며, 거룩하며, 공통되며, 사

44) Peter Taylor Forsyth, 『신앙, 자유, 그리고 미래』 *Faith, Freedom, and the Future* (London: Independent Press, 1912), pp. 5, 97–98.

도에 근거한 교회라는 정체성을 확신하고 있다. 게오르게 플로로프스키 George Florovsky 교수는 "[초대교회에서 시작하여] 끊어지지 않는 역사 연속성을 가지는 교회가 단지 하나 이상 존재하여 왔다는 사실은 명약관화하다. 그러나 그 모든 것을 뛰어 넘는 궁극 관점에서 볼 때 **영과 존재론에서 정체성**을 가지는 단 하나뿐인 교회가 있는데, 그 교회는 같은 믿음, 같은 정신, 같은 기풍을 가지고 있다"고 동방정교에 대하여 설명했다.45) 로마 가톨릭교회에 의해서 개신교회가 교회로서의 의미를 인정받은 것은 오직 제 2차 바티칸 공의회 결정 이후이다. 그러므로 로마 가톨릭교회의 "신조학" symbolics 표준 교과서에는 그들의 전통을 따라 개신교 이단에 속하는 신기한 표본을 바늘로 찔러놓은 종교 곤충채집 같은 성격을 보유하고 있다.

정통과 이단으로 구분하지 않고, 다른 원칙으로 그리스도교의 여러 운동을 분류하려는 첫 번째 시도를 모든 기관화한 교회에 대하여 회의적이여서 종교 개인주의자로 구별되고 16세기 이후로는 종종 성령주의자라 불린 이들이 시작했다는 것은 결코 우연이 아니다. 그들에게 유일한 참 교회는 눈에 보이지 않는 교회이며, 지상에 교회를 만드는 것 그 자체는 곧 타락을 드러내는 표시일 뿐이다. 이러한 시도를 한 이들 중 첫째로 꼽을 이가 재기 넘치는 세바스티안 프랑크Sebastian Franck 였는데, 그는 동시대 그리스도인을 냉철하게 로마 가톨릭 신자, 루터교 신자, 츠빙글리교 신자, 그리고 아나뱁티스트 신자라는 넷으로 분류하였다. 그가 지은 "분열하는 교회에 대하여, 그들 각자는 다른 이들을 미워하고 저주하네"라는 제목의 찬송을 통하여, 그는 그 견해를 신랄하게 표현하였다. 1절은 다음과 같이 시작한다. "나는 교황주의자가 되지도 않을 것이며 되기를 원치도 않는다네." 그리고 그 다음 절에서는 같은 형식으로 루터교 신자, 츠빙글리교 신자, 그리고 아나뱁

45) George Florovsky, "동방정교의 기풍" (The Ethos of the Orthodox Church), *The Ecumenical Review*, XII (1960), 186.

티스트 신자를 넣는다. 다른 곳에서 그는 이 네 그룹 어느 구성원이라도 "진실로 한 이교도이며, 나의 선한 형제"라고 기록하였다. 46)

종교개혁 시대 이후로 교회를 분류하는 여러 다른 방법 목록이 나타났지만, 앞에서 이미 언급했던 에른스트 트뢸치 것이 가장 설득력 있고 그 영향력이 지속되는 유형론이다. 백여 편이 넘는 책과 주요 논문이 그가 제시한 세 가지 구분법교회, 분파, 성령주의자 그 자체를 다루기 위하여 쓰였지만, 이런 수많은 연구는 그것이 가지고 있는 영향력에 대하여 아무것도 말하지 않았다. 비록 현대 서구사회는 점점 더 그가 말한 세 번째 입장인 종교 개인주의로 기우는 경향이 있음을 믿는다고 트뢸치 그 자신이 지적했지만, 얄궂게도 많은 관심이 집중된 것은 교회-분파의 구분에 대한 것이었다.

트뢸치는 세 가지 범주의 방대한 설명을 다음과 같이 정리하였다:

> 교회Church는 그리스도가 이루신 대속 사역 결과로서의 은혜와 구원을 베푸는 한 기관이다. 은혜와 구속이라는 객관적 보화로 인하여 거룩함이라는 주관적 요구를 무시할 어느 정도의 여유가 있기 때문에 교회는 구성원에게 성찬을 베풀 수 있고, 세상과 조화를 이루며 살 수 있다.
>
> 분파sect는 모든 구성원이 "거듭남"을 경험했다는 사실에 의해서 서로를 속박하는 엄밀하고 제한된 그리스도인으로 구성된 자발성 단체이다. 세상에서 물러나 있는 이 "신자들"은 작은 모임으로 제한되며, 은혜보다는 율법을 강조한다. 사랑에 기초한 그리스도인 질서를 이루는 그들 집단 안에는 신앙 성숙도에 따르는 다양한 등급이 있다. 그들이 행하는 모든 것은 하나님 왕국 도래를 준비하고 기대하는 것이다.
>
> 신비주의mysticism는 형식에 빠진 예배와 교리에 의하여 굳어진 사상 세

46) Christian Neff, "세바스티안 프랑크" (Franck, Sebastian), *Mennonitisches Lexikon* (Frankfurt/Main: 1913ff.), I:668-674; Hans Hillerbrand, 『불평분자들과의 교제』*Fellowship of Discontent* (New York: Harper & Row, 1967), pp. 31-64가 프랑크에 대한 최근 평가를 다룬 내용이다.

계로부터, 순전히 개인 내면에서 일어나는 경험으로 옮겨진 것을 의미한다. 이러한 현상은 순수하게 개개인 바탕 위에서 모임이 이루어지도록 한다. 이 모임은 영속하는 형태가 없고 또한 예배, 교리, 그리고 역사에서의 핵심 요소 등에 대한 중요성이 약화하는 경향이 있다.47)

이러한 분석이 가지는 유용성이 광범위하게 받아들여졌음에도, 이 유형론은 끊이지 않는 공격을 받아왔다. 리처드 니버H. Richard Niebuhr와 엘스워쓰 파리스llsworth Faris가 각각 1928년과 1929년에 시작한 비평은 이 유형법이 변화에의 다양성, 특히 분파 제2세대와 이후 세대에서 겪을 변화에의 다양성을 용인하지 않았다고 지적했다. 분파에 속한 부모의 자녀가 그들 부모가 가졌던 열정과 동일한 강도에 달하는 열정을 경험하기가 어렵기 때문에, 분파에 속한 사람은 교회가 가지고 있던 교육, 조직, 그리고 연속 문제를 동일하게 만나게 된다. 더욱이 종교관용이 증대함에 따라 분파가 탄생하기 위한 필수 요건인 원래 저항을 만들었던 환경이 제거되면, 좀 더 긴장이 풀린 사회에서 분파에 속한 이들 자녀에게 문화수용력은 좀 더 빨리 진행된다.48)

게다가 오락, 문화로서의 유희, 그리고 사회에서 용인된 사치품 등에 대하여 금지하는 등 분파가 갖는 매우 엄정한 윤리와 게으름을 죄악시하는 종교 제재가 함께 만나 짝을 이루면, 그 결과로 부가 축적된다. 생활이 윤택해지고 교육 기회가 증대됨에 따라 사회 계급이 상승하게 된다. 그러면 분파 안에서 오래된 행습이 불편해진다. 이 과정에서 계급 상승은 계속해서 이루어지게 된다. 요약하자면, "분파는 그 저항하는 기질이 부드러워지고,

---

47) Troeltsch, *op. cit.*, II: 993.

48) H. Richard Niebuhr, 『교파주의의 사회 근원』 *The Social Sources of Denominationalism* (New York: Henry Holt and Co., 1929); Ellsworth Faris, "분파와 분파주의자" (The Sect and the Sectarian), *American Journal of Sociology*, LX (May 1995), 75–90, 초판은 1928년에 출판되었다.

그 주변 기성 종교 조직이 갖는 신학, 구조, 행습을 서서히 받아들이게 된다."49)

여러 신학자와 교회사가는 트뢸치의 이론이 가지고 있는 사회학 방법론 때문에, 그리고 미국 그리스도교에서 독특한 형태로 나타난 "교파주의"를 위하여는 아무것도 준비하지 않았다는 이유 때문에 그 이론이 가지는 가치를 떨어뜨린다. 게다가 존슨Benton Johnson, 윌슨Bryan Ronald Wilson, 그리고 버거Peter Berger 같은 종교사회학자는 그 이론이 불변하는 사회 상황에서는 특별히 도움이 되지 않는다고 비평해왔다. 비평가 중 다수는, 트뢸치가 "정형화 유형"ideal types을 막스 베버에게서 빌려와서 사용한 것을 포용하지 않았다는 것은 반드시 언급되어야만 함을 지적한다. 그 유형이란 특정한 그리스도교 운동을 **분류하는** 것이 아니라, **명확하게** 하는 것을 의미한다. 피터 버거는 종교 활동에서 "내면 의미"에 집중함으로써 좀 더 속성에서의 차이점을 분명하게 파악할 수 있을 것이라고 제안한다. 그래서 분파는 "성령께서 가장 가까이에 현존하신다는 믿음에 기초한 종교 모임"으로 정의될 수 있다. 교회는 "성령께서 멀리 계시는" 상태를 유지하고 있는 모임이다. 그러면 이러한 차이는 세상, 교육, 사역, 그리고 다른 중요한 것에 대한 태도에도 영향을 미친다.50)

범주에 대한 질문에 접근하는 또 다른 방법은 신학자인 앙구스 던Angus Dun과 레슬리 뉴비긴Lesslie Newbigin이 제안한 것이다. 비록 이 둘은 따로 각자의 사상을 발전시켰지만, 그들은 함께 다뤄도 될 정도로 서로 충분히

49) Calvin Redekop, "분파 순환에 대한 관점" (The Sect Cycle in Perspective), *Mennonite Quarterly Review,* XXXVI (1962), 155–161.

50) Benton Johnson, "교회–분파 유형론에 대한 비평 평가" (A Critical Appraisal of the Church–Sect Typology), *American Sociological Review*, XXII (1957), 88–92, 그리고 "교회와 분파에 관하여" (On Church and Sect), *ibid.*, XXVIII (1963), 539–549; Bryan Wilson, "분파 발전에 대한 분석" (An Analysis of Sect Development), *ibid.*, XXIV (1959), 3–15; Peter Berger, "분파주의에 대한 사회학 탐구" (The Sociological Study of Sectarianism), *Social Research,* XXI (1954), 467–485; 그리고 "분파주의와 종교의 기군집" (Sectarianism and Religious Sociation), *American Journal of Sociology,* LXIV (1958), 41–44. 버거의 글 인용은 앞에 나온 그의 논문에서 온 것이다.

연관된다. 그들에게 교회를 구분하는 그리스도교인이 가지는 세 가지 기본 관점은 "가톨릭", "고전 개신교", 그리고 "성령의 교제" fellowship of the spirit로 호칭될 수 있다. 던은 다음과 같이 말한다:

> 이들 중 첫 번째 관점은, 교회Church는 본질 기관으로서 위대한 사회이며, 사람들을 불러내어 당신과의 바른 관계로, 그리고 당신 아래서 다른 사람들과의 바른 관계로 이끄시는 하나님에 의해서 지구상에 세워졌다는 것이다. 교회는 구원 방주이며, 하나님 도성이며, 왕으로서의 하나님 법이 지구상에 드러나 이루어진 것이다. 하나님 법은 하늘에 있는 것이며, 이 땅에 도래하는 것이다.… 하나님께서 인간에게 다가오심과 하나님께서 다가오심에 대하여 인간이 응답하는 것은 눈에 보이며, 기관을 이루며, 공식 성격을 가지는 교회를 통해서 이루어진다.…
>
> 두 번째 중요한 방법은, … 성서에 분명하게 드러나 있거나 성서를 통하여 소통된 하나님 말씀을 믿음으로 받아들이는 여러 사람으로 구성되는 공동체로서, 그 말씀을 순종하는 것을 통하여 그들은 공동 삶을 살며 빚어가는 것으로 이해하는 것이다. 하나님과 사람은 말씀 안에서 만난다. 교회는 영원히 성서 아래 서있다.…
>
> 세 번째 관점은, … 성령의 교제 혹은 완전한 길 공동체로서 스스로를 정의한다. 여기에서 강조점이 주어지는 것은 인격 체험, 회심 체험, 성령께서 움직이게 하시는 혹은 성령께서 인도하시는 삶으로 인한 윤리에의 순결함 혹은 자발성, 그리고 얼굴과 얼굴을 맞대는 모임을 통해서 신자들이 직접 교제를 누리는 것 등이다. 이 모임은 믿음에의 공식으로서의 신조, 예배 형태, 사역과 조직 형태 등 밖으로 드러나는 모든 형태에 대하여 의심을 가지고 보는 … 경향이 있다. 하나님과 사람은 성령 안에서 만난

다.[51)]

던과 뉴비긴의 세 번째 범주, 즉 성령의 교제는 트뢸치에 의해서 규정된 분파 형태와 매우 유사하다. 던과 뉴비긴 범주와 트뢸치 범주, 이 두 가지에 집중함으로써 신자들의 교회에 대하여 적합한 묘사에 가장 가깝게 다다를 수 있을 것이다. 하지만 우리가 탐구하는 신자들의 교회에 대한 유용한 모습에 다다르기 위해서는 정치에 관련된 여러 사항을 비교해 보는 것을 통하는 또 다른 우회로를 택해야만 한다.

정치 유비

그리스도교 교회 중에 있는 여러 형태에 관한 명확성에 도달하기 위한 한 도구는 그것들을 정치 형태와 비교하는 것이다. 이렇게 하는 것이 생각보다 그렇게 제멋대로가 아닌 이유는 교회가 의식하든 의식하지 못하든 그들이 그 안에 존재했던 정치 체계 구조로부터 그 형태를 취하는 경향을 가진다는 것이 오랫동안 관찰되어 왔기 때문이다. 초기 교황제도가 그 정체를 로마제국 정체를 본떠서 만들었다는 것은 자명한 사실이다. 오늘날 미국에서 감독정체를 취하는 교파도 그들 홍보 자료에서 그들 교회가 얼마나 민주주의 정신으로 조직을 만들었는지, 그리고 얼마나 많은 정도로 공정함을 행하는지에 대하여 강조한다. 비록 과정상 대단히 간략히 다루겠지만, 교

51) Angus Dun, 『교회 연합을 위한 전망』 *Prospecting for a United Church* (New York: Harper & Brothers, 1948), pp. 46–58; Lesslie Newbigin, 『하나님 가족』 *The Household of God* (New York: Friendship Press, 1954). 뉴비긴이 이 세 가지의 성격을 요약한 것은 신자가 "그리스도 안으로 연합되는 방식"이라는 측면에서 각자 자리를 차지한다: (1) "역사에서 연속하는 교회의 생명 안에서 성례전에 참여하는 것"을 통하여 그리스도에게 연합되는 방식; (2) "복음을 듣고 믿음"을 통하여 그리스도에게 연합되는 방식; 그리고 (3) "성령을 받고 그 안에 거함"을 통하여 그리스도에게 연합되는 방식. 그는 이 셋을 다음과 같이 이름 붙인다: (1) 그리스도의 몸(Body of Christ), (2) 신실한 자들의 회중(Congregation of the Faithful), 그리고 (3) 성령의 공동체(Community of the Holy Spirit)

회사에 대한 간략한 반추를 통하여 이 논점이 갖는 근본 사실을 드러내고자 한다.

여러 학자가 보통 동의하는 것은 초대 그리스도교 교회가 그 조직과 절차에서 상당한 다양함을 보여주었으며, 교회는 감독bishop, 신조creed, 정경canon을 확정하는 방법에 의해서 서서히 정규화하고 표준화하는 과정을 통하여 가톨릭교회라는 그 형태를 취하게 되었다는 것이다. 그래서 벤츠Benz는 다음과 같이 요약한다: "콘스탄티누스 황제 이전에 동방과 서방 주요한 그리스도교 공동체는 그들 개개 신조, 그들 개개 교리 체계, 삶에의 모든 영역에서 그들 나름대로 특별한 전통 유산을 가지고 있었다."52)

초대교회 회중은 황제 디오클레티아누스Emperor Diocletian가 효율성을 극대화하여 박해를 가한 것에 의해서 격심한 타격을 입었다. 그는 제국을 소생시키고, 그 쇠락하는 과정을 발전하는 과정으로 바꾸고자 활기찬 노력을 기울였다. 그는 그리스도교 교인이 제국 평화를 위협한다고 느꼈기에 그 성장하는 모임을 분쇄하는 한편, 후에 절대왕정이라 불리게 된 그 어떤 것을 창조해 내었다. 그는 로마제국이 이전에 가졌던 공화정 체제를 격하하거나 폐지시키고, 그 자신 홀로 모든 공무원을 포괄하는 계급제도를 공들여 구성하였다. 모든 사람 삶은 중앙 정부에 의하여 통제를 받았다.

좀 더 효과 있게 다스리기 위해서, 또한 좀 더 질서 있게 권력 승계가 이루어지게 하도록, 그는 제국을 동서로 나누었으며, 각 부분은 다시 두 부분으로 나누었다. 교회는 이 선례를 따랐다. "초대 그리스도인이 비상하게 결정한 것은 교회가 가능한대로 최대한 넓게 그 영향력을 끼칠 수 있도록, 교회 그 자체가 세속 정부 조직을 모방한 것이었다. 사도 시대부터 그리스도교 세계 중심이 되는 대교구좌는 지중해 세계 세 수도인 로마, 알렉산드리아,

---

52) Ernst Benz, 『동방정교회』 *The Eastern Orthodox Church*, trans. R. and C. Winston (Chicago: Aldine Publishing Co., 1963), p. 75.

그리고 안티오크에 위치했고, 다른 여러 도시와 소읍은 개개 사회에서의 중요성에 근거하여 그에 맞는 감독과 대주교를 갖게 되었다." 바이네스 Baynes

이러한 형식은 콘스탄티누스가 그의 동료 황제들과 싸워서 유일한 권력을 잡은 때부터 더욱 분명하게 보였다. 콘스탄티누스에 의해서 세워진 새로운 수도 기초 작업은 교회에게나 세속 행정부에게나 혁명과도 같은 영향을 끼쳤다. 그가 행한 중요한 일 중 하나가 중앙 정부를 동쪽으로 옮기기 위해 비잔틴을 수도로 삼은 것인데, 이 도시는 그의 이름을 따서 다시 명명되었다. 381년 열린 제2차 공의회는 비잔틴 대주교에게 로마 다음으로 제2위 대교구좌 위치를 점하도록 하였는데, 그것은 "콘스탄티노폴리스는 새로운 로마"라는 사실 때문이었다. 이러한 지위 상승은 다른 여러 대주교의 질투심을 자극했으므로 신속하게 이루어지지는 않았지만, 결국은 그렇게 되었으며, 그 지위는 영원히 지속되었다. 그리하여 오늘날까지 콘스탄티노폴리스는 대주교는 모든 동방정교회 위에 우세한 위치를 점하고 있다.

잘 알려진 대로, 서로마제국 패망과 함께 초래된 진공 상태는 부상하는 교황 제도에 의하여 채워졌다. 이것은 교회 지도자가 가진 탁월한 능력, 그리고 군사력을 장악하고 이미 그리스도교인이 된 "야만인"에 대한 관용 정책에 의해서 가능하게 되었다. 아우구스티누스는 그의 『하나님 도성』에서 이러한 권력 이동에 대하여 신학과 철학에서의 정당성을 부여하였다. "아우구스티누스에게는 저주 받은 이방 제국로마제국에 대한 위대한 대응체는 그리스도교화한 비잔틴 제국이 아니라, 로마 가톨릭교회였다."[53] 신성로마제국에 대한 정평이 난 연구에서 브라이스Bryce도 같은 결론을 도출하였다: "제국 확장과 함께 모든 지방, 도시, 혹은 부족 독립권이 사라진 것처럼, 이단과의 빈번한 투쟁에 의해서 포위되었던 개개 그리스도인과 지역교회가 가지고 있던 다양성이라는 근본 자유는 이제 믿음과 의식에서 획일화

53) Benz, *op. cit.*, p. 168.

를 이룬 눈에 보이는 보편교회Catholic Church라는 개념에 의해서 결국 압도되었다."54)

동로마비잔틴제국에서는 교회와 국가가 계속 통합하는 과정을 거치면서, 여러 그리스 신학자가 명명하였던 대로 심포니아 혹은 조화가 이루어졌다. 그러나 그 결과로서 황제교황주의caesaropapism라는 전문용어로 알려진 대로, 교회는 국가에 대하여 막대한 정도로 종속되었다. 비록 개별 대주교는 독립하여 그 직무를 수행할 수 있다는 법령과, 심지어 그들에게 직책을 주는 황제에게 그들이 옳은 것을 말할 수도 있다는 법령을 따랐지만, 역사의 평결은 황제가 최종 권위를 가지고 있었음을 보여준다.

그러나 서방에서는 황제 제도를 본받은 교황 제도가 세속 통치자가 가진 권위에 대하여 점차 도전하였다. A.D. 800년 교황 레오 3세가 샤를마뉴 대관식 미사에서 자기 손으로 황제 면류관을 붙잡았을 때, 이 사건은 교회가 가진 압도하는 권리를 상징처럼 보여주었다. 교황이 가진 세속 통치권을 발전시키기 위한 이론은 9세기 경 어느 때에 만들어진 "콘스탄티누스의 증여"라는 위조문서에 의해서 이루어졌는데, 이것은 교황 실베스테르Sylvester와 그 후계자에게 광범위한 서방 세속 통치를 허락한다는 것을 문서화한 것이다. 종교 단체 우두머리가 시민 우두머리라는 원형原形이 가지고 있는 여러 가지 면에 상응해야만 한다는 편만한 개념은 로마 가톨릭교회 사제단이 가진 모든 생각과 행동의 핵심이다. 교황이 행하는 전례의 모든 세세한 부분에서 분명하게 드러나는 것은 교황 법체계에 세속을 향한 거대한 책략이 있다는 것이다.55)

물론 이러한 책략이 세속 통치자에 의해서 완전하게 받아들여졌던 것은 아니다. 원리 차원에서 보면 교회는 종교에 관한 일을 돌보며, 제국은 시민

54) James Bryce, 『신성로마제국』 *The Holy Roman Empire* (New York: Hurst & Co., 1886), p. 29.
55) *Ibid.*, p. 97.

에 관한 국면에 책임을 진다는 점에서 협력한다는 것이었다. 그러나 야심에 찬 통치자는 교회를 운영하는 일에 뛰어들었으며, 이와 마찬가지로 개혁 정신과 야심에 찬 고위성직자는 교회 영역을 세속으로 확장해서 끝없는 분쟁과 긴장을 조성했다.

이러한 책략이 전횡하는 상황에서 신앙 차원으로 다양하게 나타나는 종교 표현을 드러내는 이단이나, 교회 조직과 교황에의 충성에 대한 다른 생각을 드러내는 분열을 받아들일 여지가 없다는 것은 너무나도 분명한 것이었다. 이런 것은 문자 그대로 담장 밖에 있었으며, 멸절되어야만 하는 것이었다. 중세후기 이단재판소는 이러한 직능을 수행하기 위하여 만들어진 완벽한 장치였다.

동방과 서방 상황은 아마도 다음 표처럼 도식화할 수 있을 것이다:

종교개혁의 도래와 함께 그리스도교 제국corpus christianum 안에 있는 교회와 국가 연합이라는 찬란했던 개념은 비록 수 세기 동안 이론만으로 그 생명을 유지하고 있었지만, 사실상 산산이 부서져 버렸다. 아우크스부르크 평화조약Peace of Augsburg 조문은 보편 진리에 거역하여 베스트팔리아 Westphalia 에서 다시 한 번 그 특별한 주장을 관철시켰다. 민족 국가는 각자 통치 영역에서 각자 종교를 관철하는 원칙cuius regio, eius religio '군주를 따라, 종교도 같게.' 영토교회〈territorial church〉 원칙과 함께 굳건하게 확립되었다. 새롭게

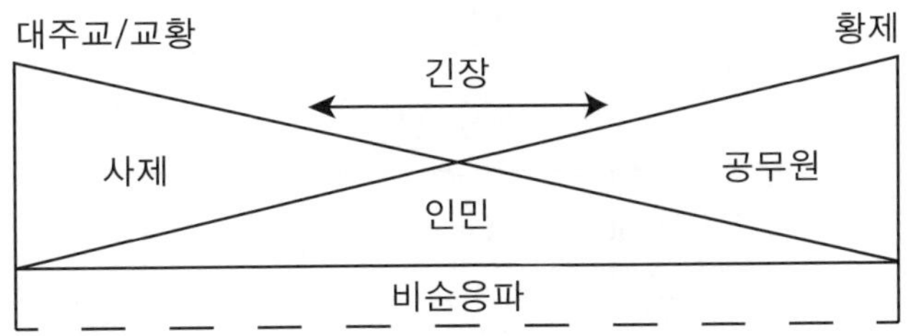

확립된 많은 통치 지역에서, 이제 새롭게 국교 지위를 확립한 네 가지 믿음 형태성공회, 루터교회, 개혁교회, 로마 가톨릭교회 중에서 오직 한 가지만이 그 영토 내에서 법으로부터 보호를 받을 수 있었다. 그러나 소수 고립된 지역에서는 비순응주의자가 그들 믿음을 가까운 친척에게만 제한하여 적용한다는 조건으로 관용을 허락받았다.

비록 여러 교황으로부터 혐오스러운 비난이 있었음에도, 국가를 이루는 여러 가지 형태에 병행하는 다양한 교회가 여러 가지 영토교회와 공동으로 존재하였다. 이러한 상황은 다음과 같은 그림으로 묘사될 수 있겠다. 다음의 표를 보라.

현대에 이르러 최소한 서구에서는 내각 책임제와 민주정치가 성장하였다. 영국 정황으로부터 나오는 유비analogy는 양당 체제인데, 이는 정부와 왕권 반대당, 혹은 국교회로서의 성공회와 비순응파의 체제로 드러난다. 더 나은 본보기는 프랑스 의회가 보여주는 무수한 분할 현상인데, 그들 의회에는 군주제 지지자에서 시작하여 공산주의자까지, 우익에서 좌익까지 그 자리를 차지하고 있다. 교회로 바꾸어 말하자면, 우익에 로마 가톨릭교

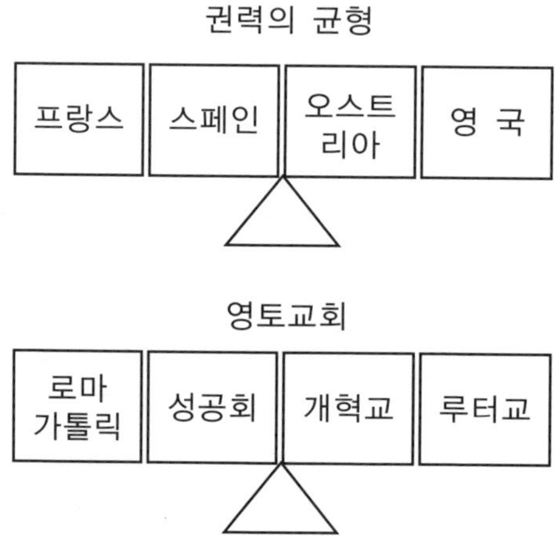

회와 동방정교에서 시작하여 좌익에 성령주의자까지 배치되어 있는 것이라고 말할 수 있다. 군주정을 가장 선호하는 교회를 "우익"이라고 하고, 좌익에서 공산주의 실험을 하는 일부 교회가 나오는 등 교회가 가지는 다양한 모습이 역사에 드러난 것은 결코 우연이 아니다.

이러한 배경과 함께, 트뢸치와 던-뉴비긴이 제시한 유형론을 사용하면 주요한 그리스도교 전통이 발생한 것을 설명하는 것과 동시에 신자들의 교회라 불리는 부분을 적절하게 표현하는 도표를 만드는 것이 가능하다. 삼각형의 세 꼭짓점은 권위의 근원을 나타내는데 이는 차례로 전통, 말씀, 그리고 성령이다. 중앙부는 출발 당시부터 불안정한 운동이 자리를 잡고 있다. 예를 들면, 수도원 종단은 넓게 보면 가톨릭이라는 이름 안에서 존재해왔지만, 종종 분파 영역으로 느슨하게 떨어져 나가고는 했는데, 그 예로는 성령주의 프란체스칸Spiritual Franciscans이 있었다. 경건주의Pietism는 교회를 갱신하기 위하여 분파 원리를 사용해왔지만, 트뢸치에 의해서 분명하게 드러난 것처럼 종종 분리주의로 나아갔다. 또 예를 들면, 감리교는 성공회 내부 갱신운동으로서 시작하였지만, 자원 교회voluntary church로 분리되었고, 이제는 다시 성공회의 궤도를 향하여 회귀하는 중이다. 여러 칼뱅주의 교파는 역사에서 교회와 분파 사이에서 그들이 가지고 있던 동기의 유동성 때문에 그렇게 여러 개로 나뉜 것을 보여주었다. 교회일치운동은 우측으로 이동하려는 경향을 가지고, 교회 상태를 온전하게 회복하려고 움직이는 것이라는 관점으로 설명될 수 있다. 분파 운동도 역시 그들이 교파가 되면서 우측으로 이동한다.

이 도표가 보여주는 것처럼 신자들의 교회는 중앙에서 좌측 중앙까지 펼쳐진 영역에 위치하는데, 이들은 말씀과 성령 사이에서 균형을 유지한 상태에서, 보통은 전통에 대하여는 무시하는 편이다. 지나간 역사에서 그들은 성령주의자 혹은 신비주의자를 배격하여 왔다. 성령주의자 혹은 신비주의

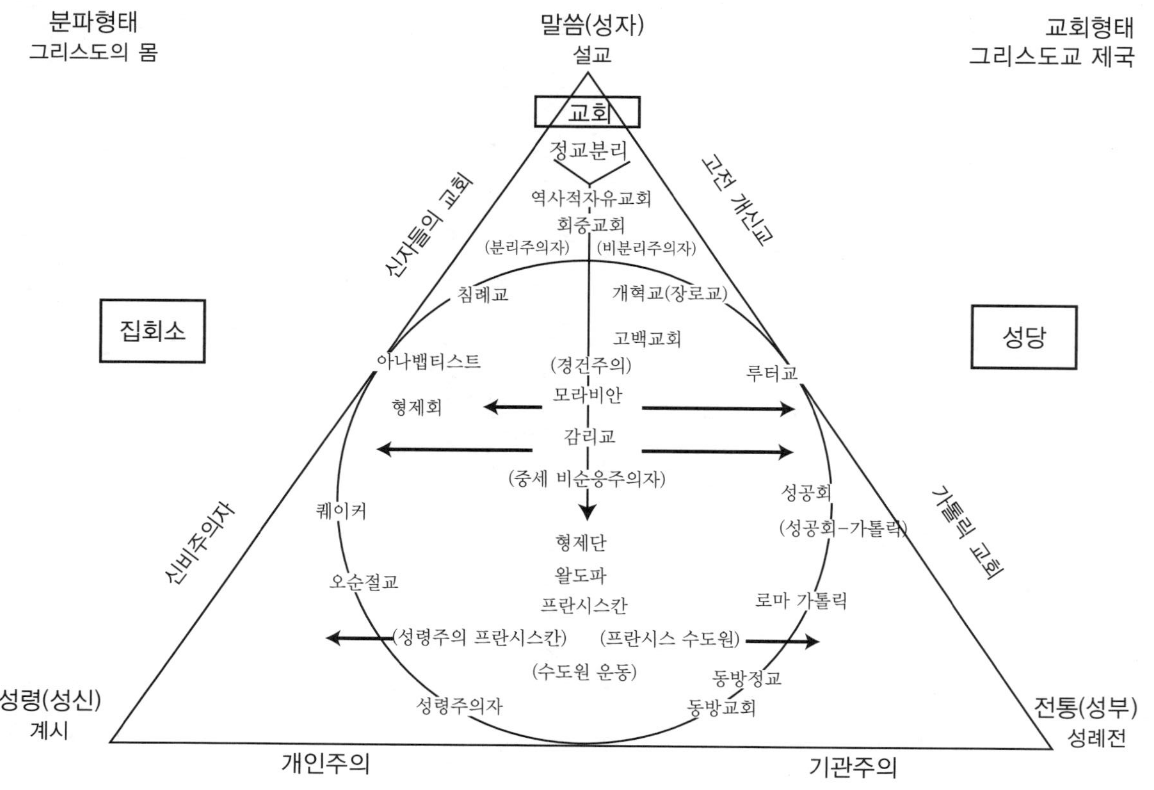

분파형태
그리스도의 몸
말씀(성자)
설교
교회형태
그리스도교 제국
교회
정교분리
역사적자유교회
회중교회
(분리주의자)
(비분리주의자)
신자들의 교회
고전 개신교
집회소
성당
침례교
개혁교(장로교)
고백교회
아나뱁티스트
(경건주의)
루터교
모라비안
형제회
감리교
(중세 비순응주의자)
성공회
(성공회-가톨릭)
퀘이커
형제단
가톨릭 교회
신비주의자
왈도파
오순절교
프란시스칸
로마 가톨릭
(성령주의 프란시스칸)
(프란시스 수도원)
(수도원 운동)
동방정교
성령주의자
동방교회
성령(성신)
계시
전통(성부)
성례전
개인주의
기관주의

자는 성서를 도외시하고 실제로 그리고 때로는 이론으로 성령에 대한 강조를 하는 것, 그리고 다른 한편으로는 교회 형태와 분파 형태로부터의 분리로 나타난다.

신자들의 교회의 정의

그러면 신자들의 교회는 어떻게 정의되어야 할까? 처음에 인용하였던 대로, 루터가 신자들의 교회에 대하여 대략 그려준 것으로 돌아가 보도록 하자.

첫째로, 그들은 "진정한 마음으로 그리스도인이 되기를 원하는 이들로 복음을 행함과 말로 고백하는 이들"이다. 교회는 예수 그리스도를 주로 고백하는 이들이 스스로 그 구성원이 되기를 원하는 제도에 의하여 구성된다. 그들에게는 강압에 의하지 않은 믿음이 곧 진실한 종교를 드러내는 표징이다. 따라서 교회 안으로 들어오는 의식인 유아세례나 어떤 특정한 영역에 속한 시민권이 주는 효력 때문에 얻는 회원권은 반드시 거부되어야 한다.

둘째로, 그들은 "그들 이름으로 서명하고 한 건물에 그들만 따로 모인다." 하나님과 그들 사이에 그리고 그들 각자 사이에서 그리스도 제자로 신실하게 살기 위하여 그들은 계약을 맺는다. 그들은 신자와 불신자가 함께 하는 혼합된 모임을 거부한다. 세상과 분리된 삶은 신약성경이 제시한 높은 윤리 요구를 따라서 사는 것을 의미한다. 비록 모든 일에서 그들의 믿음과 갈등을 일으키지 않는 선한 시민이 되기를 소망하지만, 그들은 교회와 시민 공동체 연합은 인정하지 않는다.

셋째로 그들은 "그리스도인의 일을 수행한다." 인간 본래의 불완전성 때문에 겉으로 나타나는 모든 행동은 파산하였다고 선언하는 성령주의자들과는 달리, 그들은 흔들리며 주저하는 노력이라 할지라도 그들에게 처음으로 은혜를 내려주신 하나님에 의해 계속 선을 행함으로 복을 받을 수 있다고 확신한다. 그리하여 거듭난 그리스도인으로서 그들은 보통 사람보다 더 높은 수준에 도달하는 삶을 유지할 수 있다고 기대한다.

넷째로, 그들은 마태복음 18:15–20 원리에 따라, 드러난 죄를 지은 신자는 "공개하고 훈계하여 쫓아내거나 출교시키는" 권징의 필요성을 인정한다. 진실한 그리스도인의 사랑은 손쉬운 관용이 아니라 신실한 교양과 훈계로 이루어진다고 믿는다. 그리스도를 따르는 제자가 된다는 것은 권징 아래 있다는 것을 의미하며, 그것이 극단의 모습으로 드러날 때에도 율법주의가 아니라, 관심을 기울이는 가족 구성원에 대한 사랑에 근거한 매와 같은 것이다.

다섯째로, 그들은 "가난한 이들에게 나누어줄 수 있도록 기꺼이 드리는 자애로운 구제금을" 내도록 촉구한다. 상호부조는 신자들의 교회가 보이는 분명한 사랑의 실천이다. 이는 자신의 소유에 있어 그들은 단지 관리인일 뿐이며 도움이 필요한 형제에게 나누기 위하여 가지고 있는 것뿐이라는 관점을 실천하는 것이다. 특별히 긴급한 상황에서는 재산공유 형태도 나타날 수 있지만, 이는 예외다.

여섯째로, "침례식을 위한 간략하고 산뜻한 순서" 및 다른 교회가 하는 예식이 그들 모임에 의해서 발전하였다. 온전한 형식주의도 있을 수 없고, 온전한 의미에서 개별 행위도 있을 수 없다. 형식은 모임에 의해서 고안되며, 만일 필요하다면 고쳐야 한다.

일곱째로, 그들은 "말씀과 기도와 사랑 위에 모든 것을 둔다." 성령을 통하여 그 의미가 파악된 성서에 기록된 말씀만이 유일한 권위를 갖는다. 계약 공동체에 요구하는 분명한 진술이 성서에 기록되어 있다면 전통은 말씀 앞에 고개를 숙여야만 한다. 한편, 계시로 들리는 음성은 항상 말씀에 의해 검증 받아야만 한다. 왜냐하면 이는 이 둘 사이에는 충돌이 있을 수 없기 때문이다. 속으로 들리는 말씀과 겉으로 들리는 말씀은 형식이 어떠하든, 본질에 있어서는 하나이다.

조지 윌리엄스는 미국 개신교 "분파주의" 사상이 끼친 영향력에 대하여 서술하면서, "상호 교정, 상호 지원, 그리고 생생한 소망에 근거한 사귐 안에 사는 헌신된 신자들이 모인 교회"라는 최고의 진술로써 신자들의 교회를 멋지게 요약해 주었다.[56] 그러므로 신자들의 교회는 예수 그리스도께서 주신 길로 걸어가는 이들이 서로 계약을 맺고 훈련을 받는 공동체이다. 둘 또는 세 사람이 이렇게 모이기를 원하고, 그들의 주님께서 명하시는 일을 하기 위해서 다시 흩어지기를 원하는 이들이 있는 그 곳에 믿는 사람들이 있다.

---

56) George H. Williams, 『그리스도교 사상에서의 광야와 천국』*Wilderness and Paradise in Christian Thought* (New York: Harper & Brothers, 1962), p. 214.

제2부 신자들의 교회 역사

만일 신자들의 교회 기원에 대한 "분파주의" 해석을 받아들인다면, 분명히 말할 수 있는 것은 그 운동에 대한 역사 연구는 신약 교회가 시작한 때부터 중세 비순응파, 그리고 종교개혁과 청교도 운동의 좌익이라는 길을 통과하여 현재에 이르기까지 연속선상에서 진행해야만 한다는 점이다. "우리 침례교회는 요단강에서[57] 시작하여, 지금까지 계속 존재하여 왔다"는 것이 지계석주의 침례교Landmark Baptists가 가지는 현재 입장이다. 역사에 있어서 이런 연속성 문제는 그들이 주장하는 교리와 행위 사이의 유사성을 살펴봄으로써 처리될 수 있다. 지계석주의 침례교회의 한 대변인은 연속성에 대해 다음과 같이 언급하였다. "내가 만일 초원에서 백마 한 마리를 보았는데, 그 말이 잠시 숲으로 사라졌고, 그 숲 다른 쪽으로 백마 한 마리가 나오는 것을 보았다면, 비록 나는 그 백마가 숲속에 있을 동안에는 볼 수 없었지만, 그 말이 내가 처음에 보았던 그 백마와 같은 말임을 분명히 알 수 있다."[58]

나는 앞에서 이 접근 방법을 선택하지 않을 것임을 이미 밝혔다. 그 다음에 자연스럽게 따라오는 질문은 다음과 같다. "이 주제에 관한 역사 이야기는 어디에서부터 시작해야 하는가?" 많은 경우 개신교 역사가는 16세기 종교개혁을 서술할 때, 16세기 이전, 이른바 "종교개혁 선구자"라 불렀던 왈도파, 롤라드파, 그리고 후스파로부터 시작하는 것에 익숙해졌다.[59] 그러

57) 예수께서 침례 요한에게 침례를 받으실 때

58) O. K. and M. M. Armstrong, 『불멸의 침례교』 *The Indomitable Baptists* (Garden City, N.Y.: Doubleday & Co., 1967), p. 17에서 재인용.

59) Enrico Molnar, "종교개혁 이전 두 운동의 교회론 배반" (Two Ecclesiological Betrayals of Pre-Reformation Movements), *Anglican Theological Review*, XLVII (1965), 418-426을 보라.

나 이 "원형原形 개신교 신자"를 후대 관점으로부터 보는 것은, 중세교회라는 역사 상황 안에 있는 종교 개혁자로서 그들을 보아야만 파악할 수 있는 그들의 천재성을 침해하는 것이다. 비록 이 운동이 "주류" 개신교에 의해서 거부되었지만, 트뢸치가 사용한 용어 의미에서 본다면, 상당히 많은 부분이 분파 자격 요건을 갖추고 있다는 면에서 이 운동은 더 많은 복잡성을 가진다. 스위스 종교개혁자들은 왈도파와 통합하였지만, 사실은 종교개혁 이후 왈도파는 중세 선조와는 본질에서 전혀 다른 존재였다. 사실 그들 중 상당히 많은 사람들은 신앙에 있어서 낯선 이들과 합병하는 것을 반대하였다.60)

신자들의 교회에 대한 토의 목적을 이루기 위해 중세 두 운동인 왈도파 Waldenses와 체코 형제단Unity of Brethren에 대한 역사 서술부터 출발하는 것이 도움이 될 것이다. 그 이유는 이들이 서론에서 발전시킨 신자들의 교회 운동의 윤곽을 그리는 주요한 방식들과 같은 모습을 띠기 때문이다. 그렇지만 신자들의 교회 운동이 실제로 시작된 것은 복음주의 아나뱁티스트 출현과 함께한다. 중세교회 기반 안에서 발전한 왈도파와 체코 형제단 모두에게, 이 연구에서 신자들의 교회 표준으로 간주할 수 있는 정도로 완전한 발전은 허락되지 않았다. 여러 학자에 의해서 결코 분명하게 해결되지 않은 문제는 과연 왈도파와 체코 형제단 이 두 운동은 서로 친밀한 관계를 가지고 있다고 알려짐, 이 두 운동 자체가 아나뱁티스트 운동에 영향을 주었느냐는 것이다.61)

---

60) 최근의 한 예로 쉬뢰더(C. M. Schröder)가 편집한 『개신교 고전』*Klassiker des Protestantismus* 시리즈 제1권으로 벤라쓰(G. A. Benrath)가 편집한 『종교개혁 선구자』*Wegbereiter der Reformation* (Berman: Carl Schünemann, 1967)를 들 수 있다.

61) 최근의 토의는 Robert Friedmann, "구복음주의 형제단: 이론과 사실" (Old Evangelical Brotherhoods: Theory and Fact), *Mennonite Quarterly Review*, XXXVI (1962), 349–354를 보라. 제롤드 지만(Jerold K. Zeman)은 그의 연구 『아나뱁티스트와 모라비아 체코 형제단: 1526–1628』 *The Anabaptists and the Czech Brethren in Moravia: 1526–1628* (The Hague: Mouton & Co., forthcoming)을 통하여 이 두 운동 사이에 관계성이 없음을 제시하였다. (이 책에서 형제단이라는 이름이 많이 나오기 때문에 서로 구분하기 위해서 "형제단"[Unity of the Brethren]은 종종 체코 형

중세를 다루는 장 이후로는 신자들의 교회를 대표하는 예들을 서술하는 데 할애할 것이다. 16세기부터 시작하여 한 세기에 두 교회씩 선정하여, 신자들의 교회가 갖는 여러 특징과 풍성한 의미를 묘사할 것이다.

제단으로 번역한다.-역주)

제2장 중세 분파

교회에 대한 교리에 순응하지 않는 견해를 제대로 점검하지 않은 채 내버려 두는 것은 너무나 큰 위험을 가져온다는 것이 중세교회가 일찍부터 가지고 있던 결론이었다. 4세기에 도나티스트파Donatists는 성서에 비추어 볼 때 사제의 삶은 존경받을 만하다는 주장이 잘못된 것이라고 하였다. 이에 대하여 히포의 아우구스티누스는 그들의 주장이 잘못된 것임을 성서를 근거로 이의를 제기하고 설득하려 하였지만, 결국 그들을 납득시키는 것은 실패하였다. 그 결과 그는 그들을 진압하기 위해서 폭력을 사용하는 것이 불가피하다는 결정을 내렸다: "원래 내 견해는 그 누구도 그리스도의 연합 안에 들어오도록 강요될 수 없다는 것이었다. 즉 우리는 오직 언어라는 수단을 통하여만 행동해야 하고, 오직 논쟁이라는 수단을 통하여만 싸워야 하며, 오직 이성이라는 힘을 통하여만 이겨야 한다는 것이었다."[62] 그러나 교회 분열이라는 위협에 직면한 그는 폭력 사용이 분열 그 자체보다는 덜 악한 것이라는 결론을 내렸다. 그는 그 견해를 지지하는 성서 본문으로 혼인잔치 비유눅14:15-24를 찾아냈다. 이 이야기에서 잔치를 베푼 이로 그려진 주인은 초청이 묵살되었다는 것을 알게 되자, 종에게 "큰 길과 산울타리로

62) Erich Pryzywara, ed., 『아우구스티누스의 통합』 *An Augustine Synthesis* (New York: Harper and Brothers, 1958), p. 275 (Ep. XCIII, v. 16–17).

나가서, 사람들을 억지로라도 데려다가, 내 집을 채워라" 새번역 라고 명령했다. 아우구스티누스가 주장한 이러한 견해는 중세까지 종교상 반론을 잠재우기 위하여 폭력을 사용하는 것을 정당화하는 표준이 되었다.

비국교도는 이에 대한 대응으로 밀과 가라지 비유 마 13:24-30 를 들고 나왔다. 이 비유에서 종들은 밭에 난 잡초를 뿌리째 뽑아버리고자 하는 열망을 가지고 있었지만, 밀 이삭과 가라지 이삭을 구분하는 "추수 때까지 둘 다 함께 자라도록 내 버려두라"는 주인의 말에 의하여 제지당하였다. 이 비유에서 밭은 하늘나라와 비교될 수 있기 때문에, 이 비유가 가지는 의미는 강압은 금지되어야 한다는 뜻으로 해석되어야만 한다. 아우구스티누스는 이를 반대로 해석하여 교회 안에서 불신실한 자가 존재하는 것을 인정했다. 그는 그들 이단에게 이렇게 말하였다: "… 만일 여러분이 옳다면, 여러분은 쭉정이 가운에 있는 알곡처럼 고통을 감내해야 할 것입니다. 보편교회 Catholic Church 안에는 밀 알곡이 있으며, 그들이 바로 참된 알곡으로서 추수할 때까지 쭉정이를 견뎌낼 것입니다.… 사악한 자들은 타작마당에 이르기까지 우리와 함께 있을 수도 있지만, 천국 곡간에는 우리와 함께 있을 수 없습니다."[63] 그러므로 악한 자들은 교회에 가입하도록 강요되어야 했고, 만일 그들이 협조하지 않는다면, 그들은 그 행위에 따라서 처리되어야만 했다.

아우구스티누스가 말한 하나님의 도성 city of God 을 로마 교회 church of Rome 와 사실상 동일시하는 것을 용납할 수 없었던 중세기 여러 운동 중 신자들의 교회에 대한 토의를 진행하는 데, 가장 큰 관심사를 제공하는 두 운동이 있다. 그들은 왈도파와 우니타스 프라트룸 Unitas Fratrum, 체코 형제단 이다. 이 두 운동은 모두 극한 상황을 견뎌내며 현재까지 이어져왔다. 어떤 이들은 신자들의 교회가 왈도파와 함께 시작된다고 주장하며, 다른 이들은

63) *Ibid.*, p. 259 (Ps. CXIX, 9).

체코 형제단을 선호한다. 사실, 이 두 운동 다 신자들의 교회 표식으로 열거할 수 있는 많은 특징과 부합한다. 그러나 중세 가톨릭교회 행습과 신앙에서 온 여러 다른 모습도 역시 가지고 있었다. 그럼에도 이 두 운동이 보여준 생명력과 가르침에 주목하는 것은 신자들의 교회 역사 연구를 하는 적절한 출발점이 되기 때문이다.

왈도파

솔로몬이 지은 아가雅歌에서 가져온 "포도원을 허무는 여우"라는 이름은 제도권 교회가 중세 비순응파에게 씌워준 단골 별칭이었다. 신앙의 시대 Age of Faith, 중세-역주에 교회가 더 이상은 오르지 못할 권력의 절정에 다다랐을 때, 이단은 생각만으로도 신실한 자들에게 전율을 불러일으키기에 충분했다. 왈도파에 대항한 자신의 논박서에서 베르나르 드 퐁코드Bernard of Fontcaude는 "이단자란 … 우리는 오직 하나님을 제외하고는 로마 교회에게나 그 교회 사제에게는 복종할 의무를 가지지 않는다이 얼마나 끔찍한 말인가! 라고 선언하는 자들이다"라고 정의했다.64)

하지만, 이들 "사탄의 개구쟁이" limbs of Satan가 중세 절정기에 존재하였다는 사실을 이해하는 것은 전혀 어려운 것이 아니었는데, 그 당시에는 중세교회 안에서부터 많은 이들이 그 교회 자체에 대적하여 고발장을 제출하고 있었기 때문이다. 헨리 찰스 리아Henry Charles Lea, 미국 역사가-역주는 이단재판소를 다루는 거대한 역사서를 편찬할 때 이러한 통렬한 고발장으로부터 많은 유용한 자료를 가지고 왔는데, 그가 저술한 이 작품은 그 자체가 이미 개신교에 대하여 편견을 가지고 있음에도 기본적인 입장은 정당하다. 사

64) Zoé Oldenbourg, 『몽쎄구에서의 대학살: 알비파를 향한 십자군 역사』 *Massacere at Montségur: A History of the Albigensian Crusade*, trans. Peter Green (London: Weidenfeld & Nicolson, 1961), p. 77에서 재인용.

제단을 향하여 평신도가 가지는 적대감의 원인에 주목하는 머리말 부제副題는 중세 성직자를 뒤흔들어 놓았던 결점에 대해 다음과 같이 요약해 놓았다: "감독 선택에 있어서의 성직 매매주의와 편애주의, 고위 성직자가 가진 전쟁을 좋아하는 성향, 규정을 어긴 자를 처벌하기 어려운 상황, 감독이 저지르는 매매춘, 교황 재판소 오용, 대성당 건립 자금 모금을 위한 압제, 설교에 대한 무관심, 성직 수여권 오용, 성직 겸직, 십일조, 성례전 매매, 거룩한 유산 강탈, 장례를 볼모로 한 분쟁, 문란한 성생활, 성직자가 받는 면제 혜택, [타락한] 수도원 공동체."[65]

이렇게 완전히 망가진 교회 모습과는 정반대로, 심지어 비순응파의 대적인 성직자에 의해서 입증된 그들 삶은 찬란하게 빛났다. 이단에 대한 날카로운 반대자 중 하나였던 베르나르 드 끌레어부Bernard of Clairvaux는 "만일 당신이 [그러한 사람의] 믿음에 대하여 조사해보면, 그리스도인으로 부족한 것이 전혀 없고, 대화에서는 흠 잡을 만한 것이 하나도 없다"고 인정하였다. 더 나아가 "그는 그 입으로 말한 것을 행위로써 증명한다.… 이보다 더 신실할 수 있을까? 삶과 도덕에 있어서, 그는 누구에게도 빼앗지 않으며, 누구도 속이지 않으며, 누구에게도 폭력을 가하지 않는다.… 그는 자기 식솔을 위하여 직접 손으로 일한다"고 하였다.[66]

베르나르 드 끌레어부는 물었다: "그러면 어디에 그 여우가 있는가?" 놀랄 것 없이, 그는 그 자신과 동시대의 모든 사람이 만족할만하게 답할 수 있었다. 당시는 관용의 시대가 아니었다. 사실상 관용이라는 그 개념조차 생각 할 수 없었다. 만일 한 사람이 진리를 가지고 있다면 그리고 누가 이 사실을 의심이나 했겠는가? 심지어 폭력을 사용해서라도 다른 사람을 그 진리로 인도

---

65) Henry Charles Lea, 『중세 이단재판소 역사』 *A History of the Inquisition of the Middle Ages* (New York: The Macmillan Co., 1906), 3 vols.; 이 목록은 I: [vii]에서 가져왔다.

66) G. G. Coulton, 『이단재판소와 자유』 *Inquisition and Liberty* (London: William Heinemann, 1938; republished Boston: Beacon Press, 1959), pp. 51–52에서 재인용.

해야 했고 그렇게 하지 않는 것은 범죄 행위였기 때문이다. 소수 고집 센 비순응파에게 잠시 고통을 가하는 것은 언제나 그들이 회개하고 구원받을 수 있도록 하는 것이며, 그들이 퍼뜨린 병원균 때문에 그리스도교세계 전체 몸이 전염되는 위험에 노출되는 것보다 훨씬 낫기 때문이었다. 교회 안위를 위한 노고를 인정받아 교회에 의하여 시성諡聖된 루이 드 프랑스Louis of France는 불신자에 대하는 전형이 되는 답을 주었다. 평신도는 그런 사람과 말다툼을 하기보다 "그 사람 배에 칼을 들어 갈 수 있는 데까지 깊이 찔러 넣어야만" 한다고 주장했다.67)

왈도파가 탄생하다

12세기말 프랑스가 처한 이러한 환경에서 현재 왈도복음교회Chiesa Evangelica Valdese 혹은 왈도교회Waldensian Church로 알려진 교회가 출현하였는데, 그들은 스스로를 가장 오래된 개신교회로 생각한다. 우리가 살펴본 대로 초기 일부 역사가는 왈도파 기원을 중세 초기 비순응파 혹은 더 나아가서 원시 그리스도교와 직접 연결시켰다. 최근 많은 학자는 중세 국가교회에 만족하지 못했던 일부 평신도가 직접 대응한 결과로 왈도교회가 탄생하였다는 좀 더 납득할만한 설명을 찾아내었다.68)

창시자 발데스Valdes 혹은 왈도Waldo는 리옹에 살던 한 부유한 상인이었다. 어느 날 그는 한 방랑 음유시인으로부터 알렉시스의 전설legend of Alexis을 들었는데, 이 이야기는 수도사 생활을 높이 평가했다. 이 유명한 이야기

---

67) Coulton, *op. cit.*, p. 81.

68) 하인리히 뵈머(Heinrich Boehmer)와 알베르토 콜트(Alberto Clot)가 『신(新) 샤프헤르조그 종교백과사전』*The New SchaffHerzog Religious Encyclopedia*, XII: 241–255에 기고한 해박한 논문이 이 주제를 가장 넓게 다루면서도 가장 간편하게 요약한 것 중 하나이다. 가장 최근에 이 주제를 다시 다룬 논문은 쿠르트 디트리히 쉬미트(Kurt Dietrich Schmidt)와 에른스트 볼프(Ernst Wolf)의 『역사 속 교회』*Die Kirche in ihrer Geschte*, Bd. 2, Lfg. G (1. Teil)에 실린 헤르베르트 군트만(Herbert Grundmann)의 『중세 이단 역사』*Ketzergeschichte des Mittelalters* (Göttingen: Vandenhoeeck & Ruprecht, 1963), pp. 28ff.이다.

에 의하면, 젊은 알렉시스는 로마 귀족인 부모에 의해서 억지 결혼을 하게 되었다. 그러나 결혼 생활을 내키지 않아 했던 신랑은 스스로 순결chastity을 지키기로 결단하였다. 그는 결혼식 첫날밤에 신부와 함께 처녀성을 지키기로 약조를 맺은 후, 성지로 도망쳤다. 부모는 백방으로 그를 찾아 나섰지만, 아무 소용이 없었다. 여러 해가 흐른 후 알렉시스는 거지가 되어 부모 집으로 돌아왔다. 엄격한 내핍 생활 때문에 그는 너무나 야위고 쇠약해진 상태여서 아무도 그가 누구인지 알아채지 못하였다. 부모 집 뜰에 있는 헛간 계단 아래에서 살 수 있도록 허락 받은 그는 부모가 먹고 남은 음식 찌꺼기로 연명했으며, 종들에게는 계속 고통과 멸시를 당했다. 알렉시스는 임종 자리에서야 진짜 정체를 밝혔으나, 비탄에 젖은 가족이 그 신분을 회복하기에는 너무 늦은 때였다. 이 이야기가 주는 교훈은 이것이다: 진정한 그리스도인은 다음 세상에서의 삶을 위하여 이 세상에서 삶의 모든 것을 희생할 각오가 되어 있어야만 한다.

이 이야기를 듣고 마음에 깊은 충격을 받은 발데스는 그는 부를 축적하려고 고리대금업을 하고 있던 것 때문에 괴로워하고 있었다 그리스도처럼 사는 법을 배우기 위하여 한 성직자를 찾아갔다.69) 그 성직자는 젊은 부자 관원에게 예수께서 주신 대답으로 발데스를 인도했다: "네가 완전한 사람이 되려고 하면, 가서 네 소유를 팔아서, 가난한 사람에게 주어라. 그리하면, 네가 하늘에서 보화를 차지하게 될 것이다. 그리고 와서 나를 따라라" 마 19:21 새번역. 발데

69) 또 다른 이야기는 발데스가 회심하는 것에 촉매 역할을 한 한 친구의 죽음에 대하여 말한다. H. Daniel-Rops, 『대성당과 십자군: 중세교회 연구, *1050-1350*』 *Cathedral and Crusade: Studies of the Medieval Church*, 1050-1350, trans. John Warrington (London: J. M. Dent, 1957), p. 525. 그리고 또 다른 이야기는 다음과 같이 아주 간략하게 진술한다: "리옹 시에 왈도라 불리는 한 부자가 있었다. 어느 날 그는 복음서를 [라틴어로-역주] 낭독하는 것을 듣게 되었는데, 그는 그렇게 많은 공부를 한 사람이 아니었기 때문에 그가 들은 것이 무슨 뜻인지를 알 수가 없었고, 그래서 그 뜻을 알고자 하는 강한 호기심에 사로잡혔다. 그리하여 그는 몇몇 사제와 계약을 맺었는데, 그 내용은 그들 중 한 명은 그에게 성서를 자국어로 번역해 주어야만 하며, 다른 한 명은 그 들은 것을 받아 적어야만 한다는 것이었다. 그들은 그 계약을 이행했다." Margaret Deanesly, 『중세교회 역사, 590-1500』 *A History of the Medieval Church, 590-1500*, 8th ed. (London: Methuen & Co., 1959), p. 227에서 재인용.

스는 그 말씀대로 하기 시작했다. 그는 "벌거벗은 그리스도를 벌거벗고 따르기로" 또 "이 땅 위에는 내 집이라고 부를 수 있는 곳이 없는 영원한 순례자"가 되기로 결단했다.

발데스는 아내에게는 상당한 재산을 마련해 주고, 두 딸은 수도원에 맡기고, 이제 나머지 재산은 가난한 이에게 나누어주는 작업을 시작하였다. 그는 어느 정도 엽전을 거리에 뿌리며 다음과 같이 말하였다: "여러 친구, 시민이여! 당신들이 혹 생각할 수 있는 것처럼 나는 정신이 나간 것이 아니라오. 오히려 나는 나를 포로로 삼아, 내가 하나님보다 금 조각을 더 보살피고, 창조주보다 피조물을 더 숭배하게 만든 내 생애의 이 대적에게 내 스스로 원수를 갚는 중이라오."70)

그는 신약성서 전체, 구약성서 몇몇 부분, 그리고 교부 저서 일부를 자국어로 번역하기 위하여 사제 두 명을 고용했다. 이 번역물을 이용하여 그는 그 두 사제에게 얻어 들은 진리를 다른 이에게 가르치기 시작하였다. 동시대 사람은 발데스가 행한 노고가 다음과 같은 결과를 낳았다고 기술하였다: "그리하여 엄청나게 많은 가난한 무리가 그에게로 몰려들었고, 그는 그들에게 자원하여 가난을 선택하여 실행하고, 그리스도와 사도들을 닮는 자가 되기를 가르쳤다.… 그는 그들에게 신약성서 본문을 일상어로 가르쳤으며, 만용이라며 그를 비난하는 자에게는 그 비난을 정죄하고, 곧 그 자신이 강조하는 교리를 가르치기 시작했다."71) 발데스가 가르친 내용에 있는 혁신은 가난과 제자도를 권고하는 것이 단지 수도사에게만 적합한 것이 아니라, 모든 진실한 그리스도인에게 지침이 되도록 적용한 점이었다.

발데스를 따르는 이들은 사도들의 가르침을 따라서 성서를 가르치고 설

---

70) Walter Nigg, 『이단자』 *The Heretics,* trans. Richard and Clara Winston (New York: Alfred A. Knopf, 1962), p. 194에서 재인용.

71) Riniero Sacconi, 팟소 지역 이단재판관(inquisitor in the Passau area), Coulton, *op, cit.*, p. 173에서 재인용.

명하기 위하여 각 마을과 시장으로 나아갔다. 기회가 주어진다면 그들은 교회에서도 가르쳤다. 얼마 되지 않아 그들은 샌들을 신는 것을 포함하여 특별한 형태로 된 의복을 채택하였다. 이것은 그들에게 "신은 자" Shooed 혹은 나막신을 신은 자Insabbatati 라는 별명을 가져다주었다. 그들은 스스로를 단지 가난한 자 혹은 심령이 가난한 자라고 칭하였다.

교회가 왈도파를 정죄하다

그 지역 대주교는, 사제로 안수 받지 않은 평신도가 허가 없이 설교를 한다는 개념은 원하지도 않았으며, 위험하고 새로운 것으로 여겨 충격을 받고, 본인 직권으로 왈도파의 활동을 금지시켰다. 발데스와 추종자는 교회 안에 충성스런 구성원으로 남기를 원했지만, 설교하라는 사도 소명도 동시에 느끼고 있었다. 대주교가 부여한 설교금지에 대한 왈도파의 대응은 교황청의 지도력에 항소하는 것이었다. 1179년 제3차 라테란 공의회Third Lateran Council 가 열리는 중 대표자 두 명이 회의에 참석하여, 자신들을 교황의 재가를 받은 순회 설교자로 인정해 달라고 청원하였다. 그들은 자신들이 지금까지 해온 사역의 증거로서 자신들이 사용하는 성서 번역 견본을 제출하였다.

교황청 성직자로 이루어진 신학 위원회가 왈도파 교리의 정통성을 조사하기 위하여 구성되었다. 그들은 스콜라 신학이라는 올가미로 왈도파 대표를 옭아매는 것이 전혀 어렵지 않다는 것을 입증하였다. 위원회에 속한 한 영국인은 다음과 같이 조롱했다: "교회가 진주를 돼지에게 주어야만 하며, 말씀을 받을만한 능력이 있는지조차도 알 수 없는 멍청이에게 말씀을 맡겨야만 하는가? … 생수는 우물에서 길어야지, 길가 웅덩이에서 길어서는 안 되는 법이다." 더욱이, 사제 계급 제도가 무너질 위험도 있었다: "그들은 지금 아직 굳건한 발판을 마련하지 못해서 극도로 겸손한 자세로 시작한다.

그러나 만일 우리가 그들을 안으로 들어오게 한다면, 나중에는 그들이 우리를 밖으로 몰아낼 것이다."[72]

교황 알렉산데르 3세Pope Alexander III는 왈도파가 가난하게 살기로 헌신한 것은 치하하였지만, 그들에게 오직 대주교 허락 아래에서만 설교할 수 있다고 교시했다. 불행하게도 그들은 대주교 허락을 받을 수 없었다. 번민할 수밖에 없는 진퇴양난에 직면한 리옹의 가난한 자들은 사도행전 5:29 말씀을 따라 "사람에게보다는 하나님께 복종하기"를 선택했다. 그들은 설교를 지속하였으며, 동시에 그 자신들이 근본에 있어서는 교회에 충성하는 것으로 간주했다. 1180년 발데스 자신이 리옹에서 추기경 앙리 폰 알바노 Cardinal Henry von Albano 앞에 출두하여 사도신경의 모든 항목을 따르는 완벽한 정통 신앙고백을 제출하였다. 그는 특별히 마니교 오류Manichean errors를 가진 당대 이단으로서 카타리파Cathari 혹은 알비주아파Albigenses를 정죄하였는데, 세간에서 그들과 왈도파를 연관하고는 하였기 때문이다. 모든 성례전은 발데스에 의해서 받아들여졌다. 그 신앙고백은 다음과 같이 결론을 맺었다:

> 사도 야고보에 의하면, 믿음은 "행함이 없으면 죽은 것"이라고 하였기 때문에, 우리는 주님 당신의 교훈을 따라 세상과 우리가 가지고 있는 모든 것을 부인해왔다. 우리는 모든 것을 가난한 자들에게 베풀어왔으며, 우리도 내일에 대하여 어떠한 궁리도 하지 않고 가난하게 되기로 결정하였다. 우리는 우리에게 베푸는 이로부터 일용할 양식과 의복을 받는 것을 제외하고는 은이나 금이나 혹 그에 준하는 것을 받지 않는다.[73]

---

72) Nigg, *op. cit.*, p. 197에서 재인용.

73) Ray Petry, ed.,『그리스도교 역사: 초대, 중세교회 자료』*A History of Christianity: Readings in the History of the Early and Medieval Church* (Englewood Cliffs, N.J.: PrenticeHall, 1962), pp. 350-351 그리고 Grundmann, *op. cit.*, p. 29.

교회는 왈도파가 신실하다는 것을 자각하고 있었음에도, 교회 자의로 단호하게 왈도파를 거절해야만 하는 일을 더 이상 미룰 수 없었다. 1184년 왈도파는 교황 루치오 3세Pope Lucius III 에 의해서 공식 이단자로 정죄되었으며, 영원한 저주 아래 놓이게 되었다. 많은 학자는 한 세대 후 프란체스코 아시시Francis of Assisi 와 그 추종자가 왈도파와 거의 정확하게 같은 동기와 사명을 가지고 있었음에도 교회 체제 안으로 받아들여져 활기찬 원동력이 된 점을 지적해왔다. 일부 로마 가톨릭 저자는 저변에 깔린 근본 차이점으로 프란체스코는 교황청에 순복할 각오가 되어있었음에 반하여, 발데스는 그렇지 않았다고 말한다. 아마도 유능한 교황 인노켄티우스 3세Pope Innocent III 가 진실한 비순응파를 철저하게 억눌러 반항하도록 하는 것보다는, 어떻게 하면 그들이 교회를 강력하게 세우는 개혁 추진력으로 흘러들어갈 수 있는 길이 될 수 있는지를 간파한 것이 더 중요했을 것이다.[74]

공식적인 저주 이후 어느 시기에 있었던 교회가 내린 단죄와 시작된 박해는 자연스럽게 왈도파 신앙을 보다 더 급진주의radicalism 로 이끌었다. 비록 이 두 운동 사이에 교리적 차이점들이 있었지만, 아마 왈도파는 카타리파가 발전시킨 조직 형태의 영향을 받았을 것이다. 또한 한 이탈리아 비순응파 집단이 영향을 끼쳤는데, 프랑스 왈도파는 그들과 접촉하여 서로 힘을 합하였다. 이 이탈리아 집단은 종종 **굴욕당한 자들**Humiliati 로 언급되는데, 롬바르디Lombardy 에 그 근거를 두었다. 이 이탈리아 사람들이 가르친 것 중 하나는 도나티스트들이 가했던 공격과 같은 것이었는데, 존경할만한 가치

74) 알베르트 헉(Albert Hauck)은『독일교회사』*Kirchengeschichte Deutschlands* (Leipzig: J. C. Hinrichs, 1920ff.), IV: 862에서 발데스가 성자가 되는 대신에 이단이 된 것은 순전히 우연에 속한 문제였다고 말하였다. 다니엘-호프(Daniel-Rops)는 *op. cit.*, p. 525에서 다음과 같이 평했다: "교회는 왈도파와 만났던 이 순간을 교회가 추구하는 목적을 위하여 사용할 수도 있었지만, 인노켄티우스 3세는 교회가 그렇게 하지 않은 것을 매우 애석하게 여겼다. 그러나 왈도파와 교회 양측이 가졌던 사사로운 의구심과 실수로 인하여 이것은 불가능해졌다.…무엇보다도 먼저 그 이단[발데스]은 당당하게 교회 어느 최고 권위자에게라도 그가 믿고 있는 것이 단지 '그의' 진리일 뿐임을 깨닫도록 이끌었다. 아마도 순전히 오해였던 것이 공공연한 반란으로 발전하게 되었다.… 여러 가지 측면에서 왈도파는 개신교 전조가 되었다."

를 잃은 사제에 의해서 집행된 성례전에 정당성이 있는가 하는 것이었다. 이는 왈도파가 그 동안 가르친 것에는 정식으로 속하지 않았던 것었이다.

결국 제도권 교회와 경쟁하는, 완전한 형태를 갖춘 지하 교회 하나가 분파 계통을 따라 형성되었다. 이제 평신도가 고백성사를 듣고, 죄 사면을 선언하고, 성체를 나누어주고, 결국은 교회 지도자를 안수하는 것까지 가능하게 되었다. 비록 1218년 종교회의에 이르기 전까지 모든 부분의 완전한 통합을 이루는 것은 불가능하였지만, 롬바르드파와의 연결은 상당한 기간 지속되었다. 왈도파 이탈리아 분파는 이 당시까지 크레모나Cremona, 베르가모Bergamo, 스트라스부르Strasbourg, 마인츠Mainz, 그리고 바바리아Bavaria에까지 확산되었으며, 프랑스 분파는 그 영향력을 라인란트Rhineland를 거쳐 멀리는 플랜더스Flanders까지 펼쳤다.

왈도파의 본질

비록 왈도파 운동 그 자체로부터 산출된 문헌은 거의 없지만, 여러 대적들이 남긴 저작물에서 초기 왈도파가 살아낸 삶과 행적을 공정하고 적절하게 그린 그림을 살펴보는 것은 가능하다. 13세기에 이단재판소 등장과 함께, 교회는 억눌러야 할 이단 정체를 파악하기 위해 지침서와 안내서를 펴내야 했다. 이단재판관 중 한 명으로서 1300년경 독일에서 저술한 피터 폰 필리치도로프Peter von Pilichdorf는 다음과 같이 이단에 대한 상세한 묘사를 남겼다:

> [왈도파는] 복장과 말투에 의해서 드러나는데, 왜냐하면 그들은 수수하며 규율대로 살기 때문이다. 비싸지도 않으면서 천박하지도 않은 옷차림을 전혀 자랑하지 않는다. 거래에 개입하지 않으며, 거짓말과 맹세와 사기를 피하고, 기능인으로 직접 노동하여 생활한다. 그들 선생은 구두장

이이다. 부를 축적하지 않으며, 필수품으로 만족한다. 정결하며, … 육식과 음주를 절제한다. 자주 선술집을 가거나, 춤을 추거나, 다른 사치품을 구하지 않는다. 분노를 통제한다. 항상 일한다. 가르치고, 배우며, 자주 오랜 시간 동안 기도한다. 또한 이단 신분을 숨기고 교회에 가서, 죄를 고백하고, 성찬을 받고, 설교를 듣지만, 이렇게 하는 것은 그 설교에서 설교자 흠을 잡기 위한 것이다. 또한 언어생활에서 온화하고 정확하여, 욕설과 비난과 농담과 거짓말과 맹세를 피한다.75)

두 번째 이단재판관은 비순응파가 성공한 이유를 긴 목록으로 작성하였다. 그는 이단이 남자뿐만 아니라 여자까지도 낮에는 바쁘게 일하고 밤 시간을 이용하여 배우기를 쉬지 않는 점을 주목하였다. 구성원으로 받아들여진 후 짧게는 십 일 정도 된 개종자도 다른 사람을 가르치기 위해서 보냄을 받기도 하였다. 어떤 사람은 얼어 죽을 정도로 추운 겨울에 그가 개종시키기 원하는 사람에게 가려고 오스트리아에 있는 강을 수영해서 건넜다. "어떤 면에서 우리는 가톨릭교회 교사가 가지는 태만을 비난하게도 되는데, 이는 이 믿음이 없는 이단은 거짓되고 그릇된 신앙을 위하여 열정을 가진 반면, 우리 교사는 자신이 믿는 진리에 헌신하는 열정이 너무나도 없기 때문이다."76)

왈도파가 약진하게 된 주요한 이유 중 하나는 성서를 자국어로 번역한 것에 있었다. "중세에서는 처음으로 왈도파 모임에서 교회가 소유하고 있던 가장 위대한 종교 도구를 평신도가 대면하게 되었는데, 그것은 바로 성서였다." 왈도파는 성서를 암송하였으며, 왈도파 사역자에게 신약성서 전체와 구약성서 상당 부분을 암송하는 것은 그리 대단한 것이 아니었다. 그들

75) Lea, *op. cit.*, I: 85.
76) Coulton, *op., cit.*, p. 174ff.

은 복음서와 산상수훈을 특별히 강조하였다. 한 비판자는 이렇게 증언하였다: "그들은 사도신경을 일상어로 매우 훌륭하게 알고 있었다. 그들은 신약성서 복음서를 마음으로 배우고 … 그것을 큰 소리로 서로 반복한다. 또한 나는 평신도가 교리에 흠뻑 젖어 들어서 마태나 누가와 같은 복음서 상당 부분을 마음으로부터 반복할 수 있으며, 특별히 그들 모두가 우리 주님께서 가르치신 말씀을 암송하고, 그렇게 그들이 계속 반복함으로써 여기저기서 단어 하나라도 틀리는 것을 피할 수 있도록 하는 것을 본 적도 있다."[77]

사제직을 가지고 있던 많은 이가 생계를 잃을 정도로 추문에 휩싸였기 때문에 왈도파가 성장하는 데 많은 도움을 주었다. 왈도파 성도의 품행은 교구 교회를 가진 많은 성직자와 쉽사리 대조되었고, 그들 사이의 다른 점은 지역 주민이 왈도파에게로 몰려들게 하는 강력한 동인이 되었다. 한 번은 보통사람 사이에서 감독 중 어느 한 명이라도 천국에 갈 수 있을지에 대하여 심각한 토론이 벌어진 적도 있었는데, 이를 통해서 왈도파가 가지고 있었던 엄격한 윤리 표준이 보통사람에게 얼마나 깊은 인상을 남겼을 것인지 쉽게 짐작할 수 있다.

왈도파 성장에 대하여 동시대인이 제시한 또 다른 이유는 "일부 [가톨릭 사제가] 때때로 쓸모없는 것을, 또 때때로 거짓된 것을 설교하는 등, 부적절한 가르침"에 있었으며, 더 나아가서 일부 사제는 성례전을 집행하는 도중에도 불경한 말투를 사용하는 것이 드러나는 것에 있기도 하였다. 해이해진 사제에 대하여 왈도파가 행한 비평은 각별히 성직자를 격노하게 하였는데, 왜냐하면 이것은 성직제도 심장에 타격을 가한 것이었기 때문이었다. 피터 폰 필리치도로프는 왈도파가 가지고 있던 이러한 도나티스트 입장을 공격하였는데, 이 과정에서 그가 의도한 것은 아니었지만, 이는 비판을 받는 왈도파의 의로움을 인정하는 결과가 되었다:

77) Hauck, *op. cit.*, IV: 89; Coulton, *op. cit.*, p. 184.

너희 짖어대는 자들은 또한 교회 사제에 대항하여 이렇게 말한다: "그들은 간통자이며, 선술집 단골이며, 거짓을 지어내는 자들이다." 그리고 너희는 그들 이빨에 많은 사악을 집어 던진다. 그러면 그 다음은 어떻게 되는가? 이러한 일로 인하여 그들이 사제가 아니란 말인가? 어림없는 소리! 사람으로서의 사제가 행한 선함이 그 직분에 보태어 주는 것이 없듯이, 또한 그의 사악함도 그 직분을 빼앗아 갈 수 없는 법이다.… 그러므로 최악에 달한 사람이 사제라 할지라도 가장 거룩한 평신도보다 더 존경할 만하다. 너무나 거룩하여서 그 손으로 감히 존귀한 그리스도 몸을 받쳐 들 수 있는 평신도가 어디에 있단 말인가?[78]

14세기말에 이르러 왈도파에 의해서 거부된 로마 교회 행습이나 신앙 목록은 다음과 같은 것을 포함하였다: 성직 계급에 따른 우위, 성직 특권, "교황" 칭호, 교회 수입과 기증, 종교회의, 지역종교회의, 교회 재판소, 성직자 독신생활, 수도원 제도, 교리문답, 신비로운 성서 해석, 교회 축제 그리고 몇몇 예외를 제외한 축제일, 촛불, 성지순례, 오르간, 종, 향, 성무일과 聖務日課, 라틴어 예배서, 성상 숭배, 유골, 연옥, 죽은 자를 위한 기도, 예배에 있어서 성경에 의해서 명확하게 제시되지 아니한 모든 행동. 이는 실로 극한 수준에 달한 성결 운동이었다![79]

조직에 있어서 왈도파는 "주 사역자"와 장로와 집사로 이루어진 삼중 사역 형태를 발전시켰다. 정기 일반 모임 혹은 총회는 보통 일 년에 한 번씩 안전한 장소에서 열렸다. 보통은 선임 사역자가 젊은이 한 명과 함께 이 장소에서 저 장소로 여행하면서, 암호에 의해서 신분이 확인된 신실한 자들이 비밀스럽게 모이는 모임을 방문하였다. 방문자는 사죄를 선언하고, 세례를

78) *Ibid.*, p. 177.
79) Boehmer and Colt, *loc. cit.*, pp. 242ff를 보라.

베풀고, 예배를 인도했다. 때때로 훈련을 받고자 하여 오는 이들을 위하여 특별한 학교를 개설하는 것도 가능하였다. 지도자가 되기 위해서는 수 년 동안 좀 더 안전한 지역에서 이루어지는 훈련이 요구되었다.

구성원은 두 가지 등급으로 이루어졌는데, 첫째는 "협회"이며 둘째는 "친구" 혹은 "신자"였다. 앞 등급은 수 년 동안 수습 기간을 거친 후, 세상, 재산, 가족을 부인하기 위하여 때로는 결혼을 포함한 사회와 관련된 모든 것을 끊어낼 의무를 가진다. 둘째 등급은 요구되는 것이 더 적으며, 세속 사회와 좀 더 접촉하는 것이 허락되며, 지도자를 부양하기 위한 재원을 공급했다.

왈도파는 자국어로 번역된 성경이 가지는 우선순위와 유일한 권위를 가르쳤다. 그들은 폭력에 대하여 무저항을 실행하였으며, 피를 흘리는 것과 사형 제도를 반대하였다. 그들은 맹세를 하지 않았다. 맹세를 하지 않는 것은 이따금 그들을 고발하는 자들이 그들을 가려내는 표식으로 이용되었다. "산상수훈은 그들이 일상 삶을 통해 살아낼 엄격한 규범의 기초가 되었다."[80] 세례와 성만찬 두 가지 성례전이 기본으로 확립되었고, 일부는 유아세례를 거부했고, 일부는 시행했다. 대개 성만찬은 일 년에 한 번 새 계명 목요일Maundy Thursday: 부활절 전 목요일. 영어 maunde 어근인 라틴어 "mandatum"은 계명를 의미하며 요한복음 13:34 "이제 나는 너희에게 새 계명을 준다"에서 이 용어가 옴-역 주에 기념되었고, 이 때 생선, 빵, 그리고 포도주로 이루어진 특별한 식사가 제공되었다.

80) Gunnar Westin,『모든 시대에 존재해온 자유교회』*The Free Church Through the Ages*, trans. Virgil Olson (Nashville, Tenn.: Broadman Press, 1958), p. 29.

박해

1184년 교황이 금지령을 내린지 10년이 지난 후, 스페인에서 왈도파를 척결하기 위한 첫 번째 칙령이 선포되었다. 왕 알폰소King Alfonso는 누구든지 감히 비순응파에게 거처를 제공하거나, 먹을 것이나 마실 것을 주거나, 혹은 그들에게서 가르침을 듣는 자는 왕명거역죄를 범한 것으로 간주하여, 재산을 몰수당하고 기소될 것이라고 선포하였다. 이단자 자신들은 사형이나 신체 절단형을 제외하고는 어떤 형태로도 처벌을 당할 수 있었다. 3년 후에는 칙령이 개정되면서 왈도파 신자는 어디에서 체포되든지 화형을 당하도록 조치했다.81)

교황 인노켄티우스 3세Innocent III에 의해서 소집된 교황 직속 이단재판소는 왈도파를 발본색원하는 특별한 임무를 부여받았다. 이 이단재판소는 왈도파와 카타리파를 분명하게 구별하며, 왈도파가 더 진짜 이단이라고 분명히 정하였다. 이르게는 1211년에 벌써 왈도파 신자 80여 명이 스트라스부르에서 화형에 처해졌다. 초대 그리스도인이 겪었던 경우와 마찬 가지로, 중세 이단을 척결하기 위한 법률도 모든 지역과 모든 장소에서 동일한 수준으로 가혹하게 적용되지 않았다. 그러나 13세기에 이르러서부터는 박해에 대한 공포가 언제나 그들을 떠나지 아니하였다. 많은 왈도파 신자가 처한 운명은 국교회 안에 있는 대적이 가지고 있는 무력과 지성에 달려 있었다. 왈도파가 보여준 결코 굴하지 않는 저항은 교황 직속 이단재판소 연대기 기록관에게 찬탄을 불러일으킬 정도였다. 헨리 찰스 리아는 이러한 여러 기록으로부터 왈도파 순교자 개개인이 가지는 특성을 좀 더 분명하게 기록하였다:

너무나 집요하게 추적당하고 또 너무나 잔인하게 처형당한 혐오 대상이

81) Lea, *op. cit.*, I: 81을 보라.

었던 여러 이단자에 대한 교황 직속 이단재판소 부스러기 기록물과 그 연대기 기록자가 남긴 얼마 안 되는 문헌으로부터 우리가 조사해 낼 수 있는 것보다 더 심금을 울리는 인간 역사 기록은 얼마 안 되며, 더 감명을 주는 자기희생 기록도 거의 없으며, 인간 영혼이 육체의 연약함 위로 높이 솟아오를 수 있다는 교훈을 주는 예도 거의 없다.[82]

이러한 박해에도 불구하고 왈도파는 유럽 전체 지역에 걸쳐 신봉자를 얻었다. 이탈리아 분지分枝는 특별히 왕성하였다. 13세기 중반 오스트리아에는 번성하는 왈도파 회중이 있었고, 보헤미아와 모라비아에는 더 많이 있었다. 1245년 교황 인노켄티우스 4세Innocent IV는 그 이단이 일반 평민뿐만 아니라 왕족과 귀족까지 포함함으로써 더 넓고 굳건하게 자리 잡았다고 기술하였다. 14세기에는 독일, 헝가리, 그리고 폴란드에 이르기까지 퍼져나갔으며, 이 지역 모임 구성원은 직접 방문도 하고 또 대표자를 파견하는 방식으로 라틴족 신앙 본거지와 계속 접촉하였다. 또 각 나라 단위로 곤궁에 처한 회중을 돕기 위해 자금을 거두어 들였다.

현대 왈도파

16세기에 왈도파 대부분은 개신교 종교개혁과 공동 목적을 갖게 되었다. 스위스 일부 종교개혁자에게 밀사를 파견한 후, 여러 왈도파 지도자는 1532년 찬포란Chanforan, 이탈리아 알프스에 있던 왈도파 은거 마을-역주에서 종교회의를 마련하였다. 이 종교회의 결과 왈도파는 칼뱅주의자와 합의를 이루어내었으며, 점점 개혁주의 전통에 맞추어 교리와 조직을 조정하였다.[83] 그 결과 중 하나로 왈도파가 그 은거지에서 밝은 세상에 나오게 됨으로써

82) *Ibid.*, III: 645.
83) Boehmer and Colt, *loc. cit.*, pp. 248ff을 보라.

박해가 더 강화된 것이었다.

16세기와 17세기에 최악에 달한 왈도파 박해 중 몇 사건이 발생했다. 예를 들면, 1569년 6월 열하루 동안, 이탈리아 칼라브리아 지역Calabrian area 왈도파 주민이 스페인 군대에 의해 철저히 짓밟혔다. 약 2,000명이 처형당했고, 약 1,600명이 투옥되었으며, 또 다른 많은 이가 갤리선 노예가 되었다. 많은 왈도파 신자는 생명을 보호하기 위하여 알프스 산악 벽지로 이주하였고, 그리하여 오늘날 그 지역에서 그 후손이 발견된다. 이 기간에 왈도파는 무저항주의를 포기했고, 종종 가톨릭 군대와의 전투에서 승리했다. 밀턴Milton 은 17세기에 사보이 공국 군대에 의해 자행되었던 특별히 끔찍했던 한 대량학살로 인하여 영감을 받은 "오 주여, 주의 살해당한 수많은 성인을 위하여 보복하소서. 그들 뼈가 알프스 산악 동토에 흩뿌려져 있나이다"로 시작되는 14행시를 지었다.[84] 1655년 올리버 크롬웰은 외교 압력과 재정 협조라는 두 방법을 다 동원하여 개입함으로 왈도파를 도왔다. 곤경에 빠진 왈도파를 위한 도움은 다른 개신교 국가로부터 왔는데, 그들에게 있어서 왈도파는 "원시 그리스도인" 신앙을 지키는 유일한 생존자로 여겨졌다. 상당한 기간 동안 많은 왈도파 신자가 스위스를 피난처로 삼았지만, 1689년 복귀하였으며, 이 때는 아직도 그 후손에 의해서 "영광스런 귀환"의 해로 기념된다.

1848년에 이르러서야 많은 타격을 입은 잔존자에게 종교자유가 주어졌는데, 그때까지 그들은 코티안 알프스Cottian Alps, 프랑스와 이탈리아 접경지역-역주의 작은 집에 붙어살고 있었다. 자유가 주어진 이후 1848년 8월에 열렸던 첫 번째 종교회의에서 왈도파는 이탈리아 전체 복음화에 관심을 집중하였다. 복음화를 촉진하기 위하여, 이 종교회의 회원은 왈도파 교회의 공식

---

84) James Montgomery, ed.,『존 밀턴 시집』*The Poetical Work of John Milton* (New York: Leavitt & Allen Bros., [n.d.], I: 233에서 재인용.

언어를 오랜 동안 유지되었던 프랑스어로부터 이탈리아어로 바꿨다. 그들은 처음에 플로렌스에 신학대학원을 세웠고, 후에는 로마에도 세웠다. 이탈리아 통일에 즈음하여 1870년 왈도파 목사에 의해 수도에 외국인 개신교 신자를 위한 예배당을 제외하면 첫 번째 개신교회가 구성되었다.

오늘날 이탈리아에는 약 3만여 명 왈도파 신자가 살고 있고, 북미와 남미 우루과이에도 정착지가 있다. 왈도파는 교회일치운동에 적극 참여하며[85], 이탈리아 프랄리Prali 근처에 있는 유명한 아가페청소년회관를 통하여 그들이 가진 정신을 드러냈다. 이 시설은 1947-1951에 많은 나라로부터 온 청소년이 그 공사 현장에 자원으로 참여하여 노동력을 제공함으로써 건설되었다. 산악 훈련소 열쇠는 그 건물 소유권이 온 세계 모든 교회에게 있다는 표현으로서 세계교회협의회 직원에게 주어졌다. 오늘날 그 공동체 일원으로 거주하는 직원 한 명이 연중 계속되는 회의, 교육, 토론 등을 관장하는데, 1966년에는 41개 나라로부터 청소년과 강사가 참여하였다.[86]

아가페회관이 주관하는 파생 사업으로는 사회복귀 마을사업 그리고 시실리 리에시Riesi와 독일 프랑크푸르트와 마인 근처 크리프텔Kriftel에 있는 이주노동자 사업이 있다. 아가페회관 입안자이며 리에시 프로젝트 지도자인 툴리오 비나이Tullio Vinay는 현재 왈도파가 추구하는 주안점을 다음과 같이 명확히 표현한다: "교회가 가지는 임무는 교회 자체를 구원하는 것이 아니다-그리스도께서 이미 교회를 구원하셨다. 교회가 해야 할 더 중요한 임무는 사랑과 섬김으로 그 자신을 주는 것이다-사실 교회가 가지는 임무는 세상을 위하여 죽는 것이다."[87]

---

85) Ermanno Rostan, 『이탈리아 왈도교회와 교회일치운동』 *The Waldensian Church of Italy and the Ecumenical Movement* (Genoa: Papini, 1962).

86) 아가페회관에 대한 탁월한 기술은 도널드 G. 블레쉬(Donald G. Bloesch), 『그리스도인재생회관』 *Centers of Christian Renewal* (Philadelphia and Boston: United Church Press, 1964), pp. 69-82에서 찾아볼 수 있다.

87) Ray Davey, "시실리의 두 얼굴" (The Two Faces of Sicily), *Frontier*, I, vol. 8 (Spring, 1965), pp. 45-48에서 재인용.

체코 형제단

1467년, 작은 무리 후스파가 그들이 새롭게 뽑은 사역자를 추인하여 주기를 왈도파 장로 한 명에게 요청하여 추인 받았다. 일부 역사 권위자는 이 해를 신자들의 교회 이상이 시작된 해로 받아들인다.88)

예언자 열정으로 불타올랐던 체코 애국자 얀 후스John Hus 는 체코인이 행한 로마 가톨릭교회에 대한 초기 비판에 영국인 존 위클리프John Wyclif와 롤라드파의 개혁 사상을 결합하여 15세기 초 교황제에 대항하는 가장 위협할 만한 무기를 만들어 내었다. 콘스탄스 공의회에서 몇몇 신부가 후스를 화형 기둥에 결박하고이때 후스에게는 여러 귀신이 그 위에 그려져 있는 바보 모자가 씌워져 있었다. 횃불을 대었을 때, 그들은 중부 유럽 전체를 걸쳐 아울러 연쇄 폭발을 시작하는 신관信管에 불을 붙인 것이었다. 억압받고 있다는 종교 감정과 격분한 민족주의 자부심이 결합한 결과가 너무나 강력해서 교황과 황제가 연합하여 힘을 쏟았지만 결코 반란을 진압할 수 없었다. 조야한 후스파 신자는 성만찬 빵과 포도주 두 가지에 자신들이 다 참여하겠으며, 또 여러 다른 개혁을 추구하겠다는 결단을 상징하고자 성배를 들고 그들 적에게로 행진하였다. 그들은 결코 패배를 당하지 않았다.89)

이미 발표되었던 프라하 4개 신조Four Articles of Prague , 제2조에서 빵과 포도주의 양종성찬兩種聖餐 주장–역주를 바탕으로 바젤 공의회Council of Basel 에서 로마 가톨릭교회와 후스파 사이 타협을 위하여 나온 조정안 콤팍타타Compactata는 결국 후스파 내부에서 로마 가톨릭교회에 대한 반대 정도에 따라 분열을 일으켰다. 1434년에 있었던 중차대한 후스파 내전에서 온건한 민족주의

88) 프랭클린 H. 라이텔(Franklin H. Littell)은 "신자들의 교회의 관심사" (The Concerns of the Believers' Church), Chicago Theological Seminary *Register*, LVIII (December 1967), p. 12에서 다음과 같이 진술한다: "… 체코 형제회는 현대 자유교회가 처음으로 분명한 형태를 갖춤에 있어서 가장 소중한 많은 증언을 그 안에 가지고 있는 공동체였다."

89) 이 주제에 관하여 매튜 스핑카(Matthew Spinka)의 많은 저서, 특히 『얀 후스의 교회론』 *John Hus' Concept of the Church* (Princeton: Princeton University Press, 1966)을 보라.

분파와 친 로마 가톨릭 성배파Calixtines calix 또는 양종성찬파Utraquists, "sub utraque specie" [in both kinds]-역주 연합군은 급진주의자인 타보르파Taborites 만 2천여 명의 시신을 전장에 남겼다. 과격분자는 철저히 스러졌다.

승리를 쟁취한 온건파 대변인으로 부상한 이는 달변가 로키카나의 얀John of Rokycana 이었다. 그는 자신이 관철했던 친로마 가톨릭 정책에 대한 보상으로 프라하 대주교로 교황 비준을 얻기 바랐다. 그렇지만 이런 소망은 물거품이 되었는데, 왜냐하면 보헤미아 사람에게 성만찬에서 두 종류를 다 누릴 수 있도록 허락한 조정안은 교회를 머리부터 그 구성원까지 전면 개혁하려던 공의회파가 기울인 노력으로서, 이는 교황청에게는 역겨운 것이었기 때문이었다. 심지어 로키카나는 동방교회로부터 후원을 얻기 위하여 그곳으로 향했지만, 1453년 투르크족의 침략 앞에 콘스탄티노폴리스가 함락됨으로써 이 협상은 좌절되었다.

그 성배파 지도자는 로마로부터 환심을 사는 것에 흥미를 잃고, 이제 교황청의 타락 위에 상처를 더하는 연속 설교를 퍼붓기 시작했다. 그가 가진 적대감은 불과 몇 년 전에 그렇게 소중하게 채택했던 **콤팍타타***Compactata*를 교황 니콜라우스 5세Nicholas V가 깡그리 무시하고, 서방교회의 가장 유능한 대변인 두 명을 보내어 보헤미아와 모라비아 사람을 교황 영향력 아래로 되돌리려 하였을 때 증대하였다.

그러나 로키카나는 발언에서는 급진성을 증대시켰지만, 실제 로마 교회와의 심각한 분열은 자제하였다. 그가 가진 좌우명은 "중도주의"였다. 이와 반대로 그의 추종자는 원시 그리스도교 형태에 따라 복원된 교회를 향한 환상에 사로잡혔다. 그들이 꿈꾸던 교회는 부유한 자가 개입하는 것과 계급 성직자가 가진 오만함으로부터 정화하여, 오직 신실한 신자에 의해서만 구성하며, 형태를 갖추지 않은 설교에 만족하지 않았다. 그들 스스로 부르던 대로 이 "듣는 자들"은 로키카나에게 그의 개혁에 관한 발언을 명확하게 하도록 압력을 가했다.

프라하 출신 "학생과 학자", 그리고 일부 평민도 합세하여 로키카나가 가지고 있던 이상이 실제로 이루어지도록 연합하였다. 그들 지도자는 로키카나의 조카로 퇴락한 귀족 출신인 제호르의 그레고리Gregory of Řehoř 였다. 비록 분명히 공식 대학 교육은 받은 적은 없지만, 그는 라틴어를 구사하였으며, 더 중요하게는 지도력과 영감이라는 재능을 부여받았다.90)

페테르 헬치스키

로키카나 본인이 그레고리 모임을 그들의 신앙 지도자가 될 사람에게로 인도했다. 이 사람이 바로 페테르 헬치스키Peter Chelčický 인데, 톨스토이는 그리스도교가 온 인류 공동체에 대하여 지대한 역할을 행한 것만큼 그리스도교에 대하여 동일한 역할을 행한 사람으로 그를 기억하였다. 그가 살았던 시대에도 전혀 유명하지 않았고, 그 이후 세대와 최근까지 사실상 알려지지 않았지만, 이제 그는 한 체코 역사 전문가로부터 "어느 관점에서 본다면 … 매우 중요하며, 분명히 그 위대한 체코 종교개혁가인 '얀 후스' 보다 더 창의성이 풍부하다"는 평가를 받고 있다. 19세기에 팔라츠키František Palacký, 1798-1876, 체코 역사가 및 정치가-역주와 다른 학자가 발견한 것에 이어 헬치스키는 점차 종교와 정치사상에 있어 혁신자로 인식되고 있다.91)

페테르는 1390년경 그 이름이 연유한 헬치스Chelčice 마을에서 태어났는데, 아마도 그 가문은 중류자작농 계급이었을 것이다. 그는 자신을 민중의 사람으로 이해했고, 그의 저서는 그가 받은 정식 교육이 부족했다는 것을

---

90) Peter Brock, 『체코 형제단 정치 및 사회 교리』 *The Political and Social Doctrines of the Unity of Czech Brethren* (The Hague: Mouton & Co., 1957), pp. 72ff.

91) 매튜 스핑카(Matthew Spinka), "페테르 헬치스키, 우니타스 프라트룸 신앙의 아버지" (Peter Chelčický, the Spiritual Father of the Unitas Fratrum), *Church History*, XII (1943), 271-291로부터 위의 인용을 가져왔다; Harold S. Bender, review article of C. Vogel, *Peter Cheltschizki* (1926) in *Mennonite Quarterly Review,* IV (1930), 220-227; Brock, *op. ct.*, pp. 25-69.

드러낸다. 하지만, 그는 당대 신학 주요 주제를 확연히 파악하고 있었으며, 1420년에 이르러 양종성찬파 주요 신학자로 토론에 참여함으로 부각되었다. 라틴어를 숙달하지 못하였고, 그리하여 대학에 입학할 수 없었지만, 헬치스키는 교부 문서 번역본, 그리고 자신의 견해를 가지고 다른 학자와 토론하는 방식을 통하여 기초를 확고하게 다졌다. 그는 후스와 직접 만난 적이 있는 것으로 알려졌다.

1420년 그가 토론하였던 주제는 진정한 종교가 그 대의명분을 군사력으로 방어할 수 있느냐는 것이었다. 이때는 얀 후스 처형에 반발하여 일어난 보헤미아인 궐기를 진압하기 위하여 교황과 황제가 막대한 공격을 개시하기 직전이었다. 모든 온건주의자조차 사안이 가지는 정당성이 성경이 가르치는 원칙을 예외로 적용하는 것을 허용한다고 주장할 정도로 상황이 긴급함에도, 헬치스키는 완전한 평화주의pacifist 입장을 천명하였다.

헬치스키는 프라하를 떠나서 그 생애 나머지를 헬치스에서 보내었는데, 그곳은 극렬주의 후스파가 한 때 은거한 요새도시 타보르로부터 그리 멀지 않았다. 이 마을에서 그는 자신만이 가진 독특한 방법으로 사상을 공교히 갈고 다듬었으며, 그리하여 그는 그를 고통스럽게 하던 경쟁 견해의 물결에 따라 요동하지 않았다. 헬치스키의 사상을 성숙시킨 주된 영향은 후스, 위클리프, 그리고 왈도파에게서 왔다. 그의 저서에는 앞의 두 명의 사상과 명백한 관련성이 있다. 왈도파와의 연관성은 분명하게 드러나지 않지만, 헬치스키와 왈도파 사이 신념의 일치는 현저하다.

최근에 체코 형제단 역사학자 브록Peter Brock, 1920-2006, 영국에서 출생하여 캐나다로 이주한 평화주의자-역주이 지적하는 것처럼, 헬치스키가 왈도파에게 진 빚 문제는 후스파 좌익 진영에 왈도파가 광범위한 주제에 끼친 영향과 연결되어 있다. 타보르파가 호전적이기 이전, 그들의 초기 종교 운동은 왈도파와 상당한 유사성이 있었다. 초기에 보헤미아에는 실제로 왈도파 정착촌이 있었고, 오스트리아 근처에는 몇몇 강한 거점이 있었다. 오늘날 역사 연구의 합의점은 신학자 중 특히 위클리프와 후스 사상이 평민 사상을 강화하는 과정에서 왈도파 영향을 받았다고 보는 것이다.[92]

신자들의 교회 역사를 다룰 때마다 반복적으로 등장하는 많은 주제는 페테르 헬치스키의 글에서 강조되었던 것들이다. 이러한 주제들에는 그가 가장 중요하게 관심을 기울였던 사랑의 율법law of love부터 시작하여, 교회와 국가의 분리, 무저항 평화주의, 사회 계급 해체, 그리고 신약성서의 권위 등이 들어있다. 당시로는 너무나 급진적인 신념을 주장하고자 했던 그의 치열한 독립성은 심지어 그를 비판했던 사람들에게도 깊은 인상을 남겼다. 그의 저술은 날카로우면서도 간결한 산문체 특징을 가지며, 그 단순성은 존 울만John Woolman 미국 퀘이커 설교자-역주 저작이 가진 것과 흡사하다. "후스와 모든 후스파 신학자는 스콜라 신학자로서 과거와 당대 교회 권위자들의 방대한 자료들을 인용하여 자신들의 저작을 채운 반면, 헬치스키는 주로 성경과 그 자신 사상과 논증에 의지하였으며, 그의 논점 일부를 묘사하기 위해서 극소수 교부와 그가 가장 존경하던 선배인 후스나 위클리프를 의지하기도 했다."[93]

헬치스키에게 있어서 교회의 타락은 콘스탄티누스 대제가 한 "죽음의 포옹"과 함께 왔다. 헬치스키 저작 중 가장 중요한 『신앙의 그물』*The Net of Faith*에서 그는 교황과 황제라는 두 마리 고래에 의해서 찢어지고 망가진 그물교회 심상을 사용한다. 그 둘이 어부 베드로의 순전한 그물망에 엄청나게 크고 많은 구멍이 나도록 찢어놓았기 때문에 그 결과 그물 안에 있는 것이나 밖에 있는 것 사이에 아무런 다른 점이 없어지게 되었다. 그 문제에 대하여 헬치스키가 제시한 해결책은 교회를 국가로부터 근본에서부터 분리하

92) Brock, *op. cit.*, pp. 28–30; Spinka, *loc. cit.*, p. 274.
93) Brock, *op. cit.*, p. 36.

는 것이었다. 얀 후스는 교회 세속성에 대한 자신의 공격을 퍼부었지만, 헬치스키와는 대조되게, 한 국가는 종교 영역으로부터 완전히 분리될 수도 없고 분리되어서도 안 된다고 믿었다. 실제로는 교회가 하는 일에 국가가 간섭할 수 있는 권리와 의무를 가진다는 것은 후스의 교회 개혁의 핵심 요점 중 하나였다. 후스는 머리로부터 발끝까지 개혁하기를 거부했던 타락한 교황청은 황제에 의하여 소집된 개혁 공의회에 의해 그 임무 수행을 재촉 받아야 한다고 말했다.

헬치스키는 "겉으로 드러나는 여러 그리스도교 국가 가운데 이방 세계의 모든 이교 관습이 교회에 수용된 것을" 발견하였음에도, 국가가 그러한 일을 바르게 잡아 세우기 위하여 개입하는 것을 용납하려 하지 않았다. 강압은 종교에 그 있을 자리가 없다: "복음을 전하는 것을 듣고 그리스도교 믿음으로 신실하게 나아오지 않는 사람을 강제로 나오게 할 수 없다.…" "성령님의 능력에 의해서 지원을 받은 믿음만이 정부 권위라는 힘과 상관없이 굳게 서며, 강요 위협 아래에서도 그러한 믿음만이 바라는 것을 가져오며 목표에 도달하게 된다." 그렇다고 헬치스키가 곧 무정부주의를 가르쳤다는 것은 아니다. 인간이 처한 타락한 상태 때문에 국가는 필요하다. 공권력은 사악한 상태에 있는 사람을 통제하기 위하여 필요하지만, 그리스도인은 정부에 참여하지 말아야 한다. 그리스도인이라면 "누구라도 그리스도께서 가르치신 길로부터 벗어나서는 안 되며, 황제를 그의 칼과 함께 따라서도 안 된다. 그리스도를 따르는 길이 단지 카이사르가 그리스도인이 되었다는 것 때문에 변하지 않았기 때문이다"라고 말한 것과 같다.[94]

그의 평화주의pacifism는 이미 주목을 받아왔다. 여러 역사가는 어떠한 것도 "더 헬치스키로 하여금 전쟁보다 분노하고 두려움에 떨도록 자극하는

---

94) *Ibid.*, pp. 45–50.

것이" 없다는 것에 주목해왔다.95) 그에게 있어서 병사는 살인자와 똑같다. 그리스도인이 유일하게 할 수 있는 행동은 엄격한 무저항이다. 이러한 그의 사상은 사형제도에 대한 당위성 또한 부인하도록 이끌었다. 그리스도께서 세우신 예를 본 받는다는 것은 "삶에서 최고의 법칙으로서 모든 것에 우선하여 하나님을 사랑하고 이웃을 자신처럼 사랑하는 최고 율법"을 따르는 것이다. 사랑의 율법은 예수 그리스도께서 그 의미를 설명하시고 본을 보여주신 이후로 모든 그리스도인의 삶에서 근본이 되어왔다. 헬치스키 전체 저작물은 이 확신을 입증하기 위하여 바쳐진 것이라 할 수 있다.

이런 점에서 그 종교 개혁자는 다른 여러 후스파 지도자와 날카롭게 대립하였다. 한쪽 눈을 잃은 지쉬카 장군oneeyed General Žižka 지휘 아래 있던 타보르파는 그가 개발한 격렬한 전법과 살벌한 열정으로 전쟁사에 새로운 장을 써넣었다. 헬치스키는 자신들이 스스로 그리스도인이라고 주장하는 자들에 의하여 수행된 전쟁은 사실 무슬림이나 이교도에 의한 전쟁보다 더 사악한데, 엄밀하게 말해 이는 그리스도교 윤리에서 벗어난 것이기 때문이라고 논하였다. 사랑의 새로운 율법은 모든 살인을 금한다. 마찬가지로 그리스도인은 세속 법정에 고소해서도 안 된다. "그리스도인이 세상 재판정에 호소하는 것은 은혜를 저버린 것이며, 곧 죄다." 그리스도인은 분쟁을 해결하는 더 나은 길을 배워왔는데, 그것은 바로 중재, 그리고 잘못을 범한 쪽이 행하는 배상이다. 만약 이것이 사건 해결에 도움을 주지 못한다면, 그리스도인은 겸손히 고난당하며 불의가 이루어지도록 받아들여야 한다. 언약 공동체 안에서 악을 행하는 자는 호되게 꾸지람을 받아야 하며, 바로잡아져야 한다. 만일 그가 악한 삶을 계속 고집하면, 그 다음으로 그는 공동체로부터 쫓겨나야만 한다.96)

95) Edmund de Schweinitz, 『우니타스 프라트룸으로 알려진 교회의역사』 *The History of the Church Known as the Unitas Fratrum* (Bethlehem, Pa.: Moravian Publication Office, 1885), p. 97.

96) Brock, *op. cit.*, p. 52.

독일 마르크스주의자인 카우츠키Karl Johann Kautsky는 당대 유럽이 이미 받아들인 삼층 신분제도threeclass system에 대한 헬치스키의 비판을 칭송하였다. 헬치스키는 그의 『세 가지 신분제도』*The Three Estates*라는 제목의 소논문에서 위클리프가 귀족과 사제와 평민 사이의 차별을 곧 하나님의 뜻이라고 한 중세의 가정假定을 받아들인 잘못을 공격한다. 그리스도의 사랑은 모든 격차를 쓸어내 버린다. 그러므로 계급 차이에 기초한 세속 법률은 교회 안에 들어설 자리가 없다. 한 가지 계급만 있는 사회는 전쟁 혹은 혁명에 의해서 성취될 수 있는 것이 아니라, 헬치스키가 가르친 대로 "국가를 넘어서서" behind the state's back 존재한다.97)

헬치스키는 시종일관 분명하게 급진적 프로그램을 확립했다. 그의 이러한 견해 전체나 일부가 다른 시기에 나왔더라면, 그의 사상은 교회와 국가를 지탱하는 가장 소중한 근간을 공격하는 것으로 여겨져 즉시 이단으로 재판을 받았을 것이다. 그러나 타보르파와 양종성찬파 지배 아래 있던 보헤미아에는 이러한 목소리를 위한 공간이 있었다.

체코 형제단 설립

간절히 말씀을 사모하던 한 무리의 성도가 카리스마를 가진 지도자 주위로 모여들었었지만, 체코 형제단은 그런 식으로 결정結晶되지 않았다. 헬치스키의 가르침을 기초로 삼아 그레고리Gregory의 인도를 받은 것은 로키카나 추종자였다. 그레고리 모임이 "페테르 형제" Brother Peter's 헬치스키-역주가 직접 이끄는 무리와 바로 연합했는지에 대해서는 어느 정도 신학 논쟁이 계속되었다. 헬치스키 자신은 어떠한 조직체를 만들어 국가교회로부터 중차대한 결별을 하는 것을 무척 꺼려했다. 로키카나 추종자는 1457

97) Karl Kautsky, 『근대 사회주의 선구자』 *Vorläufer des neueren Sozialismus* (Stuttgart: J. H. Dietz, 1920), pp. 368–369.

년에서 1458년 사이의 겨울 어느 날에 보헤미아 통치자 포데브라트의 조르지George of Poděbrad 에게 속한 리티스Lititz 영지에 있는 외딴 마을 쿤발트Kunwald에 새로운 종교 공동체를 설립하였다. 그 공동체가 그곳에 정착하도록 허가된 것은 로키카나의 얀이 베푼 호의 넘치는 후원에 의하여 성사되었다.98)

그들은 스스로 그리스도 율법 형제단Brethren of the Laws of Christ 이라는 이름을 선택하였으며, 자신들이 실천하려는 원리를 담은 목록을 만들었다. 그들의 실제적 목표는 예언자의 마음을 가진 로키카나에 의해서 이미 드러났고, 페테르 헬치스키에 의해서 구체화되었다. 그레고리 그리고 미하엘Michael이라는 이름을 가진 한 경건한 사제가 형제단을 위한 지도자로 선출되었다. 그들 중 일부가 자신들을 새로운 종단이라고 생각했기 때문에, 이름을 체코 형제단Unity of Brethren 혹은 우니타스 프라트룸Unitas Fratrum이라고 바꾸었는데, 이 이름이 여러 세기를 지내오며 지금까지 살아남게 되었다. 이 명칭은 단지 형제단 자신들이 새로운 교회를 설립하고자 했던 의도가 없음을 분명히 한 것이었다.

1461년 평화롭던 형제단은 박해를 받았는데, 이는 그들이 반反종교개혁 물결에 휩싸이기 이전까지 겪었던 많은 압제의 물결 중 첫 번째였다. 이 돌연한 박해가 발생한 원인은 통치자 포데브라트가 황제로 선출되는 영광을 누리려는 계획을 가진 것에 있었다. 자신이 가진 신앙의 정통성을 드러내 보이려고 공을 들이던 중, 그는 자신 영토에서 살고 있는 이단에게 관용을 베풀고 있다고 고소당했다. 왕실로부터 박해가 시작되려던 즈음에 그레고

98) 모라비아 전문 역사가 하인츠 렌커비츠(Heinz Renkewitz:1902–1974 독일 복음주의 역사가–역주)는 최근 한 백과사전에 기고한 논문 "체코 형제단" (Brüderunität), *Die Religion in Geschichte und Gegenwart*, I: 1435–1439에서 이 정착 연대는 보통 알려진 연대인 1457년보다는 1458년이었을 것이라고 지적한다. 1957년에는 체코 형제단 설립 500주년을 기념하는 많은 행사가 열렸다. 또한 루돌프 리칸(Rudolf Rican), 『보헤미아 땅에 건설된 하나님 왕국』 *Das Reich Gottes in den böhmischen Ländern* (Stuttgart: Evang. Verlagswerk, 1957)을 보라.

리는 프라하에 있었는데, 그는 자신의 계획대로 하면 화를 당할 것이라는 경고가 있었음에도, 형제단이 있는 도시로 가서 그들과 함께 거하기로 결정하였다. 집회 장소에 나타나 그들을 연행한 고위 공무원은 다음과 같이 공고하였다: "무릇 경건하게 살고자 하는 모든 자는 핍박을 받을 것이다.디모데후서 3:12 그러므로 이곳에 모여 있는 너희 모두는 나를 따라와서 감옥으로 들어가라." 이렇게 형제단은 쿤발트에서 축출되었다.

형제단 창설자 그레고리는 고문대 위에 놓였고, 정보를 자백하도록 고문을 당했지만, 아무런 성과도 없었다. 로키카나는 형제단으로부터 편지를 받았는데, 그들은 산악에 있는 굴로 도망해야만 할 그의 이전 추종자를 구하는데 그가 가진 교회 고위직 영향력을 사용해 달라고 그에게 탄원하였다: "당신이 우리에게 가져다주는 박해를 우리가 받아야 마땅합니까? 우리는 당신 제자가 아니었나요? 부패한 교회와의 관련을 맺기를 거부하라는 당신의 말을 우리가 따르지 않았나요? 사법의 힘은 시민법을 깨뜨린 사람들을 벌주기 위하여 고안된 것이며, 강제력은 반드시 적절한 한계 안에서만 시행되어야 합니다. 박해는 이교도가 다스릴 때 일어났던 것입니다. 종교문제에 공권력을 사용하는 것은 명백하게 잘못된 것입니다."[99] 사방으로부터 포위공격을 당하던 형제단은 1471년 왕이 사망함으로 결국 박해로부터 벗어나게 되었다.

형제단은 원래부터 국교회양종성찬파 사제에게 성실하게 사역 협조를 구해왔지만, 이제는 국가교회로 시작된 이번 박해와 그들 자신이 처한 내부 형편 논리에 따라 좀 더 새로운 사역 구조를 확립하게 되었다. 그들은 1464년 레인헤나우Reinchenau에서 열린 종교회의를 통하여 완전한 조직을 이루었다. 그들에게 가장 중요한 문제는 목회 지도력의 적법성이었다. 대표단은 초대교회 계승자로부터 적법한 안수를 받기 위하여 인도, 그리스, 그리

---

99) De Schweinitz, *op. cit.*, pp. 115–119.

고 아르메니아를 찾아갔지만, 그들의 목표를 이루지 못했다. 마침내 1465년 열린 종교회의에서 그들은 스스로 목회자 체계를 세우는 것이 하나님 뜻이라는 결정을 내렸다. 그리고 이러한 결정을 2년 후에 르호트카Lhotka에서 이행하였다.

그리하여 진정한 의미에서 1467년은 체코 형제단이 구분된 별개 조직으로 시작을 이룬 해로 여겨질 수 있다. 그들은 구성원이 재세례를 받고, 뒤따라 사역자가 안수를 받음으로 로마 교회뿐만 아니라 양종성찬 교회와의 관계를 실제로 끊었다. 이전까지 그들은 비공식 형제단 혹은 협회 정도로 여겨졌었다. 그들이 비록 칠성례전을 계속하고, 어린아이를 위한 유아세례를 실시했지만, 1467년부터 구성원이 재침례를 받고 사역자가 안수를 받는 성례 집행을 통하여 그들은 새로운 여정으로 가는 발걸음을 떼어놓았다.[100]

처음 세 목회자는 남자 후보 아홉 명을 추천한 뒤 그들이 가지고 있는 덕과 성품을 각각 기록한 조각 중에서 추첨을 통하여 선출되었다. 선출된 세 목회자를 두고 그레고리는 1461년 자신이 고문을 당한 이후에 체험한 환상을 통하여 제시되었던 이들이라고 선언했으며, 이러한 사실은 그들이 바르게 선택하는 추첨을 했다는 확증으로 받아들여졌다. 후에 이와 관련하여 형제단은 왕에게 다음과 같이 편지하였다: "우리 중 다수는 하나님께서 우

100) 조지 윌리엄스(George H. Williams)는 『급진종교개혁』*The Radical Reformation* (Philadelphia: Westminster, 1962), p. 211에서 다음과 같이 서술한다: "그레고리 지도 아래 있었던 쿤발트(Kunvald) 형제단은 1467년에 이르러 그리스도인 삶을 뒤흔드는 급진적인 새로운 개념을 정립하는 중대한 단계를 택한 후, 르호트카(Lhotka) (루호노프Ruchnov 인근)에서 열린 종교회의에서 양종성찬파와… 로마주의자로부터… 분리하는 한 교회를 조직하였다." 브록(Brock)은 체코 형제단 역사에서 핵심이 되는 해를 결정함에 있어서 1457년과 1467년 사이를 넘나든다: "그[헬치스키]가 체코 형제단으로 역사에 알려진 그들 새 교회가 1467년 설립된 것을 볼 수 있을 때까지 생존할 수 있었다는 것은 매우 가능성이 희박하다."(p. 41); "1457년에서 1458년으로 넘어가는 겨울 동안에 창립된 형제단은 마침내 로마교회로부터 분열하였으며, 10년 후인 1467년에는 그들 자신의 구별된 사제직을 세우면서 공인교회인 양종성찬 교회로부터 분리하였다."(p. 70); "쿤발트에 형제단이 정착한 것은 형제단이 한 독립 모임으로서 사실상 기초를 세운 것을 나타내는데, 이는 그들이 양종성찬 교회로부터 정식으로 분리하기 10년 전이었음에도 그러하다."(p. 75). 체코교회 교회일치뉴스서비스(ecumenical news service of the Czech churches)는 1967년에 500주년 기념행사가 있을 것이라고 *Ecumenical Information from Czechoslovakia*, XIV (June 1967), 3ff에서 공고했다.

리를 방문하셔서 우리를 굳건하게 하시려고 우리 심령 안에 놀라운 일을 행하셨음을 깨닫고 또 느꼈습니다. 그러므로 우리는 우리 지도자를 확고한 믿음으로 받아들였으며, 우리 심령에 기쁨이 가득하여 하나님께 감사했습니다. 하나님은 시대 말에 놀라우신 일을 이루셨으며, 이제 그분 일은 지상에서 이 땅, 우리나라에서 열매를 맺고 있습니다."101) 이 기억에 남을 종교회의는 감사 찬양과 함께 끝맺어졌다.

형제단은 추첨으로 뽑힌 세 목회자를 안수한 이후, 그 선출이 주교에 의하여 확정되어야 좋을 것이라고 생각했다. 파견단이 한 왈도파 주교를 방문했는데, 그 주교 이름이 무엇인지는 기록에 남기지 않았다. 이것은 형제단이 왈도파 교회의 기원이 초대교회까지 거슬러 올라가는 교회라고 믿었다는 것을 드러낸다. 이러한 방식으로 형제단은 사도 계승 축복을 받으려고 했다. 그 왈도파 지도자는 형제단이 원하던 역할을 수행했다. 이로 인하여 두 비슷한 모임 사이에 긴밀한 관계가 유지되었지만, 형제단은 더 오래된 모임인 왈도파에 대하여 몇 가지 보류 사항을 가지고 있었기 때문에 그들 사이에 완전한 통일은 이루어지지 않았다. 그러나 세월이 흐른 후, 상당수 왈도파 신자들이 실제로 체코 형제단에 가입하였다.

체코 형제단의 본질

체코 형제단이 가지고 있던 정체政體는 주교, 장로, 그리고 신부가 집사와 교회 봉사를 위하여 준비하는 청소년으로 이루어진 복사服事의 도움을 받아 일하는 협력체계였다. 오랜 역사 동안 "어른"Senior이라는 단어는 주교를 부를 때 선호하는 칭호였다. 구성원은 "신참자"Beginners, "숙련자"Proficients, 그리고 "완전한 자"Perfect로 나뉘었다. 각 단계로 진급하는 것은 하나님 뜻에 대한 지식이 진보한 것과 교회 가르침을 실제 생활에서 행동하는

101) De Schweinitz, *op. cit.*, p. 136 (독일어로부터 영어로 번역함).

것이 진보한 것을 통해서 이루어졌다. 신부는 각 마을에 걸립된 사제관 혹은 주택에서 살았으며, 이 건물은 여행하는 성직자를 위한 숙소와 병자나 연로한 자를 위한 보호시설로도 사용되었다.

마태복음 18장을 기초로 한 매우 엄격한 교회 권징은 형제단이 가진 특징이었다. 중대한 범죄를 저질렀거나 교회 훈계를 받아들이기를 거부한 구성원은 교회 직원에 의해서 축출되는 결과를 맞게 되었는데, 구성원은 이러한 권징에 대하여 "아멘"이라고 말함으로써 승인을 표현했다. 『교회 권징 체계』*Ratio Disciplinae* 혹은 『교회 질서』*Church Order*는 권징에 대한 규정을 담고 있는데, 권징은 "어린이로부터 노인까지, 농노로부터 지주까지, 복사로부터 감독까지" 모두에게 적용되었다. 권징은 "가식으로 행해지지 않았을 뿐만 아니라 광포하거나 포악하지 않았다. 또한, 사도가 제시한 대로 온유한 심령으로, 깊이 불쌍하게 여기는 마음으로, 그리스도의 이름으로 그리고 그분 권위에 의해서, 파멸시키려는 목적이 아니라, 바른 길로 인도하려는 목적으로" 시행되었다.[102]

형제단이 남긴 기록물은 그 이름이 드러내는 것처럼 형제사랑이라는 성격을 반영해 주었다. 저서는 공동체가 동의할 때만 저자 이름과 함께 출간되었다. 이렇게 하는 것은 허영심을 배제하고 그들의 연합된 증언을 증언하기 위하여 이루어진 것이다. 그들은 인쇄된 페이지 여백을 기민하게 사용하였으며, 3대의 인쇄기로 많은 주목할 만한 자국어 성서 번역을 출판하였다.

16세기 체코 형제단 삶 안으로 흘러들어온 통찰력은 로테르담의 에라스뮈스Erasmus of Rotterdam가 보낸 편지를 통하여 간파할 수 있다. 형제단 행습에 대하여 뚜렷하게 비판하는 태도를 가지고 있던 한 보헤미아 인문주의자는 그들에 대한 보고를 에라스뮈스에게 보낸 후, 다음과 같은 내용이 포함된 답장을 받았다:

---

102) *Ibid.*, p. 222.

체코 형제단이 그 자신들이 원하는 교사를 선정하는 것이 고대 교회가 행하던 관습과 어긋나는 것이 아닌 것은, 이러한 방법으로 성 니콜라우스St. Nicholas와 성 암브로시우스St. Ambrose가 선정되었기 때문입니다. 그들이 충분히 교육 받지 않은 사람이나 배우지 못한 사람을 교회 지도자로 선정하는 것을 용납할 수 있었던 것은, 그렇게 뽑힌 이들의 경건한 삶을 배움 이상으로 훌륭하게 여겼기 때문입니다. 그들이 서로를 형제와 자매로 부르는 것에는 어떤 오류도 없으며, 오히려 내가 하나님께 소원하는 바는 모든 그리스도인이 서로를 이렇게 부르는 방식을 일반화하였으면 하는 것입니다. 그들이 가톨릭교회 교사보다 성서를 더 신뢰하는 것은 옳습니다. 비록 어떠한 좋은 이유로 교부가 도입한 것을 경멸하는 일이 부적절하게 여겨질 수 있지만, 그리스도와 당신 사도들이 성만찬에서 빵과 포도주를 성별하실 때, 평상복을 입었을 것이라는 점은 극도로 가능성이 높습니다. 당신이 말한 대로, 만일 그들이 주님이 가르쳐주신 기도를 드림으로 그렇게 큰 기쁨을 누렸다면, 우리가 반드시 잊지 말아야 하는 것은 이 기도가 우리 가톨릭교회 미사 중 일부분을 구성하고 있다는 것입니다. 교회 축일에 관한 그들의 견해는 나에게 히에로니무스 시대Jerome's age의 그것과 별로 다르지 않은 것으로 여겨집니다. 그러나 이에 반하여 오늘날 그러한 교회 축일이 터무니없이 수가 많아졌고, 무엇보다 축제기간에 보통 사람이 온갖 사악한 행동을 할 기회를 얻게 되며, 그들에게 게으른 삶을 살도록 조장하고, 그들과 그 가족이 필요한 일용할 양식을 위하여 일하는 것을 막고 있습니다.103)

103) *Ibid.*, p. 230. 체코 형제단과 에라스뮈스 사이 관계를 더 알기 위해서는, F. M. Bartos, "에라스뮈스와 보헤미아 종교개혁" (Erasmus und die böhmische Reformation), *Communio Viatorium*, I (1958), 116-123, 246-256을 보라. 에라스뮈스의 헬라어 신약성서 재판 서문에는 체코 형제단에 대한 언급이 있다.

15세기가 끝나기 전에 심각한 내부 위기가 형제단을 고통에 빠뜨렸으며, 그 결과 두 분파가 생겨났다. 귀족과 사업가가 연대하여 표출한 욕망 때문에 많은 문제들이 발생했다. 헬치스키가 가르친 것을 신실하게 따르려고 한 좀 더 초기 입장에 선 이들은 형제단 구성원이 되기 위해 칭호, 영광, 그리고 공무원 책임 등 모든 것을 버려야만 한다고 요구했다. 대학에서 훈련받은 일부 지도자는, 그들 중에 가장 뛰어난 이는 프라하의 루카스Luke of Prague 였는데, 형제단이 이루어내는 경건에 대한 평판에 매력을 느꼈다. 그들은 상류층 구성원을 받아들이는 특권 중에서 일부를 유지하는 가운데 양보안을 발전시켰다. 1490년부터 1494년까지 열렸던 여러 종교회의는 이 문제와 씨름하였다. 결국 사회에의 양보를 옹호하던 "주류파"는 반대를 무릅쓰고 군 복무, 길드에 속한 이들에게 주는 회원권, 맹세, 그리고 공무원 직업 등이 "만일 정말로 필요하다면" 허용될 수 있다는 합의안을 이끌어 내는 데 성공하였다. 이러한 결정은 형제단이 사회에 좀 더 잘 적응되도록 문을 열었다.

패배한 소수파인 구형제단은 갱신된 결과로 나타나는 많은 생동감이 몰려옴으로 얻을 수 있는 이점을 살리지 못하였다. 그 결과 16세기부터 구형제단의 수는 급감했고, 완전히 자취를 감추었다. 그리하여 개신교 반역이 폭발했을 때 체코에는 일종의 문화변용 교회acculturated church가 있게 되었다. 그럼에도, 체코 형제단이 처음에는 루터와 나중에는 칼뱅과 직접 만남을 추구했을 때, 그들은 고전 개신교가 교회에서 권징을 충분히 강조하지 않은 것을 비판하였다. 형제단 대표가 비텐베르크Wittenberg를 거듭하여 방문하는 동안 이 문제는 계속하여 제기되었다. 루터는 자신 쪽에서 형제단 구성원을 믿음 안에 있는 형제로 받아들였지만, 그의 지역 주민인 작센 사람Saxons이 가진 천성이 거친 것 때문에 교회 권징이 느슨하게 적용되는 점에 대하여 양해를 구하였다. 루터는 보헤미아 사람이 자국어를 강조하는 것과 성인세례1534년 포기를 시행하는 것을 예외 규정으로 받아들였다. 흥미롭게도 루터는 그들을 보통 "왈도파"라 불렀다.104)

체코 형제단의 황금기

체코 형제단은 오랜 기간 동안 격렬한 압제를 겪었으며 1609년 황제 특허장imperial charter 을 얻기까지 인정된 종교단체로서 인지되지 못하였지만, 16세기에 황금기를 경험하였다. 형제단은 제1차 슈말칼덴Schmalkalden 종교전쟁 기간1546-1547 에 개신교를 지지하였고, 그리하여 그들은 피난을 떠날 수밖에 없었다. 많은 이는 폴란드에서 피난처를 찾았고, 다른 이는 러시아에서 찾았다. 폴란드에서 그들은 1570년 산도미어즈협약Consensus of Sendomir, 폴란드-리투아니아 공화국 안에 있던 여러 개신교와 체코 형제단 등이 신앙고백을 통일하고, 서로 설교자와 성례전을 존중하기로 결정. 산도미어즈는 폴란드 남동부 도시-역주 을 도출하는데 도움을 주었으며, 이 합의에 따라서 루터교, 개혁교, 그리고 형제단은 한 가지로 종교자유를 부여받았으며, 종교에 있어서의 놀라운 통일성을 누릴 수 있었다.

1500년대 후반부에 체코 형제단은 고국에서 순탄한 세월을 보냈지만, 이러한 상황은 삼십년전쟁이 시작하는 시기였던 1620년 백산전투battle of White Mountain 에서 개신교 진영이 패배함으로 돌연히 바뀌었다. 많은 형제단 지도자가 프라하 인간투척사건Defenestration of Prague, 1618년 5월 23일 보헤미아 개신교 신자가 황제 특사 두 명을 창밖으로 내던진 사건으로, 30년 전쟁을 촉발케 함-역주 으로 일어난 국가 차원 반란에 연루된 것을 기화로 전쟁에서 이긴 제국군대에 의해서 처형되었다. 수단이 있는 사람은 폴란드와 헝가리로 이주했

104) 프라하와 비텐베르크 (그리고 개혁주의자도 포함하여) 사이 상호교류에 대한 최근 토의는 존 T. 맥닐(John T. McNeil)l, "교회일치에 대한 사상과 노력의 구체화, 1517-1618" (The Ecumenical Idea and Efforts to Realize It, 1517-1618), in 라우스와 니일(R. Rouse and S. Neill), eds., 『교회일치운동 역사』 *A History of the Ecumenical Movement* (London: S.P.C.K. 1954), p. 42ff를 보라.

다. 다른 사람은 강제로 로마 가톨릭 신자로 개종되는 것을 견뎌내며 고국에서 살아야 했는데, 그들은 할 수만 있다면 최선을 다해서 가정에서 믿음을 지켜냈다.

얀 아모스 코멘스키Jan Amos Komenský는 이 수십 년 암흑기 동안 형제단을 상징하는 인물이 되었다.105) 교육자, 성직자, 그리고 박식한 학자였던 코멘스키는 정식으로 안수 받은 마지막 감독으로서 형제회 정신과 실재를 그 인격 안에서 영속화하였다. 형제회 역사와 천재성에 대한 풍성한 저술을 통하여 그는 형제회 불꽃이 계속 살아나도록 분투했다. 그는 감독직을 사위인 페테르 야블론스키Peter Jablonsky에게 상속했으며, 그 감독직은 다시 페테르의 아들인 다니엘 에른스트 야블론스키Daniel Ernst Jablonsky에게로 이양되었다. 모라비아 신자Moravians의 역사 기록에 의하면, 브란덴부르크Brandenburg 궁정목사였으며, 친젠도르프 백작Count Zinzendorf에게 안수한 사람이 바로 다니엘 에른스트 야블론스키였는데, 그리하여 체코 형제회 지도력 계통은 근대로 이어졌다. 어쨌든, 갱신 모라비아교회Renewed Moravian Church는 1749년 영국 국회로부터 "고대 개신교감독교회"ancient Protestant Episcopal church로 인정되었다.106)

보헤미아 소수 농부와 장인匠人이 "숨겨진 씨"Hidden Seed로서 반종교개혁이 가한 혹독한 지배 아래 조상에게 물려받은 신앙 기억을 보존하였다. 한 떠돌이 목수 크리스티안 다비드Christian David가 알려준 정보에 의해서 영감을 받은 이 작은 모임은 1722년 친젠도르프 백작이 지배한 상 루사티안Upper Lusatian 영지에서 피난처와 종교자유를 구하기 위하여 자신들 인근에 있던 독일 국경을 넘었다. 이 이주 정착민 공동체에서 1727년 갱신 모라

---

105) 코멘스키는 1641년 존 윈스롭(John Winthrop)에 의해서 하버드 대학 총장직을 제의받았다: De Schweinitz, *op. cit.*, p. 580.

106) William George Addison, 『체코 형제단 갱신교회』 *The Renewed Church of the United Brethren* (London: S.P.C.K., 1932), pp. 96-103.

비아교회가 출현하였는데, 이 교회는 체코 형제단 옛 신앙 혈통에 경건주의로부터 온 역동하는 부흥운동 정신이 결합된 것이었다.

18세기 말에 이르러 그 조상 땅에서는 사멸한 것 같았던 그 운동이, 모라비아 선교사에 의해서 한 세기 후에 다시 그 땅에 심어졌다. 오늘날 거의 모든 체코 그리스도교 교단 성도는 자신들을 체코 형제단이 물려준 믿음을 상속한 자라고 생각한다.

제3장 근원종교개혁자

최근, 16세기 그리스도교세계를 뒤흔들었던 여러 사건에 대한 평가에 현저한 변화가 일어났다. 이전에는 마르틴 루터를 여자를 원했던 고집 센 수도승으로 평가했던 로마 가톨릭교회는 이제 그가, 비록 그 결과는 고통스러운 것이었지만, 그 본질에 있어서는 교회를 위하여 유익했던 진지한 신앙 탐구를 한 것으로 인정하여, 그가 이룬 공적을 찬양한다. 수 세기 동안 그 작센 주 종교개혁자마르틴 루터-역주보다 더 좌익에 속했던 이들에 대하여 그가 정죄한 것을 따라 앵무새처럼 같은 말만 반복하기에 만족해왔던 루터교 신자도 이제는 그들 자신이 판단해서 복음주의 아나뱁티즘을 받아들인다. 교회사에서 한 때 혐오 대상이었던 비순응파에 대한 이야기보다, 많은 역사 연구가에 의해 더 열정을 바쳐 탐구되거나 흥분을 불러일으키는 분야는 없다.107)

조지 H. 윌리엄스George H. Williams는 그가 저술한 『급진적 종교개혁』*The Radical Reformation*에서 지난 수십 년 동안 출판된 자료와 연구 논문 결과를

---

107) 존 P. 돌란(John P. Dolan), 『종교개혁사: 반대 견해에 화해하는 평가』*History of the Reformation: A Conciliatory Assessment of Opposing Views* (New York: Desclee Co., 1965)는 현재 로마 가톨릭교회가 가진 견해에 대하여 잘 요약하고 있다. Franklin H. Littell, 『아나뱁티스트 교회론』*The Anabaptist View of the Church,* second rev. ed. (Boston: Starr King Press, 1958) 제5장 "아나뱁트스트 신자에 대한 변화된 평가" (The Changing Reputation of the Anabaptists)는 역사기술 변화에 대한 간략한 요약이다.

집대성하였다. 많은 학자는 이 책이 서유럽 전통 개신교에도, 또 로마 가톨릭에도 포함되지 않았던 인물이나 운동 모두를 포괄하는 특색 없는 기준을 적용함으로 너무 성격이 다른 인물과 운동을 "급진종교개혁"이라는 표제 안에 끌어들였다고 비판하고 있다.[108] 그럼에도, 루터와 츠빙글리의 용맹스러운 행동으로 인해 로마 가톨릭이 유지해왔던 정통이라는 강한 압제가 훌륭하게 부서지자, 놀라울 정도로 다양한 의견과 신념이 쏟아져 나왔다는 것은 의문의 여지가 없다. 복음에 근거한 자유를 전하는 설교에 동요하고, 종말론을 강조하는 시류에 흥분하고, 투르크족의 침략 위협에 겁을 먹고, 의욕을 가지고 부상하는 중산층과 점점 나락으로 떨어지는 농민층 사이에 끼어 있던 당시 유럽인은 자신들이 실로 커다란 가마솥 안에서 부글부글 끓여지는 형국임을 깨닫게 되었다. 결과만 보고 그 결과를 가져온 과정은 무시하고 역사를 서술하는 여러 학자가 가지는 차가운 사고의 틀로는 그 시대가 품고 있는 역동성을 포착해 내지 못한다. 이 시대를 설명하는 한 적절한 이미지를 그려본다면, 과포화용액 속에서 신앙이라는 오색영롱한 결정체가 형성되어가고 있는 것과 비슷하다 하겠다.

모든 이들이 동의하는 실제상 합의가 있는데, 그것은 바로 신자들의 교회 기원을 찾기 위해서는 "스위스 형제단"이라 하는 작은 무리에게로 발걸음을 옮겨야 한다는 것이다. 이 스위스 형제단이 신자들의 교회가 가지는 주요 원리를 명확하게 만들어내고 또 자신들 삶으로 증언한 최초 인물이었다. 정치와 종교 분야 여러 권위자에게 저항하면서 1525년 1월에 그들이 성인 침례를 시작하였을 때, 그 본질에서 새로운 어떤 것이 그리스도교 역사에서 발생했다. 츠빙글리에 정통한 스위스 개혁주의 신학자인 프리츠 블랑케Fritz Blanke 는 취리히 근처에 있던 첫 번째 아나뱁티스트 회중을 다음과 같은 말로 표현했다: "졸리콘Zollikon 에서 교회 그 자체를 다르게 만들기 시

108) 존 H. 요더가 *Theology Today*, XX (October 1963), 432–433에 기고한 평가를 보라.

작한, 자유교회 형태를 지닌 새로운 교회가 탄생했다. 졸리콘은 이러한 사상을 위한 요람이며, 그 사상은 이곳으로부터 시작하여 4세기 동안 온 세상에 다다르게 될 그 승리하는 행진을 시작하는 발걸음을 떼었다."109)

일부 다른 학자는 신자들의 교회 기원을 찾기 위하여 동일한 스위스 형제단으로 발걸음을 옮기기는 하지만, 그 시기를 1525년보다 더 일찍 잡는다. 그들에게 있어, 분수령은 취리히 시의회 승인이 있기까지는 시급한 교회 개혁을 연기하려는 츠빙글리가 가진 원칙을 내부 추종자가 거부한 때에 형제단이 발생한 것으로 본다. "취리히 교회에 대한 취리히 시의회 판결을 받아들이기를 콘라트 그레벨Conrad Grebel이 거부한 결정은 역사에 있어서 최고 순간 중 하나이며, 비록 불확실하기는 하지만 근대 '자유교회'의 시발점으로 자리매김하였다." 벤더 Bender 110)

그러므로 16세기 신자들의 교회 대표주자로서 스위스 형제단혹은 복음주의 아나뱁티스트을 선택하는 것은 적절하다. 자신들이 스위스 형제단으로부터 직접 유산을 이어받아 탄생한 것을 스스로 깨닫고 있는 메노나이트 신자들은 여러 학자가 신자들의 교회를 재평가하는 최우선 대상이 되어왔다. 메노나이트 신자는 역사에서의 정확성을 추구하고, 또한 몰이해를 바로잡고자 관심을 기울이는 것과 동시에 그들 믿음의 공동체 삶 안에서 "아나뱁티스의 비전을 회복"recovery of the Anabaptist vision하는 것을 그들이 언제나 갖는 도전거리로 삼아왔다. 이렇게 아나뱁티스트 비전을 회복하는 것은 미국에서 "최근 수 년 안에 개신교 모습에 가장 주목할 만한 활력"을 제공한 것으로서, 전 세계를 아우를 정도로 넓고 강하게 그들에게 칭송을 받게 했

---

109) 이 내용은 이 책 서론에서 자유교회 기원에 대한 "아나뱁티스트 학파"를 논할 때 다루었다.

110) Harold S. Bender, 『콘라트 그레벨』 *Conrad Grebel* (Goshen, Ind.: Mennonite Historical Society, 1950), pp. 99–100; John H. Yoder, "츠빙글리 종교개혁 전환점" (The Turning Point in the Zwinglian Reformation), *Mennonite Quarterly Review*, XXXII (1958), 128–140, 그리고 『스위스 아나뱁티즘과 종교개혁: 주요 종교개혁자에 대한 토의, 1523–1538』 *Täufertum und Reformation in der Schweiz: I. Die Gespräche der Reformatoren 1523–1538* (Karlsruhe: Mennonitischer Geschichtsverein, 1962), pp. 20–33.

다.111)

아나뱁티즘 자체 안에 있는 풍성한 다양성을 그려내기 위해서 후터라이트 신자도 역시 살펴보았다. 그들은 많은 고난에도 그 자체로 오늘날까지 영속할 수 있는 그리스도인 공산주의 형태를 발전시킨 분파이다. 그들은 스위스 형제단 안에 메노나이트와 함께 그 기원을 공유한다.

스위스 형제단

1558년 3월 쾰른Köln에서 인쇄공이며 아나뱁티스트 지도자로 토마스 폰 임브로이흐Thomas von Imbroich라는 이름을 가진 이가 참수되었다. 그는 25세였다. 그가 참수되기 이전, 한 탑 속에 있던 감옥에 누워있을 때, 사제 두 명이 그를 개종시키기 위하여 찾아왔었다. 그들이 유아세례가 필요한 것을 강조하자, 그는 다음과 같이 답하였다: "성서는 유아세례에 대하여 가르치지 않습니다. 그리고 하나님 말씀을 따르자면, 침례를 받을 수 있는 사람은 반드시 먼저 신자가 되어야만 합니다." 그 두 사제는 그가 로마 가톨릭교회를 혐오한다고 비난했다. 그러자 그는 다음과 같이 답하였다: "제가 당신들의 교회를 정죄하고, 당신들의 교제 아래로 들어가지 않는 것은 당신들이 그 교회를 순결하게 지키지 않기 때문입니다. 위증자, 매음업자, 그리고 그와 비슷한 자들이 당신들 중에는 경건한 형제입니다." 감옥에 갇혀 있던 몇 달 동안, 그는 자기 어린 아내에게 격려 편지와 훌륭한 신앙고백서 한 편을 썼는데, 이 두 글은 나중에 유럽과 미주에서 출판되었다.112)

이 삽화는 그들 여러 심판자에 의해 "아나뱁티스트" 즉, 재침례자rebaptiz-

111) Franklin H. Littell, 『국가교회에서 다양성으로』 *From State Church to Pluralism* (Garden City: Doubleday & Co., 1962), pp. 139, 141–144.

112) Thieleman J. van Braght, comp., 『유혈극장 혹은 순교자의 거울』 *The Bloody Theater or Martyrs' Mirror,* trans. J. Sohm (Scottdale, Pa.: Mennonite Publishing House, 1950), p. 578.

ers라 불렸던 사람에 대한 여러 가지 중요한 사실을 드러낸다. 그들은 자신들의 믿음을 위하여 고난 받고 죽을 준비가 되어 있었다. 그들은 자신들의 교회 교제에서 순결성과 고결성에 많은 관심을 기울였다. 그들은 자신들 안에 있는 믿음에 대하여 설명할 준비가 되어 있었다. 위 이야기는 임브로이흐를 고소한 자들이 그가 이단자임을 입증할 수 없었음을 보여준다. 더 나아가, 그들은 한 사람이 가르침을 받고, 회개하고, 신자라는 확신을 갖기 이전에 받은 침례는 아무 의미가 없는 것이라고 확신했다. 마지막으로 그들이 증언한 신앙은 잔혹한 환경 속에서도 후세를 위하여 보존되었다.

스위스 형제단의 시작

아나뱁티즘 근원은 중부 독일에 소재한 광산 도시 츠비카우Zwickau에서 찾아낼 수 있다고 오랜 동안 생각되었었다. 이곳에서 16세기 초기에 토머스 뮌처Thomas Müntzer를 포함하여 격렬한 종교 열광주의자 다수가 활발하게 활동하였다. 몇몇 "츠비카우 예언자"가 비텐베르크를 방문하여, 그곳에서 자신들은 하나님께로부터 직통 계시를 받는다고 주장하여 루터 수석 동료 개혁자인 필립 멜랑흐톤Philip Melanchthon 마저 깊은 인상을 받게 하였는데, 이러한 상황은 그 굳세고 용맹스런 개혁자 자신이 바르트부르크Wartburg에 있던 은신처로부터 급히 돌아와 모든 일을 바로 잡을 때까지 이어졌다. 작센 주에서 분탕질을 한 이 "전염병"은 이제 남부 독일과 스위스에로까지 확산되었다고 알려졌었다.

오늘날 출판물에서도 아직 발견되는 이러한 변형은 이제 더 이상 지지를 받지 못한다. 뮌처 지도 아래 이들 츠비카우 과격분자가 발흥한 것은 스위스 형제단과는 분리된 현상이라는 것이 이제는 확실하다. 뮌처와 스위스 형제단 사이에 서로 만났던 것을 입증할 수 있는 증거가 전혀 없다. 스위스 형제단으로부터 독일 급진주의자radical 뮌처에게로 보내려고 하였던 편지

두 통혹은 편지 한 통과 그 추신이 현재까지 존재하기는 하지만, 결코 배달되지는 않았다. 이들 편지 내용은 스위스 형제단이 들은 것에 근거하여 뮌처가 가르친 내용 중 어떤 특정 부분을 지지한 것을 드러내기도 하지만, 그가 가진 전체 입장에 관하여는 크게 의구심을 가지고 있었음을 보여준다. 스위스 형제단이 뮌처를 향하여 무저항, 예배식서, 신자의 침례, 그리고 신자들로 모여진 교회와 같은 핵심 요소 등에 대하여 예리하게 지적한 여러 교훈은 이 두 운동이 오직 여러 학자가 가졌던 무지와 독단에 의해서 같은 진영 안에 자리 잡게 되었다는 것을 명백하게 보여준다. 이제 여러 학자는 독일 아나뱁티즘 기원에 관한 이야기는, 온 세상이 지켜보는 가운데 취리히로부터 시작된 그 급진 운동에 관한 오명을 다른 곳으로 옮겨 보려는 여러 츠빙글리 추종자에 의해서 의도적으로 퍼트려진 것임을 알고 있다.113)

스위스 아나뱁티스트 이야기는 울리히 츠빙글리Ulrich Zwingli 자신이 개혁을 향하여 기울였던 노고와 함께 시작한다. 능숙한 연설을 하는 로마 가톨릭 설교자며 에라스뮈스의 인문주의자 친구였던 츠빙글리는 1519년 취리히 대성당에 백성을 위한 사제로 청빙을 받았다. 츠빙글리는 즉각 교회력에 미리 정해진 설교 본문을 거부하고, 신약성경으로부터 직접 설교하기 시작했다. 그가 성서 원어로부터 세심하게 주해하는 설교를 듣고 기뻐한 청중은, 성경이 제시하는 방향을 따라 교회 삶과 행습을 개혁해야 한다는 촉구를 받아들이기 시작했다. 츠빙글리는 루터가 행해왔던 것 때문에 자극을 받기는 하였지만, 그가 시작한 개혁은 루터로부터 독립해 있었다. 1529년 이 두 지도자가 마르부크Marburg에서 대면하였을 때 드러났던 것과 같이, 그들은 서로 다른 영혼을 가지고 있었다. 전에 수도사였던 루터는 본인의 구원을 향하여 영혼이 겪었던 고통 때문에 번민하고 있었다. 그가 가지고

113) Heinold Fast, 『하인리히 불링거와 아나뱁티스트 신자』 *Heinrich Bullinger und die Täufer* (Karlsruhe: Mennonitischer Geschichtsverein, 1959). 편지는 각주 9번에서 인용하였다.

있었던 것은 교리 문제였다. 인문주의자였던 츠빙글리는 성서의 근원을 찾아가는 것, 그리고 성서 권위에 근거하여 교회 행습을 개혁하는 것에 관심을 기울였다. 그가 가지고 있었던 것은 윤리 문제였다.

츠빙글리는 1522년, 예를 들자면, 그 추종자가 사순절 금식 규정을 깨뜨린 것을 격려하는 방식으로 개혁을 시작하였지만, 츠빙글리의 교회 직분 상급자인 콘스탄츠Konstanz, 독일과 스위스 국경지대에 있는 독일 도시-역주 감독은 이러한 변화 방향을 되돌리려고 시도하였다. 여러 가지 정치상 이유로 인하여 콘스탄츠 감독이 하던 치리를 싫어하던 취리히 도시위원회 대다수 위원은 곧 교회 여러 문제가 나아가야할 방향에 대하여 그들 자신이 츠빙글리에게 동의하고 있음을 깨닫게 되었다. 신학에 있어서 여러 다른 견해를 처리하고자 그들이 상식 수준에서 선택한 방법은 공식 토의 혹은 토론을 위하여 회의를 소집하는 것이었다. 위원회 앞에서 누구든지 안건에 대하여 최고로 받아들일 수 있는 답을 제시하는 이가 옳다는 판정을 받았다. 1523년 1월에 열린 토론에서 로마 가톨릭을 대표하는 적수가 교회 여러 사안에 대하여 세속 정부가 결정을 내리는 이러한 방식이 가지는 진정성을 인정하기를 거부하였을 때, 성서 권위를 최고로 인정하는 츠빙글리의 견해는 주목할 만한 승리를 거두었다. 그가 나아가야 할 길은 활짝 열렸다.

츠빙글리를 후원하는 주민뿐만 아니라, 몇몇 젊은 학자이며 인문주의자가 그에게 매혹되었는데, 그 중 대표는 콘라트 그레벨과 펠릭스 만츠였다. 그들은 츠빙글리와 성서를 공부하였으며, 그를 가장 열렬하게 따랐다. 그러나 성공이 보장되었던 개혁은 장애물을 만났다. 비록 도시위원회가 콘스탄츠 감독을 싫어해서 교회 개혁 사안에 대한 책임을 떠맡으려고 하였었지만, 그들은 필요한 것 이상으로 교회 일상 형태를 계속 더 바꾸는 것에 대하여는 매우 마음 내켜하지 않았다. 츠빙글리는 취리히 주가 교화 과정을 거치게 되면 좀 더 개혁을 추진하는 입장에 다다르게 될 것이라고 확신하고 있었다. 가장 중요한 것은 모든 시민이 다같이 참여하게 하는 것이었다. 필요한 것은 교육이지 혁명이 아니었다.

1523년 10월에 어려운 상황이 찾아왔다. 츠빙글리는 미사를 집전하는 것을 더욱 더 거부하게 되었는데, 이는 그가 미사를 뒷받침할만한 근거를 성경에서 찾을 수 없었기 때문이다. 그 달에 열린 한 토론회에서 그는 자신이 가진 논점을 발표했다. 이 발표가 있었지만, 도시위원회는 변화를 허용하는 것에 대하여는 정치 상황을 고려하여 거부하고, 단지 츠빙글리에 의해서 발표된 주의 만찬에 관한 신학이 옳다고 찬동하기만 하였다. 12월에 츠빙글리는 어떤 상황 가운데에서도 개혁된 성만찬을 진행하겠다고 공지하였다. 그러나 도시위원회가 이를 **기정사실**로 받아들이기를 거부하자, 츠빙글리는 뒤로 물러서며, 개혁 속도가 여러 정치인 손 안에 있음을 인정하였다. 그는 권력을 잡은 자들이 가지는 의무는 모든 "밖으로 드러나는" 행동을 통제하는 것이라고 주장함으로써 자신이 가진 입장을 합리화하였다. 성경이 요구하는 것은 "속에 있는" 내용을 위한 것이다. 비록 츠빙글리는 성서주의를 가지고 있었음에도, 그는 교회, 그리고 국가-그리스도교세계state-corpus christianum 통일성 외에는 어떠한 다른 제도도 생각할 수 없었다는 것은 분명했다. 그리고 실상 그 당시에는 어떠한 사람도 다른 생각을 하기는 힘들었다.

츠빙글리를 따르던 이들 가운데 그에 대한 실망감이 퍼져나갔다. 그들은 예배식서 형태를 개혁하는 것과 같은 순전히 종교에 속한 문제를 해결하는 최종 권위를 세속 권력자 손에 두도록 허용하는 것은 잘못된 것이라고 주장하였다. 1523년 있었던 대화 기록에는 양자 사이에 있던 날카로운 차이가 드러난다:

> **츠빙글리:** [도시위원회] 여러 나리께서 이제부터 미사를 진행하는 법에

대하여 결정할 거요.

시몬 스텀프Simon Stumpf: 울리히 박사님, 당신에게는 여러 나리 손에 그 결정권을 줄 권위가 없습니다. 왜냐하면 그 결정은 이미 이루어졌기 때문입니다. 하나님의 성령께서 결정하십니다.114)

츠빙글리와 이전에 그를 지지했던 이들 사이의 간격은 1524년 한 해 동안 더욱 넓어졌다. 그들에게 츠빙글리는 자신이 가르친 결과를 대면하기 두려워 "중간에 머무는" 사람이 되어갔다. 그들이 생각하기에 츠빙글리는 잘못된 길로 인도함을 받고, 너무 빨리 압력을 받으며, 그리하여 이제는 종교개혁에 위험을 초래하는 사람으로 여겨졌다. 그레벨, 만츠, 그리고 다른 이들은 바른 해답을 발견할 목적으로 성서를 토론하고 공부하기 위하여 따로 만나기 시작했다. 그들은 독일에 있는 주요 개신교 지도자루터, 칼슈타트, 그리고 뮌처에게 소통을 구하기 위하여 편지를 했다. 뮌처에게 쓴 편지는 이제 그들은 성경과는 생소한 교회 행습을 거부하는 부정 위주 입장으로부터 진정한 교회가 어떻게 바른 방법으로 구성되어야 하는지에 대하여 심사숙고하는 방향으로 옮겨갔음을 보여준다. 뮌처에게 "말씀과 함께 앞으로 나아가고, 그리스도께서 도우시고 다스리심으로 그리스도인 교회가 세워지는 것"에 대하여 훈계하면서, 그들은 자신들이 가지고 있는 확신을 주장하였다. 그들은 단지 유아세례를 거부하는 것뿐만 아니라 개인 확신에 근거한 신자들의 침례를 실행하는 것을 요구하는 성서의 가르침에 순종해야만 한다고 믿었다. 침례는 "한 사람이 죽었으며, 죄에 대하여는 마땅히 죽고 생명과 성령 안에 있는 새로움으로 살며, 속사람이 받은 침례를 따라 그가 가진 믿음으로 살면 그는 분명히 구원을 받게 될 것을 상징한다."115)

114) Cornelius J. Dyck, ed.,『메노나이트 역사 개론』*An Introduction to Mennonite History* (Scottdale, Pa.: Herald Press, 1967), p. 29에서 재인용.

115) George H. Williams, ed.,『성령주의자와 아나뱁티스트 저자들』*Spiritual and Anabaptist Writers*

이 모임에 합류한 두 취리히 사제인 빌헬름 로이블린William Reublin과 요하네스 브뢰틀리John Brotli는 자신들 교구민 자녀에게 유아세례 주기를 거부하였다. 이러한 행동에는 곧바로 징계가 따랐고, 정부는 진상 조사를 시작하였다. 새로운 모임이 주장하는 견해를 듣기 위함이라는 형식적인 토론회가 소집되었으나, 판결은 토론회가 시작되기도 전에 이미 명백하게 결정되어 있었다. 1525년 1월 18일 도시위원회는 누구라도 자기 자녀에게 유아세례 주기를 거부하면 취리히 주로부터 추방될 것이라는 행정 판결을 공포했다. 삼일 후에는 교회 허가 없이 자유롭게 모이는 성경공부 모임은 금지된다고 선포했고, 그리하여 수 명이 추방되었다.

비록 침례가 핵심 문제는 아니었지만, 이제는 교회가 가진 관점을 반대하는 상징이 되었다. 츠빙글리와 도시의 여러 원로는 국가교회를 지속하기로 결단하였지만, 소수의 다른 이는 사도 계승을 따른 모임을 발전시키기를 추구하였다. 권력자들로부터 최후통첩을 받았을 때, 이 열두 명 정도 되는 남자는 반드시 되어야 할 것을 결정하기 위하여 1525년 1월 21일 펠릭스 만츠 집에 모였다. 그들과 함께한 이들 중에는 추르Chur에서 온 사제로서 자코브 가문 조지George of the House of Jacob 카야콥Cajacob라는 이름과 블라우록Blaurock이라는 별명을 가진 새로운 회원이 있었다. 후터라이트 신자가 남긴 한 연대기에서는 그 모임에 대하여 다음과 같이 적고 있다:

> 그들은 이 일에 있어서 한 마음이 되었으며, 하나님을 두려워하는 순전한 마음으로, 반드시 신성한 말씀으로부터 배워야하며 사랑으로서 드러나는 진정한 믿음을 설교해야 하며, 스스로 인식하고 고백한 믿음에 근거한 진정한 그리스도인 침례를 받아야만 하고, 진정한 양심으로 하나

(Philadelphia: Westminster Press, 1957), pp. 71–85, vol. xxv of 『그리스도교 고전 문고』 *The Library of Christian Classics.*

님과 연합해야 하며, 그 이후로 모든 경건함으로 그리스도인다운 거룩한 삶을 통하여 하나님 섬기기를 [준비해야 하며], 또한 종말에 다가올 환란에 굳건해야 한다는 것을 깨달았다. 그들이 함께 모였을 때에 두려움[*Angst*]이 그들을 엄습하였다. 그렇다. 그들 마음에 긴장감이 돌았다. 그런 까닭에 그들은 하늘에 계신 지고하신 하나님께 무릎 꿇고 엎드려, 그분을 마음을 다 아시는 분이라 부르며, 하늘의 뜻을 보여 주시고 그들에게 자비를 베풀어 달라고 기도하였다.… 기도 후에 조지 카야콥George Cajacob이 자리에서 일어서서 콘라드 [그레벨]에게 자신의 믿음과 지식에 근거한 진정한 그리스도인 침례로 하나님을 위하여 자기에게 침례를 베풀 것을 청원했다. 그가 그러한 요청과 바람을 가지고 무릎을 꿇었을 때, 콘라드는 그에게 침례를 베풀었다. 왜냐하면 그 때에는 그러한 의식을 집전할 안수 받은 종이 없었기 때문이었다. 이 일이 이루어진 후에 다른 이들도 비슷한 방식으로 그들에게 침례를 베풀어 주기를 조지에게 부탁했고, 조지도 역시 그 청원에 근거하여 그렇게 하였다.… 각자는 다른 이가 복음으로 섬기기로 결단하였는지 확증하였고, 그들은 그 믿음을 가르치고 지키기 시작하였다.116)

스위스 형제단의 확장과 강화

이렇게 그들이 재침례를 행한 것은 결코 하찮은 행동이 아니었다. 이에 참여한 이들은 이 침례는 취리히 도시위원회가 결정한 것을 무시한 것임을 다음과 같이 완전하게 깨닫고 있었다. "그들은 이로 인하여 시련과 고난을 받을 것을 잘 알고 있었다"라고 후터라이트 연대기는 기록하고 있었던 것이다. 그들이 인도함을 받아온 길은 유쾌한 것도 아니었고, 그들 자신을 위

116) *Ibid.*, pp. 43–44. (이 때는 물을 주발에 떠서 머리에 붓는 침례를 행하였다. 그러나 1525년 2월부터는 침례를 행하였다. 아나뱁티스트 신자가 침례를 행한 시점 이후로 이 번역에서도 침례라는 용어를 사용한다.–역주)

한 것도 아니었다는 것도 또한 분명하다. 오히려 그들은 자신들이 깨달은 확신을 가족이나 아는 이들이나 혹은 그들이 다다를 수 있는 어떤 사람에게라도 가르치라는 명령을 받아들였다. "맨 처음 교회 모임은 선교사 모임이었다."117) 스위스 형제단은 시골이나 인근 주로 흩어져서 그들이 배운 것을 가르쳤다. 그 반응은 대단한 감동을 받을 만한 것이었다. 그들은 핍박 때문에 더 멀리 퍼져나갔지만, 진리를 계속 증언하였다.

빌헬름 로이블린은 박학한 신학자 발트하자르 후브마이어 박사가 사제로 있는 마을인 발트슈트 근처 스위스 독일 접경까지 이동하였다. 후브마이어도 자기 친구 츠빙글리와 거의 같은 방식으로 주요 종교개혁 교리를 받아들였다. 또한 츠빙글리가 초기에 그렇게 하였듯이 그도 성경에 근거하여 유아세례에 대하여 의문을 품게 되었다. 그러나 츠빙글리와는 다르게, 후브마이어는 한 단계 더 나아가는 것에 이미 준비가 되어있었다. 1525년 4월 로이블린이 도착하여 신자의 침례가 필요함을 설교하자, 후브마이어는 준비를 마쳤다. 후브마이어는 자기 교구민 60여 명과 함께 로이블린에게 침례를 받았다. 그 해 부활절 주일에는 그 자신이 300여 명 넘게 침례를 주었다. 이것은 전체 회중이 스위스 형제단에 합류한 첫 번째 사례이다.

발트슈트에서 일어난 눈부신 사건은 가톨릭 세력의 재빠른 보복을 불러일으켰는데, 그들은 이미 후브마이어를 이단자로 낙인찍었다. 그는 취리히로 피신해야 했다. 이전에 츠빙글리가 출판을 통하여 아나뱁티스트 신자를 공격하였을 때, 후브마이어는 소책자로 그에게 답하였고, 이는 즉각 다시 한 번 출판물로 된 반박을 불러일으켰다. 스위스 감옥에서 풀려나자마자 후브마이어는 모라비아 지방 니콜스부르크Nikolsburg로 이동했다. 그곳은 그 지역의 일부 귀족영주가 펼치던 관용 정책 때문에 나중에 "16세기의 아메리카"로 알려졌다. 후브마이어는 도피처인 니콜스부르크에서 저작 활

117) Dyck, *op. cit.*, p. 36.

동에 집중하였으며, 아나뱁티스트 입장을 가장 많은 문서 활동으로 전파하는 주창자가 되었다. 후브마이어라는 이름과 저작은 후에 로마 가톨릭교회가 금서 목록을 작성할 때, 주요 이교도 창시자로서 루터, 칼뱅, 츠빙글리와 함께 다정하게 놓여 있었다. 1528년 그는 황제의 군사에 의해서 체포되었으며, 비엔나로 압송되어 그곳에서 화형됐다. 그의 아내는 3일 후 다뉴브강에 수장하도록 선고되었다. 후브마이어는 죽임을 당했지만, 그가 전하고자 했던 바는 살아있다. "진리는 불멸한다"는 경구는 그가 가장 좋아하던 말이었다.

취리히에서는 이르게는 1525년 2월부터 권력층이 형제단을 투옥하기 시작하였다. 후터라이트 연대기에 따르면 그 상황은 다음과 같다:

> 마지막으로 남자, 미망인, 임신부, 그리고 미혼 여성 등 20여 명이 넘는 이들이 깜깜한 여러 탑 안에 비참하게 던져져, 그들이 살아서 다시는 해나 달을 볼 수 없고, 빵과 물을 그들에게 주는 것을 금하며, 그래서 그 깜깜한 탑 안에서 결국 아무도 살아남는 자가 없을 때까지 산 자와 죽은 자를 함께 가두어, 그곳에서 죽고, 냄새가 나고, 썩게 되도록 선고하였다. 어떤 이들은 그 안에서 사흘 동안 빵 한 조각도 먹지 않았는데, 이는 단지 그렇게 함으로써 대신 다른 이가 먹을 수 있도록 하기 위함이었다.118)

그러나 이렇게 감옥에 가두어 죽이는 것이 이 운동을 잠재우지 못하게 되자, 스위스인은 형제단을 지독한 치안선동 범죄자로 여기고 사형판결에 해당한다고 선고하였다. 비록 펠릭스 만츠가 죽기 이전에 다른 많은 이가 로마 가톨릭 정부 권력자에게 죽임을 당했지만, 만츠는 개신교 정부 손에 죽은 첫번째 순교자였다. 그가 행한 성인 침례에 대하여 신랄하게 조롱하는

118) Williams, *op. cit.*, pp. 45–46.

의미로, 그는 림마트Limmat 강에 수장되어 죽임을 당할 것을 판결 받았다.

형제단 지도자는 한 명씩 추적당해 스러져갔다. 그들은 공공연하게 가르치고 설교하는 것을 고수하였기 때문에, 그들을 체포하는 것이 그렇게 특별히 어려운 것이 아니었다. 1527년 아우크스부르크에서 모였던 이른바 "순교자 총회"라 불린 한 모임은 불과 몇 달 안에 거의 모든 참가자가 체포되어 죽음을 당하게 되었다. 그레벨은 정부 관계자 손에 의해서 잔혹한 죽임을 당하지 아니한 소수 초기 지도자 중 하나였다. 스위스 여러 주에서 복음을 전하여 많은 개종자를 얻은 후, 그는 흑사병에 의해서 죽음을 맞이하게 되었는데, 이 때는 그가 처음 침례를 받은 후 2년이 채 못 되었을 때였다. 그는 28세에 죽음을 맞이하였다.

정부로부터 오는 억압만이 이 급성장하는 운동이 처한 유일한 문제는 아니었다. 이와 동일하게 중요한 것은 그들 내부에서 발생할 수 있는 분열을 방지하기 위하여 그들 자신이 가진 원리와 기초를 확고하게 정립하는 것이었다. 국가교회로부터 분열한 이들 중 일부가 율법폐기론 성향을 띠었다는 보고도 있었다. 처형 때문에 지도자 인력이 상실됨과 함께, 교리와 삶에 있어서 혼란에 빠지고 길을 잃을 수 있는 더 큰 위험성도 있었다. 이에 대한 해답은 논쟁이 되는 여러 문제를 결정하고 한계를 설정하기 위하여 각 지역에 흩어진 구성원을 불어 모아 대회를 여는 것이었다. 이렇게 초기에 모인 대회 중에서 가장 중요했던 것은 1527년 2월에 샤프하우젠Schafhausen 인근 슐라이트하임Schleitheim에서 열린 것이었다. 미하엘 자틀러Michael Sattler가 아마도 합의 내용을 글로 정리하였을 것이다.

은밀하게 인쇄되어 회람된 기사에 의하면 그들이 슐라이트하임에 모였을 때 상당히 많은 의견 차가 있었다는 것이 분명하게 드러난다. 그러나 회의를 한 이후 "그들은 형제 사이에 어떠한 모순이 없이 완전히 만족한 상태에서 … 연합에 이르게 되었다"고 증언하였다. 이 신앙고백은 일곱 가지 요점

으로 구성된다:

1 침례: "침례는 회개와 삶의 수정에 관해 이미 배워 알고 있는 자들 … 예수 그리스도의 부활 가운데 살아가고 있는 자들에게 베풀어야 한다.…"

2 금지Ban: "금지는 주님께 헌신하여 그분이 주신 명령에 따라 행하던 자들 … 가운데서 때때로 미끄러지거나 자기도 모르게 실수하고 죄에 빠진 자들에게 주어져야 한다."

3 주의 만찬: "그리스도께서 뿌리신 피를 기억하여 동일한 잔을 마시기 원하는 모든 자는 그리스도의 한 몸, 즉 그 머리가 그리스도이신 하나님의 교회 안에 이전에 받은 침례로 인하여 연합될 것이다."

4 성별: "마귀가 세상에 심어놓은 악과 사악함으로부터 떠나오는 성별이 있어야 한다.… 주님께서 우리에게 악으로부터 떠나라고 부르셨을 때 주님께서 주신 명령은 분명한 것이다.…"

5 목사: "바울이 기록하였듯이 하나님의 교회를 위하여 일하는 목사는 믿음 밖에 있는 자들로부터 온전히 좋은 평판을 받는 자여야만 한다. 이 직분은 하나님의 말씀을 읽고, 교회 안에서 훈계하여 가르쳐주고, 경계하고, 금지하는 일을 하며, 모든 형제와 자매를 성숙에 이르도록 기도로 인도하며, 성찬 빵을 쪼개어 높이 들며, 그리스도의 몸을 보살피기 위하여 모든 일을 하는 것이어야 한다."

6 무력: "무력은 그리스도의 완전하심 밖에서 하나님에 의하여 허락된 것이다. 그것은 사악한 자를 벌하고 사형에 처하고, 선한 자를 지키고 보호하기 위한 것이다. 율법에서 무력은 악한 자를 처벌하기 위하여 허락된 것인데 … 이제 그 동일한 것이 이 세상 권력자에 의해서 사용되도록 허락된 것이다."

7 맹세: "율법을 온전하게 지키라고 가르치신 그리스도께서는 그를 [따

르는 자]에게 옳든 그르든 간에 모든 맹세를 금하신다.…"

"주님 안에서 사랑하는 모든 형제자매에게: 이 고백은 이제까지 오류에 빠져왔고, 하나님 뜻을 이해하여 받아들이는 데 실패하고, 그리하여 양심이 약한 많은 이를 당혹하게 만들고, 하나님의 성호가 크게 훼손되도록 한 어느 특정한 형제들을 위하여 주어진 것이다. 그러므로 우리는 다시 오실 주님 안에서 한 마음을 이룰 지대한 필요가 있었다. 하나님께 찬양과 영광이 있을지어다! …"119) 스위스 형제단을 대적하던 이는 이 신앙고백이 가진 중요성을 바르게 인식하여, 츠빙글리뿐만 아니라 후에는 칼뱅까지도 이에 반대하는 논쟁서를 저작하게 되었다.

남부 독일과 스트라스부르로 확장120)

세속 정부는 믿음에 관한 심판자가 아니라는 아나뱁티스트의 기본 결정이 가져온 중요한 결과 중 하나는 국가 사이 국경선 한계를 중요시하지 않게 되었다는 것이다. 비록 고전 개신교 역시 그 주요 발상지를 넘어 크게 확장되었지만, 교회와 국가 연합이라는 중세 개념은 기본으로 지켜지고 있었다. 이러한 이유로 인하여, 영향력 있고 권력이 있는 자를 개신교가 그 믿음으로 개종하도록 하는 정책이 좀 더 강조되었다. 그 결과는 다시 위로부터 아래로 내려오며 개신교가 가진 새로운 가르침을 소개하는 것이 되었다. 아나뱁티스트 신자가 가진 접근 방법은 정확하게 그와 반대였다. 비록 초기 거의 모든 지도자가 훈련받은 성직자였음에도, 이는 본질에 있어서 평신도 운동이었다. 그들이 가진 방법-이는 의도하여 도입한 것이 아니라 새

119) John C. Wenger, "슐라이트하임 신앙고백서" (The Schleitheim Confession of Faith), *Mennonite Quarterly Review*, XIX (1945), 247-252.

120) 한 학파는 남부 독일 아나뱁티스트 운동은 독립된 운동으로서, 신학에 있어서 상당히 다르게 시작한 것으로 믿고 있다-Jan J. Kiwiet, 『필그람 마르벡』 *Pilgram Marbeck* (Kassel: J. G. Oncken Verlag, 1957), pp. 40-46을 보라. [마르벡(Marbeck)은 마르펙(Marpeck)을 다르게 적는 이름 중 하나이다.-역주]

롭게 개종한 이들이 자연스런 충동으로 복음을 그 동료와 함께 나누고자 함으로써 주장하게 된 것이다-은 사람이 사람을 대하여 말로 전하는 것이며, 어디든지 듣고자 하는 자를 만나는 곳에서 입을 열어 말했던 수많은 여행하는 선교사가 행한 도움에 의해서 이루어진 것이다. 이러한 성공 때문에 그 운동이 유럽 전체를 휩쓸게 되어 국가와 교회의 마음에 두려움이 생기게 하였던 것이다. 이 두려움이 바로 아무런 방어력이 없는 형제단을 향하여 공격하는 억압 전쟁을 설명해 준다. 스와비아Swabia에서는 특별 경찰Täuferjäger=anabaptist hunter 400명이 아나뱁티스트 신자를 색출해서 현장에서 처형하도록 임명되었다. 그러나 곧바로 경찰 천 명이 필요하게 되었다. 1529년 스파이어 제국의회imperial diet of Speyer에서는 비순응파에게 이단자를 향한 고대 법률을 적용하도록 결정하였다: "남녀를 불문하고 모든 아나뱁티스트 신자와 새롭게 침례 받는 자는 화형, 참수, 혹은 다른 방법으로 죽음을 당하게 해야만 한다."121)

당대 최고 지식인 중 하나였던 세바스티안 프랑크Sebastian Franck는 그 때 일어난 일을 다음과 같이 기술하였다:

> 아나뱁티스트 신자는 너무나 빠르게 퍼져나가서, 말하자면, 그들이 행한 가르침은 곧 온 지면을 뒤덮게 되었다. 그들은 곧바로 많은 추종자를 얻었고, 수많은 이들을 침례 주었고, 하나님을 향한 열정을 가진 많은 신실한 영혼을 그들에게로 인도하였다. 그 자신들은 겸손하고, 여러 고난 아래서도 인내했다. 사랑으로 연합한 증거로 그들은 서로 음식을 나누었다. 너무나 빨리 그 수가 증가했기에 세상은 그들에 의해서 뒤집어질까 두려움에 빠졌지만, 나는 이러한 두려움은 어떠한 이유로든 정당화할 근

121) Harold S. Bender, 『아나뱁티스트 비전』 (The Anabaptist Vision), *Church History*, XIII (1944), 5-6.

거가 없음을 알게 되었다. 그들은 엄청난 포학행위로 박해를 받고, 투옥되고, 낙인찍히고, 고문당하고, 화형과 수장형과 참수형을 당했다. 불과 몇 년 안에 너무나 많은 이가 사형에 처해졌다. 어떤 이들은 이렇게 죽임을 당한 이들 수가 최소한 2천 명이 넘을 것이라고 추정하였다. 아나뱁티스트 신자는 모든 박해를 인내하며 겸손하게 참아내는 순교자로서 죽어갔다.122)

발트하자르 후브마이어는 모라비아로 가는 도중 남부 독일을 통과하게 되었다. 그는 아우크스부르크에서 유명한 라틴어 학자이며 인문주의자인 한스 뎅크Hans Denck, 1495-1527 에게 에게 침례를 주었는데, 뎅크는 아나뱁티스트 지도자 중 가장 돋보이는 평화주의자 중 하나였다. 뎅크는 그 전에 이미 여러 근원주의 종교개혁자에게 보여준 동정심 때문에 뉴렘베르크에 있던 한 학교 교장 자리를 잃었다. 아나뱁티스트로서 그는 방랑하며 가련한 삶을 살아야하는 운명을 떠안게 되었지만, 그가 계획하지 않았던 여행을 통하여 아우크스부르크로부터 스트라스부르까지 그가 가진 신앙을 전파하는 데 영향력을 발휘하였다. 새로운 정통new orthodoxy : 전통 개신교-역주에 속한 여러 방어자에 의하여 지치고 괴롭힘을 당하였던 그는 바젤Basel 에서 생을 끝냈다.

뎅크가 침례를 준 이 중 하나가 한스 후트Hans Hut, 1527 사망 였는데, 이전에 그는 토마스 뮌처를 따랐었다. 후트는 독일에서 1525년 농민 전쟁peasants' rebellion 이 진압되었을 때 처형을 피하여 도망하였으며, 이제는 스위스 형제단에 가입하여 비폭력을 주장하게 되었다. 종말론으로부터 오는 열정

122) John C. Wenger, 『죽음에 이르기까지라도』 *Even Unto Death* (Richmond, Va.: John Knox Press, 1961), p. 103에서 재인용. 프랑크가 남긴 이 서술은 1531년에 기록되었다. 최근에 출판된 한 논문은 순교한 이들 수를 이보다 적게 잡고 있다. Hans J. Hillerbrand, "루터에게 '버림받은 제자들'" (Luther's 'Deserting Disciples'), *McCormick Quarterly*, XXI (1967), 105-113.

에 사로잡힌 후트는 아나뱁티스트 선교사 중 가장 활발한 한 사람이 되어 프랑코니아Franconia, 바바리아Bavaria, 오스트리아, 그리고 모라비아 전역을 담당했다. 침례를 받은 후부터 감옥에서 질식으로 죽음을 맞이하기까지 2년 동안 이 불같은 설교자는 모든 다른 아나뱁티스트 신자가 함께 얻은 개종자보다 그 혼자 얻은 수가 더 많다고 말해질 정도였다. 그가 남긴 시신은 엄숙하게 재판을 받고, 형을 선고 받고, 형주에서 불에 태워졌다.

뎅크가 방문했던 곳 중 하나였던 스트라스부르는 아나뱁티스트 신자를 위하여 중요한 중심지가 되었다. 독일과 프랑스 사이 국경도시이며, 교역로가 교차하는 도시이며, 라인 강 항구라는 점에서 스트라스부르는 자유도시로 독립을 유지한 전통을 가지고 있었다. 이러한 상황은 왜 스트라스부르가 다른 지역과 비교하여 볼 때 수백여 명이나 되는 아나뱁티스트 신자를 위한 보호 지역 역할을 했던 불과 몇 안 되는 곳 중 하나가 되었는지를 설명해준다. 비록 아나뱁티스트 여러 지도자가 이곳에서 추방되기도 했지만, 아나뱁티스트 회중은 이곳으로 피신할 수 있었다. 스트라스부르에 있던 아나뱁티스트 신자는 그 지역 개혁자 젤Zell, 카피토Capito, 부서Bucer에게 그들이 하는 개혁 항해가 순항하도록 해줄 바람을 일으키도록 자신들의 교회 권징에 대한 확신을 받아들이도록 하였다. 장 칼뱅John Calvin이 그곳에서 몇 년을 보낼 때, 그는 이 새로운 개념을 소개받게 되었고, 이러한 방법으로 아나뱁티스트 신자는 칼뱅주의에 영향을 줌으로써 칼뱅주의를 도왔다.

스트라스부르에서 가장 강력했던 아나뱁티스트 지도자는 필그람 마르펙Pilgram Marpeck이었는데, 그는 그 도시에 의해서 토목 기술자로 고용되어 있었다. 이러한 상황은 그에게 특권을 제공했으나, 1532년 결국 이단자로서 추방되고야 말았다. 그는 이미 티롤Tyrol에서 그가 가지고 있던 원래 집을 상당한 재산과 함께 잃은 적이 있었었다. 마르펙은 스트라스부르에서 여러 교회 지도자와 많은 토론을 하였는데, 그의 최고 적수는 실레지아

Silesia 출신 카스파르 폰 쉬벵크펠트Caspar von Schwenckfeld 였다. 쉬벵크펠트는 한 번은 루터 친구가 되었던 때도 있었지만, 그는 이제 종교에 관한 행습은 너무나 잘못된 것이 많기 때문에 지불유예moratorium 를 선언하는 것이 최선책이라는 결론에 도달하였다. 이에 마르펙은 쉬벵크펠트가 예수 그리스도께서 사신 공생애 기간에 그분 친구가 되었다 하더라도 그는 만족하지 못했을 것이라고 응수했다.

쉬벵크펠트에게 있어서 유일하게 진실한 교회는 눈에 보이지 않는 천상-역주 교회뿐이었다. 지상에서 어떠한 교회라도 조직하려고 시도하는 것은 쓸모없는 짓이었다. 진리는 내부에 있는 질과 관계된 것이기 때문에, 겉으로 드러나는 모든 것은 반드시 최소한으로만 강조해야 한다. 최대한 허락될 수 있는 것이라고 한다면 같은 마음을 가진 심령이 서로에게 교훈을 주기 위해 만나는 작은 모임 정도이다. 높은 수준으로 사는 개인 윤리가 요구되기는 하지만, 아나뱁티스트 신자가 공공연히 떠맡아 행하는 선교를 위한 노력 같은 것은 불필요한 것이다. 이 정도 온건한 입장을 표명했음에도 쉬벵크펠트는 어려움을 겪었지만, 그는 일부 귀족 가운데서 비중 있는 후원을 받았다. 역설처럼 한 작은 운동이 실레지아Silesia , 스위스, 그리고 이탈리아에서 그를 중심으로 자라나, 조용한 방식으로 살아남았고, 현재 펜실베이니아 주를 중심하여 약 2천 명이 있다.

쉬벵크펠트가 가르친 것이 매력이 있음에도, 마르펙은 아나뱁티스트 신자 가운데서 그와 반대되는 가르침을 유지할 수 있었고, 이러한 방식으로 그는 이 운동이 번성하게 하는 중요한 역할을 하였다. 그는 특별히 모든 아나뱁티스트 분지를 하나로 통합하려는 일에 관심을 기울였지만, 별다른 성공을 거두지 못하였다. 스트라스부르에서 추방된 이후, 마르펙은 남부 독일과 모라비아 인근을 옮겨 다녔으며, 마지막으로 아우크스부르크에 정착하였다. 여기서 다시 그가 가진 기술과 기계에 관한 지식은 그가 가진 이설

異說 믿음과 상쇄하였으며, 그리하여 그는 1556년 그 도시에서 자연스런 죽음을 맞이하였다.

북부 독일과 네덜란드로의 확장

스트라스부르를 찾은 또 다른 방문객, 그렇지만 상당히 다른 기질을 소유한 사람은 멜키오르 호프만Melchior Hofmann, 1493-1543이었다. 처음에 그는 스칸디나비아와 북부 독일에서 스스로 공부하여 루터교 목사가 된 사람으로 알려졌다. 그가 다닌 일정하지 않은 여행길에서 그는 츠빙글리 신학으로 옮겨갔다가, 다음에는 아나뱁티스트 가르침을 접하게 되었다. 그는 아나뱁티스트로 개종하고 침례를 받았지만, 몇 가지 색다른 관점을 유지하였다. 그 중 가장 심각한 것으로 첫째는 예수 그리스도의 재림이 임박했다는 종말에 관한 확신이었고, 둘째는 예수의 인성을 최소화하는 특이한 그리스도론이었다. 그가 가진 이러한 견해로 인하여 스트라스부르로부터 강제로 떠나게 된 호프만은 북부 독일 엠덴Emden으로 가서 상당수 사람을 개종시켰고, 그 다음에는 네덜란드로 이동했고, 또한 몇몇 인기를 얻는 소책자를 저술했다. 그를 따르던 일부 극렬한 추종자가 그에게 새 예루살렘은 하늘로부터 오는 능력으로 말미암아 스트라스부르에 세워질 것이며, 그는 이러한 놀라운 사건에 대하여 예언하고 널리 알려야 하는 "둘째 엘리야"로 부름을 받았음을 확신하도록 하였다. 그렇지만, 종말이 임하려 할 즈음에 먼저 그는 6개월 동안 감옥에 갇혀야만 할 것이다. 호프만은 스트라스부르로 급히 달려가, 그곳 몇몇 관리에게 자신이 감옥에 갇혀야할 요구 조건을 갖추고 있음을 아무런 어려움 없이 설득시켰다. 그는 감옥에 갇힌 10년 동안 천정에 뚫린 구멍을 통해 내려오는 빈약한 음식을 먹으며 그 날을 기다렸으며, 죽음을 맞이할 때까지도 천년왕국이 가까이 임했음을 믿었다.

비록 그는 잘못 인도함을 받기는 했지만, 그가 주장한 종말론 내용 그 자체에는 전혀 논란거리가 없었다. 임박한 재림에 대한 문제는 사실 그 혼자 힘으로만 만들어 낸 것이 아니었다. 루터는 1521년에 공포하기를 종말은 1524년 안에 올 것이라고 하였다. 그래서 그는 구약성서 번역 도중 남은 부분을 끝내기 전에 다니엘서 번역을 서둘렀는데, 그렇게 함으로써 모든 사람이 종말에 있을 여러 두려움에 대하여 이해하도록 하려하였다.123) 묵시종말론이 위험해진 것은 호프만 추종자인 "멜키오르파" 중 일부에 의해서였다. 그들은 하나님께서 천년왕국을 세우실 것을 기다리는 관점에서 자기들 스스로 폭력을 이용해 그것이 임하게 하는 행동으로 죽음에 이르는 발걸음을 옮겼던 것이다.

네덜란드 할렘Haarlem 태생 제빵사 얀 마티스John Mattys, 1493-1543는 멜키오르파 옷을 입은 후, 사도를 둘씩 짝지어 파송하여, 대중에게 회개하고 세상 종말을 대비하도록 하였다. 네덜란드를 다스리던 스페인 왕이 가혹하게 통치하였고 게다가 홍수 피해를 입고 전염병이 창궐하자, 네덜란드 사람은 급진적 가르침을 받아들일 여유가 없어졌다. 그 결과로 광신주의를 따르던 이야기가 많이 사라졌다. 마티스가 보낸 몇몇 사도는 독일 베스트팔리아Westphalia 지역에 있는 요새 도시 뮌스터Münster에서 추수할 익은 곡식을 발견하였다. 루터의 제자였던 베른하르트 로트만Bernhard Rothmann, 1495-1535? 이 복음 메시지를 전하였던 그 지역 주민은 이제 새 예루살렘이 임할 곳이 스트라스부르가 아니라 뮌스터가 될 것이라는 무모한 소식을 받아들일 준비가 되어있었다. 뮌스터에서 급진파가 정권을 잡자 중도주의를 따르던 주민은 무자비하게 축출되고 말았다. 얀 마티스는 1534년 초 그를 위하여 마련된 보좌에 오르기 위해여 뮌스터에 당도했다. 종교에 근거한 공산주의가 도입되고, 성서는 도시를 다스리는 법률서로 선언되었다. 유럽 모

123) 이에 관한 정보는 John S. Oyer, 『아나뱁티스트 신자를 대항한 루터교 개혁자들』 *Lutheran Reformers Against Anabaptists* (The Hague: Martinus Nijhoff, 1964), p. 238을 보라.

든 구석구석까지 퍼져나간 천년왕국에 대한 흥미로운 소식에 바로 이어, 자기 토지가 그 성 안에 있는 한 로마 가톨릭 주교가 일으킨 군대가 개신교 군대의 도움을 받아 그 성을 봉쇄하였다.

마티스는 자신이 받은 계시 중 하나를 믿고 홀로 성 밖으로 무모하게 돌진하여 죽고 말았다. 이제 라이덴의 얀Jone of Leyden이 도시 전권을 장악했다. 군사 기술, 권력을 향한 무자비한 갈망, 선동하는 천재성이 기묘하게 결합하고, 구약성서 본문과 자신이 영감 받은 계시 둘 다에 동등하게 근거하여 라이덴의 얀은 "다윗 왕"으로 스스로 보위에 올라 신정정치를 시작하였다. 일부다처제가 도입되었고, 종교 의식과 혼합된 공포 정치는 포위된 상태에서 하루하루를 보내는 주민을 짓눌렀다. 일부다처제 도입에 대한 소식은 모든 유럽 사람을 놀라게 하였을 뿐만 아니라 흥미롭게도 만들었지만, 거의 비슷한 시기에 헤세의 필립 공Prince Philip of Hesse이 중혼bigamy 중이었다거나, 루터가 그에게 그 중혼 상태에 관하여 사람들에게 그렇지 않다고 완벽한 거짓말을 하라고 조언한 것을 알고 있는 사람은 유럽인 중 거의 없었다.

1535년 6월 중 뮌스터를 지배하던 "다윗왕국 통치"가 반역에 의해서 패망했을 때, 벽을 깎은 부스러기로 국을 끓여 먹을 정도로 야위고 기아에 빠져있던 생존자 모두는 무자비하게 학살되었다. 핵심 지도자 세 명은 새빨갛게 달구어진 쇠 집게로 죽을 때까지 고문을 당했고, 그 시신은 성 람베르트 교회St. Lambert's church 뾰족탑에 있는 철장 우리 안에 걸려있게 되었다. 그 뼈는 수 세기 동안 그곳에 걸려 있었다. 좀 더 냉철한 세대가 그 모든 것을 치웠지만, 지나가는 자들에게 경고하고 가르치기 위하여 시신을 걸어 놓았던 그 철장 우리는 그대로 남겨 두었다.

뮌스터에서의 탈선은 아나뱁티스트 운동에 즉각 치명상을 입혔다. 권력을 가지고 있던 자들은 이 사건을 통하여 자기들이 스위스 형제단을 탄압하는 전쟁을 치르는 것이 정당하다고 확신하기에 충분했다. 아나뱁티스트 신자가 한 악의 없는 행동에 대하여 아무리 수많은 증언이 있다 하더라도, 그것은 단지 정부와 교회를 현혹하고 유도하는 전략에 지나지 않다는 것이 이제 확실해졌고, 그렇게 전략에 넘어가면 즉각 폭동이 일어나고, 결국 정부는 권력을 잃고 말 것이다. 수 세기를 지내오면서 아나뱁티스트라는 이름은 1920년대에 선량한 유산자에게 대항하여 싸운 "볼세비키" Bolshevik 보다 조금이라도 낫다는 평가를 받지 못하였다. 사실 아나뱁티스트 신자는 "종교개혁 시대의 볼세비키"라 불렸다 프리서브드 스미스 Preserved Smith. 배인톤은 다음과 같이 이 사건을 평가한다: "이 추한 에피소드로 인해 아나뱁티스트 주가는 폭락하였다. 처음 10여 년 동안 무서운 박해 아래에서도 그들이 대항하지 않았음에도, 불과 한 줌밖에 안 되는 광신도가 미친 짓을 함에 따라 아나뱁티스트 신자 전체가 극단적인 광신도 패거리로 매도당했고, 19세기에 이르도록 여러 종교개혁사가가 아나뱁티스트 신자에 관해 서술할 경우에는 일부 정신 나간 성도가 저지른 이러한 탈선행위를 열거하는 것으로 그쳤던 것이다."124)

메노 시몬스 Menno Simons, 1496-1561 라 불리는 한 네덜란드 신부가 뮌스터로부터 흘러나온 경악할만한 소식을 들었다. 그 자신도 여러 탈선한 심령이 저지른 여러 오류에 대하여 설교함으로써 명성을 얻기는 했지만, 그는 이로 인하여 스스로 만족해하는 것과는 거리가 멀었다. 그가 목회자로서 가진 관심은 이제 목자를 잃은 양처럼, 비록 미혹되기는 했지만 선의를 가진 여러 남은 자에 대한 것이었다. 그들 중 일부는 메노 시몬스가 사목한 교구 근처에 있던 한 오래된 성채 안에 피난처를 구하였다가 몰살당했다. 그는 자서전을 통하여 자신이 걸어온 순례여정을 드러내고 있다. 이런 일이

124) Roland H. Bainton, 『16세기 종교개혁사』 *The Reformation of the Sixteenth Century* (Boston: Beacon Press, 1952), p. 106. [롤란드 베인턴, 『종교개혁사』, 크리스챤다이제스트, 1993].

있기 몇 해 전, 그는 미사, 그리고 유아세례 행습에 관하여 의문을 가지기에 이르렀고, 또 그가 가진 이러한 견해를 설교를 통해 밝혔지만, 그는 자신에게 주어졌던 신부로서의 안이한 임무를 계속해 나갔다:

> 비록 오도되기는 했지만, 이 민중이 이렇게 피를 뿌리고 난 후, 내 영혼은 이러한 사실을 견딜 수 없었을 뿐만 아니라 안식을 누릴 수 없어 내 마음은 너무나 깊은 번민에 빠져들게 되었다.… 비록 오류에 빠져 있기는 하지만, 이 열정에 가득한 하나님의 자녀는 자신들이 가진 교리와 믿음을 위해서 그들이 가진 생명과 재산을 기꺼이 드렸던 것을 나는 보았다. 그리고 나도 역시 교황 제도를 혐오한다는 몇몇 내용을 이미 드러낸 이 중 하나였다. 그러나 나는 육체를 위한 평안함을 즐기고 그리스도께서 주신 십자가를 피하려고, 단지 안이한 생활을 계속하며 그저 나 스스로 계속 교황 제도를 혐오하기만 할 뿐이었다.
>
> …
>
> 나는 강단에서 주님 이름을 의지하여 진심으로 회개하라는 말씀을 공공연하게 선포하고, 청중에게 좁은 길을 가라고 가리키고, 성서 말씀이 가진 능력을 의지하여 모든 죄와 사악함, 모든 우상숭배와 거짓 예배를 드러내어 꾸짖고, 또한 그리스도께서 가르치신 교리를 따라 참된 침례와 주의 만찬을 시행하기 시작하였다.… 125)

1536년 한 해를 준비 기간으로 보낸 후, 메노는 아나뱁티스트 장로로 안수 받았다. 그 때부터 그는 여생을 저지대 국가오늘날 벨기에, 네덜란드, 룩셈부르크 삼국 지역-역주와 북부 독일을 순회하며 보냈다. 당시에 그 말고도 몇몇

---

125) 『메노 시몬스 총서』 *The Complete Writings of Menno Simons*, trans. L. Verduin (Scottdale, Pa.: Herold Press, 1956), pp. 670–671.

걸출한 지도자가 있었는데, 예를 들자면 더크 필립스Dirk Philips, 1504-1568와 레오나르드 보웬스Leonard Bouwens, 1515-1582는 31년 동안 만 명 이상에게 침례를 주었다. 그러나 메노에게 고마워하는 사람이 자신들 모임을 메노라는 이름으로써 명명한 것은 그가 행한 업적에 의한 것이었다. 메노는 아나뱁티즘을 비난하는 자들에 대항하여 글을 쓰고 논쟁을 하였으며, 호된 고난을 견뎌낸 형제를 목양하는 광범위한 사역을 수행해냈다. 메노와 그 회중이 겪었던 고난이 어떠하였는가는 메노가 남긴 여러 저작 중 한 곳에서 발견되는, 이 심금을 울리는 글을 통하여 느낄 수 있다:

> 불과 지나간 한두 해 동안 얼마나 많은 경건한 하나님의 자녀가 하나님과 양심에 따라 증언하기 위하여 그들의 집과 소유를 빼앗겼으며, 토지와 필수품마저 탐욕스런 황제의 금고로 들어갔는지 알 수 없을 정도이다. 얼마나 많은 이들이 버림을 받고, 도시와 시골로부터 추방을 당하고, 차꼬에 채워져 거리에 전시되고 고난을 당했던가? 그들 중 어떤 이들은 기둥에 달리고, 어떤 이들은 잔인하고 포학하게 처벌을 받은 후 밧줄에 매이고 기둥에 묶여 교수형을 당했다. 어떤 이들은 산 채로 구워지고 불태워졌다. 어떤 이들은 자신들 창자를 손에 쥔 채로 하나님 말씀을 강력하게 고백하였다. 어떤 이들은 참수형을 당한 후 공중을 나는 맹금류의 먹이로 던져졌다. 어떤 이들은 물고기 밥으로 던져졌다. 박해자는 어떤 이들이 소유한 집을 허물어뜨렸다. 어떤 이들은 진흙 수렁에 내던져진 채 죽음을 당했다. 박해자는 어떤 이들의 발을 잘랐는데, 나는 이렇게 발을 잘린 이 중 한 명을 만나 대화를 나눈 적도 있었다. 다른 이들은 바울이 말한 것처럼, 가난하고, 가련하고, 불편한 채로 산과 사막과 굴과 땅속 움푹 파인 곳을 찾아 이리저리 정처 없이 방황했다. 그들은 언제고 떠날 준비를 했어야 하며, 그들 아내와 어린 자녀와 함께 이 나라에서 저 나

라로, 이 도시에서 다른 도시로 도망해야 했다. 그들은 모든 사람에게 미움을 받고, 학대를 당하고, 모욕을 당하고, 조롱을 당하고, 오명을 뒤집어쓰고, 짓밟히고, "이단자"라 낙인찍혔다.126)

그 후의 발전

아나뱁티스트 신자에 대항하여 개신교와 로마 가톨릭교회가 협력하여 저지른 많은 집단 학살이 있었음에도, 종교전쟁에 신물이 난 유럽인이 서로 다르게 믿는 이들을 죽이기를 중지한 17세기에 이르기까지 생존한 아나뱁티스트가 있었다. 하지만 이렇게 살아남기 위해서 그들은 값을 치러야했다. 즉, 격리된 산골짜기나 농촌 지역으로 물러나 "땅에서 사는 조용한 이들"로서 보잘 것 없는 관용을 받아들이든지, 아니면 고국을 떠나 간신히 정착할 수 있는 국경 지대나 해외로 이주하는 것을 받아들여야만 했던 것이다. 첫 번째 경우는 일부 신자가 스위스비록 18세기까지 반복되는 핍박이라는 물결을 종종 마주쳐야 하기는 했지만와 독일 지역에 정착함으로 이루어졌다. 두 번째 경우는 일부 신자가 저지대 국가와 북부 독일에서 동쪽으로 향하여 프러시아와 폴란드로 갔는데, 이들 나라는 그들에게 군복무 면제와 아나뱁티스트 신앙 행습을 지킬 수 있게 보장한다고 약속하였다. 북미로 향한 첫 번째 이민은 17세기에 도착하였고, 18세기에는 스위스와 팔라티네이트Palatinate, 오늘날 독일 중서부 국경에 있는 주-역주로부터 더 많은 이들이 뒤따랐다.

프러시아에 징병제도가 도입되었을 때, 메노나이트 신자는 러시아 여왕 카테리나Empress Catherine가 1788년부터 시작한 닫힌 정착촌closed colonies에 정착할 수 있도록 한 제안을 받아들였다. 그들에게 주어졌던 "영원한" 자유는 19세기에 철회되었고, 그로 인하여 2만여 명 가까이 캐나다와 서부 미국으로 이주하게 되었다. 러시아에 남아 있던 메노나이트 신자는 1920년대

126) J. C. Wenger, 『죽음에 이르기까지라도』 *Even Unto Death*, p. 51에서 재인용.

공산주의 정권 아래 강제노동 집단수용소로 끌려가는 엄청난 동요를 겪어야 했다. 메노나이트 신자는 아직도 소련Soviet Union에 존재하나, 그 정부는 보통 그들을 침례교 신자와 합해서 집계한다.

19세기와 20세기에 네덜란드와 북미로부터 시작된 메노나이트 현대 선교 활동은 아프리카와 아시아 대륙과 태평양 제도에 메노나이트 회중을 만들어 내었다. 가장 최근 메노나이트 신자 통계는 약 45만 명으로 집계되는데, 그 중 반 이상이 북미에 거주한다. 북미에는 메노나이트 분지가 모두 열아홉 개가 있는데, 그 중 넷—구메노나이트교회Old Mennonite Church, 메노나이트교회일반총회General Conference Mennonite Church, 메노나이트형제교회Mennonite Brethren Church, 그리고 구아미쉬교단Old Order Amish—이 전체의 7/8을 포함한다. 1967년 7월에 암스테르담에 제8차 세계총회로 모인 세계 거의 모든 지역 메노나이트 신자 대표는 "세계 메노나이트 신자가 형제사랑의 교제를 나누기 위하여 일정한 시기에 계속 모임에 함께 모일" 수 있도록 계획했다. 그리고 그 주제는 "성령의 증언"이었다.127)

후터라이트 형제단

한스 자코브 그리멜샤우젠Hans Jakob Grimmelshausen은 그가 저작한 악한惡漢 소설picaresque novel 『심플리키시무스』*Simplicissimus*에서 30년 전쟁1618-1648에 대하여 최고 수준에 다다르는 서사를 창조해냈다. 이 전쟁에 연루된 모든 당사국이 저지른 야만스러운 행위를 그리는 이야기와 기묘한 대비를 이루는 것은 자신이 체험한 관찰에 근거하여 "인간이라기보다는 천사처럼" 보이며 "고귀하고 복된 삶"을 사는 전원 공동체에 대한 묘사이다. 이 로마

127) Cornelius J. Dyck, ed., 『제8차 메노나이트세계총회』*Eighth Mennonite World Conference* [Program Booklet] (Nappanee, Ind.: Evangel Press, 1967), p. 1. 또한 "45만여 명에 이르는 회원" (World Membership Total Near 450,000), *Mennonite Weekly Review* (May 4, 1967)을 보라.

가톨릭 저자는 만일 그 공동체가 정상에서 벗어난 신앙을 가지고 있지 않았더라면 그 자신이 그곳에 가입했을 것이라고 단언했다.

> 무엇보다 먼저 그들은 많은 재산과 풍성한 식량을 가지고 있지만, 그것들은 결코 낭비되거나 쓸데없이 사용되지는 않았다. 그들 중에서 불경한 말, 불만족하는 말, 성마른 말을 전혀 들을 수 없었으니, 정말 그렇다, 불필요한 말은 한 마디도 듣지 못하였다. 그곳에서 나는 여러 장인匠人이 마치 계약을 맺은 것처럼 그들 가게에서 일하는 것을 보았다. 그곳에서 학교 교사는 마치 자기 친 자녀에게 하듯 청소년을 가르쳤다. 나는 남자들과 여자들이 함께 있는 곳을 전혀 볼 수 없었고, 모든 곳에서 각 성性 사람이 함께하여 다른 이들과 구별되게 주어진 일을 하고 있었다.… 분노도 없었고, 질투도 없었고, 보복 정신도 없었고, 시기도 없었고, 증오도 없었고, 뜬세상 일에 관한 관심도 없었고, 교만도 없었고, 허영도 없었고, 불평도 없었고, 후회도 없었다. 그곳 전체에 걸쳐서 그들 모두에게는 있는 것을 한 마디로 표현하자면 곧 아름다운 조화였다.[128]

이 공동체는 스위스와 독일, 그렇지만 특히 오스트리아 아나뱁티스트 신자 후예인 후터라이트 형제단 혹은 후터라이트 신자 정착촌이었다. 17세기에 그리멜샤우젠이 그들을 방문하였을 때 사실 그 공동체는 침체 상태에 있었다. 그들이 가지고 있던 종교적 확신은 다른 아나뱁티스트 신자가 가지고 있던 것과 동일한 원리였지만, 단 한 가지 예외가 있었다. 스위스 형제단이 신자 각자에게 청지기로서 그들이 가지고 있는 것을 언제나 가난한 성도를 위하여 나눌 준비가 된 상태에서 사유 재산을 갖는 것을 허락한 반면, 후

128) John Horsch, 『후터라이트 형제단』 *The Hutterian Brethren* (Goshen, Ind.: Mennonite Historical Society, 1931), pp. 67–68에서 재인용.

터라이트 신자는 사도행전 2장에 묘사된 그리스도인 공산주의 모델을 자기들 것으로 삼았다.

그들이 확신하였던 것은 형제를 향하여 그리스도인이 이루는 진정한 연합은 소유에 의해서 방해를 받지 않을 때에만 가능하다는 것이다. "형제사랑은 곧 이웃을 위한 순전한 사랑으로부터 우러나와 모든 것을 공유하는 것을 의미한다." 그들이 가진 신앙을 신뢰할만하게 표현한 서술은 다음과 같다: "그러므로 그리스도와 교제하는 모든 사람은 또한 자신을 위해서 가진 것이 하나도 없어야 한다. 대신 이 모든 것을 주님과 함께 또 그들과 교제하는 모든 사람과 함께 소유해야 하는데, 그렇게 함으로 그들은 마치 성자께서 성부 안에 계신 것처럼 성자 안에서 하나가 된다."129)

후터라이트 형제단은 그들이 행하는 공동생활을 유비analogy 하기 위하여, 그 연합이 가지는 핵심 사상을 그리는 비유metaphor를 선호해왔다. 이 심상이 처음 표현되었던 것은 주후 120년경에 기록된 『디다케』*Didache* 대장간 역간 혹 다른 이름으로는 『열두 사도의 가르침』*Teachings of the Twelve Apostles*에서 발견된다. 후터라이트 신자는 곡식 낟알이 반드시 으깨지고 부서져야만 빵이 될 수 있으며, 포도주가 되기 위해서는 개개 포도 알이 다른 것과 함께 같이 으깨져야만 하는 것과 마찬가지로, "주님의 만찬에 참여하고자 하는 이들은 하나님 말씀이라는 연자 맷돌에 의해 깨지고 갈아져야 하며, 그들 자신 뜻과 목적을 포기해야만 한다"고 말했다.130) 이러한 기대가 실제로 이루어지기 어렵고 엄격해 보일 수 있지만, 1528년부터 1529년 중에 성립된 이 공동체 생활이 내부 갈등, 전쟁과 전염병, 로마 가톨릭 국가와 전통

---

129) 헤롤드 벤더가 편집한 『후터라이트 연구: 로버트 프리드만 논문선』*Hutterite Studies: Essays by Robert Friedmann* (Goshen, Ind.: Mennonite Historical Society, 1961), p. 83에 나오는 "5개 신조 . . ." (The Five Articles . . .)에서 재인용. 두 번째 인용은 조지 H. 윌리엄스(George H. Williams), 『근원 종교개혁』*The Radical Reformation* (Philadelphia: Westminster, 1962), p. 433에 나오는 페테르 리데만(Peter Riedemann), 『기술』*Account*에서 재인용.

130) 안드레아스 에흐렌프라이스(Andrew Ehrenpreis) 『공개 편지』*Sendbrief*에 나온 내용을 벤더(Bender), *op. cit.*, p. 177에서 재인용.

개신교 국가가 서로 합의하여 잔인하게 수행했던 박해, 그리고 거듭된 추방과 이주를 이겨내고 4세기를 걸쳐 뻗어왔다는 것이 사실이다. 그리스도교 교회사라는 긴 역사 동안 아나뱁티스트의 이 분지가 들려주는 무용담보다 더 놀라운 장章은 없다.

첫 번째 조직

1520년대 말에 이르러 유럽 전체에 걸쳐 아나뱁티스트 신자를 폭력으로 억압하는 정도가 심해질수록, 그들에게는 모라비아를 도피처로 삼는 것이 점차 더 유일한 소망이 되었다. 이 지역은 1526년에 합스부르크가 통치를 받게 되었지만, 모라비아 귀족층은 종교와 정치 문제에서 독립을 누리는 오랜 전통을 가지고 있었다. 오스트리아인은 로마 가톨릭 신앙에 순응하지 않는 모든 자를 진압하려고 결정하였었지만, 무력에 의한 위협으로 그들이 가진 소망대로 실제 성공을 이루는 경우는 매우 드물었다. 더욱이 이전 세기에 있었던 후스파 전쟁 때문에 모라비아 인구는 감소하였으며 많은 귀족이 그리고 때로는 고위직 성직자가 이주민들에 의해서 황폐한 마을과 농촌 지역에 생명과 수입을 가져오게 될 것을 기대하면서 종교에 있어서 오류가 있는 것에 대하여 눈감아 줄 준비가 되어 있었다.

몇몇 리히텐슈타인Liechtenstein 영주가 소유하고 있었던 니콜스부르크Nikolsburg는 아나뱁티스트 신자가 몰려 드는 중심지가 되었다. 이곳에서 구별된 두 모임이 형성되었다. 좀 더 온건한 분지는 후브마이어가 지도하였는데, 그는 그곳에 있던 루터교 회중을 개종시켰고, 더 나아가 그를 후원하던 레오나르드 경Lord Leonard of Liechtenstein에게 침례를 베풀었다. 후브마이어는 한 그리스도인은 국가 관리가 될 수 있으며 또한 방어 전쟁은 허용된다고 꾸준하게 주장했다. 자코브 "외눈박이 자코브" 비데만Jacob "Oneeyed Jacob" Wiedemann에 의해 지도를 받으며 후트Hut가 가르친 종말론에 의해 영감을 받은 좀 더 근원파에 속하는 그룹radical group은 교회와 국가가 혼합된 것을 정죄하였고, 완전한 무저항을 주장하였다. 투르크족이 곧 침략할 것에 대한 위협을 받았기 때문에 전쟁에 대한 주제는 전면에 부각되었다. 후브마이어 파는 "칼을 지닌 이들" men of the sword, 그리고 비데만 파는 "지팡이를 지닌 이들" men of the staff 이라는 별명을 얻었다. 평화주의 아나뱁티스트 신자는 종종 그들이 이리저리로 이동할 때 무기 대신에 지팡이를 들고 다니는 행습 때문에 다른 이들과 구분될 수 있었다. 지팡이는 체코 형제단의 소수파가 다수파와 논쟁할 때 자신들 상징물로 삼았었는데, 이와 유형이 비슷한 논쟁이 니콜스부르크에서 재현된 것이었다.

후트와 후브마이어 사이에 벌어졌던 논쟁에서 드러난 상이점은 1527년 5월에 절정에 다다랐다.131) 화해는 불가능하였으며, 비데만이 인도하는 모임은 분리된 회중으로 모이기 시작하였다. 후트가 가졌던 근원주의radicalism에 의하여 경각한 레오나르드 경은 비데만을 투옥하였다. 그러나 그는 오스트리아인이 후브마이어를 체포하여 비엔나로 압송한 후 재판을 하고 처형하는 것을 막을 수도 없었고 또한 그렇게 할 마음도 없었다. 이 리히텐슈타인 영주는 비데만 파가 불필요하게 파벌을 조성한다고 느끼고 그들에게 니콜스부르크를 떠날 것을 요구하였다. 2천 명 정도가 떠났을 때, 그는 마음이 변하여서 그들을 따라가 그들에게 돌아오라고 요구하였다. 그러나 그들은 거절하였다. 그들이 가지고 있던 평화주의는 그들을 보호하기 위하여 무력을 사용하고자 하는 지도자가 다스리는 영지에서는 선한 양심을 가지고 살 수 없는 그런 것이었다.

정처가 없고 자원이 고갈된 비데만 파는 폐허가 된 마을에 다시 한 번 피

131) 이 토론에 대한 가장 철저한 연구인 토르스텐 베르크스텐(Torsten Bergsten), 『발트하자르 후브마이어』 *Balthasar Hubmaier* (Kassel: J. G. Oncken Verlag, 1961), pp. 459–460에서는 후브마이어가 후트가 한 주장이라고 정리한 내용은 실제로는 후트가 주장한 것이 아니라는 점에서 후브마이어가 공정하였는지에 대하여 의문을 제기한다.

난처를 세웠다. 그리고 그들은 자신의 운명을 인도할 몇몇 지도자를 선출하였다: "바로 그 시간에 이들 지도자는 사람들 앞에서 바닥에 외투를 한 장 펴놓았고, 여러 선지자와 사도가 가르쳐준 교리를 따라서 가난한 이들을 살리기 위하여 자원하는 마음과 강압에 의한 것이 아닌 마음으로, 모든 사람이 자신이 가진 귀중품을 그 위에 내려놓았다."132)

아우스터리츠Austerlitz, 체코 도시로 파견된 대표단은 몇몇 카우니츠Kaunitz, 오스트리아 귀족 영주가 그들을 맞아들일 준비가 되어있을 뿐만 아니라 초기 몇 해 동안은 특권을 연장해주고, 병역 의무와 전쟁 세금에 대하여 "그들이 가진 양심에 따라 자유롭고 방해가 되지 않도록 맡겨두겠다"는 약속까지 얻었다. 1529년 아우스터리츠에 세워진 후터라이트 신자 이주촌은 처음으로 브뤼더호프Brüderhof 혹은 형제 정착촌colony of brothers이 되었는데, 이 정착촌 설립 때문에 그들은 이전 역사와는 새로운 시작을 하게 되었다. 그들은 열두 조항으로 이루어진 신앙고백을 채택하였는데, 그 가운데 핵심 선언은 다음과 같다: "모든 형제와 자매는 사도 시대에 그리스도인이 하였던 것처럼 가난한 이가 공동체 안에 살아남을 수 있도록, 첫 번째 사도 교회와 그리스도 공동체가 하였던 행습을 따라서 하나님께서 선물로 주신 모든 것을 받아 그것을 공동으로 소유하며, 하나님 안에서 몸과 영혼을 다하여 공동체를 위하여 자신을 전적으로 드려야만 한다."133) 공리주의功利主義 원리를 따르는 이러한 강조utilitarian emphasis는 후에 신학에 근거하여 좀 더 정교하게 다듬어졌다.

132) 후터라이트 『연대기』 *Chronicle*를 윌리엄스(Williams) *op. cit.*, 230에서 재인용.

133) *Ibid.*, p. 232.

야콥 후터의 공헌

완전한 공동체 생활로 나아가는 과정은 결코 쉬운 것이 아니었다. 건전한 경제 기초를 세우기 위한 시련은 오스트리아로부터 나온 새로운 피난민이 합류한 것과 지도력 분열로 인하여 발생하였다. 비데만은 전권을 휘두르는 방법 때문에 고발당하였다. 어떤 이들은 공동체 재산을 동등하지 않게 분배했다는 것 때문에 그를 고소하였고, 심지어 부모가 공동 노동을 하도록 명령 받았을 때, 부끄럽게도 어린이가 방치되는 일도 있었다. 공동체를 세우는 일이 실패하지 않기 위해서는 강력한 지도자 한 사람에게 의지해야만 했다. 이 한 사람이 바로 야콥 후터Jacob Hutter인데, 그 이름은 그가 가진 모자를 만들어 파는 직업으로부터 온 것이었다. 남부 티롤Tyrol에서 태어난 후터는 블라우록과 또 다른 스위스 형제단 순회 선교사가 처형된 이후 오스트리아 아나뱁티스트 운동을 지도하는 인물이 되었다. 후터는 모라비아에 종교자유가 있다는 소식을 듣고 1529년 처음으로 그곳에 가서, 핍박을 받고 있는 자신을 따르는 이들이 새롭게 그곳에 정착할 가능성이 있는지 탐사했다.

아우스터리츠에는 너무 큰 무리가 정착할만한 조건이 되지 않았기 때문에 그들은 아우스피츠Auspitz, 모라비아 도시로 이주하였다. 오스트리아에서 온 아나뱁티스트 신자는 아우스피츠에서 후터를 청빙하였는데, 그들은 그를 존중하였고, 오스트리아에서 그곳으로 와서 모든 것이 질서를 잡을 수 있게 해달라고 청원하였다. 후터가 다시 방문하기 위하여 돌아왔을 때, 그는 아우스터리츠에서 지도자 역할을 했던 이가 분열을 일으킨 것 때문에 심한 비난을 받고 있는 상태라는 사실을 알게 되었다. 1533년 후터는 다시 모라비아로 왔으며, 이번에는 단번에 모든 문제를 다 해결할 때까지 계속해서 논쟁을 하기로 마음먹었다. 그는 이 분열된 양 무리를 인도하라고 자신에게 임한 사도적 소명을 전적으로 확신하고 있었다. 그는 명백한 조직 기술과 경건으로 많은 이들을 따르도록 했으며, 많은 난관을 극복한 후 지도력을 갖게 되었다. 이러한 과정에서 분열이 없었던 것이 아니었는데, 면직된 몇몇 장로가 소수 추종자를 이끌고 떠나갔기 때문이다. 그리고 이렇게 떠났던 무리 중 일부는 결국 다시 돌아오기도 하였다. 메노 시몬스가 그를 따르는 이들이 메노라는 이름으로 호칭을 갖도록 했던 것과 그리 많이 다르지 않은 방식으로 후터가 이끄는 운동도 비록 그가 원래 지도자가 아니었지만, 후에는 후터라는 이름으로 불리게 되었다.

후터는 모라비아에 겨우 2년밖에 머물 수 없었다. 1535년 뮌스터 폭동이 가져온 엄청난 실패로 여러 모라비아 귀족은 오스트리아인에 의해서 새로운 압력을 받게 되었다. 이번에는 후터라이트 신자는 자신들이 세운 브뤼더호프를 버리고 떠나도록 강요를 받았다. 후터는 총독에게 자비를 요청하며, 그들은 "지상에서 금지되지 말아야 하는데, 그것은 지상은 하늘 아버지 것이며, 그분이 좋으신 것처럼 그분은 우리에게 좋은 것을 하실" 것이라고 강조하였다.134) 총독은 후터 머리에 엄청난 현상금을 붙임으로써 그에게 대답하였다.

그의 안위를 걱정하는 추종자는 그에게 알프스 계곡으로 돌아가라고 강청하였고, 그는 임신 중이었던 아내와 함께 그렇게 하였지만, 곧바로 체포되었다. 많은 티롤 사람은 자기들이 감옥에 가둔 사람이 얼마나 중요한지 깨달아, 그에게 자신을 따르는 이들의 이름과 숨은 장소를 자백하게 하기 위하여 상당히 오랜 동안을 감옥에서 지내게 하였다. 한 번은 그를 고문하기 위하여 그의 피부가 갈라질 때까지 그를 얼음물에 집어넣고, 다음에는 그 상처에 알코올을 부은 후, 불을 붙인 적도 있었다. 그는 1536년 2월 화형으로 죽음을 맞이할 때까지 확고부동하게 침묵으로 일관했다. 그의 아내는

134) William R. Estep, 『아나뱁티스트 이야기』 *The Anabaptist Story* (Nashville: Broadman Press, 1963), p. 89에서 재인용.

탈출하였으나 후에 다시 잡혀 죽임을 당했다.

모라비아로 이야기 방향을 돌리자면, 정처 없는 후터라이트 신자는 몇 개의 작은 모임으로 나뉘어, 결국은 서서히 거주할 곳을 찾아내었다. 그러나 10년 후 새로운 핍박 때문에 그들은 다시 한 번 도망해야만 했다. 수 년 동안 그들은 문자 그대로 여러 숲에서 지내야 했으며, 넓은 지역 지하에 굴을 뚫어 은둔하기도 하였다. 그들이 그런대로 자유를 얻게 된 1555년 아우크스부르크 평화조약 체결 이전까지는 어느 정도 자유도 얻을 수 없었다. 1565년부터 그 세기가 끝날 때까지 그들은 평화와 번영 시기를 누릴 수 있었고, 그리하여 후터라이트 역사가는 이 시기를 "황금기"라 일컬었다. 페테르 발포트Peter Walpot 와 페테르 리데만Peter Riedemann 같은 유능한 지도자 아래서 그들은 최소한 100여 개에 달하는 브뤼더호프를 형성하였으며, 총 회원 수는 어림잡아 3만여 명이었다. 초기 자료는 7만여 명이라고 주장하고 있다.

후터라이트 형제단은 니콜라스부르크 인근 뉴뮈흘Neumühl 에 거주하는 한 "감독" bishop 지도하에 조직되었다. 그가 지도하는 각 정착촌에는 말씀 사역자 와 섬김 사역자가 있었다. 전자는 구성원 신앙 건강에, 후자는 경제 성장에 관심을 기울였다. 개개 브뤼더호프는 대부분 유효한 경영 아래 자급자족하였다. 많은 서로 다른 작업장과 제분소 등이 단지 그 정착촌 필요를 채우는 것뿐만 아니라, 외부에 내다 팔기 위해서도 물품을 생산했다. 도자기와 칼 제품을 포함한 특정 물품은 그 완성도로 인하여 유명세를 탔으며, 오늘날은 그 여러 물품이 박물관에 진열되어 있을 정도이다.

정착촌 안에서는 남자뿐만 아니라 여자도 각자 능력에 합당하게 일할 수 있도록 배정되었다. 또한 훌륭한 학교 제도가 조직되었다. 후터라이트 신자는 완벽하게 교육을 받았으며, 자기 시대와 장소가 요구하는 것을 현저하게 이루어내었다. 조기 교육에 관한 규정은 그들이 어린이 심리학을 깊이 있게 이해하고 있으며, 어린이가 자유 가운데서 굳세게 자라며 엄격한 위생

시설을 누리고 있음을 보여주었다. 후터라이트 신자는 의술에 있어서 너무 존중을 받았기 때문에, 이단을 싫어하던 황제 루돌프 2세Emperor Rudolf II 마저도 1582년 프라하에서 자신을 괴롭히던 만성 질환을 치료하도록 후터라이트 의사 한 명을 청했을 정도였다.

브뤼더호프 빌딩 중 일부가 오늘날 20세기까지 그대로 남아있기 때문에, 후터라이트 형제단이 건물을 어떻게 배치하였는지에 대하여 잘 알아낼 수 있다. 햇빛에 말린 벽돌로 지은 2층 건물 1층에는 보통 방 몇 개와 작업실이 있고, 2층에는 결혼한 부부를 위한 침실 등이 있었다. 브뤼더호프 하나는 서로 다른 빌딩 47개를 가지고 있었다. 창고, 제분소, 공방 등이 정착촌에 갖추어져 있었다.

본보기가 되는 공동체로서 명승지가 된 것보다 더 인상 깊은 것은 후터라이트 신자가 가진 선교에 대한 관심이었다. 후터라이트 신자는 선교 사업을 주의 깊게 계획하고, 진행하였고, 또 일관되게 추진하여 유럽 전체를 아울러 선교사들을 보내었는데, 그리하여 "아마도 16세기에 최대의 선교를 이룬 주역"이라는 평가를 받았다.[135] 여러 후터라이트 여행자가 브뤼더호프와 주고받았던 편지가 400여 통 이상 보존되었다. 후터라이트 신자 중 최고 역사가인 로버트 프리드만Robert Friedmann 은 이 서신을 "아나뱁티스트가 가진 천재성을 가장 아름답고 진정하게 표현한 것"이라고 부른다.[136] 이러한 편지 중 대다수는 매우 길고 그 중 하나는 189페이지나 된다 후터라이트 신앙을 변호하고 설명하고자 하는 목적을 가졌으며, 동시에 공동체 내부를 강화하고자 하는 도구 역할을 하기도 하였다. 이러한 것은 페테르 리데만 저술 안에 분명하게 드러난다.

리데만은 마르부르크 지역에서 수감 생활을 하는 동안 헤세의 영주가 읽

135) Littell, 『아나뱁티스트 교회론』 *The Anabaptist View of the Church*, p. 120.
136) Robert Friedmann, in Bender, *op. cit.*, p. 158.

을 수 있도록 하기 위하여 『후터라이트 교리와 신앙에 관한 기술』을 저술하였다. 후터라이트 신자는 성서 다음으로 그들에게 가장 중요한 문서로서, 그들 믿음을 명확하게 진술한 것으로 이 저술을 채택하였다. 『기술』*Account* 은 주로 800개 이상 성서 구절을 인용하여 편집하고 해설한 것으로 이루어진다. 첫 번째 부분은 사도신경 형태를 따라 구성되며, 더 짧은 두 번째 부분은 후터라이트가 가진 신앙을 서술하고 변호한다. 이 책은 종교를 표현한 고전 중 하나이며, 최근에 영어로 번역된 것을 볼 수 있다.137)

또한 이 시기가 후터라이트 역사기술이 시작된 때이기도 하다. 카스파르 브라이트미첼Caspar Braitmichel 은 형제단 삶에서 중요한 사건을 편집하는 연대기를 준비하라는 임무를 부여받았다. 이 연구서는 후터라이트 선교 사역보다 훨씬 광범위한 내용을 포함하고 있기 때문에, 후터라이트 역사 기본 자료뿐만 아니라 아나뱁티스트 운동 모든 분지까지 그 결과로 보여준다. 이 연대기는 에덴동산에서 시작하여 후터라이트 신자가 초대 그리스도교 상속인이며 계승자라고 확신하는 믿음으로 세기를 거쳐 내려간다. 이 "대연대기" Great Chronicle 를 구성하는 엄청난 부피에 달하는 필사본은 후터라이트 신자가 가진 최고 보물로서, 그들이 이주해 가는 곳마다 그들은 이것을 가지고 다녔다. 이른바 "소연대기"Small Chronicle 라 불린 후편은 전편을 간략하게 요약한 후, 1802년까지 내려간다. 이 후편 자료를 수집하여 편집한 이는 조한네스 발트너John Waldner 였는데, 그는 러시아에서 이 작품을 저술했다.138)

---

137) Kathleen E. Hasenberg, trans., 『우리 후터라이트 교리와 신앙에 관한 기술』*Account of our Religion, Doctrine and Faith* (London: Hodder and Stoughton, 1950)은 후터라이트 형제단을 위한 저서이다.

138) 이 주제에 대한 상세한 내용을 알려면, 벤더(Bender,) *op. cit.*, pp. 151-156 (메노나이트 백과사전Mennonite Encyclopedia, II: 589-591)에 나오는 로버트 프리드만, "후터라이트 연대기"(Hutterite Chronicles)를 보라. 20세기에 유럽 학자가 이 두 연대기 필사본이 북미에 있는 여러 후터라이트 정착촌에 아직까지 존재하고 있었다는 사실을 알았을 때, 이것은 그들에게 대사건으로 받아들여졌다. 『대연대기』는 루돌프 볼칸(Rudolf Wolkan; 1846-1936)에 의해서 1923년 현대 독일어로 출판되었다. 지글쉬미트(A. J. F. Zieglschmid; 1903-1950)는 1943년 이 연대

환란의 시기

대연대기는 반동종교개혁 기간에 후터라이트 신자가 밟고 지나간 '슬픔의 여정' 이라는 색인에 2,175명에 달하는 순교자 이름을 나열하고 있다. 16세기 말에 모든 힘을 모아서 그들을 억압한 박해는 추기경 프란시스 폰 디트리히스타인Cardinal Francis von Dietrichstein 주도 아래 자행되었는데, 그는 비록 자기 개인 의사로 후터라이트 신자를 고용하고 있었지만, 그들에게 무자비한 대적이었다. 그 추기경은, 후터라이트 신자를 대적하여 공공연하게 중상모략하는 계획을 실행한 여러 사제와 몇몇 변절자의 지원을 받아 그 토벌 작전에 나섰다. 로마 가톨릭 사제 크리스토퍼 피셔Christopher Fischer 가 저작한 여러 책 중 한 권의 제목은 매우 직설적이다: 『후터라이트의 비둘기 집, 그 안에 있는 모든 쓰레기, 똥, 오물, 그리고 진흙이 나열됨. 그것은 바로 그들이 가진 거짓되고, 냄새나고, 추악하고, 끔찍한 교리이다』

후터라이트의 대적은 또한 여러 가난한 이웃 소작농이 처한 경제상 질고를 유리하게 활용하였는데, 이들 소작농은 많은 이단 정착촌을 선호하고 보호하는 일부 귀족을 질시하고 있었다:

> 후터라이트 신자는 영지 관리인으로 인기가 좋았는데, 그들은 목장이나 밀 농장, 방앗간, 기와 공장, 정원, 그리고 그 어느 곳에서라도 일을 하였다. 그들은 귀족에 의해서 관리인, 집사, 혹은 경비원 등 대저택 안에서 높은 직책에 고용되었다.… 여러 영주는 아나뱁티스트 신자에게는 회계를 요구하지 않을 정도로 엄청난 자유를 누리는 어떤 특정한 직책을 맡겼다. 이들 영주가 그들을 관용하고, 그들에게 영지를 내맡기는 것은 하나님을 불쾌하게 하는 것이다. 이것은 그리스도께서 가르치신 사랑과 모

기에 각주와 참고도서 목록을 공들여 추가하고, 모든 철자를 완전하게 교정하여 편집, 출판하였다. 이 편집자는 또한 1947년 『소연대기』도 현대 독일어로 출판하였다.

순된다.… 139)

후터라이트 신자는 부유하다는 평판을 받았고, 그 때문에 그들은 세금을 물리기에 좋은 대상이 되었다. 그들은 전쟁 세금 납부를 거부했기 때문에 물품을 징발 당하게 되는 경우가 많았다. 1605년 투르크족이 모라비아를 침략했을 때, 정착촌 16개가 파괴되었으며, 나머지는 약탈당했다.

1620년 이후 황제 직할군대는 로마 가톨릭 신자가 아닌 모든 이들에 대한 생사여탈권을 쥐고 있었다. 연대기 저자는 "1621년은 많은 환란으로 시작되었다. 군인에 의해 자행된 강도질, 노략질, 그리고 거주지 방화는 그 해와 다음 해 내내 계속되었다"라고 굴하지 않고 보고하였다. 모든 여인은 공격을 당했고, 남자는 고문을 당했다. "이러한 일은 자신들이 가장 훌륭한 그리스도인이라고 믿었던 황제 군대에 의해 공공연히 자행되었다."140)

1622년 모라비아에 있는 모든 개신교 신자는 살해되거나, 추방되거나, 강제로 로마 가톨릭 신자가 되었다. 대략 천 명 정도 되는 후터라이트 생존자는 슬로바키아에 있는 여러 제2세대 정착촌에 몰려들었고, 한 무리는 가보르 베쓰렌Gabor Bethlen; 1580-1629, 트란실바니아 공작-역주이 제안한 초청으로 1621년 트란실바니아Transylvania에 정착촌을 세웠다. 새로운 시작을 하기 위해 필요한 자금이 재정을 맡은 이의 손에 거의 없었다. 이 때 안드레아스 에흐렌프라이스Andrew Ehrenpreis 라는 강력한 지도자가 공동체를 하나로 묶기 위해서 지치지 않고 일했다. 그는 수도원 규칙과 상당히 비슷하게 상세한 규정을 만들었고, 이러한 규정은 공동체 생활의 모든 부분을 관장했으며, 아직까지도 이 규정은 지켜지고 있다. 규정 수가 많고 문장이 길어

139) Christopher Ficher, 『아나뱁티스트 신자가 이 땅에서 용납되어서는 안 될 54가지 중요한 이유』 *Fifty Four Important Reasons Why the Anabaptists Should Not Be Tolerated in the Land* (1607)에서 나온 내용을 Estep, *op. cit.*, p. 99에서 재인용.

140) Horsh, *op. cit.*, pp. 54-55에서 재인용.

진 것은 공동체 안에 권징이 축소되었던 것을 다시 확장했다는 것을 증언한다. 이러한 증거는 사유 재산을 갖고자 갈망하며, 윤리에 대한 가르침이 완화되었던 것을 알도록 해준다. 또한 이 때가 현재까지도 후터라이트 정착촌에서 사용되는 많은 기록된 설교문을 집대성하기 시작한 때였다. "오늘날 후터라이트 형제단은 초기 전통즉, 야콥 후터 전통이 많이 남아 있지 않고 에흐렌프라이스 전통이 계속된 것이라고 말하는 것이 아마도 안전할 것이다."141) 그러나 에흐렌프라이스가 죽은 20년 후에 후터라이트 공동체는 공동 경제체제를 포기하였다.

이렇게 포기한 것은 집단생활을 하는 공동체는 약탈하기가 용이하다는 사실을 알아챈 투르크족1521년 이후 중부 유럽에 골칫거리였음에 의한 거듭된 침략 때문이었다. 1662년 후터라이트 정착촌을 방문했던 퀘이커교 신자 두 명은 브뤼더호프를 '가족' 으로 언급하면서, 후터라이트 신자가 겪은 환난을 기술했다. 그들은 자신들이 머물렀던 곳에 "아홉 가족이 있었는데 하나만 남았고, 나머지는 그들이 가지고 있던 수천 가지 귀중품과 함께 불탔고, 200여 명에 달하는 남자들이 학살당하고 포로로 잡혀갔다"라고 전하였다.142) 이제 후터라이트 신자는 만일 재산을 가정 별로 나누면 공격을 불러일으킬 기회는 줄어들고 살아남을 가능성은 많아질 것이라고 추론했던 것이다. 그들은 그 결과로서 노동은 협력하고 분업하지만 재산은 나누어 가지는 형태를 발전시켰다.

1683년 오스트리아 군대가 비엔나 바로 앞까지 쳐들어온 투르크 군대를 격퇴하자, 침략에 대한 공포는 사라졌지만, 후터라이트 신자는 이제 다시 강제로 로마 가톨릭으로 개종되어야만 하는 위협 앞에 놓였다. 예수회가

141) Robert Friedmann, in Bender, *op. cit.*, p. 46에서 재인용.

142) 조제프 베세(Joseph Besse), 『퀘이커 신자라 불린 이들이 겪은 고난 이야기 모음』 *A Collection of the Sufferings of the People Called Quakers* (London: 1752), pp. 420-432에 나온 내용을 빅터 피터스(Victor Peters), 『모든 것을 공유하는 후터라이트 신자 생활양식』 *All Things Common: The Hutterian Way of Life* (Minneapolis: University of Minnesota Press, 1965), p. 28에서 재인용.

매우 교활하고 잔인한 많은 기술을 동원하여 주도한 토벌작전으로 결국 후터라이트 신자가 가진 조직화된 신앙 행습을 억누르는 데 성공하였다. 로마 교회는 후터라이트 서적을 몰수하고, 어린이를 부모로부터 빼앗아 로마 가톨릭 가정이나 고아원에서 양육되도록 했으며, 지도자는 여러 수도원에 감금했고, 강제로 로마 가톨릭 미사에 참석시켰다. 이렇게 강제로 가톨릭 신자가 된 후터라이트 신자는 하바네르Habaner, 아마도 하우샤벤[Haushaben:브뤼더호프를 칭하는 다른 말-역주]이라는 용어로부터 온 것 같다로 알려졌다. 그들이 가진 후터라이트 배경은 아직도 그들 공동체 조직 안에서 2차대전에 이르기까지 분명하게 추적될 수 있다.

트란실바니아 알윈츠Alwinz에 있던 브뤼더호프는 유일하게 피해를 입지 않았는데, 그곳에서 구성원 수는 30명 정도로, 아마도 가장 적을 때는 16명 정도로 줄어들었다. 그러나 거의 사멸할 것 같았던 이 운동은, 신앙 때문에 그들이 살던 캐른텐Carinthia 주에서 추방당한 한 무리 루터교 신자가 1756년 크루츠Creutz 근처에 정착하면서 새로운 활력을 찾았다. 새로 유입된 이들은 후터라이트 생활방식을 받아들여 그들 삶을 그에 맞추었다. 금세기 대다수 후터라이트 신자는 이 오스트리아인 후예이다. 1767년에 강제 로마 가톨릭 신자화라는 압박이 트란실바니아에 다다랐고, 후터라이트 신자는 자신들의 모든 어린이가 붙잡히기 직전에 다시 한 번 살 곳을 찾아 도망쳐야만 했다. 67개 이주민 마차 행렬은 오늘날 루마니아 도시 발라치아Wallachia로 이르는 산맥을 넘어 그들을 추적하는 자들에 대한 염려로 탈진했음에도 발걸음을 재촉해야 했다. 연대기 저자는, 그들은 자신들이 걸으면서 잠을 잘 수 있다는 것을 알았다고 기록한다.

제국을 빠져 나오기는 했지만, 후터라이트 신자는 자신들이 러시아-투르크 전쟁 소용돌이 한 가운데에 있었음을 알게 되었고, 한 러시아 육군 원수가 그들에게 관대한 조건으로 자신 영지를 거주지로 내줄 때까지 그들은 농락당했다. 그곳에서 그들은 1802년 그 육군 원수 계승자가 그들을 강제로 농노로 삼으려고 할 때까지 머물렀다. 그들이 러시아 황제에게 호소했을 때, 그들은 황제 영지 근처 땅을 하사받았다. 이로 인하여 안전한 삶이 주어지자 일부 후터라이트 신자는 공동체를 해체하고 개인으로 살기 원하는 데까지 나아갔다. 1819년 브뤼더호프 건물이 불타 없어졌을 때, 그들은 공동체 생활을 포기하였다. 그러나 그 결과는 엄청난 재산을 모으는 것이 아니었고, 그리하여 그들은 그 후에 정부에 보조금을 신청하기에 이르렀다. 그 다음 단계는 아조프 해sea of Azov 인근에 있는 한 메노나이트 정착지로 이주하는 것이었다. 그곳에서 메노나이트 대주교 조안 코르니스John Cornies 는 그들을 자신의 강력한 수하에 두었지만, 그들이 원하는 공동체 생활양식은 장려하지 않았다. 몇몇 후터라이트 지도자가 정착촌을 이루려는 생각을 다시 불타오르게 할 수 있었던 것은 코르니스가 죽기 이전에는 이루어지지 않았었다. 마침내 1856년 그들은 정부로부터 새로운 시작을 할 수 있도록 허락을 받아내었다. 일종의 부흥renaissance이 후터라이트 신자를 휩쓸었고, 여러 브뤼더호프가 조직되었다.

이러한 부흥은 러시아 차르정부가 이전에 약속했던 징집 면제가 있었음에도 후터라이트와 메노나이트 신자를 군대에 징집하기로 결정하였을 때 돌연히 박살났다. 이 두 분지로부터 파견된 대표단이 자신들이 속한 공동체 안전을 위하여 받아낸 최고 허락은 군 입대를 대신하여 벌목작업을 하는 것이었다. 일부 메노나이트 신자는 이 허락을 받아들였지만, 이 두 분지에 속한 대다수 강경한 구성원은 러시아를 떠나기로 결단했다. 그들은 신세계를 도피처로 고려했다. 후터라이트 대표단은 그들이 평화롭게 살고 예배할 수 있는 장소를 선정하기 위하여 1873년 파송되었다.

북미로 이주

후터라이트 대표단은 서부 관통 철도를 개설하는 여러 회사의 토지 구매업자와 자신들 사이에 첨예하게 경쟁해야 하는 문제가 있음을 알게 되었다. 이들 회사는 그들이 가설하는 철도를 따라 사업을 시작할 정착민이 필요했으며, 그들에게 사업이 성장한다는 것을 약속하려고 하였다. 후터라이트 신자는 많은 난관과 속임수를 경험한 후, 마침내 사우스다코타 주 양톤Yankton에 정착했다. 그곳에는 후터라이트 신자 몇몇 분지가 뒤엉켜 있었는데, 그들 이름은 모두 지도자 이름이나 직업을 따라 지어졌다. 슈미데파Schmiede-Leut[대장장이 미하엘 발트너에서 온 이름], 다리우스파Darius-Leut[다리우스 발터Darius Walter에서 온 이름], 그리고 레흐러교사파Leher-Leut[야콥 비프 Jacob Wipf, 교사-teacher]에서 온 이름. 마지막 분지는 좀 더 자유로웠고, 러시아에서는 공동체 생활을 하지 않았었으나, 미국에 당도하면서 이 방식을 받아들였다. 다른 후터라이트 신자가 와서 기존 브뤼더호프 근처에 정착하였으나, 합류하지는 않았다. 그들 중 대부분은 메노나이트교회일반총회General Conference Mennonite Church와 크리미아메노나이트교회Krimmer Mennonite Church 회원이 되었다. Krim=Crimea 143)

1917년 전쟁 신경증에 눌린 미국 국민은 다시 한 번 독일어를 말하며 공동체 생활을 하는 후터라이트 신자를 박해 대상으로 삼았다. 포트 리벤워쓰Fort Leavenworth에서 후터라이트 젊은이 두 명이 가혹행위로 사망했다.144) 2차대전 동안에 후터라이트 신자는 시민공익봉사단Civilian Public Ser-

---

143) 북미로 이주하는 것과 북미에서 토지를 소유하는 것으로 인한 문제에 대하여 탁월하면서도 간략하게 기술한 폴 콘킨(Paul K. Conkin), 『유토피아에 이르는 두 길』 *Two Paths to Utopia* (Lincoln: University of Nebraska Press, 1964), pp. 41ff를 보라. 또한 호스테틀러(J. A. Hostetler)와 헌팅톤(G. E. Huntington)이 공저한 『북미 후터라이트 신자』 *The Hutterites in North America* (New York: Holt, Rinehart and Winston, 1967)를 보라.

144) Horace C. Peterson and Gilbert C. Fite, 『1917-1918 시기 반전론자』 *Opponents of War*, 1917-1918 (Madison: University of Wisconsin Press, 1957), pp. 126-131; Guy F. Hershberger, 『전쟁, 평화, 무저항』 *War, Peace, and Nonresistance* (대장간 역간). 오스트리아인 루돌프 볼칸(Rudolf Wolkan)은 1차대전 중에 저작한『후터라이트 신자』 *Die Hutterer* (Vienna: 1918)에서 다음과 같

vice:CPS, 1941-1947, 양심에 따른 병역 거부자를 위한 제도-역주 캠프와 농업 종사자 병역유예를 위한 법률 제정 때문에 훨씬 용이한 상황을 맞게 되었다. 1945년 이래 긴장이 발생한 가장 큰 원인은 증가한 구성원을 돌볼 수 있는 더 많은 땅이 후터라이트 신자에게 필요한 것으로 인한 것이었는데, 1963년 그들이 소유한 정착촌은 142개였으며 구성원은 만4천 명에 이르렀다.

가장 성공하고 오래된 그리스도인 공유공동체 운동을 이루어낸 후터라이트 신자는 아직도 1533년 야콥 후터와 그 시대 여러 신실한 동료 신자가 멀리서 울리는 북 소리에 발맞추어 행진하고 있다. 지금까지 모든 일이 입증해 주듯이, 그들은 앞으로도 그들 정착촌을 계속 유지해 나가는 것에 성공할 것이다.145)

이 숙고한다: "미국에서 후터라이트 신자는 자신들이 가진 종교 행습을 자유롭게 할 수 있도록 허락 받았고, 더 나아가 영원히 군 복무로부터 자유가 보장되었었다. 그들이 가진 이러한 특권을 윌슨 대통령이 깨닫고 있을까? 나는 잘 모르겠다. 그러나 분명한 것은 그 형제단은 폭력을 사용하는 사안에 대하여는 절대로 굴복하지 않을 것이며, 그들이 가진 믿음에 부합하지 않는 것을 하는 것보다는 차라리 고된 감옥 생활을 받아들일 것이라는 사실이다. …"(p. vii).

145) Paul S. Gross, 『후터라이트 신자가 가는 길』 *The Hutterite Way* (Saskatoon, Can.: Freeman Publishing Co., 1965).

제4장 분리주의 청교도

윌리엄 헬러William Haller는 영국 청교도주의 발흥을 다룬 그의 걸작에서, 내전 기간1642-1651에 절정에 도달했던 이 개혁 운동은 "전혀 새로운 것도 아니고 과거와 전적으로 무관한 것도 아니며, 어떤 오래되고, 깊이 자리를 잡고, 중세 삶에까지 뿌리가 닫는 것으로서, 순전히 영국산"이라고 역설했다. 그리하여 그는 자신이 풀어내는 이야기를 적절하게도 제프리 초서의 『켄터베리 이야기』에 나오는 '시골사제 이야기'와 함께 시작했다. 이 귀감이 되는 사제는 자기가 사목하는 회중을 위하여 다음에 표현된 것처럼 고귀한 본보기가 되었다: "그는 먼저 실천했고, 그런 다음에 그는 가르쳤다." 헬러가 표현한 동일한 심상은 영국 비순응파가 그 이전에 일어났던 중세 롤라드 파medieval Lollardy 146)를 거점으로 삼아 꽃을 피웠음을 입증하는 심층 연구를 통하여 자신이 다룬 주제에 대하여 여러 학자로부터 지지를 받아왔다.147)

그럼에도, 영국 청교도주의가 가지는 원동력은 대륙의 종교개혁에 의해

146) 역주-존 위클리프의 개혁 사상을 따르던 운동

147) William Haller, 『청교도주의 발흥』 *The Rise of Puritanism* (New York: Columbia University Press, 1938), pp. 3, 5. Henry W. Clark, 『영국 비국교도 역사』 *History of English Nonfonformity,* second ed. (New York: Russell & Russell, 1965), I: 69-74; A. G. Dickens, 『요크 대교구에서의 롤라드파와 개신교 신자』 *Lollards and Protestants in the Diocese of York* (London: Oxford University Press, 1959).

주어졌다는 것은 확실히 옳은 것이다. 많은 영국 성직자가 "피의" 여왕 메리"Bloody" Queen Mary가 추진한 로마 가톨릭화 정책에 의해 외국으로 쫓겨나가게 되었을 때, 그들은 라인란트Rhineland 지역에 있는 여러 개혁자에 의해, 그리고 장 칼뱅이 행사한 은근한 지도력에 의해 개혁 형태를 갖추고 있던 제네바라는 모범 도시에 의해 심원하게 영향을 받았다. 엘리자베스 여왕에 의한 온건한 통치가 시작되자 고국으로 돌아온 이들은 프랑크푸르트나 제네바의 형태를 따라서 영국 국교회를 새로운 모습으로 만들고자 하는 열정을 품었다. 원래 순전했던 그리스도교가 한낮의 빛을 받아 빛날 수 있도록 하기 위해서는 예배식서, 교회 정체, 의복 규정, 그리고 교회 행습 등에 달라붙은 "교황 제도의 찌끼"를 벗겨내야만 했다.

유감스럽게도 이렇게 스스로 개혁자가 되기로 한 이들은, 인기 좋은 여왕 베스엘리자베스가 영국 그리스도교를 철저하게 쇄신하는 것보다는 영국을 통일성 있게 통치하는 것과 얽히고설킨 대외정책에 일관성을 추구하는 것에 더 많은 관심을 가지고 있다는 사실을 발견하였다. "엘리자베스 종교 타협정책"로마 가톨릭교회와 개신교를 독특하게 영국식으로 혼합한 것은 영국 그리스도인 대부분을 포괄하기 위해서 구상된 것이었다. 여러 극단주의자, 즉 척도 한 쪽 끝에 있는 보수 로마 가톨릭 교인이나 다른 한 쪽 끝에 있는 완고한 청교도는 입을 다물고 따르든지 아니면 피 비린내 나는 방법에 의해서 진압되게 될 것이었다.

16세기 말에 이르러 청교도주의 안에 두 파가 형성되었다. 첫째 파는 성서 권위를 따라 개혁된 영국 국교회가 그 기존 질서 안에서 확고해질 것이라고 희망하였다. 완강한 존 낙스가 지도하여 종교개혁을 이루어낸 스코틀랜드가 영국 안에서도 어떻게 될 수 있을 것에 대한 적합한 본보기를 제공해 주었다. 두 번째 파는 그리스도께 순종한다는 것은 곧 "더 이상 지체할 수 없는 개혁"브라운Browne을 요구한다는 확신 아래, 국교회로부터 분리되기 위하여 부르짖기 시작했다. 만일 교회가 진정한 사역자를 제공해주지 않았다면, 작은 무리 그리스도인은 서로 가르치기 위하여 만날 수 있고 또 만나야만 했다. 그들이 가졌던 정신은 런던에 있던 배관공 회관에서 모였던 모임 때문에 통일령Act of Uniformity ,1559을 어겼다는 이유로 1567년 체포되었던 이들이 남긴 증언에 잘 나타나있다:

> 자유롭게 선포되는 말씀을 들을 수 있는 한, 그리고 우상 숭배하는 바보처럼 행하는 성례전을 선호하지 않고 그것이 바르게 집행되는 한, 우리가 집에서 함께 모이는 일은 결코 일어나지 않았을 것이다. 그러나 우리 여러 설교자가 당신들이 정한 서약서와 법률에 서명하지 않음으로 당신들이 정한 법에 의해서 쫓겨났고, 그리하여 우리가 지난 7-8 주 동안 어느 교회에서라도 그들 중 단 한 명으로부터도 말씀을 들을 수 없었던 상태에 이르렀기 때문에 … 그리고 우리는 당신들 여러 교구 교회에 참석하지 않는다는 이유로 적발되어 그날그날 당신들 법정에 출두하라는 명령을 받게 되었기 때문에, 결국 우리는 우리가 할 수 있는 최선을 행하기로 강구하였다.… 우리가 하나님 말씀을 의지하여 행했던 어떤 것에 대해서라도 … 만일 당신들이 우리가 잘못했다고 책망할 수 있다면, 우리는 당신들에게 굴복할 것이며, 폴스 야외설교제단을 찾아가 공개 고백성사를 할 것이다. 그러나 만일 당신들이 우리를 책망할 수 없다면, 우리는 하나님 은혜를 의지하여 우리가 하던 것을 고수할 것이다.148)

그러나 그들이 이렇게 한 것은, 이 입장에서 시작하여 언약을 맺은 신자들이 함께 모인 교회라는 사상으로 온전하게 발전하기까지 이르기 위해 그

148) John T. Wilkinson, 『1662년, 그리고 그 이후』 *1662-and After* (London: Epworth Press, 1962), pp. 1-2에서 재인용.

저 한 걸음을 떼어 놓은 것일 뿐이었다. 이러한 견해는 로버트 브라운Robert Browne이 1580년대에 다음과 같이 말한 것에서 최고 수준으로 형성된 것이 드러났다. "심겨지거나 모여진 교회Church planted or gathered는 그들의 하나님과 함께 자원하여 맺은 언약에 의한 그리스도인 혹은 신자들의 모임 혹은 무리로서, 그들은 하나님과 그리스도의 통치 아래 있으며, 하나이며 거룩한 교제 안에서 그분 법을 따르는데, 이것은 그리스도께서 그들이 아담이 범한 죄에 의하여 타락함으로써 멀어졌던 거룩함과 행복을 얻도록 구속하셨기 때문이다." 독립교회파Independency 기초를 놓은 "가시적 성도"visible saints 모임도 이와 유사한 주장을 하였는데, 이 파로부터 근대 회중교회가 발생했다.149)

스튜어트 왕조 동안 여러 청교도가 간절하게 청원한 변화를 영국 성공회가 요지부동하게 거부한 것은 결국 청교도 온건파까지도 비국교도가 되도록 내몰았으며, 종국에는 청교도 내전과 1640년부터 1660년대에 이르는 공화정 체제로 이끌게 되었다. 일부 청교도는 영국에서는 신앙 문제에 있어서 아무리 기다려도 결국 권리를 얻지 못할 것임을 알고 실망하여 17세기 초기에 유럽 대륙 혹은 북미로 이주했다. 청교도 혁명이 시작될 즈음에는 장로교 체제를 선호하는 청교도가 우세를 이루었다. 그리하여 그들은 영국 성공회가 가진 주교 계급체제를 전국 총회, 노회, 그리고 치리회로 대체하여 전 인구를 포괄하는 국가교회로 조직하기를 희망했다. 비록 그들은 모든 주교를 축출하는 것에는 성공하였지만, 크롬웰이 조직한 신형군대에서 주도 역할을 하였던 급증하는 독립주의 신자회중교회 신자:congregationalists와 침례교 신자 세력에 눌려 자기들이 원했던 장로교회를 국교로 수립하지 못하도록 저지당했다. 공화정 기간에 탄생한 친우회Society of Friends, 즉 퀘이

149) Horton Davies, 『영국 자유교회』 *The English Free Churches* (London: Oxford University Press, 1952), p. 33에서 재인용. 또한 G. F. Nuttall, 『가시적 성도: 회중교회가 걸어온 길, 1640-1660』 *Visible Saints: the Congregational Way, 1640-1660* (Oxford: Basil Blackwell, 1957)을 보라.

커 신자는 청교도주의가 좀 더 급진 형태로 발전한 것을 대표하였다.

1662년 영국 하원의장은 스튜어드 왕정복고 전야에 영국 성공회가 국교회로의 지위를 다시 확립하도록 하는 법안을 제출하였다. 그가 발표한 소견은 청교도 진영 안에 자리를 잡고 급증했던 과격주의 경향을 다음과 같이 간략하게 요약하였다:

> 우리는 지나간 투쟁 시대를 잊을 수 없습니다. 그 당시에는 거의 모든 사람은 자유를 얻었고, 일부 사람은 그 자유로 [영국] 국교회의 권징과 통치를 짓밟아 버리는 것을 즐거움으로 삼았습니다. 산울은 구멍 났고, 많은 여우와 늑대가 들어왔습니다.… 마침내 우리가 깨달은 것은 … 그 음모가 교회 의식을 뒤바꾸고 교회를 굴복시키고자 했던 것뿐만 아니라, 주교 체제를 뿌리 뽑고 여러 인기 있는 장로를 세우려 기도하였었다는 것입니다. 이 일을 이루기 위하여, 그들은 먼저 교회 예배용품을 강탈하였습니다. 다음에는 교회를 치리하는 주교 사이에 있는 구분이나 차등도 빼앗았습니다. 그 다음에는 공동기도서에서 형식을 빼앗았고 … 결국은 미신에 사로잡혀 무가치한 것, 아무것도 아닌 것이 대신하였거나 혹은 아무것도 아닌 것보다 더 나쁜 것이 들어왔던 것입니다.150)

윌리엄과 메리William and Mary 의 "명예혁명" Glorious Revolution 과 함께 영국 국교회에 의하여 비국교도에게 자행되었던 박해에서 이제 그 명백한 형태 자체는 종식되었다. 장로교 신자가 기울인 노력에도, 영국 국가교회는 주교정체를 계속하여 유지하였다. 그 결과는 한 쪽에는 영국 국교회가 있고, 다른 한 쪽에는 비국교도 혹은 비순응파가 있는 양당체제가 출현한 것

150) G. F. Nuttall and O. Chadwick, eds., 『획일화로부터 통일성으로』 *From Uniformity to Unity* (London: S.P.C.K., 1962), p. 151에서 G. F. Nuttall, "최초의 비국교도" (The First Non-Conformists)를 재인용.

이었다. 이러한 배치는 영국인과 영국 정치인을 구성하는 가장 우세한 것이 되었다. 이후부터는 명백하게 신분과 계급에 따라서 국교도가 출석하는 "교회"church와 비국교도가 출석하는 "예배당"chapel이라는 두 가지 선택권이 주어졌다.

비국교도가 이루는 좌익에는 신자들의 교회 중 17세기 표현을 대표하는 침례교와 퀘이커교가 있었다.

침례교

법률 훈련을 받았고 토머스 헬위즈Thomas Helwys라는 이름을 가졌던 한 지방 신사가 1612년 "영어로 된 출판물 중 최초로 예배 자유를 주장한" 것으로 알려진 책을 발표하였는데, 그 책 이름은 『불법의 비밀에 대한 짧은 선언』*A Short Declaration of the Mistery of Iniquity*이었다. 교회를 국교화 할 필요성에 대한 완강한 강조"주교 없는 왕 없다"와 왕권신수설에 대한 주장 때문에 악명이 높았던 영국 왕 제임스 1세에게 헬위즈는 그 책을 증정하며 속표지에 특별한 헌사를 친필로 다음과 같이 기록하였다: "왕은 죽을 수밖에 없는 사람이지, 하나님이 아닙니다. 그러므로 왕은 당신 신민의 불멸하는 영혼에 대하여 법령과 포고령을 내리거나, 영혼과 관련된 문제에서 그들 위에 영혼을 다스리는 권력자를 세울 수 있는 아무런 권한을 갖고 있지 않습니다." 이 담대한 책과 더 담대한 헌사로 인하여 그 저자는 체포되었고 뉴게이트 감옥에 투옥되었다. 그리고 그 누구도 그에 대한 소식을 다시는 들을 수 없었다.151)

헬위즈는 1611-1612년 어간에 창립된 최초 침례교 영국 회중 지도자였

151) 헬위즈의 생애는 로버트 G. 톨벳(Robert G. Torbet), 『침례교회사』*A History of the Baptists*, rev. ed. (Philadelphia: Judson Press, 1963), pp. 36-39에 논의되었다.

다. 이렇게 설립된 침례교는 현재까지 끊이지 않고 역사를 이어왔다. 이 회중이 설립되기 약 5년 정도 전에 헬위즈는, 케임브리지에서 교육받은 성공회 성직자 출신 존 스마이스John Smyth 에 의해서 이끌어진 게인스보로Gainesborough 분리주의자 모임이 네덜란드로 신앙 도피처를 구하도록 힘을 기울였었다. 이 무리는 암스테르담에 이미 자리를 잡았던 영국 분리주의자로 이루어진 "고대 교회"와 교리에서의 상이점 때문에 구별되게 모였기 때문에 암스테르담 제 2영국교회 로 알려지게 되었다.

침례교의 탄생

이러한 상이점이 가져온 간격은 1608-1609년 어간에 스마이스가 성경의 권위에 근거한 입장 그리고 모인 교회gathered church 개념이 본래 가지고 있는 논리 양자로부터 유아세례는 잘못된 것이라고 확신하였을 때 넓어졌다. 모든 분리주의자가 주장했던 것처럼, 만약에 영국 국교회 주교 권한이 거부되어야만 한다면, 그 교회로부터 받은 침례가 어떻게 유지될 수 있는가? 스마이스는 자기 자신에게 침례를 베풀었고 그가 한 행동이 정당하다고 설득을 받은 나머지 약 40여 명 회중에게도 침례를 주었다. 종교에서 새로운 빛깨달음을 발견하였다면 특정 확신을 꾸준하게 지키는 것이 특별한 미덕이 전혀 아니라고 여겼던 스마이스는 네덜란드 메노나이트 워터랜더 분지와 꾸준히 접촉하기 시작하였는데, 그들 중 하나로부터 스마이스 회중은 자신들이 모이는 장소를 임대하고 있었다.

1610년 스마이스와 그를 따르던 33명 추종자는 그 메노나이트 교회에 정식 구성원이 되기를 구하는 청원서를 제출하였다. 그를 따르던 무리 중 약 10여 명은 이번 단계를 따르기를 거부하였다. 그들이 주장한 것은 스마이스가 그 자신과 그들에게 베풀었던 침례를 부인할 권리가 그에게 없다는 것이었다. 토머스 헬위즈가 이 작은 무리의 대변인이었다. 이 소수파는 심지어 그 네덜란드 메노나이트 신자에게 자신들 동료를 받아들이기를 거부하라고 경고하기까지 하였다. 신중한 메노나이트 신자는 그들 영국인을 받아들임에 있어서 자신들 나름대로의 시간을 필요로 했으며, 이 청원이 받아들여지기 전인 1612년 스마이스는 사망했다. 스마이스를 후원하던 이들이 워터랜더 공동체 안으로 받아들여져 하나가 되는 것은 1615년까지 이루어지지 않았었다.152)

한편, 헬위즈는 그를 따르는 분파를 이끌고 영국으로 돌아왔다. 그는 특별히 도피처에서의 삶에서 오는 긴장이 내부 분쟁이 더 발전하도록 조장한다면 외국 땅에 살면서 박해를 회피하는 것은 잘못이고 무가치한 것이라고 확신했다. 이미 언급했듯이 그는 런던 인근 스피탈필즈Spitalfields에 회중을 정착하도록 하는 것에 성공하였다. 존 머튼John Murton과 레오나드 부셔 Leonard Busher를 포함하는 다른 이들은 헬위즈가 투옥되었을 때 지도력을 발휘하여 전면에 나섰다. 헬위즈가 그랬던 것처럼, 부셔도 감동을 받아 왕에게 다음과 같이 확신하며 호소하였다: "전하의 여러 전임자가 사용해 왔고, 전하와 의회가 아직도 계속하여 사용하는 박해라는 이름의 불법적인 잡초 제거용 낫으로 너무나 많은 밀 이삭을 제거하였으나, 오히려 아직도 가라지는 무수히 남아 있습니다. 그리하여 남아 있는 밀은 눈에 보이는 어느 올바른 회중에도 나타날 수 없게 되었습니다."153)

이 회중과 이로부터 형성된 다른 회중은 편지와 개별 방문으로 네덜란드 메노나이트 신자와 계속 소통하였다. 이 영국 회중은 네덜란드 회중과 분명한 연합을 이루고자 여러 차례 제안했지만, 교회와 국가 사이 관계에 대한 확신 차이로 인하여 합의가 이루어지지 않았다. 침례교 신자는 그리스도

152) 침례교 신자와 메노나이트 신자 상호관계에 대한 최고의 요약은 최근에 페인(Ernest A. Payne)이 기고한 논문 "메노나이트 신자와 침례교 신자 사이의 접촉" (Contacts Between Mennonites and Baptists), *Foundations*, IV (January 1961), 39–55에 나와 있다.

153) A. H. Newman, "침례교" (Baptists), *New Schaff–Herzog Encyclopedia of Religious Knowledge*, I: 460에서 재인용.

인은 공직자로 일할 수 있으며 정부가 요구하는 충성 맹세를 하는 것이 가능하다고 믿었지만, 메노나이트 신자는 이 둘을 다 부정하였다. 또한 교리에 있어서도 몇몇 차이점이 있었다.

1644년에 이르러 이 운동은 47개 회중을 이루었고, 일반침례교로 알려지게 되었다. 이 이름은 그들이 가지고 있던 아르미니우스 신학으로부터 왔다. 즉 그들은 신학에 있어서 네덜란드 신학자 야콥 아르미니우스Jacob Arminius가 가르친 것처럼 그리스도는 예외 없이 모든 사람을 위하여 돌아가셨다는 일반 속죄를 신봉했다. 침례교 신자가 일으킨 그 이후 물결은 특수침례교라 알려진 또 다른 모임으로부터 온 것이다. 그들은 속죄에 있어서 철저하게 칼뱅이 가르친 대로 그리스도는 택함을 받은 자만을 위하여 돌아가셨다는 입장을 신봉했고, 또한 침수침례immersion라는 형식으로 받는 뱁티즘이 죄에 대하여 죽고 거듭난 사람으로의 신생을 상징한다는 것에 동의하였다.

특수침례교는 헨리 제이콥Henry Jacob에 의해서 세워져 런던 서더크에 있던 독립주의 회중으로부터 1638–1640년 어간에 발생하였다. 제이콥이 1616년 분리주의 교회를 시작하기 위하여 영국으로 돌아오기 이전에, 그는 네덜란드 질란트Zeeland에서 수년을 체류하였던 청교도 목사였다. 서더크 회중 일부는 침수침례에 의한 신자의 뱁티즘만이 유일하게 바른 행습이라고 확신하는 결론에 도달하였다. 이러한 결론 때문에 그들은 행복한 분열을 하게 되었다.

네덜란드에 이렇게 침수침례를 행하는 그리스도인 공동체가 있다는 것을 안 그들은 네덜란드어를 구사하는 리처드 블런트Richard Blunt라는 회원을 그곳으로 보냈다. 블런트는 라이덴Leiden 인근 린스부르크에 본부가 있으며 메노나이트 신자와 긴밀한 관계를 유지한 경건파 모임인 학료파Collegiants 154)를 방문하였다. 블런트는 그곳에서 그들에게 침례를 받고, 런던으로 돌아와 블랙록 씨에게 침례를 주었다. 1642년 이 둘은 51명에 달하는 "진정한 마음으로 원하는 그들 나머지 친구들에게" 침례를 베푸는 데까지 나아갔다. 일부 역사가는 블런트가 네덜란드에서 침례에 대하여 배우고 영국으로 돌아와서 침례를 받았다고 주장한다. 1644년에는 이미 이러한 특수침례교 회중이 일곱 개에 달하였다.

최근 연구는 특수침례교가 장로교 웨스트민스터 신앙고백서와 회중교회 사보이 신앙고백서 형태를 따라 기본 교리를 서술한 그들의 런던신앙고백서를 작성함에 있어서 메노 시몬스의 저술 일부를 의지하였음을 입증해 내었다. 침례교회가 칼뱅주의에 뿌리를 두고 있는 것은 너무나 확실하며, 이러한 친밀한 관계는 17세기를 지내며 회중교회와의 관계를 통하여 유지되었다.155)

침례교의 발전

영국 독립교파 안에서 발생한 침례교파가 개개 지역교회가 가지는 권위와 자치에 대하여 강조하는 특징을 가진다는 것은 자연스러운 것이다. 그럼에도 그들은 처음부터 같은 마음을 가진 교회가 서로 힘을 합하여 공동 목적을 이루고자 하는 열망을 가졌다. 예를 들면, 1644년 일곱 특수침례교회는 공동 신앙고백서를 작성하는 것에 합의하였다. 비록 그들은 신앙을 시험할 용도로 사용되는 신조는 거부했지만, 그들이 이런 형태를 가진 신앙고백서를 만들어 내는 것은 매우 자주 있는 일이었다. 스마이스뿐만 아니라 헬위즈도 암스테르담에서 신앙고백서 작성에 열정을 기울였다. 1689

154) 역주-구성원 전체가 함께 성서를 연구하였다는 의미

155) 스타센(Glen H. Stassen)이 기고한 "특수침례교 기원에 끼친 아나뱁티스트의 영향" (Anabaptist Influence in the Origin of the Particular Baptists), *Mennonite Quarterly Review*, XXVI (October 1962), 322-348에 나오는 주의 깊은 토론을 보라.

년에 이르기까지 이 두 종류 침례교가 만들어낸 주요 신앙고백서는 여덟 개에 달했다. 침례교 신자는 신앙고백서를 교리 문제에 있어서 통일성을 유지하고, 교회를 조직하고, 권징을 행하는 기초를 제공하는 등의 용도로 사용하였다.

지역교회 회중 사이에 필요한 연결은 "지방회" associations 에 의해서 이루어졌는데, 이 지방회 형태는 청교도 내전 기간에 군대가 필요한 자금을 거출하기 위하여 발전되었던 조직에서 영감을 얻어 만들었을 것이다. 일반침례교는 좀 더 구조가 잘 조직된 지방회 형태를 선호했으며, 총회, 그리고 전국 구성원을 대표하는 여러 기관도 갖추었다. 특수침례교는 지리상 같은 지역에 있는 회중이 좀 더 비공식으로 모이는 것에 만족했으며, 주로 협력할 일을 공유하였다.

공화정 기간 동안 침례교 신자는 올리버 크롬웰이 베푼 관용 정책 아래 상당한 자유를 누렸다. 침례교 신자는 라운드헤드 군대Roundhead army 156) 안에서 많은 비율을 차지했었으며, 그들 중 일부는 높은 계급까지 승진했다. 그리하여 자기 사위도 침례교 신자였던 호국경Lord Protector 은 침례교 신자에게 많은 호의를 베풀었다. 의회파 군대가 장로교 신자 위주였던 의회를 숙청하고 난 후 나머지 의원으로 "잔여 의회" Rump Parliament 를 구성하였을 때, 그 중심인물은 침례교와 연관이 있던 "하나님을 찬양하라" 배어본즈Praise God Barebones 였다. 침례교 신자 여러 명이 크롬웰 아래에서 "심사관" Tryers 으로 일했는데, 이들은 교구를 제공 받을 목사가 자격을 갖추었는지를 시험하는 심사위원회에 소속되었다. 하지만 다른 침례교 신자는 이렇게 침례교 신자가 정부에 참여하는 것은 교회와 국가의 분리라는 그들이 가진 기본 원칙을 깨뜨리는 것으로 간주했다.

156) 역주-왕당파 군대와는 달리 의회파 군대가 두발을 짧게 깍은 것에서 온 별명

정치 공백 기간 동안 소수 침례교 신자는 제5왕국Fifth Monarchy Men 157)가 불러일으킨 천년왕국에 대한 대망에 사로잡혔는데, 이러한 관점은 뮌스터에서의 탈선행위를 그리워한 것이었다. 찰스 2세가 왕위에 복귀하였을 때, 여러 침례교 지도자는 그 이단이 일으켰던 반역과는 어떠한 공식 연결이라도 있음을 부인하는 호소문을 즉시 왕실에 제출하였다. 그러나 이러한 청원은 거의 아무런 효과가 없었으며, 침례교 신자는 영국 국교회가 복권되었을 때, 강력하게 억압하는 손길을 겪어야했다. 1661년 이후 연이어 발표된 여러 법령, 즉 국교신봉법Act of Uniformit 158), 지방자치단체법Corporation Act 159), 비밀집회금지법Conventicle Act 160), 5마일법Five Mile Act 161), 심사율Test Act 162) 은 침례교 신자가 전하는 증언이 자라는 데 심각한 방해가 되기는 했지만, 멈추게 하지는 못하였다.

왕정복고 이후 종교 규제로 인한 희생자 중 가장 유명한 침례교 신자는 땜장이 존 번연이었는데, 그는 손기술과 강력한 설교를 결합한 "장인설교자"mechanic-preachers 중 하나였다. 1653년 침례를 받은 후, 번연은 공식 교육을 받은 적이 없었음에도 유효하고 설득력 있는 설교자로 알려지게 되었다. 번연은 설교 활동 때문에 체포되었다. 그를 고발한 기소장에는 그가 "[국교회] 예배에 참석하여 하나님 말씀 듣는 것을 지독하고 유해하게 금지시켰으며, 우리 왕국 선한 시민들로 하여금 엄청난 혼란과 방종에 빠지도록 하는 여러 가지 불법 모임과 집회를 주도하는 저속한 지지자"라고 되어 있다. 번연은 투옥생활을 하던 12년 동안 그리스도인의 순례에 관한 우화소

157) 역주-다니엘서에 예언된 대로 아시리아, 페르시아, 그리스, 로마제국이 이루어졌고, 이제 그리스도가 다스리는 다섯 번째 왕국을 무장봉기로 이루려던 극단주의 종파.

158) 역주-성공회 성직자에게 예배식서를 따를 것을 서명하도록 규정.

159) 역주-성공회 교구교회에서 성체를 받지 않는 사람에게 지방자치단체 관직 금지.

160) 역주-비국교도 5명 이상 집회 금지.

161) 역주-추방당한 비국교도 목회자가 그들이 추방당한 곳에서 5마일 이내 지역에서 설교하거나 가르치는 것을 금지.

162) 역주-비국교도 공직 취임 금지.

설『천로역정』*Pilgrim's Progress* 을 저술하였다. 그는 독자에게 다음과 같은 주의를 요망했다:

> 당신 눈앞에 펼쳐져 있는 이 책은
> 영원한 상급을 찾아가는 사람을 그려준다.
> 그가 어디서 와서, 어디로 가는지,
> 끝내 못 다한 일과, 이루는 일은 무엇인지,
> 그리고 그가 어떻게 달리고 또 달려
> 마침내 그 영광의 문에 이르게 되는지 보여준다.[163]

퇴보 및 회복

1689년 이후, 신교관용령Act of Toleration 때문에 침례교 신자는 비록 많은 제약이 따르기는 했지만, 법의 보호를 받게 되었다. 그들은 성공회 39개 신조 중 최소한 34개에 동의한다는 서명을 해야만 했다. 왕에게 충성과 신의를 맹세해야 했다. 십일조와 세금을 국가교회에 지불해야 했다. 이러한 많은 제약이 19세기말까지 해제되지 않았다. 예를 들자면, 비국교도는 1871년까지지도 케임브리지나 옥스퍼드에서 공부할 수 있는 특권을 누릴 수 없었다.

침례교는 18세기에 다른 세기에 비교하여 깊은 퇴보를 체험하게 되었다. 많은 일반침례교는 아리우스주의와 소지니주의 진영[164] 물결에 휩쓸리게 되었다. 특수침례교는 교리 문제로 다툼에 빠져들었고 고등칼뱅주의 경향전도, 선교 거부을 갖게 되었다. 그들은 교회를 세우는 것보다는 교회 건물을 세우는 것에 더 관심을 기울였다. 대학 교육을 받았으며, 확신에 의해서 침

163) John Bunyan,『천로역정』*The Pilgrim's Progress from this world to that which is to come* (Philadelphia: Leary & Getz, 1854), p. 6.
164) 그리스도의 신성 부인

례교 신자가 되었던 첫 번째 세대가 다 죽어 없어진 후, 대학 교육이 금지된 상태에서 임시변통으로 마련한 교육 결과, 그들은 뛰어난 지도자를 생산해 내는 것에 실패하였다.

침례교 진영에 신생 활력이 도래한 것은 웨슬리 부흥운동이 영국을 휩쓸기 이전에는 이루어지지 않았다. 1770년 일반침례교 가운데 새로운 연결이 조직되었지만, 주요한 활동은 특수침례교 진영으로부터 오게 되었다. 신학자 앤드류 풀러Andrew Fuller는 전 세대에 극성했던 극단 칼뱅주의를 진정시켰다. 케임브리지에서 사역한 로버트 로빈슨Robert Robinson, 그리고 앤드류 기포드Andrew Gifford와 존 릴랜드John Ryland를 포함한 유능하고 강력한 설교자 무리는 침례교회에 구성원뿐만 아니라 명성도 되찾아 주었다. 이러한 유산은 19세기까지 로버트 홀Robert Hall과 특별히 찰스 해돈 스펄전Charles Haddon Spurgeon에 의하여 계속되었는데, 스펄전은 런던에서 7천여 명의 청중에게 매주 설교했다.

그러나 침례교를 재생하도록 한 이들 중 첫째로 꼽아야 할 이가 바로 제화공製靴工 목사였던 윌리엄 캐리William Carey였다. 감리교 신자 그리고 동료 기술자가 이끈 기도회에서 감화를 받은 캐리는 1783년 존 릴랜드와 같은 이름을 가진 아버지 릴랜드 목사에 의해서 침례를 받았다. 생계를 위하여 구두를 만들어 팔고 학교에서 교사로서 일을 하여 수입을 얻으면서, 캐리는 활발한 설교자가 되었다. 체계 있게 계획표를 짜서 공부를 하고 성서를 주석해 나간 결과, 그는 절박한 선교 사명을 점점 키워나갔다. 그는 쿡 선장Captain Cook이 저술한 항해 보고서와 미국 인디언 중에서 사역한 존 엘리옷John Eliot과 데이비드 브레이너드David Brainerd 뿐만 아니라, 지구 방방곡곡까지 찾아가 선교를 하였던 모라비아 신자가 이룬 노고로 인하여 감명을 받았다.

캐리는 자신이 가진 생각을 모아 『이교도를 회심시키기 위한 수단을 사용할 그리스도교인 의무에 대한 질의서』1791를 출판하였다. 일 년 후, 그는 노팅햄에서 열린 한 지방회 모임에서 이사야 53:2-3을 자신이 설교하는 본문으로 삼아 "하나님으로부터 위대한 일을 기대하라, 하나님을 위하여 위대한 일을 시도하라"는 주제로 설교하였다. 이 설교 결과가 바로 나중에 침례교선교회로 알려진 단체가 결성된 것이었다. 캐리는 한 사람이 적게는 매주 일 페니 정도 개인 기부금을 내는 것을 통하여 선교를 후원하도록 제안하였다. 풀러와 다른 여러 목사는 그 계획이 이루어지도록 그들이 가지고 있던 직책을 활용하였고, 곧 그 계획은 추진력을 얻었다. 그리스도교 선교역사가 중 최고인 이는 캐리에 대하여 다음과 같이 서술했다: "그는 그리스도인이 모든 인류 종족에게 복음을 전할 확고한 발걸음을 떼어야 한다고 미국에서 뿐만 아니라 대영제국에서도 제안했던 첫 번째 앵글로색슨 개신교 신자인 것으로 여겨진다.… 윌리엄 캐리와 그의 신념에 응답하여 구성된 그 선교회는 사실 그리스도교 메시지를 온 세상에 전파하는 놀라운 개신교 노고가 계속되도록 한 시발점이었다."165)

캐리 그 자신은 해외로 파송된 첫 번째 선교사 중 한 사람이었으며, 인도에서의 선교 사역에 놀라운 업적을 이루어 내었다. 곧 이어 침례교는 계속해서 다른 여러 외국에 수많은 선교사를 보내게 되었다. 그들이 자메이카에서 행한 선교는 윌리엄 닙William Knibb 이 서인도 제도에서 노예무역 폐지운동을 위하여 기울였던 노고가 효과를 얻어내는 것을 보고 1832년 선교지로부터 영국에 돌아왔을 때, 전혀 기대하지 않았던 결과를 얻었다. 그는 1833년 영국 의회가 노예제도를 폐지하는 법안을 채택하도록 이끈 공공 여론이 활발해지도록 공헌하였던 것이다. 이 일과 여러 다른 일을 통하여 캐리가 시작했던 선교를 위한 수고는 영국 교회가 다시 살아나도록 이끌었다.

---

165) Kenneth S. Latourette, 『그리스도교 확장사』 *A History of the Expansion of Christianity* (New York: Harper & Brothers, 1941), IV: 68-69.

미국 침례교

대영제국에서 여러 침례교 회중이 형성되던 것과 거의 같은 시기에 미국에서도 이와 비슷한 발전이 이루어졌다. 로드아일랜드Rhode Island 설립자인 로저 윌리엄스Roger Williams 는 보통 미국 침례교 아버지로 간주된다. 사실 그는 오직 수개월만 그들과 함께했을 뿐이며, 그 이후 그는 종교조직체는 어떠한 것이라 하더라도 최종 진리를 가지고 있음을 의심하는 구도자파Seekers에 머물러 여생을 마치게 되었다. 1639년 그는 자신이 세운 식민지에 침례교 신자 몇 명을 받아들였고, 그들 중 하나에게 재침례를 받았다. 즉각 그는 자신에게 침례를 준 이에게 침례를 주고, 프로비던스제일침례교회First Baptist Church of Providence를 구성하게 된 열 명에게 침례를 주었다. 이 회중은 처음에는 특수침례교가 가지고 있던 것과 같은 견해로 기울었었지만, 1652년 일반침례교가 가지고 있던 견해를 갖는 것으로 다시 조직되었다.

미국 침례교 아버지가 되기에 더 마땅한 이는 충분한 교육을 받은 의사이며 언어학자인 존 클라크John Clarke이다. 영국으로부터 매사추세츠에 도착하자마다 클라크는 율법폐기론 논쟁에 빠진 앤 허친슨Anne Hutchinson 이라는 여인을 두둔했다는 이유로 추방당했다. 1640년대 어느 때 뉴포트에 있는 그가 지도하는 모임이 침례교 관점을 받아들였다. 클라크는 초기 미국에서 종교자유를 얻기 위한 시련을 받은 이 중 한 명으로서 선도 역할을 하였다. 그와 몇몇 동료가 매사추세츠 주 린Lynn에서 말씀을 전했을 때 그들은 투옥되었는데, 그 이유는 "아나뱁티스트 신자"라는 존재와 행위를 금지하는 법을 범했다는 것이었다. 클라크는 석방을 위한 벌금을 지불하였지만, 그와 함께하였던 동료였던 오바다이아 홈즈Obadiah Holmes 는 그 자신이 잘못을 행하지 않았다는 이유로 벌금 내기를 양심에 근거하여 거부하였기 때문에 호된 채찍질을 당했다. 클라크는 그 사건에 관한 이야기와 자신이 주장하는 종교자유를 『뉴잉글랜드로부터의 나쁜 소식』*Ill Newes from New-*

*England*이라는 제목으로 출판하였는데, 이 저서는 영국으로 다시 들어가서 상당한 정도로 충격을 안겨주었다. 그는 로드아일랜드에 종교자유를 부여하는 왕실의 허가장을 얻기 위하여 로저 윌리엄스와 함께 영국으로 항해했고, 자신이 가졌던 뜻을 이루는 데 성공하기까지 수 년 동안 머물렀다.

뉴잉글랜드 지역에서 초기에 이 문제로 인한 유명한 사건은 하버드 대학 총장으로 존경받던 헨리 던스터Henry Dunster 의 사례였다. 던스터는 자기 갓난아기에게 세례 주기를 허락하지 않고 거부하였기 때문에 총장직에서 강압에 의해 물러나게 되었다. 이렇게 지성인이며 또한 사회 기둥 역할을 하는 이가 침례교 원리로 개종한 것은 침례교 신자를 단지 하류층 열광주의자 떼거리로 매도하는 것을 더욱 어려워지게 만들었다. 사실상 많은 침례교 신자가 배우지 못하였었지만, 그들은 이미 초기에 고등교육을 행할 준비를 시작하였다. 그들은 1764년 로드아일랜드 대학후에 브라운 대학교가 됨을 설립하였던 것이다.

17세기에 침례교 성장은 저조하여서 1700년에 이르기까지 열 교회에 아마도 300여 구성원 정도였다. 그 후 침례교 활동 중심지는 뉴잉글랜드 지역으로부터 중부식민지 지역으로 이동했다. 1707년 펜실베이니아와 뉴저지에 있던 다섯 개 침례교회 회중이 함께 모여 필라델피아 침례교 지방회를 구성하였다. 이 지방회는 델라웨어, 뉴욕, 코네티컷, 메릴랜드, 그리고 버지니아를 포괄하기까지 성장했다. 그 지방회는 사역 용품과 표준을 제공하고, 정통 교리를 유지하기 위하여 친교하며, 침례교 메시지를 교육하고 확장하는 것에 관심을 쏟았다.

침례교 성장이 가장 급속도로 이루어진 것은 1740년대에 대각성운동Great Awakening이 있고 난 이후였다. 회중교회 "신광파"New Light는 부흥운동 불길이 그들에게 옮겨 붙었을 때 침례교회에 합류했다. 남부 식민지 지역에서는 슈바엘 스턴스Shubael Stearns 와 다니엘 마샬Daniel Marshall 등이 지도력을 발휘함으로써 주목할 만한 성장을 이루었는데, 그들은 두 캐롤라이나와 버지니아에서 사역하였다. 1800년에 이르기까지 남부에는 300여 개 침례교회가 있었다. 18세기 마지막 수십 년 동안은 새로운 개척지와 해안선을 따라서 굉장한 성장을 이루었다. 1780년에는 열두 개 침례교 지방회가 있었는데, 1790년에는 그 수가 세 배로 증가했다. 침례교회 농부 설교자, 그들이 가지는 민주주의 정체, 단순한 예배 형태, 종교자유에 대한 옹호-이 모든 것은 침례교가 19세기에 미국인 교회 생활에서 가장 큰 두 교파 중 하나가 되도록 하는 것에 도움을 주었다.

최근 발전

영국과 미국에서 시작한 이후로 침례교는 온 세상으로 퍼져나갔다. 미국 침례교 선교 역사는 회중교회에 의해서 파송 받은 두 선교사인 아도니람 저드슨Adoniram Judson 과 루터 라이스Luther Rice 가 아시아로 가는 긴 해상 여행 도중 신자의 침례가 성경이 지지하는 타당성을 가진다고 확신한 때인 1814년에 시작되었다. 침례교 선교회가 그들을 후원하기 위하여 조직되었고, 많은 다른 단체가 형성되는 것에 도움이 되었다.

침례교 신자는 19세기 동안에 유럽으로 다시 들어갔다. 중심인물은 요한네스 G. 옹켄John G. Oncken 이었는데, 그는 독일인으로서 청소년 시기에 대영제국에 머무는 동안 일부 자유교회와 접촉하게 되었다. 옹켄은 1823년 이후부터 함부르크에 본부를 둔 한 영국성서협회 대리인으로서 일했다. 1839년에 이르러 그는 침례교 입장에 관심을 갖게 되었다. 옹켄은 1834년 미국에서 방문한 한 교수에 의해서 실제로 침례를 받았고, 즉시 다른 이들에게 침례를 베풀었는데, 이로 인하여 엄청난 문제가 야기되었다. 1850년에 이르기까지 여러 권력자가 관여하고, 감옥에 갇히고, 대중 폭력이 반복하여 계속되었다. 침례교 운동은 베를린과 독일 전역에까지 확산되었지만,

모임이 있는 곳마다 오해와 공공연한 박해를 받았다.166) 옹켄은 또한 스칸디나비아 그리고 멀리는 러시아까지 동유럽 지역을 여행하여 침례를 베풀고 회중을 조직하였다. 다른 이들이 그를 도왔고, 그리하여 1900년에 이르기까지 거의 모든 유럽 나라에는 최소한 상당수 침례교 신자가 있었다. 러시아에서는 특기할만한 증가가 있었는데, 1914년 이후 그 수는 십만 명에서 시작하여 백만 명까지 이를 정도로 급증했다.

오늘날 침례교 신자 수는 110개 나라에 2천3백만 명 정도이다. 미국에는 천8백5십만 명 침례교 신자가 일곱 개의 주요한 교단과 많은 작은 교단에 분산되어 있다. 유럽에 백2십만 명, 아시아에 64만 명, 그리고 소련에는 아마 50만 명 정도가 있다. 국제기구는 1905년 시작한 침례교세계연맹이 교제와 봉사를 촉진하기 위하여 구성되었다. 침례교세계연맹은 침례교 신자나 다른 교파 신자가 종교자유를 온전히 누리지 못하는 여러 나라 정부에 건의하는 일에 특별히 활기 있게 일해 왔다. 17세기 초 소수 영국 분리주의자로 시작한 침례교는 이제 로마 가톨릭교회를 제외하고는 역사상 가장 큰 그리스도교 교파로 자리 잡았다.167)

퀘이커교

16세기 영국 교회사 흐름을 쉽게 요약하는 방법은 로마 가톨릭교회로부터 교황제도, 미사, 그리고 일곱 가지 성례전 중 다섯 가지를 빼고 남는 것이 영국 국교회가 된다는 것부터 시작하는 것이다. 만약에 이 상태에서 주교를 대신하여 장로 규정이 세워지고, 예배식서가 좀 더 간소하게 되면 장

---

166) 유럽 침례교 신자가 국가 공동체로부터 인정을 받기 위하여 싸운 처절한 과정은 Rudolf Donat, 『그 일이 시작된 때』 *Wie das Werk begann* (Kassel: J. G. Oncken Verlag, 1958)에서 찾아볼 수 있다.

167) W. M. S. West, "침례교" (Baptisten), in F. H. Littell and H. H. Walz, eds., 『세계교회 백과사전』 *Weltkirchenlexikon* (Stuttgart: Kreuz Verlag, 1960), pp. 125–126.

로교가 된다. 국가교회를 자치하는 회중으로 바꾸면 독립교회회중교회가 된다. 유아세례를 성인 침례로 바꾸고, 거듭난 자만이 교회 구성원이 되는 조건을 이루면 침례교가 드러난다. 교회에서 행하는 모든 성례전과 모든 예식서와 교회 모든 직분을 버리고 나면 남는 것이 바로 퀘이커교이다.

같은 생각을 좀 더 있는 그대로 묘사하는 방법은 청교도 신념이 논리상 결과로 나타난 것이 곧 친우회Society of Friends라고 주장하는 것인데, 이는 마치 종교개혁이 확장되고 완성된 것이 곧 아나뱁티즘이라고 주장하는 것과 많은 공통점을 갖는다. 퀘이커교 탄생에 대한 가장 최근 연구서는 다음과 같이 강력하게 주장한다: "퀘이커 신자가 가지는 윤리와 예배에 있어서의 통찰력은 사실 청교도가 가지고 있는 그것과 동일하다. 퀘이커 신자의 가르침은 그들답게 때로는 청교도 입장보다 더 통렬한 결론으로 몰아가기도 한다."168)

트뢸치가 "친우회는 아나뱁티스트 운동이 그 가장 순수한 마지막 형태로 드러낸 것을 대표한다"고 판단한 것이 좀 더 정확하다고 이해하는 이들은 이러한 관점을 비판해 왔다.169) 그들은 퀘이커 신앙이 반복하여 항의하는 모습으로 보여준 격렬한 예외 모습은 사실상 "재생한 원시 그리스도교"라고 지적한다. 이것은 조지 폭스George Fox가 쓴 글에서 다음과 같이 나타난다: "퀘이커 신자는 아브라함의 씨이다. 그 씨 안에서 그리고 그 씨로 인하여 열방이 복 받으며, 그 씨로 인하여 여러 다른 개신교 신자도 할 수 없고 교황주의자도 그들의 사악한 뿌리나 가지로부터 결코 가져다 줄 수 없는 아브라함의 신앙을 가져다준다.…"170)

168) Hugh Barbour, 『청교도 시대 영국 퀘이커 신자』 *The Quakers in Puritan England* (New Haven: Yale University Press, 1964), p. 2.

169) Ernst Troeltsch, 『그리스도교 교회의 사회에 대한 가르침』 *The Social Teaching of the Christian Churches,* trans. O. Wyon (London: George Allen & Unwin, 1931), II: 781.

170) William Penn의 저서 중 하나는 『오랜 그리스도교를 위한 새로운 별명, 퀘이커교』 *Quakerism a New Nickname for Old Christianity*이었다. 이 책의 논제는 Lewis Benson, 『퀘이커교의 보편성』 *Catholic Quakerism* (Gloucester, U.K.: the author, 1966), p. 9로부터 왔다. 이 작은 책 제1장은 역

친우회를 영국 종교 지평선에서 극도로 좌편 위에 그리는 것은 올바른 것이 아니다. 좀 더 급진에 속하는 운동은 랜터파Ranters 171), 제5왕국파, 그리고 이제는 잊힌 몇몇 다른 분파인데, 초기 퀘이커 신자는 영적 전쟁 과정에서 이들 여러 대적이 가지고 있던 천년왕국 사상, 율법폐기론, 그리고 개인주의 때문에 그들을 대항하여 격렬하게 싸웠다. 동시에 퀘이커 신자는 다른 전선 위에 있는 여러 "혼합된 곳" 사람과는 많은 부분을 동의했다. 비록 퀘이커가 자신들이 가지는 성경, 교회, 예배, 성례전, 그리고 인간 자유 등에 대한 관점에 있어서 청교도와 마음속으로부터 반대했음에도, 청교도 배경을 통해서만 그들을 이해할 수 있다고 말하는 것이 아마도 공평할 것이다. 다른 문맥으로 얘기하자면, 어떤 면에서도 자기 아버지의 친아들 같지 않은 한 청소년이 그 아버지를 대항하여 거역하기로 선택하는 것과 같다고 할 수 있다.172) 비록 퀘이커와, 일찍이 대륙에서 일어났던 근원종교개혁 혹은 더 오래 전에 일어났던 신비주의 전통이 여러 분명한 유사점을 갖고 있기는 하지만, 이들 사이에 직접 연결되는 어떠한 점이 있다는 것을 구별해내기란 매우 어렵다.

당대 기록물을 살펴본 결과 분명해지는 것은 많은 "구도자"가 혼란스럽던 공화정 시대 가운데서 종교에서의 모든 선택을 거쳐 가며 오랜 순례를 한 후 퀘이커 신자가 전하는 말에 의해 사로잡혀 "발견자"가 되었다는 점이다. 이에 표본이 되는 것은 존 그래톤John Gratton 의 이야기인데, 그는 참된 교회를 찾는 그의 탐구를 기록으로 남겼다. 이들 초록抄錄은 여러 영국 교회를 비판했다는 것뿐만 아니라 그가 "빛의 자녀" 퀘이커 신자를 칭함 중에서 발견한 것에 대한 증언 때문에도 중요하다.

사에서 퀘이커 신자가 점하는 위치에 대한 현재 관점을 다룬 훌륭하고도 간략한 논의를 포함한다.

171) 공화정 시기 범신론, 율법폐기론, 신비주의 경향을 가졌던 이단

172) John Howard Yoder, 『국가에 대한 기독교의 증언』 *The Christian Witness to the State* (대장간 역간, 2013).

나는 주께서 내게 하시려는 일이 무엇인지 내게 말씀해 달라고 주께 부르짖었다. 나는 또한 누가 그분께 바르게 예배하는 그분 백성인지 내게 보여 달라고 간구했다.… 몇몇 주교교회 사제성공회 사제는 하얀 예복을 입고 와서 공동기도서를 읽었다.… 나는 그들이 능력이 없는 형식만 가지고 있는 것을 보았는데 … 그들이 드리는 예배는 생명이 없이 의식과 겉모양에만 속해 있었다. 내가 너무나 존중하고 존경하던 몇몇 장로교 목사는 고별 설교를 하고 우리를 떠났다.… 만약 주께서 보내시어 그들에게 설교하라고 하셨다면 그들은 인간의 명령에 침묵하지 말아야만 했다.… 그래서 나는 그들을 떠났다.…

나는 체스터필드에 가서 독립주의파173)라는 여러 사람을 만났다. 나는 그 호칭을 좋아했는데, 그 이름은 사람에게 속한 것과 사람이 의지할만한 것이 전혀 없고, 그들은 오직 당신 육체 가운데 계셨던 그리스도의 죽으심과 고난만 의지했다. 그러나 그들은 그분을 뵈러 나오지도 않았고, 그들의 실제 삶에서 그분이 전혀 나타나지 않았다. 결국 그들은 죽은 신앙고백자였으며 열매를 맺지 못하는 마른 나무였다.…

나는 아나뱁티스트 신자Anabaptists174)라 불리는 이들을 만났다.… 내가 생각하기에 그들은 내가 지금까지 노력해온 대로 성경에 가장 가까운 삶을 사는 이들이었다.… 그들이 침례를 받고 물 밖으로 나온 이후에 … 나는 그들에게서 삶이나 능력에 새로움을 주시는 성령께서 나타난 것을 전혀 볼 수 없었는데 … 그들이 받은 침례는 육신에 묻은 더러운 죄를 씻어낼 수 없이 오직 물로만 받은 것일 뿐이었다.

어느 정도 시간이 흐른 후, 나는 [친우회가] 주최하는 모임이 엑스톤Exton에서 열린다는 소식을 들었는데 … 내가 그곳에 갔을 때, 나는 그

173) 회중파

174) 침례교 신자, 당대에 영국 침례교 신자는 아나뱁티스트 신자라는 잘못된 이름으로 불렸음-역주

> 들이 비록 세상 사람에게 너무나 많은 조롱을 받고 있었지만, 그들이야말로 내가 확신해왔던 진리 속에 있는 이들임을 확인하게 되었다. 그 모임에서는 거의 아무 말이 없었지만, 나는 잠잠히 그 안에 앉아, 성령 안에서 주님 존전에 무릎을 꿇게 되었으며, 주님이 나와 그리고 친우회와 함께하심을 느꼈고, 그들이 마음으로부터 자신을 내려놓고 그들 마음속에 주님이 임재하심과 운행하시는 능력을 느끼기를 기다리고 있었다. 그리고 그 모임을 휩쓸고 지나간 감미로운 음악소리가 들려왔다. 주님께서 임재하심이 우리 가운데 있었고, 더 많은 참된 위로, 새로움, 그리고 만족이 그 모임 중에서 주님께로부터 나와서 나를 만나 주었다. 내 생애 동안 그 어떤 모임에서도 이러한 것을 체험한 적이 없었다.[175]

1650년대와 1660년대에 엄청나게 많은 영국인이 그래톤이 발견했던 것과 동일한 것을 체험했다. 이른바 종교 열정에의 폭발이라 불렸던 미국에서 일어난 대각성운동이나 영국에서 일어난 웨슬리 부흥운동에 비교할만한 정도로 수많은 사람이 친우회로 몰려들었다.[176] 당대 여러 교회 관계자는 이렇게 솟구치는 물결은 사탄의 힘에 의해서만 설명이 가능한 것이라고 여겼다. 그리하여 1660년에 나온 한 퀘이커 반대 소책자에는 다음과 같은 제목이 붙었다: 『찢어지고 흘러내린 지옥, 혹은 퀘이커교 역사』*Hell Broke Loose; or, an History of the Quakers*

퀘이커라는 별명 그 자체는 그 운동이 일으킨 충격에 대한 설득력 있는 증언이다. 퀘이커 일부 설교자 혹은 "진리를 공포하는 이"는 모든 사람에게 주님 앞에서 떨 것을 촉구했고, 또한 많은 친우회 신자는 그들이 말할 때 흔

175) Harold Loukes, 『퀘이커교 공헌』 *The Quaker Contribution* (New York: Macmillan Company, 1965), pp. 12-13에서 재인용, 그리고 Howard Brinton, 『친우회 300년사』 *Friends for 300 Years* (New York: Harper & Brothers, 1952), pp. 12-13.

176) D. Elton Trueblood, 『퀘이커라 불린 사람들』 *The People Called Quakers* (New York: Harper & Row, 1966), 제1장 pp. 1-19를 보라.

들며 떠는 것을 보였기에 그들은 이 별명으로 불렸다. "그 사제는 우리를 조롱했고, 또 우리를 '떠는 자' Quakers 라 불렀다. 그러나 주님 능력이 그들 위에 강력하게 임했고, 생명 말씀이 권능과 두려움으로 그들에게 선포되자 그 사제는 스스로 떨기 시작했다. 그러자 무리 중 한 사람이 말하기를 '보라, 저 사제가 어떻게 떨고 흔들리는지를, 그 역시 퀘이커가 되었군.' 이라 하였다."177)

퀘이커의 기원

1652년은 친우회가 그 기원을 이룩한 해로서 기념되어 오고 있다. 하지만 이러한 성격을 가진 운동을 위한 기초가 놓인 시대를 이런 식으로 말하는 것은 진실을 호도하기 십상이다. "퀘이커 갈릴리"라 불리는 영국 북부 웨스트모랜드의 프레스톤 패트릭에 처음으로 구별되는 퀘이커 공동체가 형성되었던 것이 바로 그 때였다.178) 함께 모인 이들은 느슨하게 연대하고 있던 "구도자" 모임에서 왔는데, 그들은 기존 여러 교회 체제에서는 평화를 찾을 수 없어서, 진정한 마음으로 종교 진리를 탐구하고 있었다. 그들은 도래할 빛을 마음으로 기대하며 기도하고 성경공부를 위해 규칙을 정하여 모이는 것이 서로에게 도움이 된다는 것을 발견하였다.

이러한 여러 소극적인 구도자를 과감한 진리 소유자로 변환하는 촉매 역할을 한 사람이 바로 강력한 메시지를 전했던 조지 폭스였다. 그는 집회가 진행되고 있는 어느 교회당을 찾아가 문가의 자리에 앉았다. 전통 방법을 따르던 인도자가 어떻게 된 일인지, 무엇을 어떻게 시작할지 몰라서 성서를 펴고 여러 차례 일어서지만 어떤 힘에 눌려 아무 말도 하지 못하였다. 팽팽한 긴장감이 감도는 침묵 후, 폭스는 "하나님 능력과 하나님 임재 안에 있는

177) Norman Penny, ed.,『조지 폭스 일기』*The Journal of George Fox* (London: J. M. Dent, 1924), p. 57.
178) 이 표현은 Barbour의 *op. cit.*, 제3장 pp. 72-93에서 가져왔다.

강력한 능력으로 일어나서 하나님 말씀이시며, 믿고 순종하는 모든 이에게 구주가 되시며, 생명 빛이신 예수 그리스도를 선포하기 위하여 입을 열었다. 그리하여 수백 명이나 되는 청중 대다수는 하나님 말씀과 권위를 완전하게 마음으로부터 받아들이게 되었고 바로 그 날 진리를 확신하게 되었다.…"179) 이런 일이 있기 이전에 폭스는 펜들힐Pendle Hill에 서 있던 중에 "태양 속 흑점처럼 무수한" 사람들을 "주님께서 계신 집으로 인도할 때가 반드시 올 것"이라는 환상을 받았다.180) 이 환상은 하나님께서 그에게 주신 지도력과 함께 힘을 합하였다.

비록 조지 폭스가 종종 퀘이커교 창시자로 불리기는 하지만, 사실 그는 속으로부터 들려온 소명에 붙들려 영국제도British Isles를 따라 쉴 새 없이 부지런히 다녔던 여러 능력 있던 지도자 중 한 명이었을 뿐이었다. 그럼에도, 그의 능력이 너무나 출중했고, 선교에 대한 감각이 너무나 강했기 때문에, 그는 일찍이 그 폭풍우와도 같았던 운동의 중심이 되었다. 가장 많이 알려진 퀘이커 개종자이며 그의 가까운 동료 중 하나였던 귀족 윌리엄 펜William Penn the Younger은 폭스가 어떠한 상황에서도–광포한 군중을 만나든, 호국경 크롬웰과 대화를 하든, 여러 큰 도시에서 "추수 집회"를 하든, 유럽이나 미국에서 장기간 고된 여행을 하든–"자신이 있어야 할 곳을 떠나거나 여러 예배나 상황에서 부합하지 않았던 적이 없었다"고 보고하였다.181)

폭스는 영국 중부 지방에서, 반 조롱 반 존경조로 여러 이웃에 의해 "의로운 크리스터"라는 별명으로 불린 건장한 직조공과 경건한 어머니 사이에 아들로 태어났다. 성인이 된 폭스는 자기가 어릴 때 종교적 의religious righteousness에 관심을 갖게 된 것을 그가 경건한 청교도 가정에서 받은 영향으로 돌렸다. "내가 아주 어렸을 시기에 보통 아이들과는 다르게 내 마음과 영혼은

179) Brinton의 *op. cit.*, p. 10에서 한 증인이 전한 증언으로부터 재인용.
180) 윌리엄 펜(W. Penn)의 "인물 묘사" (Character Sketch)에서 찾아냄. Penny, *op. cit.*, p. xvi.
181) *Ibid.*, p. xxii.

진중함과 꾸준함을 가지고 있었다. 그래서 나이 많은 이들이 서로에 대하여 가볍고 저질스럽게 대하는 것을 보았을 때, 나는 내 마음으로부터 그에 대해 혐오했으며, 나 자신에게 말하기를 '만일 내가 어른이 되기만 한다면, 나는 절대로 경박하지도 않고, 방탕하지도 않겠다.' 고 다짐하였다."182) 이러한 그의 정신은 그가 젊은이가 되었을 때, 그의 친척과 친구가 그에게 술 마시기 시합을 하자고 하였을 때 중대한 갈림길에 서게 되었다. 신앙고백을 한 그리스도인으로서 이러한 쓸모없는 행위가 너무나 고통스러운 것임을 체험한 그는 사회와 단절해 살기로 결단했다.

그는 그리스도교 여러 사제와 열성 신자에게 자문을 구했으나 "그들은 자기들이 고백하는 것을 소유하고 있지 않았다"는 결론을 얻었을 뿐이었다. 그는 또한 "주님께서 그리스도 사역자가 되는 데 적합하고 자격을 갖춘 사람이 되게 하는 것에는 옥스퍼드나 케임브리지에서 양육을 받는 것이 충분하지 않다고 나에게 밝히 알려주었기 때문에" 그에게 공식 신학 수업은 쓸모없는 것이라고 결정하였다. 루터가 확신을 얻기 위해 분투하였던 것을 연상하게 하는, 심령이 겪는 무서운 고뇌 속에서 폭스는 금식하고, 독거하고, 산책하였는데, 그의 표현에 의하면 그는 "슬픔에 잠긴 사람"이었다.

그 절망이 심연에 달하고, 모든 밖으로부터 오는 도움이 그에게 아무런 도움이 될 수 없다는 것이 입증되었을 그 때, 그는 해방을 맞이하였다: "외부에 있는 것과 모든 사람에게 두었던 내 모든 희망이 사라지고, 그리하여 나를 도울 수 있는 외부 것이 아무것도 없고, 내가 할 것이 이제 무엇인지조차 말할 수 없었을 때, 바로 그 때, 오! 바로 그 때, 나에게 이렇게 말하는 소리를 들었다. '그리스도 예수 한 분이 있다. 그분이 네가 처한 상황에 대하여 하실 말씀이 있다.' 그리고 나는 내 심장이 기쁨으로 뛰는 소리를 들었

182) *Ibid.*, p. 1.

다."[183] 그는 하나님께서 그를 시험하시기를 그가 이렇게 혁파를 이룬 것이 예수 그리스도 한 분을 제외하고는 그 어느 누구에게도 공을 돌리는 유혹을 받지 않아야 하는 것임을 확신했다. "그리고 이제 나는 실험을 통해 알게 되었다." 이 마지막 문장이 퀘이커교 삶에 핵심이다. 폭스가 강조한 것은 신조, 의식, 혹은 비의 행습 등에 의한 종교가 아니라 경험에 의한 종교였다. 그가 겪은 바로 이러한 투쟁은 비슷한 위기를 통과하고 있던 많은 다른 이를 도울 수 있는 능력이 그에게 갖추어졌다는 것을 의미했다.

집중하여 일어난 신비로운 환상 때문에 폭스는 피조물과 완전한 연합을 이루는 "개안"開眼을 체험하였는데, 이는 그가 후에 다음과 같이 보고한 바와 같다: "모든 것이 새로워졌다. 피조 세상의 모든 것은 이전과는 전혀 다른 새로운 향기를 나에게 풍겼는데, 나는 그것을 말로 다 표현할 수 없었다." 1647년에 이르러 폭스는 "세상 공허한 모든 종교로부터 사람들을 구출해 내어 그들로 하여금 순수한 종교를 알게 하며, 고아와 과부와 객을 방문하도록 하며, 자신들을 세상 오점으로부터 지켜내도록 하는" 것을 자신에게 주어진 사명으로 알고 그 일을 시작하였다. 여러 공허한 전통, "유태교에서 내려온 여러 의식", "내용 없는 교리", 그리고 "비천한 원리"는 사람들로 하여금 참된 경험신앙을 갖지 못하게 하기 때문에 반드시 일소되어야 한다.[184] 이러한 견해는 폭스와 여러 다른 퀘이커 신자가 많은 교회 건물을 "첨탑 집"으로 정죄하고, 다른 사람이 이끄는 예배를 자신들이 하는 간증으로 방해하고, "모자를 벗어 경의를 표하는 인사"를 거부하고, 그 시대의 과장된 예의를 갖춘 말 대신 평범한 말을 하고, 요일과 달 이름에 있던 이방 종교 이름을 거부하는 끈질긴 우상파괴운동을 하도록 이끌었다. 그들은 다름 아닌 이교도와 신앙고백자, 청교도와 왕족이 주님께서 가신 길로 무조

183) *Ibid.*, pp. 3–8.
184) *Ibid.*, pp. 17–22.

건 항복하고 돌아와야만 최종 승리를 거두게 되는, 세상과의 전면전에 뛰어들었다.

이러한 군사 은유는 현재 가장 평화주의자로 알려진 집단에게는 매우 모순되는 말처럼 여겨진다. 그렇지만, 이것은 그들이 가졌던 목표와 방법 둘 다를 묘사함에 있어서 가장 엄밀한 방법이다. 그들은 초대교회에서 사도 바울이 사용했던 것과 같은 전쟁 심상을 조금만 받아들였던 것뿐이었다. 1654년 초기 기록 중 하나는 두 "공무 퀘이커 신자" public Quakers가 브리스톨Bristol을 방문한 것에 대하여 말해준다:

> 존 캄John Camm은 엄청난 열정으로 [사람들을] 하늘에 계신 하나님 은혜로 인도하고 죄를 지적하며 부드럽게 말하기 시작했다.… 존 어드랜드 John Audland는 매우 많이 떨며 … 충만한 두려움과 빛나고 밝은 안색으로 나팔 소리 같이 음성을 높여서 다음과 같이 말했다: "나는 지상 모든 거주민에게 영의 전쟁을 선포하노라. 그들 모두는 타락하여서 하나님으로부터 분리되어 있도다." [그는] 전능하신 하나님 능력으로 진격했다.… 그리하여, 아, 참석한 이들은 심령에 붙들림을 받고, 마음에 찔림을 받았다.… 그들은 [심령의] 모습이 온전히 드러난 것을 깨달으며 일부는 바닥에 쓰러졌고, 다른 이는 울부짖었다.185)

퀘이커 신자가 아주 좋아하던 표현은 "어린 양의 전쟁" Lamb' s War이었다. 에드워드 버로우스Edward Burroughs는 다음과 같이 기록하였다: "어린 양은 우리에게 그분 이름을 위하여 지옥과 죽음, 그리고 어두움에 속한 모든 세력을 대항하여 의로운 전쟁을 수행하도록 하셨다.… 그리고 어린 양을 따르는 자들은 반드시 이길 것이며, 짐승과 용과 지옥 권세를 무찌르고 승리

185) Barbour, *op. cit.*, p. 57.

를 거둘 것이다." 제임스 네일러James Nayler는 어린 양의 전쟁은 첫 번째로 각 신자가 반드시 자신 안에 가진 죄 속성을 대항하여 전투를 수행해야만 한다고 설명하였다. "어린 양은 … 그분이 나타나시며 부르시어 함께하시는 이들이라면 그 누구에게라도 … 그들이 가진 힘을 다하여 … 그분이 새로운 사람, 새로운 마음, 새로운 생각, 그리고 새로운 복종을 이루도록 싸우시며 … 그리하여 그곳에 그분이 통치하시는 왕국이 임한다."186)

퀘이커교 성장

이러한 배경으로만 1650-1690년 동안 퀘이커교가 이룬 확장을 이해하기에는 너무나 미흡하다. 서구 종교 역사에서 가장 급속히 자란 운동으로 불리는 친우회의 발전은 대영제국, 유럽 대륙, 소아시아, 대서양 해안지방, 그리고 서인도제도를 가득 채우고도, 온 세상으로 자신들이 전하는 복음을 실어 나르기로 작정했다. 여러 퀘이커 사역자는 그들 사역을 "성령으로 무장되고 무기를 삼은 이들이 앞으로 나가 열방과 싸워 그들을 정복하여 하나님 왕국으로 인도하는 것"이라는 비유로 기록하였다.187) 조지 폭스는 모두 여덟 차례나 감옥에 갇혔었는데, 그 중 어느 때에 자신이 만든 다음과 같은 강령을 하달하였다: "이것은 여러분 모두에게 주시는 주 하나님 말씀이며, 살아계신 하나님 현존 안에 있는 여러분 모두에게 주는 명령입니다. 여러분이 가는 모든 나라, 장소, 섬, 국가, 그 어느 곳에서라도 모범이 되고 귀감이 되십시오. 여러분이 가지는 태도와 삶이 모든 종류 사람 중에서 그들에게 설교하게 하시오. 그러면 모든 사람 안에서 하나님께서 응답하심으로 여러분은 세상을 넉넉히 이길 것입니다."188)

---

186) *Ibid.*, pp. 40-41.
187) Frederick B. Tolles, 『퀘이커 신자와 대서양 문화』*Quakers and the Atlantic Culture* (New York: The Macmillan Co., 1960), p. 23에 나오는 폭스의 일기에서 재인용.
188) Loukes, *op. cit.*, p. 33에서 재인용.

여기에 퀘이커 신자가 주장하는 중심 요점이 있다. "세상을 넉넉히 이긴다"는 소명이 굳건하게 기대하는 것은 모든 사람 안에 하나님에 의해서 심긴 "씨" 혹은 "내면의 빛"은 전도자가 증언할 때 두려움 없이 반응한다는 점이다. 퀘이커 신자는 투르크 왕국 술탄 앞에 나아가 예의를 갖추고 증언했다. 그들은 로마에 교황을 개종시키기 위하여 갔다가 투옥되었다. 폭스는 중국 황제에게 다음과 같이 알리는 전언을 보내었다: "친구들이여, 모든 권력 위에 존재하는 한 권력이 있습니다. 그리고 이 권력은 스스로를 드러내십니다." 겸손한 남녀 퀘이커 신자는 그들을 "인도하심"에 순종하여 수천 마일을 여행했다. 매리 피셔Mary Fisher 가 1655년에 서인도제도, 1656년에 뉴잉글랜드 지방, 1658년에 다시 서인도제도, 1660년에는 콘스탄티노폴리스, 그리고 사망 전에 사우스캐롤라이나를 방문한 기록은 단지 조금 특별할 뿐이다.[189]

영국 성공회 해외복음전파협회Society for the Propagation of the Gospel in Foreign Parts에 의해서 북미에 파송되었던 한 성공회 사역자는 그가 1700년 그곳에 갔을 때, 이와 같은 퀘이커 신자 때문에 자신이 사역을 하는 데 얼마나 힘들었는지를 다음과 같이 보고했다:

> 퀘이커 신자는 개종자를 얻으려고 해안지방과 내륙지방을 다 망라하여 휩쓸고 다닌다. 모조리 붙잡아다 정신병원에 집어넣어야만 하는 한 무리의 친우회 떨거지를 그들은 매년 파송했다.… 그들이 하는 설교는 욕설과 거짓말이며, 저주받을 오류와 이단과 함께 사람 영혼에게 독을 뿌리는 것이다. 그들은 이것을 자기네 영역인 펜실베이니아에서 하는 것으로만 만족하지 못하고 자기들이 갈 수 있는 최대한도로 멀리 그 해악을 펴

189) 폭스의 인용은 Barbour, *op. cit.*, p. 68에서 재인용. 매리 피셔(Mary Fisher)가 행한 선교 항해는 Tolles, *op. cit.*, pp. 26–27에서 발견됨.

뜨리러 여행한다. 그리하여 그들은 버지니아와 메릴랜드 전역을 돌고, 다시 뉴저지와 뉴욕을 거쳐 멀리 뉴잉글랜드 지역까지 간다.190)

반작용

잉글랜드와 뉴잉글랜드 지역에서 여러 정치 권력자가 퀘이커 신자에게 보인 반응은 충분히 이해할만하다. 그들이 가진 관점에서 보자면, 이 퀘이커 순회전도자 무리는 주제넘은 문제아였으며 법으로 인정받지 못한 열광주의자였다. 일부 초기 퀘이커 신자는 구약성서에 나오는 예언자들처럼 때때로 어느 도시 거리를 벌거벗고 걸어서 통과했는데, 이는 자신들이 파악한 대로 그 도시 주민 심령이 황폐함을 상징하는 것이었다. 가장 악명 높은 경우는 제임스 네일러James Nayler 와 관련된 것이었다. 네일러는 폭스 다음으로 설득력 있는 퀘이커 지도자였는데, 그는 영국 어느 마을에 들어갈 때 그를 추종하는 한 무리 여신도로 하여금 "호산나"라고 합창하며 그를 따르는 것을 허용했다. 네일러는 이것이 자신을 예수님과 동일시하는 신성모독을 의미한 것이 아니라, 그리스도 재림을 상징하는 것이라고 설명했음에도, 격분한 의회는 그 사건을 조사하고 네일러를 혹독하게 처벌하였다. 이 일 후 그는 곧 사망했다. 그러나 그 죽음은 역사상 기록된 그리스도인 체험 중 가장 감동을 주는 것 중 하나를 그가 이룩하기 이전에는 그를 찾아오지 않았다.

퀘이커 신자가 가졌던 이러한 열정은 심지어 크롬웰이 펼친 공식적인 관용정책까지도 긴장하게 만들었다. 또한 시골에서 사역하는 여러 목사는 주민을 심하게 부추겨서 자기들이 예배드릴 때 초청되지도 않았는데 찾아와서 간증을 전했던 퀘이커 신자를 떼를 지어 습격하도록 했다. 폭스와 여러 다른 친우회 회원이 남긴 일기에는 구타, 투석, 매질, 물에 빠뜨림, 재판정

190) Tolls, *op, cit.*, p. 25.

에서의 위협, 그리고 투옥에 관한 보고로 가득 차 있다. 폭스가 틱힐Tickhill에서 경험하였던 전형이 되는 사건에 대한 기록은 다음과 같다:

> 친우회가 집회를 할 때, 하나님의 생명과 능력이 생생하고 충만하였다. 그래서 나는 감동을 받아 첨탑 집[191]에서 열리는 모임을 찾아갔다.… 그리고 나는 그들 앞으로 나가서 입을 열어 말하기 시작했다. 그러나 그들은 즉시 나를 덮쳐 왔고, 내가 아직도 말하고 있는 동안, 그 교회 서기는 자기 성서를 들어 올려 그것으로 내 얼굴을 때렸고, 내 얼굴에서 즉각 피가 흘러나오기 시작해, 나는 첨탑 집에서 엄청나게 피를 흘렸다. 그러자 사람들이 소리쳤다: "그를 교회 밖으로 끌어냅시다!" 그들이 나를 교회 밖으로 끌어냈을 때, 그들은 나를 책, 주먹, 지팡이 등으로 상처가 나도록 때렸다. 그들은 나를 넘어뜨리고, 내가 꼼짝 못하도록 둘러싸고, 나를 때리고 다시 나를 매다 꽂았다.… 얼마 후 나는 친우회가 모인 곳으로 돌아왔는데, 그 집에까지 그 사제와 그 사람들이 따라왔다. 나는 친우회와 함께 밖으로 나가서 마당에서 그들을 만나, 그곳에서 그 사제와 그 사람들에게 이야기했다.… 내 영혼은 하나님 능력으로 다시 살아났고, 그리하여 … 나는 다시 황홀함에 빠졌고 내 육체는 새로워졌으니, 오직 그 분께만 영광이 있을진저.[192]

1666년 이후, 비순응파를 향한 성공회 국교회복법이 그 온전한 효과를 드러낼 때, 퀘이커 신자는 그 파도를 정면으로 부딪쳐야 했다. 그들은 결코 비밀스럽게 모이거나 숨어서 모이기로 바꾸지 않고, 평온한 저항으로 그들 모임을 갖기를 계속하였다. 최소한 한 번은 모든 성인 회원들이 감옥으로

191) 폭스가 일반 교회를 조롱하여 사용한 용어-역주

192) Penney, *op. cit.*, pp. 56-57; 마지막 문장은 좀 더 최근 판인 J. Nickalls의 『일기』*Journal*에서 재인용.

끌려 들어갔으며, 그들이 모이던 장소는 완전히 파괴되었다. 퀘이커 신자에게 결코 친근하게 대하지 않았던 장로교인 리차드 백스터Richard Baxter 는 다음과 같이 기록하였다:

> 퀘이커 신자라 불렸던 광신도 무리는 상당 기간 정상 정신을 가진 이들이 긴장을 누그러뜨리도록 하였는데, 왜냐하면 퀘이커 신자는 매우 굳은 결심으로 꾸준하게 공공연히 모였으며, 그 모임 때문에 매일 시민 감옥으로 끌려가는 고난도 자랑스러워하였기 때문이다. 그들은 감옥에 잡혀 가도 중단하지 않고 나머지가 그 다음 날 다시 모였으며, 그리하여 뉴게이트 감옥Gaol at New Gate은 그들로 인하여 가득 찼다. 그들 상당수는 감옥에서 죽었지만, 그들은 자신들 모임을 계속하였으니-그렇다, 퀘이커 신자는 그들 모임을 공공연하게 모이기를 계속했고, 그러한 모임 때문에 감옥에 가는 것을 즐겁게 여겼기 때문에 많은 이가 퀘이커 신자가 되었다.193)

1689년 신교관용령이 내려지기 전까지, 대략 만5천 명이 말할 수 없을 정도로 지독한 상태였던 감옥에 갇혔고, 450여 명은 감옥에서 혹은 감옥에 갇힌 결과로 죽음을 맞이하였다. 또 다른 243명은 해외 범죄자 식민지로 강제 이송되는 형을 받았는데, 다행히 그들 중 아주 극소수만 실제로 그곳으로 추방되었다. 또 많은 다른 이는 재정상 극심한 고통과 재산 몰수를 겪어야 했다.194)

---

193) Trueblood, *op. cit.*, p. 26에서 재인용.

194)이 통계수치는 Barbour, *op. cit.*, pp. 70, 207-233로부터 주의 깊게 계산한 결과로 얻은 것이다.

조직 및 발전

이러한 상황에 의한 직접 결과로 퀘이커 조직이 탄생하였다. 퀘이커 신자는 박해 현황을 기록하고, 지원이 필요한 이들 명부를 작성하고, 가난한 가정을 구제하기 위하여 수난 모임을 구성하였다. 이 모임은 집행부가 되었고, 영국 같은 곳에는 아직도 남아 있다. 초기 친우회는 1669년 폭스와 결혼한 마가레트 펠Margaret Fell의 고향이었던 스와쓰모어 홀Swarthmore Hall에서 느슨한 만남을 계속하였다. 1653년 각 지역 모임은 공동체를 존속하고, 모임을 준비하고, 권징을 시행하는 책임을 맡을 "능력과 삶에 있어서 가장 성숙한" 한 명 혹은 두 명을 선정하라는 지시를 받았다. 매달, 매사분기, 그리고 매년 모인 총회가 요긴한 일을 다루도록 발전하였다. 이러한 회기를 인도하고, "모임에서 나온 의견"을 기록하기 위하여 여러 서기가 선출되었다. 합의된 의견을 도출하기 위하여 공식 투표를 하는 일은 결코 없었다.

퀘이커 신자는 사역자를 안수하는 것에는 반대하였지만, 설교를 통하여 섬기는 특별한 재능을 가진 이들이 받은 은사를 기록하고 공인하는 관습을 발전시켰다. "공무 친우회원"public Friends이 때때로 다른 퀘이커 모임을 방문하였으며, 이러한 과정을 통하여 통일성이 유지되었고, 대서양 양안에 있는 퀘이커 신자는 한 몸이 되었다.

퀘이커 신자는 그 시작부터 놀라울 정도로 많은 출판물을 내었다. 그들은 1715년처럼 이른 시기에 무려 2,750여 권이 넘는 소책자를 발행했다. 윌리엄 펜은 여러 초기 지도자 중 가장 명확하게 그 견해를 드러내는 저자 중 하나였다. 펜이 저술한 『십자가 없는 면류관 없다』와 『홀로 있음의 열매』는 엄청난 부수를 인쇄하였다. 그가 펜실베이니아에서 시도하였던 "거룩한 실험"을 기초로 저술한 『정부 구성』*Frame of Government*은 광범위한 영향을 끼쳤다. 잘 훈련된 스코틀랜드인인 로버트 바클레이Robert Barclay는 27세라는 젊은 나이임에도 퀘이커 신앙에의 고전적인 변호와 조직신학을 저술하였다. 바클레이의 『변증론』*Apology* 은 처음에는 라틴어로 다음에는 영어로 저술되었는데, 반反 칼뱅주의 경향을 가지면서도, 장 칼뱅이 저술한 『기독교 강요』가 가지는 형태와 저술 동기와 놀라울 정도로 대비된다.

정부로부터 행해지던 박해가 1689년 이후 종식되자, 퀘이커 신자는 강화强化 시대로 접어들었다. 이후 시기는 "정적주의" Quietism 시대, "빛의 인도" guarding the light 시대, "유산계급자로서의 퀘이커 신자" Quaker as bourgeoisie 시대 등 여러 가지로 구분된다.195) 전도 열정이 뚜렷하게 식기도 하였고, 모임 내부 삶을 돌보기 위한 주의 깊은 배려가 있기도 하였다. 의복, 언어, 행동 등을 평범하게 해야 한다는 강한 권징 규정이 여러 장로와 "비중있는 친우회원"에 의해서 준비되었다. 다음 세대를 다룰 필요성에 의하여 구성원 자녀에게 "출생 회원권"을 부여하게 되었다. 많은 친우회원이 그들 신념을 따르지 않는 이와 결혼함으로써 그 회원권을 잃었다.

퀘이커 생활에의 변화는 1772년 런던연차총회에 미국 퀘이커 신자 존 울만John Woolman 이 참석했을 때 분명하게 드러났다. 연로한 울만은 영국에서 노예 소유와 무역에 반대하는 증언을 하고자 하는 그의 관심사로 인하여 온 힘을 쏟아 여행하여 이 회의에 참석하였다. 그는 이미 북미 퀘이커 신자 사이에서 너무나도 유효하게 이 운동을 주도해 왔었다. 대다수가 부유한 상인이며 신사였던 런던 퀘이커 신자는 그 방문자가 입은 괴상한 의복을 보고 그와의 만남을 회피하였다. 울만은 벽돌과 천연색 염료 산업 현장에서 흑인 노예를 착취하는 것에 반대하는 증언으로 단지 손으로 직조하고, 염색을 하지 않은 옷만 입었던 것이었다. 그는 자기 사명을 접고 당장 고국으로 돌아가는 사태가 발생할 수도 있다는 사실을 냉정하게 깨닫게 되었다. 다행히도, 울만이 가지고 있던 진정한 영성과 순전성은 곧 바르게 인식되

195) Brinton, *op. cit.*, pp. 181-187; Loukes, *op. cit.*, pp. 58-71; John Sykes, 『퀘이커 신자』 *The Quakers* (Philadelphia: J. B. Lippincott, 1959), pp. 162-243.

기에 이르렀다. 그는 사망 전에 영국 퀘이커 신자에 의해서 따스하게 받아들여졌으며, 이러한 환대는 그가 아직 대영제국에 머무를 동안에 이루어졌다.

퀘이커 신자는 그들의 역사에서 이 기간에 엄청난 비난을 받았다. 그럼에도 불구하고 가장 주목 받는 퀘이커 인도주의 활동 일부가 이 시기에 시작되었다는 것도 또한 사실이다. 정신 건강, 감옥 개혁, 노동 조건 개선, 교육, 그리고 노예제도 폐지 등을 위하여 퀘이커 신자가 이룬 공헌은 모두에게 잘 알려졌다.

19세기에, 특히 미국에서 수차례 분열이 일어났다. 한 편에서는 복음주의 운동에 의한 충격이, 다른 한 편에서는 온당하게 전통주의에 고착되어 있는 것 때문에 날카로운 긴장이 조성되었고, 결국 분열이 일어났다. 미국, 특히 중서부와 서부 지역 퀘이커 신자는 사례금을 받는 목회자, 고정된 형태로 드리는 예배 순서 등 일반 개신교 행습을 받아들였고, 더 나아가서는 보수주의 신학 입장도 수용했다. 20세기에는 루푸스 존스Rufus Jones와 헨리 캐드버리Henry Cadbury 같은 이가 주도한 운동에 의하여 퀘이커 신자가 다시 각성하였다. 1917년 설립된 미국친우회봉사위원회가 인류 필요에 대하여 혁신적이고 광범위한 프로그램을 수행했기 때문에 퀘이커 신자는 많은 나라에서 존경받았다.

노스캐롤라이나에서 1967년 7월 24일부터 8월 4일까지 제4차 친우회국제총회가 열렸을 당시까지 전 세계 회원 수는 거의 20만 명에 육박했다. 현재 북미에 12만3천여 명, 중남미에 6천여 명, 유럽에 2만4천여 명, 아프리카에 4천여 명케냐에 가장 많은 수가 있다, 호주에 천5백여 명, 그리고 아시아에 천7백여 명이 있다.196)

196) 『세계 퀘이커 신자』 *Friends Around the World* (Philadelphia: Friends World Committee, [n.d.]).

제5장 자유교회 경건주의자

"고교회 혹은 저교회 형태를 막론하고 경건주의자들과 함께 존재하지도 않는 천국에 가는 것보다는, 차라리 정통교회와 함께 지옥에 가는 것이 더 낫다." 칼 바르트Karl Barth가 퍼부은 이 맹렬한 비난은 경건주의를 바라보는 이 시대 여러 신학자가 가진 평가를 대변한다. 그들은 자신들이 특히 싫어하는 것이면 어느 것이나 경건주의에 개인주의, 주관주의, 율법주의라는 이름표를 제멋대로 갖다 붙인다.197)

그러나 사실은 동유럽으로부터 북대서양 해안지역까지 그리스도교세계를 휩쓴 이 17세기 후반과 18세기 개혁 및 부흥 운동은 이제까지 알려진 가장 창조성이 높은 개신교 기관과 인물 일부가 발아한 모판이었다. 호르스트 스테판Horst Stephan이 내린 평가는 이 운동이 가져온 영향력을 좀 더 엄밀하게 그려주었다: "우리가 경건주의라고 부르는 종교 부흥의 물줄기는 교회, 신학, 그리고 일반 문화 영역을 망라하여 번영하는 방식으로 흐른다. 경건주의 그 자체는 시대에 뒤떨어진 것을 파괴하였다는 의미에서 뿐만 아

197) Andrew Drummond, 『루터 이후 독일 개신교』 *German Protestantism Since Luther* (London: Epworth Press, 1951), p. 79에서 재인용; 바르트는 후기에 경건주의에 대한 비판을 완화하였다. 다음 여러 저자가 최근에 경건주의 신학을 평가하며 다룬 토의를 보라. Dale W. Brown, "경건주의에 있어서의 주관주의 문제" (The Problem of Subjectivism in Pietism) (unpub. Ph.D. dissertation, Northwestern University, 1962), pp. 150–158, 그리고 동일 저자에 의한 "경건주의의 기준" (The Bogey of Pietism), *The Covenant Quarterly,* XXV (February 1967), pp. 12–18. 또한 John H. Yoder, 『국가에 대한 기독교의 증언』 *The Christian Witness to the State* (대장간 역간)을 보라.

니라, 외견상 불모지였던 곳에 기대하지 못하였던 풍성한 수확을 가져왔다는 점에서 강력하게 발전을 전달하였음을 증명하였다." 근대 개신교 선교 활동, 교육 개혁, 광범위한 박애주의 운동, 대부분의 현재의 신학적 유산, 교회일치운동 -이 모든 운동 뿌리는 경건주의로 추적할 수 있다.198)

경건주의란 무엇인가? 1689년 라이프치히 대학 교수였던 요아킴 펠러Joachim Feller는 "경건주의자"라는 공식 서술을 처음으로 사용한 기록을 남겼다: "이제 경건주의자라는 호칭은 온 시내에 알려지게 되었다. 경건주의자란 누구인가? 하나님 말씀을 공부하고, 그 말씀을 따라서 거룩한 생활을 이끄는 자다."199) 경건주의는 개신교 스콜라주의가 점점 더 메말라가고 있는 것에 대한 반작용이었다. 개신교 스콜라주의는 상징성이 풍부한 저서와 거슬리는 공박으로써, 루터로부터 물려받은 유산을 방어하기 위하여 부심하고 있었다. 하지만 그 신학은 루터가 "종교 생활 핵심은 개인의 표명에 놓여있다"고 지혜롭게 말한 것을 잊고 있었다.200) 경건주의는 이전16-17세기에 이루었던 교리 개혁을 완성하기 위하여 삶을 개혁하는 것에 관심을 쏟아 부었다. 경건주의는 삼십 년 전쟁 때문에 도덕이 무너져 내려 휘청거리는 유럽에 꼭 필요한 윤리 개혁을 의도하였다. 최근에 브레히트Bertolt Brecht 201)는 『용감한 어머니』*Mother Courage*에서 이러한 상황을 생생하게 묘사하였다.

경건주의를 이해하려면 그 주된 성격을 살펴보아야 한다. 경건주의는 경

---

198) Horst Stephan, 『교회, 신학, 그리고 일반문화 발전 담지자로서의 경건주의』 *Der Pietismus als Träger des Fortschritts in Kirche, Theologie und allgemeiner Geistesbildung* (Tübingen: J. C. B. Mohr, 1908), p. 58. 존 T. 맥닐(John T. McNeill), 『근대 그리스도교 운동』 *Modern Christian Movements* (Philadelphia: Westminster Press, 1954), pp. 49-74에서 비슷할 정도로 경건주의를 호평하였다.

199) Johann Georg Walch, 『복음주의 루터교회 종교 분쟁 역사와 신학 입문』 *Historisch und theologische Einleitung in die ReligionsStreitigkeiten der evangelischlutherischen Kirchen* (Jena: 1730-1739), I: 548.

200) Drummond, *op. cit.*, p. 52에서 재인용.

201) 역주-독일 마르크스주의 시인, 극작가.

험, 감정, 개인을 강조하며, 성서 중심이고, 윤리에 치중한다. 정통 개신교 신자가 인간에 대하여 "그는 정상인가?"라고 묻는 곳에서, 경건주의자는 "그는 구원받았는가?"라고 묻는다. 경건주의 핵심 인물 중 하나인 아우구스트 헤르만 프랑케August Hermann Francke는, 자신은 "바다 같이 많은 지식보다 한 방울 진정한 사랑에" 더 가치를 둔다고 주장했다. 그는 당대에 동양학을 이끌었던 학자였고, 할레Halle 대학에 재직한 뛰어난 교수였기 때문에, 지식에 대한 이러한 평가가 반지성주의antiintellectualism에 대한 탁월한 해명으로 들리지는 않을 것이다. 경건주의는 개인이 제도 교회와 그 성직자와 관계를 형성할 것을 요구하는 대신, 회심에 관하여 그리스도와의 인격적 관계를 이루고 있는지를 물었다.202)

경건주의는 "그리스도인의 경험에서 감정의 수위권"primacy of feeling in Christian experience을 역설했다. 워커 Walker 이러한 강조는 개인에 대한 주의를 불러일으켰지만, 여기서 개인은 그룹에서 한 부분을 의미했다. 프랑크푸르트/마인에서 필립 야콥 스페너Philip Jacob Spener에 의해서 1670년부터 시작된 것과 같은 비밀 집회 혹은 성경공부 셀 형성은 이 운동을 나타내는 현저한 특징이 되었다. 1675년에 독일에서 루터교 경건주의가 탄생한 표식이 된 것은 요한네스 아른트John Arndt 경건주의 저술 모음『참 그리스도교』True Christianity 개정판을 내었을 때, 스페너가 그 책 서론을 쓴 것이었다.

본래 경건주의는 스페너와 프랑케에 의해서 주도된 독일 루터교회 내의 개혁 노력으로 정의되었다. 그러나 이 운동은 실로 거대한 물줄기에 속한 한 부분이었으며, 이 물줄기는 여러 경건주의자가 기울인 노력보다 앞섰으며 한 나라에 제한된 것도 아니었다. 저지대 라인 강 지역과 네덜란드 개혁교회는 좀 더 이른 시기에 이러한 운동에 의해 휩싸였었으며, 그들은 또한 영국에서 있었던 그 이전 발전으로부터 영향 받았다. 맥기퍼트McGiffert와

---

202) *Ibid.*, p. 60.

최근 다른 여러 저자는 경건주의라는 거대한 스펙트럼에 18세기에 일어났던 영국 복음주의 부흥운동과 미국 대각성운동을 바르게 배치하였다.203)

비록 경건주의는 처음 발생할 때에는 교회 **내부** 개혁 운동이었지만, 그로부터 많은 구별되는 조직이 생겼다. 그 중 하나가 독일 형제교회였다. 갱신 모라비아교회가 탄생한 후 20년 뒤, 그 교회는 체코 형제단의 남은 자를 받아들였고, 그들로 하여금 작지만 역동하는 그리스도교 운동을 일으키도록 하였다. 모라비아 신자는 경건주의에서 태동하여 가장 영향력을 띠게 된 운동과 직접적인 연결을 제공하였는데, 그 운동이 바로 웨슬리의 감리교이다. 비록 존 웨슬리는 모라비아 신자가 가진 헌신과 신학 형태로부터 단절하기는 했지만, 자신이 걸어온 영적 순례에서 여러 중차대한 갈림길을 만날 때마다 확실한 도움을 받은 것은 바로 그들에게서였다. 웨슬리 공동체를 형성하던 그 추진력을 통하여, 경건주의가 가졌던 메시지는 북아메리카 종교에 절대로 지울 수 없는 흔적을 남겼다.

독일 형제교회

> 1708년 여덟 사람이 함께 하나님과 선한 양심으로 언약을 맺기를 합의하였다. 그들은 예수 그리스도께서 주신 모든 명령을 지기 쉬운 멍에로 받아들이기로 하였으며, 그리하여 그들 주님 예수–선하시고 충성스러우신 목자이신–를 그들이 복된 죽음을 맞이할 때까지 기쁠 때나 슬플 때나 참된 양으로서 따르기로 하였다.… 이 여덟 사람은 그리스도교 신자가

203) Arthur C. McGiffert, 『칸트 이전 개신교 사상』 *Protestant Thought Before Kant* (New York: Charles Scribner's Sons, 1949), pp. 155–185; James H. Nichols, 『그리스도교 역사, 1650–1950』 *History of Christianity, 1650–1950* (New York: Ronald, 1956), pp. 80–93; John Dillenberger and Claude Welch, 『그리스도교 개신교』 *Protestant Christianity* (New York: Charles Scribner's Sons, 1954), pp. 122–140.

구성하는 교회로서 예수 그리스도 십자가 언약 안에서 형제와 자매로서 서로 연합하였다.204)

이 여덟 사람은 알렉산더 맥Alexander Mack에게 지도를 받았는데, 그는 하이델베르크 인근에 햄버거 사업을 가업으로 삼아 안정되게 정착한 가계에서 시작한 제분업자였다. 이러한 결정에 도달한 후 그들은, 이전에 암스테르담에서 존 스마이스와 그 추종자, 그리고 로드아일랜드에서 로저 윌리엄스와 그 몇몇 친구가 했던 것과 매우 흡사하게, 침례를 시행하는 진전을 이루어냈다. 비록 그들 자신이 경건주의와 연관되어 이러한 행동에 도달하기는 하였지만, 그들은 이 행동에 의해서 자신들을 분명하게 아나뱁티스트 전통 속에 두었다.

그들이 취한 경로는 단순하게 시작되었다. 당대 유럽 사람은 많은 분야에서 단조로운 교회 기능에 대하여 불만족하고 있었다. 그들은 성경공부, 기도, 그리고 상호 훈계를 나누기 위한 모임에 비밀스럽게 함께 모이기를 소망했다. 팔라티네이트Palatinate에는 많은 사람들이 살고 있었는데, 그곳에서 종교 생활은 완전히 바닥을 치고 있었다. 국가 공식 종교로 로마 가톨릭교회, 루터교회, 그리고 개혁교회 세 가지 중 하나를 선택할 수 있게 되었을 뿐 아니라, 근래에 프랑스가 침입하여 점령한 것은 많은 혼란을 일으키는 원인이 되었다. 각 교파 소속 성직자는 교회 건물 소유권을 두고 서로 말다툼을 하거나 심지어 폭력을 사용하는 데 많은 시간을 허비했다. 1698년 정부는 세 교파 모두가 건물을 공동으로 사용하라고 행정 명령을 내렸지만, 누구나 예측할 수 있듯이, 이러한 타협으로 이루고자 했던 주목적이 오히려 어려움을 가중시켜 긴장 상태로 몰아넣은 것은 당연한 결과였다. 각 교

---

204) Alexander Mack, Jr., Donald F. Durnbaugh,, ed., 『유럽 독일 형제회의 기원』 *European Origins of the Brethren* (Elgin, Ill.: Brethren Press, 1958), p. 121에 재인용.

파 치리법원으로부터 빈번하게 개혁을 위하여 소환을 받은 것이 입증하듯이, 이들 목회자가 취한 행동은 공개된 추문이었다. 이러한 상태는 팔라티네이트 선제후가 선택한 방탕한 궁정생활로, 그리고 턱없이 과중한 세금과 강제 노역으로 더욱 악화되었다. 그리하여 팔라티네이트의 수많은 신민은 그들이 처한 운명을 벗어나기 위하여 이민을 선택하였고, 결국 "팔라티네이트"는 북미 여러 식민지로 유입하는 모든 독일인을 지칭하는 일반 용어가 되었다.

비밀 모임에 함께 참석한 이들은 투옥, 재산 몰수, 그리고 결국은 추방으로 이어지는 핍박을 피할 수 없었다. 그들이 가진 모임에서 실제 어떤 일이 있었는가는 그들이 체포되어 취조를 받고 자백한 내용을 기록한 것에 드러난다. 1709년에 기록된 다음 내용은 이들 상태를 나타내는 좋은 예이다:

> 그들이 함께 모일 때, 하나님이 그들에게 감동을 주시는 대로 찬송 두세 곡을 부른다. 다음에 성서를 열어 그들이 읽던 곳을 찾고 그들 여러 형제를 훈계하기 위해서 하나님에 의해서 그들에게 주어진 이해에 따라서 성서를 설명한다. 이렇게 말씀을 나눈 후, 무릎을 꿇고, 하나님께 손을 들고 여러 위정자를 위하여 기도하는데, 이는 하나님께서 위정자를 감동하셔서 그들로 악인을 벌주고 선인을 보호하도록 하기 위함이다. 다음에 그들은 하나님께서 이러한 목적을 위하여 자신들을 창조하신 것에 대하여 하나님을 찬양한다.[205]

위정자를 위하여 기도한 것을 언급하는 것이 특별한 청원 기도처럼 들리지만, 정부를 향하여 그들이 취한 이러한 태도는 다른 강제되지 아니한 표현과 함께 꾸준한 것이었다.

205) *Ibid.*, p. 73.

정부 공무원이 많은 경건주의자를 계속 억누르자, 그들은 종교는 국가로부터 분리되어야만 한다는 자신들 견해를 분명히 드러내었다. 기존 성직자가 종교 탐구에 있어서 신실함을 이해하는 능력이 부족한 탓에 결국 경건주의자는 자기들이 가진 확신을 굳건하게 하였다. 경건주의자 자신들은 어린 시절에 출석하였던 교회로부터 스스로를 분리시키고자 하는 어떠한 의도를 가지려고 하지 않았다. 그럼에도 그들이 고국 시민권과 교회 회원권 중 하나를 포기해야 할 정도로 새로운 깨달음이 멸시당하는 시험test을 받게 되었을 때, 그들은 교회 회원권을 선택하고, 시민권을 버리고 망명길을 떠났다.

사실 독일에서 종교 비순응자가 발견할 수 있는 망명지는 거의 없었다. 이러한 피난처 중 하나는 란Lahn 강과 에데르Eder 강 사이 구릉 지역 프랑크푸르크/마인 북동쪽에 위치한 비트겐슈타인이었다. 이 고립된 지역을 다스렸던 몇몇 백작은 1685년 프랑스가 위그노를 추방하였을 때 처음으로 종교 피난처로서 그들에게 살 곳을 제공하였다. 일부 비트겐슈타인 백작이 진정한 종교적 경건을 받아들였을 뿐만 아니라 삼십 년 전쟁 기간에 많은 거주민을 잃었던 그 영토에 새로운 피를 공급할 수 있다는 계산된 행동을 하자, 결국 신성로마제국 황실은 진노하였다. 제국 법률은 그러한 관용을 금지했다. 그러나 제국 행정부 산하 비대한 관료조직이 "라이덴의 얀Jan van Leyden, 크니퍼될링Knipperdölling206), 그리고 토마스 뮌처Thomas Müntzer와 그 무리가 이루었던 역사를" 반복하기로 하는 듯한 "비천하고 더러운 출신인 여러 광신주의자와 이단자"에 대한 고발을 조사할 즈음에, 한 분노한 귀족이 잘 그려주었듯이 비순응자들은 이미 네덜란드에 있는 좀 더 개방된 지역으로 떠나버렸다.207)

---

206) 뮌스터 폭동에 참여한 독일 아나뱁티스트
207) *Ibid.*, p. 133.

그들 스스로가 부른 대로 하면 "형제단", 혹은 동시대인들에 의해 이름을 받은 대로 하면 "새로운 침례교 신자"는 고트프리트 아르놀트Gottfried Arnold가 저술한 역사에 의해 영향 받았다. 아르놀트는 초대교회 행습과 신앙을 여러 책에서 애정을 기울여 상세하게 서술하였는데, 이는 초대교회는 그 이후 모든 그리스도인들을 위한 표준이라고 그가 주장했기 때문이었다. 독일 형제단이 어떻게 "그들이 그리스도께서 주신 계명을 따라 거룩한 침례를 행하는 침례 욕조에서 삼중 침례를 통하여 예수 그리스도께서 십자가형으로 죽으심에 깊게 뿌리를 내린 1-2세기 초대 그리스도인이 이룬 신뢰할 만한 역사를 발견하였는지를" 서술한 것은 그들이 아르놀트 저술을 의지했다는 의미였다.[208]

독일 형제단은 또한 독일과 네덜란드 메노나이트 신자에 의해 영향을 받았는데, 이들은 스위스 형제단 혹은 복음주의 아나뱁티스트 신자 후예였다. 독일 형제단은 "진정어린 사랑"을 가지고 메노나이트 신자를 방문하여 그들로부터 침례를 요청할 것을 신중하게 고려했지만, 그들이 보기에 고요하고 세상을 떠난 생활을 하는 메노나이트 신자는 그들 선조가 가졌던 소박한 믿음에는 충분하게 신실하지 못하다고 생각하였다. 메노나이트 신자는 힘겨운 관용이 주어진 환경에 굴복하여 "시골로 물러난 조용한 사람들"로서의 역할을 받아들였던 것이다. 형제단은 이것이 곧 메노나이트 신자가 그 "첫 사랑"을 잃은 것을 의미한다고 여겼다. 이러한 판단에도 불구하고, 형제단은 메노나이트 신자가 행해온 윤리 생활을 칭송했으며, 그들과 친밀한 관계를 유지했다.

독일 형제단에 대한 비난

독일 형제단은 처음 시행한 침례 때문에 두 다른 진영과 갈등을 빚게 되었

208) *Ibid.*, p. 121.

다. 물론 첫 번째 갈등은 정부 공무원에 의해 후원을 받는 국가교회와의 갈등이었는데, 국가 공무원은 재침례를 제국 법에 의거해 처벌해야 할 범죄로 보았다. 사실은 어느 누구도 더 이상 "아나뱁티즘"이라는 죄목으로 즉각 사형에 처해지지는 않았지만, 그들은 방랑객 신세로 전락하는 형벌을 받을 가능성 때문에 고통을 받았다. 또 다른 갈등을 일으킨 전선은 한 때 독일 형제단과 같은 입장으로 함께 서 있었던 여러 급진경건주의자Radical Pietists가 가진 증오로부터 발생했다. 그들 조상인 16세기 성령주의자들처럼, 이들 급진 경건주의자는 형식을 아무리 적게 갖추었다 하더라도 어떠한 교회 조직을 가지고 있다면 결국 타락의 징표로 간주했다. 독일 형제단이 처한 이러한 상황은 퀘이커 신자가 영국 정부와 급진 좌익 사이에서 처한 상황에서 반복된다. 열렬한 설교와 온화한 신앙 상담으로 독일 형제단이 된 많은 이에게 지대한 영향을 끼쳤던 호크만 폰 호케나우E. C. Hochmann von Hochenau와 자코브 뵘Jacob Böhme이 가르치던 시대에 최고로 뵘을 옹호하였던 요한네스 조지 기흐텔John George Gichtel 같은 사람은 독일 형제단에게서 느꼈던 바 분파주의와 편협성 때문에 그들을 공격했다. 그들은 맥이 벌금을 내고 가난한 구성원을 돕는 것으로 그의 재산을 다 허비할 때 그 새로운 실험은 죽고 말 것이라고 내다보았다.

독일 형제단을 향하여 저술로써 가장 논리정연하게 반대한 이는 이전에 뷔르템베르크Württemberg에서 루터교회 목사로 사역하였던 에버하르트 루이스 그루버Eberhard Lewis Gruber였다. 그는 자신이 갖고 있던 급진 종교 견해로 인하여 이미 두 교구로부터 추방을 당한 후, 마리엔본Marienborn 지역그곳에서는 백작이 이주민을 끌어들이려는 목적으로 제한된 종교자유를 허용하였었다으로 이주하였다. 1713년 그는 40가지 "기본 질문"으로 독일 형제단에게 도전하였다. 이 질문에 대한 맥의 대답은 독일 형제단이 가진 믿음을 기록한 첫 번째 인쇄물이 되었다. 첫 번째 질문과 그 대답은 다음과 같다: "지난 천

년 동안 참되고 진정한 침례가 베풀어진 적이 없었고, 그래서 그 당연한 귀결로 지상에는 참된 교회가 있은 적이 없다고 당신들은 주장합니까?" "우리가 주장하고 믿는 바는 하나님은 언제나 참된 침례와 의식을 항상 지켜온 당신 교회를 가져오셨다는 것입니다. 그러나 이 교회는 불신자로부터 언제나 숨겨졌고 종종 소수로 구성되었습니다. 이러함에도 지옥문은 주 예수님 교회를 대항하여 이길 수 없습니다. 하나님께서는 언제나 당신 교회 의식을 통하여 불신자에게 하시는 증언을 드러내고자 하셨음을 역사는 입증합니다."[209)]

일 년 후 그루버는 『참된 분열과 거짓된 분열에 관한 대화』*Conversations Concerning the True and False Separation* 라 불린 저술로 공격을 재개하였다. 이 저술은 새로운 단체를 시작하려는 목적으로 국가교회부터 분리한 이들에 대한 경고였다. 참된 분리주의자는 새로운 분파를 시작하지 않는다고 그는 강력히 주장했다. 대신에 그들은 "자신의 마음에 있는 내면 성소 안으로 들어가 거기서 하나님을 섬긴다." 우습게도 그 해가 다 가기 전에 그루버 그 자신이 한 이단 종파 지도자가 되었는데, 그 단체는 물의를 빚은 "새로운 예언자들" 혹은 "참영감공동체" Community of True Inspiration 로 불렸다. 이 단체는 그루버처럼 "성령이 사용하는 도구" 몇 명이 전하는 능력 증언을 중심으로 세워졌다. 이들 지도자는 성령이 직접 사용하시는 통로로 여겨졌고, 그들이 무아지경 상태에서 행한 발언은 거룩한 문서로 인정되어 기록되었다. 이들 영감 받은 공동체 후예는 아이오와 주 아마나Amana 에서 이루었던 이전 공산사회 정착지에서 아직도 그들 신앙 행습을 따른다.[210)]

확장

209) *Ibid.*, pp. 325–326.

210) Donald F. Durnbaugh, "독일 형제회 기원" (Brethren Beginnings) (unpub. Ph.D. dissertation, University of Pennsylvania, 1960), pp. 66–67.

1708년 늦은 여름 침례를 행하기 이전에 독일 비트겐슈타인 형제단은 팔라티네이트에 있는 여러 경건주의자에게 공개서한을 보냈는데, 형제단은 이들 중 다수를 직접 알고 있었다. 형제단은 이 편지에서 그들이 어떻게 여러 사도가 가르쳐준 형태를 따라서 침례를 받아야만 한다는 성숙한 확신에 도달했는지 서술하였다. 형제단은 마태복음 28장에 나오는 지상 위임에 대한 복종과 베드로전서 3장에 나오는 명령은 다음과 같이 행할 것을 촉구한다고 이해하였다: "우리 머리이시며 주인이신 그리스도께서 당신 자신을 물속으로 낮추셨던 것처럼, 그분의 지체로서 우리는 그분과 함께 마땅히 물속으로 들어가야만 할 필요가 있다." 형제단은 이 편지에서 다음과 같은 초보 단계를 밟음으로써 그들과 함께하자며 다른 이들을 초대하였다:

> 그리하여 만일 좀 더 많은 형제가 그리스도와 그 여러 사도가 가르쳐준 대로 형제사랑으로 연합하여 우리와 함께 이렇게 고매한 침례를 받기 원한다면, 우리는 겸손하게 하나님과 함께하는 기도와 금식 중에 함께 중재하고자 함을 알린다.… 만일 우리가 주님께서 주신 위임을 따라서 살기 위하여 주 예수의 발걸음을 따르기 시작한다면, 우리는 또한 그리스도와 그분이 세우신 여러 사도가 주신 위임을 따라 주를 경외하는 가운데 함께 주의 만찬을 나눌 수 있을 것이다.211)

정말로 경건주의자 한 명이 이 시급한 청원을 따랐다. 그 후 수많은 이가 비트겐슈타인 군 쉬바르제나우Schwarzenau에서 열린 형제단 모임에 참석하였고, 그리하여 그 군중을 동시에 수용할 건물이 없게 되었다. 그곳 주민은 아직도 "아나뱁티스트 정원"으로 불리는 잔디밭이 어디인지 말할 수 있는데, 그곳에서 형제단이 모였던 것이다. 형제단원은 다른 지역에도 메시지

211) *Ibid.*, pp. 57–58.

를 전하기 위하여 일제히 보냄을 받았다. 온전하지는 않지만, 현존하는 기록에 따르면 이 여러 여행자는 서유럽 여러 나라까지 찾아갔으며, 그들 각자는 많은 위험에 직면했다.

이런 사람 중 하나가 크리스티안 리베Christian Liebe 였는데, 그는 스위스 베른에서 도시 여러 원로에 의해 체포되었다. 그는 "그 지역 형제단을 방문하고, 사역하고, 위로하고, 또 만일 필요하다면 어떤 이에게 침례를 베풀기 위하여" 왔다는 것을 흔쾌히 인정하였다. 베른 시 원로회가 취한 대응은 시실리 왕 소유 갤리선 노예로 그를 팔아버리는 것인데, 이 때 몇몇 메노나이트 신자도 그와 함께 팔렸다. 이러한 사건이 벌어지던 바로 그 달 중 베른 여러 정치지도자는 프랑스 정부가 자국 개혁교 신민에게 갤리선 노예 형벌을 내리는 행위로 인하여 프랑스를 비난하는 외교 운동을 왕성하게 추진하는 것에 참여하고 있었다. 리베 일행 대다수는 산악을 넘어 이탈리아로 가는 긴 여정 혹은 갤리선에서 죽음을 맞이하였지만, 리베 자신과 몇몇 생존자는 네덜란드 메노나이트 신자, 스위스 경건주의자, 그리고 한 영국 주교에 의해서 해방되었다.212)

쉬바르제나우 이후, 가장 많은 독일 형제단 개종자는 아름다운 중세 도시 뷔딩겐Büdingen 인근 마리엔본Marienborn 에서 일어났다. 당대의 형제단이 남긴 기록은 그곳에 모인 형제단이 가졌던 기개를 다음과 같이 요약한다:

> 이번에 이 땅에 있는 많은 친구 마음속에 특별한 각성이 일어났는데, 그들은 더 이상 그러한 분열과 차가움 가운데 머물기를 원지 않았다. 그리하여 그들은 기도로 연합하며, 거룩한 말씀으로 서로 권면하기 시작하였다. 좋게 보이는 여러 의식 중 침례를 성인침례로 바꾸어 행하였기 때문

---

212) Durnbaugh, 『독일 형제회 유럽 기원』 *European Origins*, pp. 217–240.

에 그들은 새로운 침례교 신자New Baptists라 불렸다. 그들은 거의 다 한 마음을 품고 선한 영혼을 가졌다. 그들은 처음부터 그들 행위와 행동에 있어서 커다란 진실성과 열정을 보였으며, 이를 통하여 많은 이가 감명을 받고 그들이 이끄는 모임에 이끌려 들어갔다.[213]

이주민과 기존 신민이 함께 참여하는 침례 행렬이 이어지자 마리엔본 백작은 경각심을 갖고 철저히 조사하기 시작했다. 이미 종교자유를 약속하기는 했었지만, 그가 이 약속을 통하여 의도했던 것은 각자가 자기 집에서 사사롭게 믿는 대로 행하는 것을 제한하려는 것이었다. 그가 중요하다고 생각했던 침례와 같은 문제를 공공연하게 행동으로 옮기는 것은 결단코 관용될 것이 아니었다. 혼란을 야기한 "영감 받은 자들" 또한 활기를 띠게 되자, 백작은 형제단 역시 자기 지역에서 추방하기로 결정했다. 알렉산더 맥은 한 과부와 그녀 딸을 대신하여 자비를 호소했지만, 받아들여지지 않았다. 1715년 동정심 많은 일부 공직자가 형제단을 위하여 여권을 발급할 때, "형제단은 시민으로서 삶에 바르게 행동하며 그리하여 누구도 그들을 대항하여 합당하지 않은 어떠한 행동도 할 수 없다"고 보증했으며, 형제단이 이주하는 "동안에 모든 사람이 그들을 도울 수 있도록" 권고하였다.[214]

마리엔본에 모였던 형제단은 라인 강 저지대 지역 크레펠트에서 거주할 장소를 찾아내었다. 크레펠트는 일찍이 그곳에 정착하였던 일부 메노나이트 신자가 가지고 있던 기술 덕분에 중요한 직물 산업 중심지 중 하나가 되어 있었다. 메노나이트 신자가 가져온 경제상 이득 때문에 정치권력을 가진 자들은 메노나이트 신자가 가진 종교상 믿음에 대하여 묵과하고 개혁교 성직자가 드러내는 분노에 찬 비난을 무시하게 하였다. 그러나 형제단이 이

213) *Ibid.*, p. 180.
214) *Ibid.*, p. 188.

주하여 그들이 가진 신앙이 지역 개혁교회 교구 회원 일부에게 매혹을 느끼기 시작했을 때, 개혁교회 여러 목회자는 극도로 분노를 표출하였다. 이단인 메노나이트 신자가 주변에 사는 것도 충분히 나쁜 상황이었지만, 최소한 메노나이트 신자는 그들 자신 사업을 돌보았고, 그들이 교리를 가르쳐야 할 대상을 자기 가족으로만 제한하였었다.

졸링겐Solingen 인근에 있던 한 작은 형제단 회중이 1718년 초에 공권력으로부터 급습을 당했으며, 그들 중 남자 여섯 명이 감옥으로 잡혀갔다. 몇몇 성직자가 형제단을 공인된 신앙 중 하나로 돌아오도록 설득하는 데 실패하자, 이 사건은 조언을 얻기 위하여 신학대학 교수 세 명에게 넘겨졌다. 로마가톨릭교회 교수는 처형하라고, 루터교회 교수는 갤리선에 노예로 팔아버리라고, 그리고 개혁교회 교수는 중노동과 함께 무기징역에 처하라고 각각 제안하였다. 졸링겐 형제단원 여섯 명은 그들에게 선고된 형을 살기 위하여 네덜란드와의 국경 근처에 있는 율리히 성으로 이송되었다.

이 여섯 명 형제단원은 곧바로 신뢰를 얻어서 최소한 그들 중 한 명이 감옥 안에 있기만 하면 나머지는 생필품을 사기 위하여 시내로 들어갈 수 있도록 허락되었다. 형제단원은 결코 자신들 동료를 저버리지 않을 것을 감옥 책임자는 알고 있었던 것이다. 비록 형제단 수감자는 국가교회를 받아들이는 것이 그들이 당하는 고난으로부터 곧바로 벗어나는 가장 확실한 길임을 알고 있었음에도, 그들은 이 감옥에서조차 그들을 개종시키려 하는 거듭된 시도 역시 아무런 결과가 없는 것임을 입증하였다.

중노동과 습한 지하 감옥 속 추악한 생활환경은 그들 건강에 악영향을 끼쳤다. 그들 건강은 괴혈병 때문에 더욱 나빠졌다. 형제단이 투옥되고 3년이 흐른 후, 몇몇 네덜란드 방문객이 형제단을 찾아왔는데, 이는 이 방문객이 형제단이 오직 종교상의 이유만으로 감금생활을 하고 있음을 이전에 우연히 들었기 때문이었다. 이들 네덜란드인이 헤이그로 돌아가서 형제단이 처한 상황을 보고한 결과, 팔라티네이트 선제후는 외교상 압력을 받는 상태에 놓이게 되었다. 네덜란드 정부는 그 독일 통치자와 진행 중이던 중요한 여러 협상을 그가 그 여섯 수감자를 석방한다고 합의할 때까지 중단시키겠다는 것을 분명하게 선언하였다. 어느 정도 지체되기는 했지만 형제단 수감자는 1720년 11월, 감금 생활 4년을 채우기 몇 달 전 석방되었다. 이들 수감자 중 한 사람이 저술한 그들 감옥 생활 경험에 대한 모든 기록은 오늘날까지 독일과 네덜란드에서 열리는 경건주의자 총회에서 손으로 기록한 형태로 회람되고 있다.215)

스위스, 팔라티네이트, 그리고 함부르크-알토나 등 형제단 모임이 구성된 다른 지역에서도 비슷한 사건이 편만하게 발생하였다. 처음 침례가 이루어진 것을 기념하는 십 주년이 되었을 때까지 500명 정도가 이 운동에 합류하였다.

이주

1719년에 이르러 정부에서 가하는 핍박과 경제상 필요가 하나가 되어 형제단은 신세계로 이주할 가능성을 계산하게 되었다. 그들은 신세계에서 평화롭게 거하며 또 방해받지 않고 신앙을 실행에 옮길 지역을 찾기 원했다. 윌리엄 펜이 신세계를 초기에 방문한 소식과 네덜란드에서부터 온 여러 펜의 대리인에 의해서 유포된 신세계를 소개하는 소책자를 통하여 독일 형제단은 펜실베이니아를 가장 유력한 이주지로 여기게 되었다. 크레펠트에서 살던 이들은 필라델피아 시 북쪽 지역에 저먼타운을 개척하였던 첫 독일 집단이주자1683년의 후예와 직접 접촉했다. 그리하여 상당수 형제단은 저먼타운으로 이주하기 위하여 1719년 크레펠트를 떠났다.

슈바르제나우 회중은 1720년 제국 정부가 그들을 추방하기 위하여 비트

215) *Ibid.*, pp. 240–280.

겐슈타인 거주지역을 폐쇄하기 이전에 반드시 그곳을 떠나야만 했다. 그들은 레우바르든 인근 프러시아 마을로 이주하였다. 그들이 북미로 다시 한 번 이주할 결정을 내리는 것에 대하여 그들 일부와 이야기를 나누었던 한 18세기 미국 역사가는 다음과 같이 기록하였다:

> 형제단은 유럽에서 자급자족을 이룰 정도로 충분한 능력을 키운 적이 전혀 없었기 때문에, 네덜란드에 있는 많은 선한 친구가 그들에게 지대한 사랑을 보여주며 그들을 도와주었을지라도, 그들은 계속하여 새로운 거주지를 찾기에 갈급하고 있었다. 그 거주지는 그들이 하나님께서 복을 주심으로 그들 스스로 일하여 살아갈 수 있고, 온전한 양심 자유로 그들 여생을 보낼 수 있는 곳이어야 했다. 그러나 유럽에는 그들이 함께 이런 삶을 누릴 수 있는 거주지는 없었다.216)

알렉산더 맥이 주도하여 1729년에 선발대가 이주하였다. 1735년에 이르러서는 독일 형제단 대다수는 이주를 완결하였다. 유럽에 잔존했던 이들은 사멸하거나 메노나이트 같은 다른 모임에 합류하였다. 유럽에 있던 온전한 독일 형제단에 대한 최후 언급은 1740년대에 발견되었다.

발전과 분열

독일 형제단 최초1719년의 무리가 저먼타운 내부와 인근에 정착한 후, 그들은 회중을 조직하는 단계를 취하였다. 그들은 이 일을 1723년 크리스마스 날에 완결하였는데, 이는 먼저 그들이 아직 유럽에 있던 그들 동료 신자와 편지로 상의를 한 이후에야 그렇게 결정한 것이었다. 그들은 미국에서

---

216) Samuel Smith, 『펜실베이니아 주 역사』 *History of the Province of Pennsylvania*, ed. W. Mervine (Philadelphia: J. B. Lippincott Co., 1913), p. 189.

그들의 첫 번째 지도자로 피터 베커Peter Becker를 선출하였다. 베커는 바로 저먼타운 근처에서 첫 번째 침례식을 행하고, 첫 번째 애찬식를 진행한 이였다. 애찬식은 세족식요한복음 13장, 공동식사, 그리고 빵과 포도주를 나누는 것을 포함하는 성만찬 예배를 지칭하는 형제단의 용어였다.

이 침례식 이후, 독일 형제단은 급속하게 성장했다. 저먼타운에 거주하던 모든 형제단 남자 회원은 시골 지역 선교 사업에 착수하였으며, 그 결과로 많은 새로운 회중이 결성되었다. 부흥 정신이 편만해졌다. 북미 독일 민족 집단에서 발생한 종교 흐름을 개괄한 19세기 초반 루터교의 한 저자는 이 운동을 독일인 사회에서 "광대한 자극을 일으킨 첫 번째 열렬한 각성"으로서, 이는 그 뒤를 잇는 많은 부흥 물결을 위한 전조였다고 기술하였다.217)

오늘날 랭카스터 군Lancaster County에 있는 코네스토가Conestoga를 개척한 새로운 회중을 이끈 영적 지도자는 콘라트 바이셀Conrad Beissel이었다. 그는 요한네스 켈피우스John Kelpius 추종자에 의해서 저먼타운 인근에 설립되었던 은자공동체hermitage에 가입하고자 하는 소망을 가지고 미국으로 이주했었다. 그러나 이 공동체는 그가 도착했을 당시 이미 더 이상 존재하지 않았다. 저먼타운에 잠시 머문 후, 그는 은자로서 살기 위해 광야로 가서, 형제단에 의해서 침례를 받을 때까지 거기에 있다가, 코네스토가에서 지도자가 되었다. 그가 저먼타운 형제단과 관계를 단절하기까지는 그리 오랜 시일이 걸리지 않았으며, 동시에 그를 존경하는 이들이 모여들었고, 이들로부터 그 유명한 에프라타공동체Ephrata Community가 자라났다.

여러 독신주의자와 결혼한 "가장"householders이 연합하여 볼테르가 "최고로 타의 추종을 불허하는 그리스도인 집단"이라 불렀던 공동체가 구성되었

217) "미국 독일인 사회에서의 하나님 왕국 형성" (Gestalt des Reichs Gotts unter den Deutchen in America), *Evangelsches Magazin*, III (April, May, and June 1814), 3:131.

다. 전성기에 에프라타 공동체는 18세기 미국 경제와 문화로는 도저히 필적할 수 없는 수준의 생산성에 도달하였다. 그들이 운영하는 제분소, 인쇄소, 공방, 필사본 배경무늬 제작소, 그리고 학교는 학문적으로도 마땅히 집중연구 대상이 되어왔다. 토머스 만은 그가 저술한 소설『파우스투스 박사』*Doctor Faustus* 에서 에프라타 공동체가 발전시킨 독특하고 아름다운 합창 음악에 대하여 자세하게 토론하였다. 218)

명철했지만 오만했던 바이셀이 사망함과 동시에 에프라타 공동체는 성장과 영향력이 급속도로 감소했고, 곧바로 쇠락하기 시작했다. 이러한 상황은 독립전쟁이 발발함으로써 가속되었다. 브랜디와인Brandywine 전투가 끝나자 에프라타 공동체 형제자매는 부상병을 받아들여 돌보았다. 헌신하여 부상병을 돌보는 에프라타 공동체에 장질부사가 발병하여 휩쓸었다. 접촉 전염으로 이 병이 확산하는 것을 멈추도록 하기 위해서 공동체 건물이 소각되었다. 에프라타 공동체는 이 재난으로부터 결코 회복되지 못했다. 그렇지만 에프라타 공동체에 소속되었던 결혼한 구성원은 그들 신앙 관습을 19세기까지 지속했다. 남아있던 건물은 펜실베이니아 주에 의해서 최근에 역사 전당으로 보존되었다. 펜실베이니아 웨인스보로Waynesboro 인근에 있는 한 방계 공동체는 더 오랜 기간 동안 존속했으며 소수로 구성된 독일 안식일 침례교회는 아직 스노우힐에 있는 교회에 모여 예배한다.

주류 형제단이 에프라타 공동체가 일으킨 분열을 치유하였다. 쉐난도 계곡 남쪽에 여러 공동체가 설립되었고, 그 후 서부 개척지에서는 18세기 후반까지 공동체 설립이 계속되었다. 알렉산더 맥이 쓴 여러 책을 1810년 엮어낸 한 필라델피아 편집자는 다음과 같이 기록하였다: "북미 대륙의 서로 다른 지역으로 거듭 이주가 되는 곳마다 새로운 공동체가 형성되었다. 즉,

---

218) 볼테르가 남긴 이 평가는 그의『총서』*Oeuvres completes*, XVIII (Paris, 1878) p. 501 "교회" (Église)에 있다.

펜실베이니아 주 내륙 지방에서, 뉴저지에서, 메릴랜드, 버지니아, 노스캐롤라이나, 켄터키에서, 그리고 오하이오 주에서 아버지들을 대신하여 자녀들이 그들이 받은 신앙 원리에 근거한 진리를 증언하는 계승자로 일어났는데, 그 여러 선진은 이 신앙 원리 안에서 기쁨으로 가득 차 살았으며, 환희 가운데 죽었다."219)

1880년에서 1882년에 이르기까지 독일 형제단에 삼중 분열이 일어났다. 교회 신앙행습에 있어서 어떠한 변화도 거부한 보수파 "구질서파"Old Order가 먼저 교제를 끊었으며, 자유파 "진보파"Progressive가 너무 급속도로 앞으로 나갔기 때문에 형제단으로부터 출교를 당했던 것이다. 독일침례형제단 German Baptist Brethren으로 알려졌고, 1908년부터는 형제교회가 된 온건파는 주로 북미에 21만 5천 명의 성인 회원이 있다. 선교 계획이 이루어진 결과 해외 회원은 인도, 나이지리아, 그리고 에콰도르 등에 있다.220)

방법론자감리교 신자라 불린 사람들

교회를 개혁하였던 경건주의가 루터교회를 위한 것이었듯이 영국에서의 복음주의 부흥운동은 영국 국교회를 위한 것이었다. 스페너와 프랑케가 독일 민족을 위하여 일했던 것처럼 웨슬리와 휫필드는 앵글로-색슨을 위해 일했다. 여러 경건주의자가 독일 교회에 퍼부었던 많은 비판, 즉 이성주의, 성직자주의, 스콜라주의 등이 여러 영국 개혁자에 의해서 그들의 상황 속에서 반복되었다. 영국에서 현장 활동을 하던 여러 설교자가 많은 사회 병폐를 지적한 호소는 초기 여러 독일 경건주의자가 행한 훈계 설교 중 하나를

219) [John Schlingluff], ed., 『알렉산더 맥 ... 권리와 법령』 *Rights and Ordinances ... by Alexander Mack* (Philadelphia: John Binns, 1810), p. 16.

220) 『1967년 독일 형제교회 연감』 *Church of the Brethren Yearbook 1967* (Elgin, Ill.: General Brotherhood Board, 1967), p. 10.

떠올리게 한다.

많은 저자가 교회 개혁 운동이 좀 더 찬란하게 빛을 발하게 보이도록 하기 위하여 영국과 그 국가교회 상태를 매우 어둡게 묘사한 경향이 있음에도, 공정한 역사적 판단은 역사의 모든 것이 잘 된 것이 아님을 보여준다. 심지어 18세기 영국 국교회를 옹호하는 이들조차 이 시기가 그 오랜 교회 역사에서 가장 절정에 달한 시기임을 보여주려는 시도를 하지 않는다. 이신론으로부터의 맹공격은 잠잠해졌지만, 『유비』*Analogy*를 저술한 버틀러 주교Bishop Butler 같은 여러 옹호자조차 그들 대적이 가졌던 이성주의 전제를 용납하였다. 여러 국교회 투사는 그리스도교가 주장하는 진리가 완전한 합리성을 가지고 있음을 주장하기 위해 고된 싸움을 하였다. "광신"이야말로 그들이 내버리고자 하는 최악의 용어였다. 조세프 트랩Joseph Trapp 교수가 저술한 반反감리교 논박은 표본이 되는 입장을 취하고 있다: 『과도한 의로움이 가지는 성격, 우매함, 죄, 그리고 위험성: 오늘날 특정한 광신주의자가 가진 교리와 행습에 대한 관점』*The Nature, Folly, Sin and Danger of Being Righteous Overmuch, with a View to the Doctrines and Practices of Certain Modern Enthusiasts*, 1739.

악명 높게도 하노버 왕조의 영국은 법정 판결이라는 방법으로, 청교도 시대에 그랬던 것처럼 강요된 제자를 만들어 내었다. 법률은 십계명에 그것이 나타난 대로 반드시 그 자리에서 제거되지 "않아야" 하며, 사도신경에서의 그 적절한 위치에 반드시 들어가야만 한다는 온갖 기발한 고안이 회자되었던 곳이 바로 법정이었다. 타우니R. H. Tawney는 당대에 종교 책무를 가진 이들에 의해 주도된 종교 이해를 "신중함에 의하여 조절된, 그리고 때때로 약자를 위한 감성 깊은 동정심으로 부드러워진 덕성"으로 요약하였다.221)

221) Harry E. *Fosdick*, ed., 『종교개혁에서 들린 위대한 소리』 *Great Voices of the Reformation* (New York: Modern Library, 1952), p. 491에서 재인용.

이러한 미지근한 태도로부터 변화를 추구하기 위한 핵심 방법은 여러 개별 협회를 만드는 것이었다. 17세기에 형성되기 시작한 이들 협회는 종교에 관한 관심을 나누기 위한 느슨한 조직이었다. 첫 번째로 이러한 협회를 만든 이는 스페너에게 배운 안토니 호르넥Anthony Horneck 이었는데, 그는 라인란트 출신으로 영국 성공회 신부가 되었다. 이 협회는 여러 신사가 일주일에 한 번씩 만나 그들 자신의 영적 진보를 이룰 사안과 다른 사람을 도울 수 있는 방안을 토의하는 모임이었다. 이러한 협회 중 가장 중요한 두 개는 그리스도인지식확장협회Society for Promoting Christian Knowledge 와 해외복음촉진협회Society for the Propagation of the Gospel in Foreign Parts 였다. 이 두 협회는 미국에서 성공회가 발전하도록 하는 일에 깊숙이 개입하였다. 대체로 협회 접근 방식은 19세기와 20세기에 걸쳐 미국인 교회 생활에서 뚜렷한 특징이 된 자원 단체를 이루는 형태를 제공하였다.

"방법주의감리교" Methodism 라는 용어가 영국 역사에서 처음으로 사용된 것은 1639년에 한 논쟁가가 열변을 토하며 "설교에서 수사학이라는 모든 꽃은 악취 나는 잡초보다 못한 것으로 취급하는 아나뱁티스트 신자와 창 자루 같은 방법론자들"이라고 했던 것에 기인한다.222) 이것은 "평범한 사람을 위한 평범한 진리"를 지향하여 웨슬리가 가졌던 열망을 드러내는 전조前兆였다. 방법주의는 1730년대에 옥스퍼드에 모였던 우등생을 지칭하는 용어로 정립되었는데, 그들은 학업, 기도, 자선행위, 성례전 준수, 그리고 개인 경건에 있어서 체계성을 갖추고 준엄한 훈련을 실행하였다. 재기 넘치는 여러 대학인이 그들에게 주었던 다른 몇몇 칭호는 이보다는 좀 더 적게 칭찬하는 것이었다: "성서 좀 벌레" Bible Moths , "공덕을 쌓는 이들" Supererogation Men , "신성 모임" Holy Club . 이 중에서 방법론자라는 칭호가 그들에게

222) Henry W. Clark, 『영국 비순응주의 역사』 *History of English Nonconformity*, new ed. (New York: Russell & Russell, 1965), II: 211에 기록됨.

영구히 따라붙는 이름표가 되었다. 이 용어는 웨슬리를 안달하도록 하는 근원이 되기는 하였지만, 그는 그 용어를 영광스러운 것으로 차용했으며, 그를 비난하는 모든 이에게도 방법론자가 되라고 도전하였다. 그는 이 용어를 "그리스도교 공통 원리"에 근거하여 믿고 사는 모든 사람으로 정의하였다.223)

특권계층에 속한 학생들로 구성된 작고 자의식이 강한 파당에서 시작한 감리교는 대영제국과 북미에서 가볍게 교회 생활을 하던 이들 혹은 전혀 교회에 출석하지 않았던 일반인을 휩쓸어 개신교 교파에서 가장 힘이 있고 인기 있는 교회운동 중 하나가 되었다.

존 웨슬리

감리교 초기 역사 대부분은 존 웨슬리John Wesley , 그리고 그와 친밀하였던 소수 동료에 관한 전기를 모은 것이다. 웨슬리는 매우 복잡한 인물이다. 웨슬리는 생애 내내 분파와 대항하여 싸웠으며 영국 국교회에 헌신한 충성스러웠던 신부였음에도, 그 자신이 한 주요한 비순응주의 자유교회nonconformist Free Church를 조직한 사람이었다. 성례전이 적합하게 집행될 수 있도록 하기 위하여 사도 계승이 필요함을 옹호하였지만, 그는 자진해서 "감리사"를 안수하였으며, 그들을 미국으로 보내어 여러 다른 사람을 안수하도록 하였다. 그는 스물다섯 살에 피를 토했었지만, 여든여덟 살까지 살았으며, 여든다섯 살이 되어서야 늙은 것을 느끼기 시작하였다고 증언했던 사람이었다. 냉철하고 학자다운 성품을 가졌지만, 웨슬리는 자신이 전한 설교로 인하여 그의 발치에 넘어져 몸을 떠는 청중 수를 담담히 기록에 남겼다. 민주 정신을 가장 자랑스레 내세우는 교파 창시자였지만, 그 자신은 죽는 날까지 광범위한 지역에 산재하였던 양 떼를 철권으로 다스렸다. 쉬지

223) John Wesley, "감리교 신자 성품" (The Character of a Methodist), in *Fosdick, op. cit.*, pp. 505-513.

않고 여행하였지만, 그는 자신을 따르는 이들에게 권면하고 가르치기 위하여 440여권이나 되는 책을 저술하거나 편집하였다. 유아세례를 강력하게 옹호하였지만, 한 사람이 진실한 믿음을 가졌음을 보증하는 증거로 거듭남에 합당한 삶을 요구하였다. 현재 여러 전기 작가에 의해서 경건주의자, 루터교 신자, 영국 국교도, 혹은 모라비아 신자 등으로 광범위하게 구분되는 그는 레키William Edward Hartpole Lecky라는 역사가에 의해서 "16세기 이후 등장하였던 어떠한 사람보다 더 실제 종교 영역에서 가장 광범위한 영향력을" 가진 인물이라는 찬사를 들었다.[224)]

존 웨슬리 그리고 "다른 웨슬리"라 불렸던 존의 동생 찰스는 영국 에프워쓰Epworth 교구 국교회에 소속된 경건했지만 괴팍한 신부 아버지와 저명한 비국교도 성직자 후손 출신으로 강한 의지를 가졌던 어머니 사이에서 태어났다. 존과 찰스는 모두 열아홉 자녀를 둔 가정에서 각각 열다섯째와 열여덟째로 태어났지만, 영국의 한 군주가 시간을 맞추어 사망하지 않았다면, 아마 이들은 태어나지 않았을 수도 있었다! 남편 사무엘 신부가 가정예배에서, 낙마 사고를 당한 왕 윌리엄 3세를 위하여 기도하자, 아내 수산나가 자신이 가진 신앙에 근거하여 "아멘"으로 화답하기를 거부하는 일이 일어났다. 그 신부는 런던으로 떠나면서, 천둥처럼 소리쳤다: "만일 우리 부부에게 왕이 두 명 있어야 한다면, 우리 침대도 두 개 있어야 하오."[225)] 다행스럽게도 그 왕은 웨슬리 가정을 위해서, 물론 그 왕조를 위해서는 아니겠지만, 한두 달 후에 사망하였고, 웨슬리 신부 부부는 화해하였다. 그들의 결혼 상태가 다시 조화를 이룬 첫 번째 열매가 존이었고 , 4년 후 찰스가 뒤를 이었다.

그들의 소년 시절은 어머니에 의해서 주도되었는데, 어머니는 도덕과 일

224) Fosdick, *op. cit.*, p. 494에서 재인용.
225) Rupert E. Davies, 『감리교』 *Methodism* (Penguin Books, 1963), p. 44에서 재인용.

반 교육에 있어서 아들들이 지도 받을 수 있도록 시간을 짰다. 1708년 불만을 품은 일부 교구민에 의한 방화로 사제관이 불타오르는 화염 속에서 존이 기적처럼 구출된 이후로 어머니는 그에게 특별한 관심을 기울였다. 화재가 일어난 것을 알아차렸을 때, 부모와 몇몇 종이 모든 자녀를 구출하였는데, 그 다섯 살 박이 아이는 아직 창가에 서있었고, 인간 사다리 위에 올라갔던 한 잽싼 구경꾼에 의해 그곳에서 구출되었다. 수산나 웨슬리와 그 소년은 마치 "불길 속에서 낚아채낸 불타는 막대기"로서, 주님께서 맡긴 특별한 사명을 위하여 선별된 것처럼 여겨졌다.

웨슬리 가정 여러 아들은 가문 전통에 따라 옥스퍼드로 진학하였다. 존은 학자로서 두각을 나타내었고, 결국은 링컨 칼리지 전임강사로 지명되었다. 분명하게 그는 학자로서 경력을 쌓아나가게 되어 있었다. 그는 "잭Jack[226] 웨슬리가 있는 곳에 누가 바보로 남아 있을 수 있는가?"라고 말 할 정도로 동료 사이에서 유명세를 떨쳤다.[227] 전임강사로 재직하는 조건 중 하나로 존은 영국 성공회 부제deacon로 성직을 받아야 했다. 이 부제 성직 그리고 존이 에프워쓰 교구에서 자신을 계승하기를 원하는 아버지에 의해서 아들 웨슬리는 종교에 대하여 좀 더 진지하게 고려했다. 존이 초대교회 교부 저서를 읽고, 토마스 아 켐피스Thomas àKempis와 제레미 태일러Jeremy Taylor, 그리고 특별히 1727년경 윌리엄 로William Law가 저술한 경건 서적을 읽은 것이 그의 인생을 바꾼 수차례에 걸친 회심 체험 중 첫 번째가 되었다. 웨슬리가 아버지에게 다음과 같은 편지를 쓴 것은 1734년이었다: "하나님은 저를 반쪽짜리 그리스도인 상태로부터 구출해 주셨습니다." 이 말은 그의 앞으로의 생을 안내하는 좌우명이 되었다.[228]

존 웨슬리가 기울였던 첫 번째 관심사는 그 자신 내부를 향한 것이었는

226) 존에 대한 애칭-역주

227) Clark, *op. cit.*, II: 210에서 재인용.

228) Ronald A. Knox, 『열정』 *Enthusiasm* (Oxford: Clarendon Press, 1950), p. 243에서 인용되었다.

데, 그것은 그 자신이 구원 받은 것에 대한 만족할만한 확신을 얻고자 하는 추구였다. 이것이 곧 그가 신성 협회 혹은 방법론자들에게 합류하게 된 동기였는데, 이 모임에 대하여는 위에서 이미 기술하였다. 존이 1729년 고향에서 아버지를 도와서 교구 사역을 하고 있을 동안, 동생 찰스는 이 협회가 탄생하도록 하는 데 주된 역할을 수행하였다. 형 웨슬리는 학교로 돌아오자마자 그 모임에서 인정받는 지도자가 되었다. 이 당시 옥스퍼드는 학문과 경건에 있어서 최저점에 이르렀었으며, 이 협회 회원이 추구한 진솔한 행동은 곧바로 비웃음과 조롱을 샀다. 열광적인 글을 쓴다는 평가를 받은 적이 거의 없는 에드워드 기번Edward Gibbon 229)은 당대 옥스퍼드 교수 주류를 다음과 같이 성격지었다: "그들은 창조주로부터 받은 은사를 무관심하게 즐기는 안이한 사람들이었다.… 그들이 나누는 대화는 대학에 관한 일, 토리당230) 정치가, 추문에 얽힌 사람에 관한 잡담 속으로 빠져들었다. 그들이 행한 멍청하고도 심각한 폭음은 여러 젊은 학생에게 광포한 음주를 위한 핑계거리가 되었다."231)

이러한 상황 속에서 방법론자들은 공격을 받았지만, 자신들의 구원을 추구함에 있어서는 결코 낙담하지 않았다. 그들이 가졌던 속으로 파고드는 정신은 존 웨슬리가 아버지에게 보낸 기나긴 답장 사본에 잘 나타나 있는데, 사무엘은 급속도로 악화되는 건강 때문에 자기 아들이 에프워쓰로 돌아와서 교구 사역 임무를 전적으로 맡아줄 것을 재촉하였었다:

> 제 생애의 한 가지 목표는 저의 거룩함을 확보하는 것인데, 이는 제 자신이 거룩한 존재가 되지 않고서는 다른 사람을 진정 거룩한 삶으로 이끌 수가 없기 때문입니다. 옥스퍼드에서 일부 선별된 친구로 구성된 모임을

---

229) 『로마제국 쇠망사』를 지은 영국 역사가-역주

230) 왕당파-역주

231) Davies, *op, cit.*, p. 47에서 재인용.

유지함에 있어서, 세상에 속한 모든 시시하면서도 끈덕진 요구로부터 저 자신을 구별함으로, 내가 어느 다른 장소에서 가질 수 있는 것보다 더 거룩하게 될 좋은 기회를 이곳에서 누립니다.… [그래서] 저는 아버지 교구에서는 전혀 쓸모가 없는 사람일 것입니다. 저는 아버지 교구에 있는 그런 촌스런 이들에는 어떠한 좋은 일도 할 수 없으며, 저는 아마도 불규칙하고 방탕한 습관 속으로 다시 빠져 들어갈 가능성도 있습니다.232)

1735년 웨슬리가 다른 사람을 섬기는 활로가 약속되며, 동시에 종교에서 얻는 평안함을 발견할 수 있는 기회가 찾아왔다. 그것은 조지아 식민지에 인디언233)을 위한 선교사로 가는 것이었는데, 웨슬리는 인디언에게서 루소Jean-Jacques Rousseau가 말한 것과 같은 낙원을 발견할 것을 기대하였다. 웨슬리가 인디언에게 가르칠 때 그들이 순수한 정직함과 솔직함으로 반응한다면, 그 자신은 난해한 대학 환경에서는 얻기 힘든 분명함을 얻게 될 것이었다. 이렇게 웨슬리는 "이교도에게 복음을 전파함으로써 그리스도의 복음이 가지는 진정한 느낌을 체험하기를" 희망했다.234) 박애주의자 제임스 오글쏘프James Oglethorpe는 영국에서 채무로 인해 감옥에 갇혀 있는 많은 이가 그 악순환으로부터 빠져나올 길을 만들어 주기 위하여 조지아 식민지를 개척하였다. 그리하여 오직 돈을 벌려는 목적으로만 조지아에 온 주민은 그 옥스퍼드 출신 신부가 가진 원주민에게 복음을 전하려는 관심사에 대해서는 그리 중요하게 생각하지 않았다. 오글소프가 가진 주된 관심사는 영국에서 이주한 정착민을 위한 영적 자양물을 공급하는 것이었다. 찰스 웨슬리도 존을 돕는 서기로서 함께 갔다.

---

232) *Ibid.*, p. 51.

233) 미국 원주민

234) Emory S. Buckle, ed., 『미국 감리교 역사』 *The History of American Methodism* (New York: Abingdon Press, 1964), I: 54.

조지아 선교는 웨슬리에게 큰 실패로 끝났다. 그곳에 거주한 2년 여 동안 그는 결코 인디언을 접촉한 적이 없었다. 웨슬리가 사바나Savannah 주민에게 고교회high-church 교회 권징을 내리려고 시도하자 사실상 반항이 일어났고, 그는 실패자요 고뇌자로서 영국으로 내쫓겼다.

알더스게이트 회심 체험

그럼에도 웨슬리가 미국에 다녀온 경험은 그가 그렇게도 주도면밀하게 추구하였던 종교에서의 확신을 찾는 길로 그를 인도하였다. 1735년 미국으로 가는 선상에서 그는 모라비아 신자 일행을 만났는데, 그는 그들과 소통하기 위하여 독일어를 배웠다. 항해 중에 만난 위급한 상황에서 웨슬리 자신을 포함한 모든 승객이 극도로 공포에 빠졌을 때에도, 모라비아 신자들은 평화롭게 찬양하며 기도하였다. 이 때문에 웨슬리는 강한 인상을 받았고, 그리하여 모라비아 신자, 그리고 그들의 미국 지도자인 아우구스트 고트리프 스팡겐베르크August Gottlieb Spangenberg와 친밀한 교제를 시작하였다. 그 모라비아 신자는 웨슬리로 하여금 그와 예수 그리스도와의 관계에 대하여 직면하게 하였다: "당신은 그분이 당신을 구원하셨음을 아시오?" 웨슬리는 응답하였다: "나는 그가 나를 구원하시기 위하여 돌아가셨기를 소망하오." "당신은 당신 자신에 대하여 아시오?" 웨슬리는 대답하였다: "나는 압니다." 그러나 그는 후에 자기 일기에 다음과 같이 적어두었다: "나는 그 대답들이 단지 공허한 것에 그칠까 두렵다."[235] 영국으로 돌아와서, 웨슬리는 다른 모라비아 신자인 피터 뵐러Peter Böhler의 도움을 받았는데, 뵐러는 곧 미국으로 갈 예정이었다. 뵐러가 준 조언은 "믿음을 가질 때까지 그것을 설교하시오. 그러면 다음에는 당신이 믿음을 가졌기 때문에 믿음을 설교하게 될 것이오"라는 것이었다.

---

235) Davies, *op. cit.*, p. 54.

웨슬리는 그 조언대로 시도하였다. 1738년 5월 24일 드디어 웨슬리에게 획기적인 일이 일어났는 데, 감리교 신자는 아직도 이 날을 기념한다. 그 날 저녁 그는 알더스게이트에서 열리는 한 지역 모임에 갔는데, 이 모임은 성공회교도에 의해 후원을 받았지만, 모라비아 신자에 의하여 영향을 받았다. 거기서 그는 마르틴 루터Martin Luther의 『로마서 주석』 서론을 읽는 것을 듣게 되었다: "아홉 시 십오 분 전 쯤, 루터가 그리스도를 믿음으로 말미암아 하나님께서 마음에 변화를 일으키신다는 설명을 하고 있을 때, 나는 이상하게도 내 마음이 뜨거워지는 것을 느꼈다. 나는 구원을 위해 내가 그리스도만을 신뢰해야 한다고 느꼈다. 그리고 그가 내 모든 죄, 심지어 나 자신까지 모두 거두어 가셨고, 죄와 사망의 법에서 나를 구원하셨다는 확신을 가졌다."[236]

이 자주 인용되는 회심 사건은 보통 존 웨슬리 생애에서 전환점으로 간주되지만, 이 사건은 로Law가 저작한 『경건하고 거룩한 삶으로의 진지한 초청』*Serious Call to a Devout and Holy Life*을 읽고 경험한 초기 회심과 그 이후 계속되던 경험이라는 상황 속에서 해석되어야만 한다. 그 해 늦게, 웨슬리는 뉴잉글랜드 부흥에 관하여 조나단 에드워즈Jonathan Edwards가 기술한 것을 읽음으로 심대한 영향을 받았다. 웨슬리가 알더스게이트에서 얻은 통찰력이 주는 중요성은 그것이 그 스스로 노력으로 구원을 성취하려는 분투라는 짓이기는 압박으로부터 그를 해방하였다는 데 있다. 마르틴 루터가 "오직 믿음만으로 얻은 칭의"를 통하여 평화를 얻은 것처럼, 웨슬리도 엄격한 자기 통제가 마음에 평화를 줄 수 없음을 알았다. 공덕이 없이 얻은 하나님 은혜 "값없는 은혜"〈Free Grace〉를 특별하게 부르는 후기 감리교 표현가 그를 위하여 준비되었다. 이 은혜는 웨슬리 그 자신의 구원을 위하여 심각하게 손실을 끼치던 관심사로부터 자유를 가져왔으며, 동시에 그가 추구하던 것과 동일한

236) *Ibid.*, pp. 57–58.

평화를 추구하던 다른 이를 돕는 데 그가 가진 엄청난 정력을 기울일 수 있도록 하였다. 그가 다른 이를 돕는 능력을 가졌다는 것을 경험을 통하여 발견하였을 때, 이 경험은 그가 가진 확신을 더욱 강하게 하였다. 알더스게이트 체험 이후 어느 정도 좌절이 있기도 했지만, 이제 웨슬리는 그가 가야할 목표를 분명하게 찾았다.

1738년 여름 웨슬리는 친첸도르프 백작Count Zinzendorf 영지 내 헤른후트에 있는 모라비아교 본부를 방문하기 위하여 독일을 여행하였다. 웨슬리는 그곳에서 여생을 기쁘게 보낼 수 있을 수도 있다고 공언할 정도로 깊은 감명을 받았다. 하지만, 그를 동요하게 하는 몇 가지 사안에 대하여 주목했다. 이 내용에 대하여 그는 후에 그 여러 독일 친구에게 보내는 편지에 차례대로 적었지만, 그는 끝내 그 편지를 부치지는 않았다. 웨슬리는 윤리적 감각 신경을 끊어버릴지도 모를 모라비안 신자들의 믿음으로 얻은 의에 쏟아붓는 엄청난 강조, 또 친첸도르프에 대한 과도한 의존, 그리고 행함에 대한 강조가 가벼워질 수 있는 유혹에 대하여 비판할 필요성을 발견하였다. 이러한 비판점은 결국 웨슬리와 모라비아 신자 사이 관계를 단절로 이끌고, 또 모라비아 신자가 웨슬리에 대하여 가진 점증하는 거리감을 일으키는 전조가 되었다.

영국으로 돌아왔을 때, 존 웨슬리와 그 형제 찰스는 런던에서 설교할 기회를 얻었다. 그들이 전한 메시지에 감동을 받은 이들이 그들을 따로 만나서 상담을 할 수 있는 기회를 달라고 간청하였다. 이러한 상황이 주는 압박감이 너무 많아지자, 어떤 사람이 조언을 원하는 이들은 매주 특정한 시간에 함께 모이는 것에 동의하라고 제안하였다. 웨슬리는 감리교 탄생에 대하여 "그리하여 양측에서 사전에 어떤 의도함도 없이 후에 **신도회**Society 라는 매우 순수한 이름으로 불리게 된, 그리고 런던에서 매우 유명해진, 몇몇 사

람이 함께 그들 스스로를 돕는 모임이 생겨났다"고 소상히 서술하였다.237)

복음주의 부흥운동

이러한 일이 있기 이전에 이미 복음주의 부흥운동은 진행 중이었다. 감리교가 절정을 향해 치닫도록 처음 운동을 일으킨 이는 조지 휫필드George Whitefield 였다. 여관을 경영하는 부모를 두었던 그는 옥스퍼드에서 부유한 학생을 섬기는 종으로 출발함으로써 대학 교육을 받을 수 있었다. 비록 신성 모임이 추구하던 관심사를 분명히 인식하고 공감했지만, 그는 사회 계급에서의 차이로 인하여 그들에게 자신을 알리는 것을 주저하게 되었다. 우연한 기회에 그들은 그를 알게 되었고, 그는 곧바로 그 모임 속으로 빠져 들어갔다. 웨슬리가 옥스퍼드를 떠났을 때, 그 모임에서 지도력을 발휘한 이는 바로 휫필드였다.

엄격한 생활훈련 때문에 휫필드는 1735년 건강에 심각한 이상을 겪게 되었는데, 이 건강 이상은 그를 철저한 회심으로 이끌었다. "나는 나를 너무나 무겁게 짓누르던 짐으로부터 구출 받았다. 슬픈 기운은 나로부터 떠나갔으며, 나는 내 구주 하나님 안에서 진정으로 즐거워하는 것이 무엇인지 알았다." 그는 어린 나이에도 불구하고 영국 국교회에서 안수를 허락 받았으며, 그가 전한 첫 번째 설교에서부터 능변과 넘치는 힘 때문에 명성을 얻었다. 1736년에 이르러는 그가 전한 설교 결과가 너무나도 주목할 만해서 이 해는 영국 복음주의 부흥운동이 시작된 해로 간주되었다. 그는 지성에 있어서 탁월함을 가졌다고 인정되지는 않았지만, 그에게는 감동을 주는 음성, 복음에의 열정, 그리고 사람을 향한 진정한 관심이 있었다. 이에 대해 클라크는 다음과 같이 기술하였다:

237) "방법론자들(감리교 신자)이라 불린 이들에 대한 진솔한 기록" (A Plain Account of the People Called Methodists), in Fosdick, *op. cit.*, pp. 500−501.

황홀하게 아름다운 말이 처음으로 폭발하여 쏟아져 나오자, 대중을 휩쓸었고, 단단한 심령을 녹였으며, 초라하고 무지한 이들의 마음이 그 메시지로 인하여 쪼개졌으며, 그를 경멸하던 자들을 침묵하도록 쓰러뜨렸고, 때때로는 좀 더 잠잠하게 했다. 휫필드의 영혼에 불꽃이 타오르자, 복음을 전하고자 하는 열정 때문에 옥스퍼드에서 학문을 추구하는 환경에나 시골 교구를 맡아서 순회하며 근무하는 것에 그는 안주하지 못하였다. 오히려 그는 그 열정으로 바다를 건넜고, 그가 가진 것과 동일한 믿음으로 수많은 사람이 구원받도록 하였다.238)

휫필드는 대서양 양안에서 동일하게 유명한 첫 번째 초대서양transAtlantic 인사였다. 그는 북미를 모두 일곱 번 방문했는데, 그 짧은 생애 중 바다에서만 온전히 2년을 보냈고, 그 마지막 방문 중 미국에서 죽음을 맞이하였다. 비록 분명히 모든 것을 소진했음에도, 그가 매사추세츠 뉴버리포트Newburyport에서 죽음을 맞이하기 전날 밤에 전하는 설교를 듣고자 모인 이들에게 있는 힘을 다해 설교하려고 할 때, 휫필드가 가진 생명은 그가 잡고 있던 촛불처럼 최후로 깜빡거렸다.

휫필드가 설교하던 한 성공회 교회당 안에 벌레 떼처럼 수많은 사람이 모여들어 심지어 창문 밖에서도 듣고자 하는 것을 그가 보았을 때, 그에게는 야외 설교에 대한 착상이 불현듯 떠올랐다. 웨슬리는 이러한 새로운 고안에 대하여 그가 겪은 충격을 기록하기를 교회 건물을 이루는 벽 바깥에서 사람을 회심하게 하는 것은 죄라고 생각했었다고 하였다. 휫필드가 거듭하여 촉구한 후에 웨슬리는 크게 주저하면서 그 방법을 받아들였다. 야외 설교가 주는 중대한 이점은 단지 2만 명에 이르는 군중이 모이는 수적인 차원만은 아니었다. 그것은 또한 전통으로 이어 내려온 교구 체제를 산산조

238) Clark, *op. cit.*, II: 217.

각 내었다. 웨슬리가 온 세상이 자신이 일하는 교구라고 자주 거듭한 진술은 세계 선교를 우선으로 촉구하는 것에 그 강조점이 있지 않다. 그것은 하나님 말씀이 낡은 교구 체제에 의해서 매이지 않고 설교되어야 하는 긴급성에 대한 선언이었다. 농업에서의 변화와 공장산업이 발전한 결과 일어난 영국에서의 인구 변동, 많은 주교가 자기 관구를 자주 비우는 것, 그리고 지역교회에서 사역할 고용인이 부족한 것 등은 영국 성공회 제도를 확실하게 시대에 뒤지게 하였다. 이러한 분명한 필요에 직면하여 휫필드와 그를 따라한 웨슬리는 전통으로 내려온 교회 규정을 기꺼이 깨뜨리려 하였다.[239]

이 두 복음전도자는 이전에 거의 복음이 알려지지 않았던 여러 지역에 이르러서, 이해할 수 있으며 깊은 인상을 남기는 형태로 메시지를 전할 때, 청중이 여러 가지 감정 표현을 자유롭게 드러내도록 허용했다. 이러한 표현은 때때로 울음, 놀람, 넘치는 기쁨, 열광 형태로 나타났다. 최근에 한 저자는 웨슬리에 의해서 묘사된 이러한 감정 현상에 대한 기록을 심도 있게 연구하여 이는 "세뇌"에 의하여 나타난 것이 분명하다고 하였다.[240] 하지만 존 웨슬리는 감정에 의존하는 것이 가져오는 위험에 대하여 경고하였으며, 순회설교에 의하여 "각성된" 사람을 훈련하고 인도하는 것이 매우 중요하다고 강조하였다. 메시지를 받아들이는 것만으로는 충분하지 않으며, 개종자는 반드시 조직되어야만 한다. "나는 사탄이 어느 곳에서든 사람이 절반만 각성되고 다시 잠에 곯아떨어지는 것을 원한다는 것을 … 점점 더 확신하게 되었다. 그러므로 나는 하나님 은혜에 의해서, 내가 바닥까지 다다를 수 없는 곳에서는 아예 두드리지도 않기로 결단하였다."[241]

---

239) Albert C. Outler, ed., 『존 웨슬리』*John Wesley*(New York: Oxford University Press, 1964), p. 72를 보라.

240) William Sargant, 『마음을 위한 전투』 *Battle for the Mind* (Garden City, N.Y.: Doubleday & Co., 1957).

241) Buckle, *op. cit.*, I: 19.

조직

웨슬리는 자신이 조직한 단체를 다루는 솜씨와 철저함에 있어서 두 번째 로욜라라 불려왔다. 반회bands , 속회classes , 신도회societies , 전국총회conferences는 감리교 신자들이 가진 외부로 드러나는 형태적 틀이었다. 이러한 착상 중 많은 부분은 모라비아 신자로부터 왔지만, 이들 조직은 웨슬리에 의해서 새로운 방식으로 사용되고 또 새로운 효용성을 내도록 구성되었다.[242] 웨슬리는 조직을 구성하고 이끄는 것을 자신이 해야 할 주요 업무로 보았다. 웨슬리는 자기 동생 찰스에게 "즉석에서 일어나는 축복이 지속하여 살아남도록 나는 내 정규 소명에, 즉 일이 점진하여 계속 이루어지도록 좀 더 많은 시간을 내야한다"고 기록하여 보내었다.[243]

웨슬리 자신은 감리교 체제가 시작된 것은 모임 장소를 위하여 지불할 돈을 모금하는 방법에 대하여 한 회원이 제의해 준 것을 수용한 결과라고 기술하였다. 그 생각은 각 회원으로부터 1페니 씩 모금하기 위하여 지역 지도자가 매주 방문하는 열두 명으로 이루어지는 모임을 구성하는 것이었다. 웨슬리는 교회 권징 문제를 해결하는 방편으로 그 계획을 자기 것으로 만들었다. "나는 속회를 이끄는 모든 인도자를 함께 불러 모아 그리하여 우리는 그들과 그 동료를 부르는 칭호에 익숙해졌다 각 인도자가 매주 돌본 이들이 취한 행동 중 특별한 사안에 대하여 보고하기를 원했다. 그들은 그렇게 하였다. 바르게 살지 않는 많은 이가 적발되었다. 일부는 악으로부터 그들 삶을 돌이켰다. 일부는 우리로부터 떨어져 나갔다. 많은 이가 그것을 두려움 가운데 바라보았고, 하나님을 영광스럽게 섬김으로 즐거워하였다."[244] 공산당 세포조직은 웨슬리 조직에 빚을 지고 있는 듯한데, 아마도 감리교와 강한 연계

242) Clifford W. Towlson, 『모라비아 신자와 감리교 신자』 *Moravian and Methodist* (London: Epworth Press, 1957), pp. 174–247을 보라.

243) Outler, *op. cit.*, p. 82에 나오는 존 웨슬리가 찰스 웨슬리에게 1766년 6월 27일 보낸 편지.

244) "평이한 서술" (A Plain Account), in Fosdick, *op. cit.*, pp. 503–504.

를 가지고 있는 영국 사회주의를 철저하게 숙고한 결과인 것 같다. 속회에 참석할 수 있도록 사사분기마다 서명을 한 회원권을 배부한 것은 교회 훈련에 있어서 한 효력 있는 도구를 제공하였다.

감리교 운동이 확장되자, 웨슬리는 자신과 함께 일하는 이들과 계속해서 연결을 유지하는 것이 어렵다는 것을 발견하였다. 그는 휫필드가 지시, 협동, 그리고 업무 분야를 할당하는 방편으로 연례 국가 총회를 열라고 제안한 것을 받아들였다. 필요에 수급할 만큼 안수 받은 성직자가 충분하지 못하자, 웨슬리는 평신도에게 도움을 청해야만 할 압박을 받았다. 비록 그가 이 일을 가볍게 처리하지는 않았지만, 그가 본질상으로 이미 경험한 것에 근거한 방침으로, 사역은 그들이 공식 신학 훈련을 받았든 그렇지 않든 간에 분명한 은사를 가진 모든 사람을 요구한다는 것을 느끼도록 곧바로 그를 인도하였다: "나에게 오직 죄를 범하는 것 외에는 두려워하는 것이 없고, 하나님을 구하는 것 외에는 바라는 것이 없는 설교자 100명을 달라. 그러면 나는 그들이 성직자인지 평신도인지 지푸라기 하나 만큼도 따지지 않을 것이다. 오직 그런 사람만이 지옥문을 요동하게 할 것이며, 이 땅 위에 하나님 왕국을 세울 것이다."245) 업무 지역을 순회하도록 하는 방식이 사역자를 위하여 마련되어 일정하게 할당되었다. 일 년 혹은 최대한으로는 이 년 후에는 사역자가 다른 순회 지역으로 전출되었는데, 이는 그들이 가진 서로 다른 능력이 서로서로를 협조하며, 그리하여 한 사역자가 해야 할 가장 중요한 일이 제 시간에 이루어질 것이라는 전제에 근거한 것이었다.

갈등

다양한 그리스도교 교파 사이에 급증하는 교리 경쟁이 이루어지던 시대

245) Horton Davies, 『영국 자유교회』 *The English Free Churches* (London: Oxford University Press, 1952), p. 133에서 재인용.

에 존 웨슬리는 관용과 화해를 갖자고 제안하였다. "생각하라, 그리고 생각하게 하라" Think and let think 는 그가 주장하던 표어 중 하나였다. 그가 가지고 있던 동일한 관심사에 대한 좀 더 자세한 표현은 그리스도인 행동을 교리보다 특징 있게 강조한 다음 인용문에 나타난다:

> 나는 내 의견에 관하여 당신과 분쟁하지 않을 것입니다. 다만 당신 마음이 하나님을 향하여 옳다는 것, 당신이 주 예수 그리스도를 알고 사랑한다는 것, 당신이 당신 이웃을 사랑하고 당신 주님께서 걸으신 그 길을 당신도 걷는다는 것을 내가 본다면, 나는 더 이상 바라는 것이 없습니다. 나는 의견에 넌더리가 납니다. 그것들을 참아주기에 너무 지쳤습니다. 나는 이 천박한 음식에 구역질이 납니다. 나에게 확실하고 견고한 신앙생활을 주시오. 나에게 겸손하고, 온유하게 하나님과 사람을 사랑하는 사람, 은혜와 선한 믿음으로 가득하며, 치우침이 없고 위선이 없는 사람, 자신을 믿음의 역사와 소망의 인내와 사랑의 수고를 위하여 내던지는 사람을 주시오. 그들이 누구이든 간에, 그들이 어떤 의견을 가졌든지 간에 내 영혼이 이러한 그리스도인과 함께 있게 해주시오.246)

물론, 어떤 사람이 "내 마음이 곧 그대의 마음인 것처럼" 다른 사람의 마음이 올바른 그 누구에게라도 손을 내밀 것이라고 주장한다면 그는 이미 명백하게 특정 신학 입장을 취하고 있는 것이다. 교리에 있어서 분명함과 정체에 있어서 정밀함에 큰 무게를 두는 다른 이들은 반드시 반대한다. 웨슬리가 이렇게 거부하였음에도, 그가 취한 입장은 웨슬리 자신 만큼이나 그들 스스로를 헌신된 그리스도인이라고 여기는 많은 이에 대한 명백한 모독이었다. 그가 전 세계를 자기 교구로 삼았음에도, 최소한 어떤 지역을 위한

---

246) Fosdick, *op. cit.*, p. 129에서 재인용.

의무를 가지고 있다고 여기는 이들이 있었다. 버틀러 주교가 다음과 같이 공언하였을 때, 그는 많은 이를 대신하는 의견을 표명한 것이었다: "선생, 성령으로부터 비범한 계시와 적합한 것을 받았다고 자칭하는 것은 역겨운 일-매우 역겨운 일입니다. 당신은 이곳에 아무런 할 일이 없습니다. 당신은 이 주교 관구 내에서 설교하도록 임명받지 않았습니다. 그러므로 내가 당신에게 충고하노니, 당신 집으로 돌아가시오."247)

웨슬리 역시 자신과 최측근에 있던 이들과 심각한 불일치를 겪고 있음을 발견하였다. 먼저 그는 모라비아 신자, 특별히 정적주의quietism를 옹호하는 영국에 있는 모라비아 신자 분지와 결별하였다. 웨슬리는 모라비아 신자가 예수께서 이룬 속죄와 하나님 은혜를 강조하는 것은 율법폐기론을 범하는 죄가 있는 것이며, 그것은 그들이 성화 단계에 다다랐기에 자신들을 그리스도께서 가르치신 율법보다 더 우위에 두는 것이라고 여겼다.

웨슬리는 휫필드와 그 추종자와 좀 더 심각하게 충돌하였다. 이 분열은 한 세기 전에 특수침례교회와 일반침례교회 사이에서 일어났던 것과 병행관계를 이룬다. 휫필드가 예정에 있어서 칼뱅주의 교리를 고수한 반면, 전도와 집단 회심에 관련된 이들에 대하여 좀 더 논리를 추구하였던 웨슬리는 아르미니우스주의를 공언하였다. 그는 심지어 자신이 주도하는 정기간행물 이름을 『아르미니우스주의자 잡지』*The Arminian Magazine*라고 명명하였다. 이 투쟁은 영국 복음주의 부흥운동 두 지도자 사이에 날카로운 긴장을 조성했지만, 온전하고 최후까지 가는 분열에 이르지는 않았다. 그들은 이 사안에 대하여 합의하지 않기로 합의했다. 그 결과 두 다른 교파가 생겨났는데, 이는 웨슬리 감리교와 헌팅던 부인문도Lady Huntingdon's Connection이다. 두 번째 교파 이름은 휫필드를 최고로 후원한 부인 이름으로부터 온 것이었다.

---

247) H. Davies, *op. cit.*, p. 129에서 재인용.

그러나 가장 다루기 힘들고 가장 오래 끌었던 긴장은 영국 국교회와의 갈등이었다. 한 진영에는 웨슬리가 있었는데, 그는 그 국교회에 충성을 바친다고 공공연하고도 꾸준하게 선언했다. 사망하기 바로 전 해까지도 그는 이를 재천명하였다: "나는 영국 성공회 회원으로 태어나고 죽노라."248) 또 다른 진영에는 웨슬리가 일으킨 부흥운동이 가리키는 모든 방향은 분열로 인도하도록 되어있다고 본 성공회교도가 있었다. 회개하고, 헌신하고, 거듭난 그리스도인이 단단히 자원 공동체 사회를 구성해야 한다고 웨슬리가 강조한 것은 세례와 신조, 그리고 성례전과 신부로 구성된 교회와는 정반대 방향에 있었다. "사실, 성공회 성직자단이 정확한 직관에 의해서 알아차렸던 것 웨슬리 자신은 알아차리기를 실패했던 것은 감리교는 성공회가 방심하지 않고 지키기를 원했던 지역 속으로 비순응주의자 정신을 드러낸 표지sign를 달고 침입한 것이었다."249) 초기 감리교 역사에서 읽을 수 있는 것은 웨슬리가 가지고 있던 기본 입장을 이루는 논리가 점차 해이해졌기 때문에 분열로 이끌어 가고 있음에도, 정작 웨슬리 본인은 그러한 발전을 받아들이기를 주저하였다는 것이다.

죽기 전, 웨슬리는 그 분열에 인봉을 치는 두 가지 행동을 취하였다. 첫 번째는 1784년 "행동강령" Deed of Declaration을 발표한 것인데, 이로써 그는 100명을 따로 구분하여 "감리교 신자라 불리는 사람들 총회" The Conference of the People Called Methodists로서 섬기도록 하였다. 더 심각하였던 것은 웨슬리가 토머스 코크 박사Dr. Thomas Coke 250)를 안수하고, 미국으로 파송하여, 그곳에서 여러 다른 이를 안수하도록 한 것이었다. 웨슬리는 영국에는 성공회 주교가 있지만, 미국에는 없다는 점을 지적하며 자신이 행한 것을 정당화하였다. 실제 필요를 채우는 것이 교회법을 잘 지키는 것보다 더 중요했

---

248) Knox, *op. cit.*, p. 506에서 재인용.

249) Clark, *op. cit.*, II: 228.

250) 1747-1814, 미국 최초 감리교 주교-역주

다:

그러므로 이제 내 주저함은 종국을 맞이하였습니다. 그리고 나는 추수할 밭에 일꾼을 세워서 보냄에 있어서 어떠한 질서도 깨뜨리지 않고 어떠한 사람의 권리를 침해함이 없이, 내 자신이 온전한 자유를 가지고 있음을 상기합니다.… 만일 어느 누구라도 광야에 있는 불쌍한 양 떼를 먹이고 인도함에 있어서 좀 더 사리에 맞으며 성서를 따르는 길을 제시하여 준다면, 나는 기쁨으로 그 길을 포용할 것입니다.… [미국에 있는 우리 형제는] 이제 성경과 초기 교회를 순수하게 따름에 있어서 온전한 자유를 가지고 있습니다.251)

크게 놀란 동생 찰스는, 수많은 찬송을 지어 수많은 사람을 감리교로 인도하였던 그 시적 재능으로 웨슬리에게 응수하였다:

얼마나 쉽사리 여러 주교가 만들어졌는가,
남자 혹은 여자가 가진 변덕에 의해서.

웨슬리는 코크에게 손을 얹었지만,
웨슬리에게는 누가 손을 댈 수 있을까?

그리하여 "훌륭한 저서 목록, 잘 직조된 성직자 가운, 엄청나게 더럽혀진 명성, 그리고 감리교회 외에는 남겨둔 것이 없이" 1791년 웨슬리는 그렇게 죽었다.252)

251) "'미국에 있는 우리 형제'에게" (To 'Our Brethren in America') in Outler, *op. cit.*, pp. 83–84.
252) Fosdick, *op. cit.*, p. 497에서 재인용.

미국 감리교

미국 감리교가 시작하는 연극의 주연 배우는 평신도였다. 열렬하고 앞날을 두려워하지 않던 아일랜드인 로버트 스트로우브리지Robert Strawbridge, 1781년 사망는 1760년대에 메릴랜드 주 프레데릭Frederick에 정착하자 곧바로 인근 지역을 방문하여 설교하기 시작하였다. 그는 비록 목회자로 안수 받은 적이 없었지만, 목사가 필요했던 이들에게 성례전을 집행하는 데 아무런 거리낌이 없었다. 뉴욕 주에서는 아일랜드에서 이민 온 또 다른 사람이었던 필립 엠버리Philip Embury 253)가 1766년부터 한 무리 자기 동포에게 설교하기 시작했다. 이 사람들은 독일인 후손으로서, 그들은 팔라티네이트에서의 만족스럽지 못한 환경으로부터 피신하여 먼저 아일랜드에 정착했었다. 엠버리의 사촌 중 하나인 바바라 헥Barbara Heck: '미국 감리교의 어머니' 로 불림-역주은 전해 내려오는 말처럼 "우리 모두 함께 지옥으로 가지 않도록" 엠버리에게 이민자 사회에서 도덕성이 무너지는 것을 막기 위해 무엇인가를 하라고 촉구하였다. 속회 하나가 구성되었고 여러 모임이 열렸는데, 이들은 토머스 웹 선장Captain Thomas Webb이라는 풍채 좋고 외눈이었던 영국 장교가 가입하였을 때 급속하게 성장하였다. 웹은 설교단을 가로질러 칼 하나를 걸어놓은 후, 입담 좋은 감리교 평신도 설교자로서 그 기량을 발휘하는 방식을 사용했다.

이 사람들은 도움을 구하기 위하여 영국에 청원서를 보냈다. 1796년 웨슬리는 자원자를 모집하며, 뉴욕 주 속회는 "자금 지원이 시급하지만, 설교자 지원은 훨씬 더 시급하다"고 널리 알렸다.254) 처음으로 응답한 두 사람은 조셉 필모어Joseph Pilmoor와 리처드 보드맨Richard Boardman이었다. 마케도니아로부터의 청원에 응답한 단연코 가장 중요한 감리교 설교자는 프란

253) 1775년 사망

254) Buckle, *op. cit.*, I: 81에서 재인용.

시스 에즈버리Francis Asbury 였는데, 그는 웨슬리가 영국에서 이루었던 것을 미국에서 해 낸 이였다. 한 전기 작가가 그를 부른 대로 이 "오랜 여정을 밟아온 예언자"는 쉬지 않는 여행을 통해서 전 미국을 자기 집으로 만들었다. 그가 남긴 일기는 44년 정도에 달하는 사역을 담고 있는데, 그 기간에 감리교는 산재한 지역 공동체에서 생존을 위해 분투하던 한 모임으로 출발하여 미국에서 가장 많은 회원을 가진 개신교파 둘 가운데 하나로 발전하였다.

미국 초기 감리교가 이루어낸 업적은 독립전쟁Revolution , 1775-1783 기간에 감리교 신자는 보통 독립운동에 반대한 토리당원Tories :왕당파 으로 간주되었다는 사실을 회상하면 더욱 주목할 만한 것이다. 웨슬리가 영국 정부를 옹호하여 낸 많은 출판물로 인하여 그가 가진 정치 견해가 미국에 있는 추종자에게 받아들여졌음은 의심할 여지가 없다. 한 관찰자는 독립전쟁이 끝나는 시점에 이르면 대서양 서안에 있는 모든 감리교 신자는 작은 옥수수 창고 하나면 충분히 들어갈 수 있을 것이라고 예측했다. 그렇지만 1770년대에 데브루 자렛Devereux Jarratt , 그리고 버지니아 주에서 활동한 한 성공회 설교자 같은 이들이 참여한 사역을 통하여 수많은 개종자가 감리교 신자가 됨으로써 광범위한 성장이 이루어졌다.

에즈버리는 웨슬리에 의해서 코크와 함께 공동 감리사로 임명되었지만, 그는 모든 미국 감리교 설교자로부터의 의견일치가 없이는 그 지명을 받아들이지 않았다. 그리하여 이들 설교자는 1784년 12월에 볼티모어 러블리 레인채플Lovely Lane Chapel 에 다급하게 소집되었다. 그곳에서 열린 총회로 인하여 이제 감리교 감독교회Methodist Episcopal Church가 태동되었다. 이때부터 에즈버리가 발휘한 지도력과 개별 임무 수행 아래, 말을 타고 순회하는 전도자, 속회, 총회 등으로 이루어진 감리교 체계는 개척지까지 뻗어간 미국 대중이 당면한 필요를 채워주면서 발전하였다. 마지막 개척지에 있는 마지막 정착민에게 복음을 전하기 위하여 수백 명에 달하는 젊은 설교자가 영웅처럼 자신을 불태웠는데, 그들이 이 일을 할 때 받은 연봉은 64 달러였다. 감리교 사역자 중 2/3정도는 안수 12주년이 되기까지 생존하지 못하였다. 그들 중 절반은 35세가 되기 전에 사망하였다. 그러나 그들이 전한 심금을 울리는 설교, 목청껏 부르는 찬송, 그리고 올바른 삶을 촉구하는 권고가 서로 조화를 이루어 그들의 사역을 이루어냈다. 남북전쟁Civil War 시기에 이르러 감리교는 수에 있어서 개신교 교파에 주도적이었는데, 미국 그리스도인 다섯 명 중 한 사람은 감리교 신자였다. 값없는 은혜free grace, 그리스도인 완전주의Christian perfection, 그리고 활기찬 신앙심을 전한 감리교 교리는 미국인의 필요에 더할 나위 없이 딱 맞아 떨어졌다. 교회 규정이 견고하게 구성된 것은 군사 작전을 방불하게 하는 교회 확장 계획을 가능하도록 하였다.

오늘날 감리교 신자 수는 50여 개 이상 나라에 2천만 명 정도이다. 북미에 1450만 명, 유럽에 100만 명, 아프리카에 150만 명, 아시아에 250만 명, 그리고 호주에 50만 명 정도가 있다. 남북전쟁 기간에 분열하였던 세 다른 감리교단이 1939년 다시 연합하였다. 이들은 다시 1968년 복음주의연합형제교회Evangelical United Brethren와 연합하였는데, 이들은 원래 미국에 있는 독일 후손 중에 형성되었던 감리교와 흡사한 두 교단이 통합된 것이었다. 1970년대가 되면 영국 감리교가 그 부모인 영국 국교회와 재결합하려는 계획이 예정되어 있다. 초기 감리교 공동체에서 흥미로운 방식으로 연합하게 하였던 자원주의自願主義 원리가 영국 성공회와 다시 훌륭하게 결합할 수 있을지는 두고 볼 일이다.

제6장 신약환원주의자

현재 미국 교회사가 가운데 최고참자인 케네스 스코트 라투렛Kenneth Scott Latourette은 1800년대를 '위대한 세기'라 불렀다. 그에게 있어서 마르크스주의에 의하여 야기된 종교에 대한 "점증하는 거부," 지성의 반역, 그리고 점증하는 세속주의는 오히려 "점증하는 생명력과 예상하지 못한 확장"과 더욱 더 잘 어울린다. 그가 저술한 일곱 권으로 이루어진 그리스도교 확장사 중 세 권은 1815년부터 1914년 사이를 기술하기 위하여 할애되었다.255)

이러한 평가를 내리게 된 주요한 원인은 선교 활동이 급증했기 때문인데, 그는 이를 종교에 대한 관심사를 가늠하는 최고의 척도로 이해했다. 그가 주목하는 다른 것은 국교회가 항상 고정된 형태가 되어왔던 영국과 유럽 대륙에서 자유교회가 일어난 것, 미국에서 교회 생활에 굉장한 확장이 일어난 것, 그리고 미국에서 독립전쟁 이후에 자원주의voluntary 원리에 의해서 회원이 되는 것이 정착된 것 등이다. 미국에서 1776년독립선언에 인구 중 약 5%가 교회 회원이었지만, 1900년에는 거의 40%로 증가하였다. 구나르 웨스틴Gunnar Westin은 이러한 현상을 분석하여 다음과 같이 분석하였다:256)

---

255) Kenneth S. Latourette, 『그리스도교 역사』 *A History of Christianity* (New York: Harper & Brothers, 1953), p. [1061].

256) Franklin H. Littell, 『국교회로부터 다원화로』 *From State Church to Pluralism* (Garden City, N.Y.: Anchor Books, 1962), pp. 30–33: "케인리지 부흥운동(Cane Ridge Revival, 1801)부터 . . . 1960년 인구조사 사이에 그리스도교 교회는 그 이전 어느 시기보다 더 많은 사람이 가입하였다."(p.

> 19세기 동안에 자유교회free church와 모인 교회gathered church에 관한 사상은 전 세계에 걸쳐 광범위하게 받아들여졌다. 수백만 명이 새롭게 가입한 수천 개에 달하는 새로운 교회가 조직되었다. 지난 150년 동안 이러한 자유교회가 이룩한 승리의 행진은 국교회 맥락 속에서 진정한 자유교회를 추구하는 경향과 함께 서반구 국가 문화 영역에서 발전해온 거부할 수 없는 세속화 과정에 의해, 그리고 비 그리스도교 국가에서 열세에 속하는 교회젊은 교회를 세우는 개신교 세계선교가 위대하게 성장하는 것에 의해 혜택을 입어왔다.257)

19세기에 형성된 많은 자유교회는 국가에 의해서 보호나 통제를 받지 않겠다고 결단하는 그리스도인이 증가한 결과였다. 예를 들어, 독일과 스코틀랜드에 있는 많은 자유교회는 이러한 동기를 가지고 있었다. 교리에 있어서 그들은 단호하게 루터교회나 개혁교회에 머물렀다. 다른 자유교회는 유럽 본토에서 꽃피운 앵글로색슨 선교 노고가 결과에 반영된 것이다. 스위스 바우드 자유교회와 독일 감리교회와 침례교회는 이 경우에 해당된다. 때로는 여러 해외성서협회가 이러한 교회가 형성하는 과정에서 주된 역할을 감당하였다.258)

초대교회 환원restoration에 강조를 두는 일부 그룹은 다른 기초를 가지고 있다. 그 중 하나인 그리스도의 제자들Disciples of Christ은 1810년경 미국 개척지에서 시작되었는데, 1900년에 이르기까지 백만 명 이상 구성원을 갖게 되었다. 또 다른 하나인 플리머스 형제단Plymouth Brethren은 여덟 개 분지分枝로 나뉘어 있기는 하지만, 그 회원 수가 제시하는 것보다 훨씬 더 크게 신

---

33).

257) Gunnar Westin, 『모든 시대에 존재해 온 자유교회』*The Free Church Through the Ages*, trans. V. Olson (Nashville: Broadman Press, 1958), p. 224.

258) *Ibid.*, p. 223ff.

학 분야에서 영향력을 끼쳤다.

19세기에는 성경으로 돌아가자는 호소가 많은 지지를 얻었다. 개인주의와 자유주의는 이 호소를 이끄는 추진력이었다. 종교라는 관점에서 각 개인은 그리스도교 문서, 특히 신약성경에 접근하고, 그 자신 구원에 필요한 것을 그 자신이 발견해야 한다는 확고한 기대가 있었다. 성경에 절대 의존하는 것은 아직 의심할 수 없는 것이었으며, 성서는 또한 교회와 신학에 있어서의 권위를 그 자체로부터 주장할 수 있는 적합한 자원을 제공하였다. 종교회의 결의, 공의회 신조, 전통 신앙, 이 모든 것이 성서를 개인이 해석하는 척도에 의해서 다시 평가를 받아야만 했다.

새로운 종교단체가 형성될 시기가 무르익었으며, 그들은 큰 무리를 이루었다. 이 장에서 선택된 그리스도의 제자들과 플리머스 형제단은 19세기 신약성서 환원운동의 성격을 묘사하는 특징이 되는 여러 예를 제공한다. 이 둘 다 신약 그리스도교가 가르치는 그리스도인 연합을 옹호하였다.

그리스도의 제자들

『미국 종교 운동』*An American Religious Movement*은 제목이 시사하듯 그리스도인의 교회Christian Churches :그리스도의 제자들〈Disciples of Christ〉에 있어 최고의 존경을 받은 저자에 의해서 저술된 책이다. 다른 사람들은 이 교파가 미국에서 가장 수가 많은 종교 공동체라고 주장하였다. 그 강점과 약점에 있어서 이 교파는 미국다운 것이다.[259] 그럼에도 그리스도의 제자들에 대해 이야기 하는 모든 화자는 영국에서의 종교 운동에 대하여 논함으로써 그 운

259) Winfried E. Carrison,『한 미국 종교 운동: 그리스도의 제자들 약사』*An American Religious Movement: a Brief History of the Disciples of Christ* (St. Louis: Christians Board of Publication, 1945). 제자들 중 주도 역사가인 개리슨이 행한 평가는 Daivd E. Harrell, Jr.,『그리스도인 아메리카 탐구』*Quest for a Christian America* (Nashville: Disciples of Christ Historical Society, 1966), p. 18에서 찾아볼 수 있다.

동이 어떻게 형성되었는지 파악한다. 제자들 역사를 연구하는 모든 탐구자는 이 운동에 영향을 끼친 철학 배경으로 한결같이 존 로크John Locke 저작물을 지적한다. 이 교파를 기초한 네 명 중 셋은 영국 국교회 회원으로 태어나고, 자라서 장로교 목사가 되었다. 그러므로 그리스도의 제자들이 탄생하기 위해서 영국제도에서 그 몇몇 작은 환원 운동 분파가 발생한 것부터 서술해야 하는 것이 필수불가결하다.

1689년 영국 정부가 여러 비순응파 교파를 허가하고 온건한 관용을 베푸는 정책을 취한 이후로 이들에게는 시온 성에 이르는 길이 너무 안이해졌다. 이러한 무기력을 해결한 한 방법은 이미 기술한 웨슬리 부흥운동이었다. 또 다른 해결 방법은 비국교도로부터 다시 여러 작은 비국교도 모임이 발생한 것이다. 좀 더 큰 여러 비국교도 교파가 거의 관심을 쏟지 못하였던 이들 작은 모임은 그들이 생각하였던 원래 그리스도인 형태를 따라서 그들 독립 회중 형태, 의식, 관습에 관심을 기울였다.

그러한 작은 모임 중 하나는 존 글라스John Glas에 의하여 설립된 것이었는데, 그는 대학을 졸업하고 1727년 안수 받은 스코틀랜드 국교회Church of Scotland 목회자였다. 그는 신약 교회는 스코틀랜드 국교회Kirk 260)가 누려온 정부와의 연계도 없었고, 교회를 통치하는 연회 제도synodical frame도 가지고 있지 않았다는 그의 신념을 출판으로 피력했다. 글라스가 가진 지도력을 중심으로 모여든 회중은 순전하게 초대 그리스도교 계열을 따르는 교회를 설립하고자 시도하였다. 그들은 성서를 연구하여 다음과 같은 결과를 얻었다: 한 지역교회에는 목사 한 명 대신에 장로 여러 명이 지도력을 가져야만 한다, 성만찬은 매월 혹은 일 년에 네 번이 아니라 매주일에 지켜져야만 한다, 대학에서 신학 훈련을 받는 것 대신에 평신도 사역자는 경건과 성경에 대한 전문 지식을 실천함으로써 그 회중의 인정을 받아야만 한다. 글

260) church에 대한 북부 영국과 스코틀랜드 방언-역주

라스의 사위였던 로버트 샌드맨Robert Sandeman은 이러한 신념을 보통 사람이 납득할 수 있는 선에서 체계를 세우는 역할을 하였다. 모든 점에서 웨슬리 추종자Wesleyans를 닮았던 "샌드맨 추종자"들은 신앙은 지적인 신념에 기초한다고 단언하면서 웨슬리 추종자들과 첨예하게 대립하였다. 인간은 하나님께서 주도하시는 갑작스런 회심을 이루기 위한 비참한 상태에 도달하기 위하여 아무것도 하지 않으며 기다릴 필요가 없다. 일단 성서가 증거하는 진리에 마주친 인간 이성은 충분히 그 진리를 받아들일 수 있다.

이 가르침을 따라 영국에 열두 교회 그리고 북미에는 여섯 교회 정도가 구성되었다. 그들은 신약성서가 가르치는 대로 세족식, 사랑의 입맞춤, 애찬식을 실행하였다. 샌드맨 자신은 미국 코네티컷에서 설교했으며, 댄버리Danbury에서 사망하였는데, 댄버리는 여러 북미 식민지에서 발생하고 이제는 사멸한 몇몇 작은 운동이 활동한 중심지가 되었다. 영국에서 가장 저명했던 회원은 마이클 패러데이Michael Faraday로 런던에서 모인 구스코틀랜드 독립교회Old Scotch Independents로 알려졌던 교회에 최고로 충실했던 회원이자 과학자였다. 침수침례를 거행하였던 스코틀랜드에 있던 일부 무리는 "구스코틀랜드침례교 신자"Old Scotch Baptists로 불렸다.

유럽뿐만 아니라 미국에서도 그리스도교 전도 역사에서 지대한 중요성을 가지는 두 번째 운동은 두 스코틀랜드 사람과 깊은 관련이 있다. 이들은 로버트 할데인Robert Haldane과 제임스 알렉산더 할데인James Alexander Haldane 형제인데, 이 둘 다 스코틀랜드 국교회 회원으로서 자라났다. 로버트는 해군에 잠시 복무한 후, 성서를 연구하며 여생을 보내기 위하여 가족 영지에 정착하였다. 어린 시절에 경건한 어머니로부터 받은 가르침 영향으로 그는 여생을 복음화를 촉진하는 것에 바치기로 결단하였으며, 그 결단을 이루기 위한 방편으로 자신이 소유한 부동산을 매각하였다. 로버트의 동생이었던 제임스 알렉산더는 동인도무역회사 소속 상선 선장이었다. 스코틀랜드 국교회 총회에 참석한 제임스는 그 총회가 "이교도 세상에 복음을 전하는 것은 그리스도인 의무"라는 의결 채택을 공식 투표로 거절하는 것을 보면서, 스코틀랜드 종교 상황과 관련하여 처음으로 심각하게 관심을 갖게 되었다.[261]

비록 안수 받은 적은 없지만, 할데인 형제는 설교하고, 소책자를 배포하고, 야외집회를 열기 시작하였다. 그들은 에딘버러에서 로울랜드 힐Rowland Hill 이라는 이름을 가진 성공회 전도자를 만나 그를 고용하여 그들이 설치한 대형 천막에서 선교를 목적으로 설교하도록 했다. 1799년 할데인 형제는 스코틀랜드 국교회로부터 탈퇴하였다. 그들을 따르던 무리는 한 회중으로 조직되었다. 이 회중이 가진 방침은 제임스 알렉산더 할데인이 1805년 저술한 책 제목에 분명하게 드러났다: 『오직 성경으로부터 찾아낸 첫 그리스도인이 드렸던 공동 예배와 의식에 대한 관점; 그들이 하나님께 받은 의무를 실행하고, 그 의무를 거절하는 죄와 악이 가져오는 결과를 드러내려는 시도』.

자신들이 주도하던 여러 선교 과제를 수행하는 데 방해를 받자, 할데인 형제는 그레빌 에윙Greville Ewing 지도하에 글라스고Glasgow 에 교역자 양성학교를 설립하였다. 알렉산더 캠벨Alexander Campbell 이 환원주의 운동 궤도에 등장한 것은 에윙을 통해서였는데, 그 때 알렉산더는 북미에 있는 그의 아버지 토머스 캠벨Thomas Campbell 과 다시 합류하기 위하여 가는 도중 한 해 겨울 동안 지연되었었다. 아들 캠벨은 신세계에서 환원주의 사상을 가장 큰 열정을 가지고 전파한 사람이 되었다.

캠벨 부자父子

261) James DeForest Murch, 『오직 그리스도인들만』 *Christians Only* (Cincinnati: Standard Publishing Co., 1962), p. 16.

토머스 캠벨은 아일랜드 아르마Armagh 군 교구, 그리고 분리장로교Seceder Presbyterian Church 한 분지에 소속되어 좋은 교육을 받은 성직자였다. 스코틀랜드 국교회로부터의 첫 번째 분리는 1733년에 이루어졌다. 독립정신이 강한 여러 스코틀랜드 사람은 지역 교구에서 자신들을 위한 목사를 선출하는 권리를 포기하고 그 권리를 후견인 제도 아래 두어 대지주에게 주자는 변화에 저항하였다. 그 후에 일어난 다른 분열은 교회와 정부 관계에 대한 사소한 문제에 대한 관점 차이 때문에 생겼다. 캠벨은 이러한 불일치에 낙담하였고, 여러 모임을 재결합하려 하였지만 아무런 성과도 거두지 못하였다. 그는 연합을 추진함에 있어서 두 가지 영향을 받았다. 하나는 그리스도인 가운데 있는 분열을 한탄하며 할데인 형제가 전하였던 부흥운동 형태 메시지였다. 그리고 또 다른 하나로 존 로크가 주창하였던 종교 사상에 깊이 뿌리를 박았는데, 특별히 로크 사상은 『관용에 관한 서신』*Letters Concerning Toleration*과 『인간오성론』*Essay on Human Understanding*에서 잘 드러났다. 로크가 주창한 입장은 관용을 주장한 그의 첫 번째 편지로부터 발췌한 아래 부분에 잘 묘사되었다:

> 게다가 사람들은 참된 교회에 대하여 너무나도 갈망하기 때문에 교회 공동체에 포함되는 조건을 구성함에 있어서 내가 그리스도의 교회에 합의할 것으로 요구하는 것은 다음과 같은 것들, 오직 다음과 같은 것들뿐입니다. 즉 성서와 성령에 의해서 분명한 말로 구원에 꼭 필요한 것으로 선언하신 것만 합의할 것을 요구해야 하지 않을까? 262)

토머스 캠벨은 이와 동일한 사상을 따르는 선에서 그의 아들 알렉산더를

262) Wikfried E. Garrison and Alfred T. De Groot, 『그리스도의 제자들의 역사』 *The Disciples of Christ: a History* (St. Louis: Christian Board of Publication, 1948), p. 42에서 재인용.

교육했으며, 자신이 리치힐Rich Hill에 설립한 교육기관에서 집중 교육을 받게하여 그의 아들을 준비시킨 후 자신을 돕도록 하였다. 후에 플리머스 형제단 발생에 참여한 존 워커가 그 지역에 살았는데, 그는 독립교회 목사로 아들 캠벨이 사상을 발전시키는 데 영향을 끼쳤다. 1807년 토머스 캠벨은 이전에 많은 다른 스코티쉬-아이리쉬 사람들이 택하였던 경로를 따라, 그 자신도 더 나은 길을 찾아 미국으로 가기로 결단하였다. 그는 분리 장로교 신자가 연회를 개최하던 중에 필라델피아에 도착하는 행운을 얻어, 서부 펜실베이니아 워싱턴 지역 책임자로 즉각 임명되었다.

오래지 않아 그는 그곳 연회와 어려움을 겪었다. 겉으로 드러난 이유는 그가 성만찬에 비분리 장로교 신자가 참석하도록 허락한 관대함 때문이었다. 실제로 좀 더 심각한 문제는 캠벨이 "교회는 성만찬에 참가하는 조건으로 신앙 고백서에 동의해야만 한다고 당당하게 요구할 권한을 하나님께로부터 받지 않았다"고 발표하였을 때 발생했는데, 이것은 그가 웨스트민스터 신앙고백서를 교회 권징을 위한 기초로서 사용할 수 없다고 선포했다는 의미였다. 비록 그는 연회로부터 일부분 정당성을 인정받기는 했지만, 그 지역 치리회는 자기들이 통제하는 그 어느 강단에서도 캠벨이 설교하도록 허가하기를 거절하였다.

캠벨은 이에 조금도 굴하지 않고 초청받는 때마다 장소마다 계속 설교했다. 그는 1809년 자신을 따르는 많은 이를 워싱턴그리스도인협회로 조직하였다. 그들은 자신들을 회중이나 교회가 아니라, 오히려 "자원하는 교회 회원권 옹호자들"로 간주하였다. 이들이 펼친 운동은 "두 번째 종교개혁"을 이루자는 것이었다. 그에게 합류하는 이들이 가진 여러 관점과 동기를 좀 더 체계를 갖추어 표현하도록 준비하기 위하여 캠벨은 그 유명한 『선언과 제언』*Declaration and Address*을 저술하여 출판하였는데, 이 저서는 그리스도의 제자들의 역사뿐만 아니라 현대 교회일치운동의 기초 문서로도 간주된다.

그 협회 표어는 다음과 같다: "성경이 말하는 곳에서 우리는 말하고, 성경이 침묵하는 곳에서 우리는 침묵한다." 이것을 마음에 품으며 캠벨은 모든 그리스도인에게 "원시 그리스도교 환원"에 동참하기를 촉구했다.

> 친애하고 사랑하는 형제들이여, 우리는 왜 이 대단한 특혜를 받은 나라에서 그리스도의 교회가 자체 조직과 그 자체 영광을 이룩하는 데 필요한 원래의 통일성, 평화, 그리고 순전함을 되찾아야만 하는 것을 놀라운 일로만 생각해야 합니까? 원시 교회가 신약성서에 분명하게 드러난 대로 그 형태를 확정할 뿐만 아니라 그 행습을 따르자는 이 두 가지 바람직한 목적을 갖는 것보다 더 정당하게 생각해야 하는 그 어떤 것이라도 혹시 있습니까? … 그리하여 우리는 우리 교회를 구성하고 운영함에 있어서, 사도 교회와 완벽하게 부합하게 드러낼 것을 그리스도께서 우리에게 의도하셨던 것만큼 완벽하게 할 수 없다는 것입니까? 그리고 이것만으로 우리는 만족할 수 없습니까?[263]

그 제안을 이루기 위한 동기를 조성하는 토의에 이어서, 캠벨은 그가 환원주의자 진영으로부터 흘러나온다고 느낀 13가지 전제조건을 나열했다. 첫 번째는 "지상에 있는 그리스도의 교회는 본질, 의도, 조직에 있어서 하나이며, 성서를 따라서 그리스도 안에 있는 그들 신앙을 고백하며 모든 것에 있어서 그리스도께 복종하는 모든 장소에 있는 모든 교회를 이룬다.…"는 점을 강력하게 주장하였다. 또 다른 일부 논점은 신조는 불필요하며, 구약성서가 유태교도에게 그러하듯이 신약성서는 현재 교회를 합당하게 구

---

263) 가장 최근에 『선언과 제언』 *Declaration and Address* 일부분을 출판한 것은 H. S. Smith, R. T. Handy, and L. A. Loetscher, eds., 『미국 그리스도교』 *American Christianity* (New York: Scribners, 1960), I: 578−586에 있다.

성하도록 하기 위해서 주어졌다는 주장이었다. 성경이 분명하게 명령하지 않는 모든 분야에서는 어떤 의견을 따를 수 있는 자유가 주어진 것이 분명하다. 믿음에 대한 단순한 고백만으로도 교회 회원이 되는 것에 충분히 적합하다.

그 와중에 1808년 토머스 캠벨은 자기 가족에게 그가 있는 곳에 다시 합류하라고 요청하였다. 그 가족이 승선하였던 배가 아일랜드 해안에서 좌초하였지만, 그 가족은 아무런 피해도 입지 않았다. 다른 배편을 기다리는 동안 지연되는 시간을 알렉산더 캠벨은 글라스고 대학에서 공부하는 것에 사용하였다. 그가 할데인 모임과 친숙해지고, 샌드맨의 저작 그리고 샌드맨이 주장한 다른 신념을 공부한 것은 바로 이곳이었다. 알렉산더는 그가 가진 새로운 확신 때문에 장로교회와는 소원해졌다. 그의 아버지도 혼자서 그와 비슷한 여정을 걸었다는 것을 그가 발견하였을 때, 그는 아버지에게 일어났던 이러한 변화 때문에 느끼는 두려움이 자신을 압도했다고 아버지에게 전갈하였다. 전하는 바에 의하면, 토머스 캠벨은, 필라델피아로부터 펜실베이니아 서쪽 지방으로 오는 그의 가족을 만나러 가는 중 안장 받침에 처음으로 인쇄된 『선언과 제언』을 싣고 갔었다고 한다.

브러쉬런교회와 침례교

알렉산더 캠벨은 신학 공부에 집중하기 위하여 그의 새로운 고향에 정착하였다. 그는 1810년 처음으로 설교했는데, 호의적인 반응을 얻었으며, 그 이듬해에는 백 번이나 설교 초청을 받게 되었다. 1811년 5월, 워싱턴협회는 장로교가 그들을 연회에 받아주지 않자, 별개 회중이 되도록 그 정강을 수정하였다. 그 협회는 토머스 캠벨을 장로로 선출하였고, 알렉산더에게는 설교할 수 있도록 허가하였다. 오래지 않아서 아들 캠벨은 그 운동 지도력을 휘어잡고 연설하였으며 아버지는 자신의 가르침을 새롭게 하였다. 그 회중은 브러쉬런교회Brush Run Church로 알려졌다.

회중이 구성된 직후부터, 많은 회원이 침수침례를 요청하였다. 토머스 캠벨은 비록 그 정당성에 대하여 어느 정도 의심을 가지고 있었지만 침수침례 예배를 집전하였다. 알렉산더 캠벨 그리고 지금은 웨스트버지니아가 된 지역 출신 갑부 농부 딸이었던 캠벨의 아내 사이에 한 남아가 탄생하자, 그들은 반드시 해결해야할 문제에 봉착했다. 유아세례가 성경이 가르치는 것인가? 집중하여 성서를 연구한 후, 캠벨 부자는 그렇지 않다는 결론에 도달하였다. 그들은 그들이 내린 결단에 따르는 결과를 받아들였고, 그리하여 1812년 6월 한 침례교 목회자에 의해서 캠벨 부자는 그들 아내와 함께 침수침례를 받았다.

이러한 행동 때문에 그들은 침례교와 친밀한 관계를 갖게 되었다. 브러시런교회는 레드스톤Redston 침례교 지방회에 가입하였다. 그 이후 17년 동안, 캠벨 부자가 이끄는 운동은 침례교와 연계되었다. 알렉산더 캠벨은 침수침례에 대한 맹렬한 옹호자가 되었고, 1823년 『그리스도인 침례』*The Christian Baptist*라는 정기 간행물을 출판하기 시작하였다. 하지만 캠벨에 의해서 신조라고 간주되었던 공식 신앙고백서를 침례교가 사용하는 문제로 인하여 양측 사이에 긴장이 고조되었다. 1830년에 이르러 이 어색한 연합은 깨어졌지만, 그 이전에 이미 캠벨 추종자에 의해서 " '제자들" 혹은 "종교개혁자"라 불렸던 이 모임은 분명하게 구분되는 존재였었다.

이 시기 동안 캠벨은 몇몇 잘 알려진 토론에서 능숙한 성과를 거둠으로써 미국 전역에 걸쳐 명성을 얻었다. 이러한 토론은 뱁티즘 방식과 행습에 관한 토론부터 시작되었다. 하지만 좀 더 뉴스 가치가 있던 것은 자유사상가이며 박애주의자였던 로버트 오웬Robert Owen 264)을 상대로 그리스도교 조직을 방어한 것이었는데, 미국에 온 오웬은 인디아나 주 뉴하모니New Har-

264) 웨일즈 출신 유토피아 사회주의자—역주

mony에서 자신이 꿈꾼 공산사회 공동체를 발전시키고자 했었다. 또 캠벨은 1837년 신시내티에서 로마 가톨릭 주교 푸르셀Bishop John Baptist Purcell과 토론을 함으로써 다시 관심을 끌어내었다.

캠벨은 생애 동안 최대한 많은 일을 이루어내었다. 그는 나중에 웨스트버지니아 주 베다니Bethany가 되는 곳에 그의 장인이 그에게 기증한 대농장을 경영하였고, 논문을 출판하고, 책을 저술하고, 지역 우체국장으로 활동하고, 또 1840년 베다니대학Bethany College을 설립하였다. 1825년 그는 성서 번역을 출판하였는데, 거의 모든 다른 번역에서 "침례하다"baptize라는 번역어를 사용한 곳에 "침수하다"immerse라는 단어를 사용한 것이 주목할 만하다. 그래서 "침수자 요한"John the Immerser이 된다. 4년 후 그는 버지니아 주 헌법 총회에 파송된 주민 대표가 되었으며, 그 총회에서 우세를 점하고 있던 동부지역 여러 정치가를 대항하는 공격 연설을 통하여 그의 명석함을 인정받았다.

그가 가진 종교 견해는 이신론理神論 경향을 가지는 자연신학을 반영하였다. 이 점은 그가 교회 전통과 관습을 우상을 파괴하듯 공격한 것에서 특별히 뚜렷하게 드러났다. 그는 인간이 가진 고유 권리, 즉 개개인이 그들 자신 종교 문제에 관하여 생각하고 결정할 수 있는 능력을 가지고 있다고 주창하였다. 기죽이는 경멸 화법으로 그는 성직자가 여러 칭호와 명예를 갈구하는 것을 공격하였으며, 토머스 페인Thomas Paine과 같은 열정을 가지고 "사제 술책"priestcraft을 호통 쳤는데, 물론 그는 페인 저작물이 계시 차원에서는 오류로 간주되어야 함을 분명히 알고 있었다. 알렉산더 캠벨이 가진 특징을 잘 드러내는 비판 실례를 보자:

> 신약성서에 단순하고 평이하게 드러난 사도 교리를 대신하여 우리는 신학을 장엄한 학문으로 만들어 스콜라 신학, 논증 신학, 교의 신학, 실천

신학 등으로 나누어 버렸다. 건전한 말씀 형태 대신에 … 우리는 변덕스런 형이상학자, 그리스도인 철학자, 랍비 교사, 그리고 열정이 가득한 설교자에 의하여 끝없는 신조, 용어와 어구, 교의와 회의懷疑를 지어냈다.265)

그가 퍼부은 비난을 들은 여러 대상은 그를 "캠벨주의"Campbellism 새 이단이라고 부름으로써 보복했다. 한 주일학교 학자는 여호수아에게 대항하여 싸운 족속 이름을 "가나안 족속, 아모리 족속, 여부스 족속, 그리고 켐벨 족속"으로 나열했다.266)

바르톤 스톤과 그리스도인들

캠벨이 활동하기 이전에 이미 미국에는 "그리스도인 교회"Christian Churches로 알려진 많은 작은 운동이 있었다. 그 첫 번째 운동은 버지니아와 노스 캐롤라이나에 있던 감리교로부터 기원하였다. 문제가 되었던 것은 이 급속하게 자라나는 교파가 가지는 정치형태에 관한 것이었다. 일부 민주 정신을 가진 감리교 평신도 설교자는 프랜시스 에즈베리Francis Asbury가 실행한 권위주의 주교감독 체제에 저항하였다. 제임스 오켈리James O'Kelly가 그들을 주도한 대변자였다. 연례 총회에서 주교 지배 형태에 이의를 제기할 권리를 달라는 그들의 청원이 거부되자, 그들은 1793년 총회를 탈퇴하여 "공화주의감리교회"Republican Methodist Church를 조직하였다. 그들은 교리에 있어서는 감리교감독교회와 일치하였다.

일 년 뒤 그들은 "그리스도인 교회"라는 이름을 채택하였다. 그들은 "하늘로부터 내려온 초기 교회 지배형태는 비록 그 이름은 '그리스도인 교회'

265) Robert F. West, 『알렉산더 캠벨과 자연종교』 *Alexander Campbell and Natural Religion* (New Haven: Yale University Press, 1948), p. 31.
266) Garrison and De Croot, *op. cit.*, p. 304.

이지만 공화 형태였다"라는 자신들 입장을 주장하였다.[267] 회중은 그들 스스로 문제를 다룸에 있어서, 목사를 세움에 있어서, 그리고 교리 문제에 있어서 완전한 자유를 누렸다. 1810년에 이르러 그들은 남부에 대략 2만 명이 모였으며, 그 후에는 서부로 이주해 켄터키와 테네시에 정착하였다.

두 번째 모임은 뉴잉글랜드 지역 변방을 따라 형성되었다. 두 젊은 버몬트 사람이 서로 따로따로 특수침례교회Particular Baptists가 가르친 예정설에 대한 의구심을 갖게 되었다. 한 사람은 엘리아스 스미스Elias Smith였는데, 그는 스물세 살에 침례교 설교자로 안수 받았다. 그는 스스로 성서를 공부한 것을 통하여 침례교는 초대교회가 의도했던 것으로부터 서서히 벗어났다고 확신하였다. 에브너 존스Abner Jones는 스미스가 설교하는 것을 들은 후 1801년 처음으로 버몬트에 독립교회인 "그리스도인" 교회를 조직하였다. 그는 이듬 해 좀 더 여러 회중을 구성한 후 스미스를 설득하여 자신에게 합류하도록 하였다. 스미스 자신은 20세기까지 계속된 영향력을 끼친 「헤럴드 가스펠 리버티」*Herald Gospel Liberty*라는 정기 간행물을 출간하기 시작했다. 1827년에 이르기까지 뉴잉글랜드 지역에 그러한 "자유 형제 모임"이 거의 백여 개 정도에 달했다는 증거가 있다. 그들이 주장한 입장은 다음과 같았다: "우리는 어떠한 분파 이름과도 관련이 없고, 어떠한 분파에 속하는 신조, 교리, 신앙고백과도 관련이 없는 신약 그리스도인이 되고자 의도한다.… 인간이 정한 모든 법률, 동맹, 그리고 성경에 어긋나는 연합으로부터 자유롭게 남아있으며, 대신 그리스도께서 우리를 자유롭게 하신 그 자유 안에 견고하게 서있고자 하는 것이 우리가 가진 바램이다."[268] 이 교회 중 많은 수는 1931년까지 독립교회로 남아있었으며, 그 때 그들은 여러 회중을 합하여 그리스도인회중교회를 구성하였다.

---

267) Garrison, *op. cit.*, p. 43.

268) Garrison and De Groot, *op. cit.*, p. 90에서 재인용.

"그리스도인" 운동을 발전시킨 마지막 주자는 켄터키와 인근 주에서 일어난 대부흥 운동으로부터 발생하였다. 비록 처음에는 주도하는 인물은 아니었지만, 그 그리스도인 운동이 발전함에 따라서 뚜렷하게 드러난 인물은 바르톤 W. 스톤Barton W. Stone 이었다. 메릴랜드에 오래 전부터 정착한 가문에서 태어난 스톤은 아직 학생이었을 때 장로교 목사인 제임스 맥그레디 James McGready가 전한 부흥설교에 의해서 지대하게 영향 받았다. 그렇지만 그는 인간은 자신이 구원 받음에 있어서 아무것도 할 수 없다는 사상을 받아들일 수 없었으며, 진노에 가득 찬 보복자로서 하나님을 묘사하는 것을 질색하였다. 사랑하시는 하나님에 대한 주제로 설교한 한 방문 목회자는 스톤이 회심하는 계기를 마련하였다. 스톤은 비록 웨스트민스터 신앙고백서가 가지는 삼위일체 형태를 온전하게 확신하지는 못했지만, 장로교 목회자로서 자격을 획득하였다. 후에 그는 목사 안수를 받을 때, "내가 아는 한 그것이 하나님 말씀과 일치한다"는 조건을 내걸고 그 신앙고백서를 받아들였다.[269]

처음 버지니아와 캐롤라이나에서 설교함에 있어서 어려움을 겪은 후, 스톤은 서부 켄터키로 갔는데, 도중에 적개심에 불타는 원주민을 잘 피하였다. 그는 1796년 북부 켄터키 케인리지Cane Ridge와 콩코드Concord에 있는 두 회중을 인도하는 목사가 되었는데, 이 때는 캠프집회 부흥운동이 주민을 휩쓸기 시작하기 직전이었다. 스톤은 부흥회 설교에 뒤이어 집중된 감정에 동반되는 반응에 관심을 보이고 동정하는 견해를 가지고 있었지만, 그 부흥운동을 주도하는 역할을 크게 하지는 않았다. 스톤 자신이 목회하던 교회 인근에서 열린 1801년 케인리지 부흥회에서 캠프집회 십자군 부흥운동은 그 절정에 달하였는데, 그 당시 약 2만 명이 그 집회에 참석하였다. 그

269) William G. West, 『바르톤 워렌 스톤』 *Barton Warren Stone* (Nashville: Disciples of Christ Historical Society, 1954), p. 17에 있는 토론을 보라.

집회가 스톤에게 의미를 준 가장 중요한 결과는 그에게 장로교의 선택교리 the elect를 강조하는 것에 반대하여 "값없는 은혜" free grace를 설교할 계기가 되었다는 것이었다. "그리스도는 모든 사람을 위하여 죽으셨다"고 그는 이제 믿었다.

전통 장로교 신자는 캠프집회를 의심하는 눈초리로 바라보았다. 그들은 교리에서의 일탈을 반대하였으며, 열정과 감정이 터져 나오는 것을 역겨워했으며, 그 집회를 인도하는 여러 목회자가 갖춘 교육 수준을 확인해보고자 결의하였다. 그들은 켄터키 연회 앞에 부흥운동에 관여한 몇몇 장로교 목회자를 끌어 세웠다. 기소된 두 명에 스톤을 포함하여 세 동료가 합세하였고, 그들은 쫓겨나기 이전에 탈퇴하기로 결단하였다. 다음에 그들은 그 연회가 결정한 선고를 비난하고 그들 자신이 만든 조직인 스프링필드장로회 Springfield Presbytery가 탄생하였음을 선언하였다.

그 연회로부터 분리는 1803년 9월에 이루어졌는데, 그 후 일 년이 채 되기 이전에 그 다섯 명은 그들이 세운 장로회를 해산하기로 결정하였다. 이제 그들은 장로회가 원리에 있어서 성경에 맞지 않는 것으로 간주했던 것이다. 변덕스럽게 표현되었지만 몹시 심각한 그 해산 선언은 "스프링필드장로회 마지막 유서 및 증언"이라 불렸다. 이에 서명한 이들은 교회가 "교회 정체政體를 규정하는 법을 만드는 권한 그리고 전권을 위임받은 대표단이 그 법을 실행하는 권한"을 거절하는 것을 극화하여 표현하기를 원했다. 이전에 여러 "그리스도인" 교회가 그렇게 하였던 것과 똑 같이, 그들도 이제 교회 생활을 수행하고 목회자를 세우는 권한을 각 회중 손안에 두었다. 교리에 있어서 정확도보다는 설교하고 개종시키는 실제 능력이 목회자를 위한 시금석으로 대두되었다. 목회자는 서약에 의해서가 아니라 이제부터는 자유로운 의지를 따라 드리는 헌금에 의해서 후원 받게 되었다.

"이 육체가 죽어 흩어지게 되면 우리는 대체로 그리스도의 몸에 연합되도록 이끌려 들어가게 되는데, 이는 오직 한 몸, 한 성령, 더욱이 우리를 부르신 한 소망에 의하여 우리가 부름을 받았기 때문이다." 이것이 바로 그 계약이 가진 첫 번째 조항이었다. "그리스도인"이라는 이름은 그들이 분파주의 논쟁을 싫어한다는 것을 강조하고자 하는 의도로 채택되었다. 후에 선포한 표어를 통해 그들은 그들 외에는 그리스도인이 아니라고 주장한 것이 아니라, "오직 그리스도인들로만" 이루어진 교회를 이루려는 열망을 진술하고자 하였다.270)

늦은 1804년에 이르러 켄터키와 오하이오에 약 20개에 달하는 그리스도인 교회가 시작되었는데, 부흥운동에 친근한 상당수 장로교 신자가 그들 운동에 합류하였다. 오래된 그리스도인 모임에 속하였던 일부 회원이 서부로 와서 그들과 합류하였다. 이제 지도력에 문제가 생겼는데, 왜냐하면 다섯 창시자 중 한 명이 쉐이커Shaker 271)가 되었고, 나머지는 장로교회로 돌아갔기 때문이었다. 바르톤 스톤 혼자서 그 새로운 운동에 충성스럽게 남아 있었으며, 곧 그들 지성과 심령을 그 자신 권리 안에서 지도하는 대변인으로 인정되었다. "스톤이 가진 성품에는 견고함, 상냥함, 그리고 성도다움이 있어서 그의 형제 중에 강한 영향력을 끼칠 수 있었다."272) 웨스트버지니아에서 가장 부유한 사람으로 죽었던 알렉산더 캠벨처럼 재정에 있어서는 결코 성공하지는 못하였기에, 스톤은 커다란 제약 아래서 사역을 지속하였다. 그의 지도력을 펼치는 한 중요한 매개물은 그가 1826년 창간한 정기 간행물 「그리스도인 메신저」*The Christian Messenger*였다. 그는 2년 후 이 간행물에 그 "그리스도인" 모임이 1500개 회중에 15만 명 회원에 도달하였

---

270) "유서"(Will) 본문은 Smith, Handy, and Loetscher, *op. cit.*, I: 576-578에서 얻을 수 있다. 웨스트(W. West)는 그 저자가 리처드 맥네마르(Richard McNemar)임을 *op, cit.*, p. 77에서 입증하였다.

271) 역주-공식 명칭은 그리스도재림신자연합회(United Society of Believers in Christ's Second Appearing)이며, 앤 리(Ann Lee[1736-1784])가 하나님의 제2성인 여성으로 재림한 그리스도임을 믿는 이단.

272) Garrison and De Groot, *op. cit.*, p. 123.

다고 보고하였다. 이 운동이 그 성격상 느슨하게 연결되어 있다는 점에 의해서, 이 수치는 어림잡아 보고된 것에 지나지 않았을 것이며, 의심할 여지없이 그리스도인 교파에 속하는 세 운동 모두를 포함한 것이었다.

제자들과 그리스도인 통합

1823년 캠벨 추종자와 스톤 추종자는 힘을 합하였다. 그들은 그들이 함께 가지고 있는 신념이 차이점보다 더 가치가 있으며, 둘 다 분파주의 해악을 강조하기 때문에, 차이점 때문에 갈등을 일으킬 수 없다는 점을 합의하였다. 그들은 교파주의는 잘못된 것이며, 신조는 불필요한 것이고, 예정론은 오류라는 확신을 공유했다. 구원은 성경에 드러난 증거를 받아들이는 것을 통하여 가능하며, 비록 스톤은 전도자와 부흥사가 사용하는 기술, 즉 사람을 성경에 드러난 증거를 깨닫도록 하는 기술을 선호하였지만, 캠벨은 그렇지 않았다. 제자들 진영에서 가장 중요한 전도자는 월터 스코트Walter Scott 였는데, 그는 구원에 도달하는 간단하고도 효과 있는 다섯 단계를 계발하였다. 그 다섯 단계는 하나님을 믿음, 회개, 침례, 죄 용서, 그리고 성령을 모셔드림이었다.

1832년 제자들과 그리스도인 양측 지도급 회원들은 켄터키 렉싱턴에 모여 개개 회중에게 보내는 통합 메시지를 전달할 한 팀을 파송하였고, 그리하여 각 회중이 그들 스스로를 위하여 필요하다고 인정하면 통합을 받아들이도록 결정할 수 있게 하였다. 비록 이 두 교파는 자신들 이름을 계속 사용하기는 하였지만, 점차 거의 모든 개개 회중은 이 견해를 받아 들였다. 알렉산더 캠벨은 이 통합에 매우 놀랐고, 완전히 흡족해하지는 않았지만, 곧 그 가치를 깨닫게 되었다.

19세기 여정에서 제자들 교회는 회원 수에 있어서 급속한 성장을 이루었다. 그들이 가지는 민주주의 교회 정체, 평신도 장로273) 제도, 그리고 성경에 대한 합리성 있는 호소는 개척지 상황에 어울리는 반응을 이끌어 내었다. 1861년 남북전쟁이 일어날 때 이르러 그들은 20만 명을 헤아렸는데, 한 통계를 따르면 그 수가 1875년에 이르러 배가되었다. 비록 총괄 조직은 없었지만, 그들은 새롭게 정착하는 지역에 복음을 전달하기 위해서 자주 최전방으로 달려갔다. 오클라호마 준주Oklahoma territory 후기 정착 상황은 그 한 본보기가 된다. 오클라호마가 주로 승격하여 연방에 가입274)되기 이전에, 제자들은 모든 군 그리고 인구가 천 명 이상인 모든 마을에 최소한 한 개 이상 회중이 있었다. 1893년 체로키족 거주지역에 문이 열렸을 때, 거쓰리Guthrie로부터 온 제자들 교회 사역자는 켄터키 경주마에 올라 앉아 고삐를 꽉 쥐고 있었다. 달리라는 출발 신호를 알리는 총성이 울린 후 39분 안에 그는 현재 그 지역에서 가장 중심이 되는 도시가 된 지역 안에 교회 부지 청구를 위한 영역 표시를 마쳤다.

긴장과 분열

1849년 해외 선교를 위한 조직을 만들기 위하여 소집된 회의가 열렸을 때 통합에 대한 첫 번째 주요 시험이 제자들 교회에 찾아왔다. 회의에 참석한 이들은 미국그리스도인선교회American Christian Missionary Society를 조직하여, 해외에 선교사 한 명을 파송하였지만, 많은 이가 이러한 행보를 반대하였다. 그들은 이러한 목적으로 연차총회를 개최하는 것은 결국 교파가 되는 장치로 발전할 것임을 지적했다. 캠벨은 이 혁신을 좋아하였다. 그는 "그리스도인 신앙, 경건, 혹은 도덕성 등에 속한 것이 아닌 공공 유익에 속하는 모든 것에 있어서, 예수 그리스도의 교회는 그 전체 성격에 있어서 자

273) 평신도 목회자-역주
274) 1907년-역주

유로 남겨져 있으며 어떠한 사도 권위에 의해서도 흔들리지 않는다"라고 썼다.[275] 하지만, 여러 반대자는 캠벨 자신이 이전에 조직화한 선교회에 대하여 성경에서 인용하여 말하였던 것이 이제 그의 입장과 모순된다는 점을 지적하였다. 이처럼 제자들 교회 후기에 발생한 일부 분열은 캠벨이 초기에 교회 형태를 대적하여 우상파괴를 외쳤던 것을 강조하는 이들과 캠벨의 후기 사상에 호소하는 사람들 사이에서 발생한 것이라고 말할 수 있다. 환원을 위하여 요청하는 일부 회원은 그리스도인 연합을 청원하는 것으로 분열에 맞섰다.

노예제도 옹호, 노예제도 폐지, 그리고 마지막으로는 남북전쟁 발발로 인하여 이 연합을 사랑하는 신앙공동체는 심각한 위기를 맞이하게 되었다. 여러 지도자는 비록 자신들 거의 모두가 남쪽에 살았고 또 많은 이가 평화주의자였지만, 북부와 남부 사이에 명백한 분열이 발생하는 것을 회피하였다. 많은 이가 노예제도 폐지에 관한 문제는 성경에 구체화한 개념이 있지 않으므로 이 문제가 교회에 대한 충성 시험이 되어서는 안 된다고 주장하며 중립 지대에 서 있기를 추구하였다. 또한 제자들 교회 전체를 위하여 권위를 갖고 대표로 말할 수 있는 전국 총회를 가지고 있지 않은 것은 좀 더 다루기 어려운 당파주의를 만들어 내었다. 그럼에도 북부 주장에 동정하는 이들은 1863년 선교사 파송을 위한 총회가 모인 기회를 이용하여 북부 연합을 지원하기 위한 결의를 통과시켰으며, 이러한 결정 때문에 남부 회원들은 쓰라림을 맛보게 되었다. 북부에 거주하던 제자들 교회 회원은 자신들 교파 정체에 대해 뚜렷하게 인식하는 상황에서 전쟁과, 사회를 변혁하는 행동에 참여하였으며, 반면에 남부의 회원은 그들이 가진 교회와 정치 분리라는 입장을 고수하였다.[276]

---

275) *Ibib.*, p. 245.
276) Harrell, *op. cit.*, pp. 139-174에 나오는 주도면밀한 토론을 보라.

1906년 수많은 보수주의자가 연방정부 인구조사에서 제자들 교회 소속으로 등록하기를 거절하였을 때 이러한 긴장은 그 최종 형태를 드러냈다. 그 이후로 그리스도인 교회Christian Churches: 그리스도의 제자들 〈Disciples of Christ〉에 더하여서 그리스도의 교회Churches of Christ가 존재하게 되었다. 이 두 분파는 여러 교회 정기 간행물을 중심으로 분열을 촉진하였다. 제자들 교회 행습에 있어서 정기 간행물 편집 책임자는 여러 다른 교파에서 감독이 감당하는 역할을 한다고 보통 말할 수 있다. 교단 정책을 토의할 총괄 조직이 없는 상태에서 신문 지면은 유일하게 정책을 주장하는 공간이 되었다. 1906년 분열 이전에 뜨겁게 달아올랐던 몇몇 문제는 예배를 위하여 교회에서 사용하는 일부 악기에 대하여 성경이 허용하는 문제이에 대하여 보수주의자는 또 다른 새로운 고안물을 예배 안으로 들여오는 틈새를 열어주는 것으로 보았음와 침수침례를 받지 않은 사람에게 교회 회원권과 주의 만찬을 허락하는 여부에 관한 것이었다. 또한 교회연합운동연방교회연합〈Federal Council〉에 참여하여 다른 그리스도교 교단과 협력하는 지혜에 대한 의견도 심각한 상이점을 드러내었다.

두 번째 주요 분열은 1955년부터 이루어진 것으로 연대를 잡을 수 있는데, 그 때부터 제자들 교회의 한 보수 분파가 분리된 목회자 명단을 출판하기 시작하였다. 이 모임은 이르게는 1927년부터 북미그리스도인총회North American Christian Conventions라는 이름으로 구별된 총회를 개최해 왔었다. 교회 대리인이 선교사로 파송되는 것에 반대하여 "믿음 선교"를 실행하는 것이 이들 보수주의자가 주장하는 핵심 문제였다. 한 제자들 교회 역사가는 그들을 "제2등 그리스도의 교회" Churches of Christ Number Two라고 부른다.[277]

---

277) Albert T. De Groot, 『제자들과 독립파를 위한 새로운 가능성』 *New Possibilities for Disciples and Independents* (St. Louis: Bethany Press, 1963).

1966년 9월 제자들 교회는 한 계획을 수립하였는데그리고 1968년 최종 통과되었다, 그 계획은 그리스도인 교회들churches로부터 그리스도인 교회Church로 바꿈으로써 분산되고 회중화한 정체를 고도로 조직화되고 대표성이 있게 바꾸고자 한 것이었다. 이러한 변동을 일으킨 한 이유는 그들이 교회연합협의회Consultation on Church Union에 참여하고자 한 것 때문이었다. 그 계획을 옹호하는 한 회원은 "8천개에 달하는 자치 회중과 127명에 달하는 대표와 누가 연합할 수 있단 말인가?"라고 물었다.278)

1964년에 이르러 제자들-그리스도인 교회 계열Disciples-Christian family에 4백만 명에 달하는 회원이 속해 있는 것으로 계수되었다. 교파를 대체하려는 긴급한 요청으로서 시작되었던 운동 그 자체가 여러 교파가 되었다. 그러나 연합을 위한 민감한 열망이 상존하는데, 이것은 세계교회협의회 출판물을 위하여 헌금으로 공헌한 것에 대한 다음 발언이 입증하는 바와 같다: "그리스도의 제자교회가 가지는 교회일치 정신은 이 교회일치운동 역사를 저술하고 출판하는 것이 가능하도록 자금을 관대하게 제공하는 것을 통하여 다시 한 번 구현되었다."279)

플리머스 형제단

19세기 초반 대영제국은 종교 단체 가운데 불가피한 불안정을 야기한 정치 및 경제 혼란에 빠져 들었다. 의회가 선거제도를 바꾸고, 로마 가톨릭교도와 비국교도에게 정치 활동을 허가하기 위하여 심사율Test Act과 다른 규제를 제거하는 법을 계속 제정한 것은 국가와 국가교회 사이 연계를 뒤흔

278) "교회들로부터 교회로" (From Churches to Church), *The Christian Century* (October 12, 1966), 1231-1232; "달라스에 있는 제자들" (The Disciples in Dallas), *Christianity Today* (October 14, 1966), 52.

279) Ruth Rouse and Stephen C. Neill, eds., 『교회일치운동 역사』 *A History of the Ecumenical Movement* (London: S.P.C.K., 1954), [v].

들었다. 여러 충실한 성직자가 교회 미래에 관하여 염려하였다. 둘 다 과거에 호소하지만, 상반되는 경향을 가진 두 운동이 발전하였다. 하나는 존 케블John Keble, 에드워드 푸시Edward Pusey, 그리고 존 헨리 뉴만John Henry Newman에 의하여 주도된 소책자 운동 혹은 옥스퍼드 운동Tractarian or Oxford Movement이었다. 이들은 영국 성공회로 하여금 그 교회 선조, 즉 종교개혁 이전 유산으로 돌아갈 것을 촉구하였다. 그들은 교부 저작물을 권위 있는 것으로 붙들었다. 의식 개혁, 수도원 제도, 교회 행습에 있어서 국가 후원에 의한 변화를 거부한 것들이 그들이 주장하는 주요 정강이었다. 비록 뉴만이 로마 가톨릭으로 전향하여 살아남고, 영국 국교회가 분열을 일으킨 것이라고 생각한 다른 이들은 앵글로-가톨릭Anglo-Catholic 진영을 이루었지만, 옥스퍼드 운동은 지속되었다.

그 국교회에 있었고 역시 중상류층에 속하였던 그들 일부 동료는 다른 경로를 택하였다. 그들 역시 초대교회를 한 모형으로 생각하였지만, 권위를 교부 문서가 아닌 성서 안에서 찾았다. 그들에게 "성서는 혁명 교과서였다."[280] 이러한 확신에 도달한 개개인이 서로를 알게 되자 점차, 혹 때로는 급속하게 몇몇 작은 모임이 생겨서 좀 더 구조를 갖춘 조직으로 발전하였다. 그들은 원시 감리교Primitive Methodists, 가톨릭 사도교회Catholic Apostolic Church: "얼빙파"〈Irvingites〉, 그리고 특별히 플리머스 형제단Plymouth Brethren이라 불렸다. 플리머스 형제단은 교파 이름으로 불리는 것을 싫어하여서, 그들 스스로를 "형제단"Brethren, "성도들"Saints, 혹은 "신자들"Believers이라 칭했다. 그들은 자신들이 주창한 원시주의primitivism를 가장 고집스럽게 꾸준히 유지하고, 가장 복음전도에 열중하고, 현대 교회 생활에 있어서 모든 교파에 명확하게 가장 큰 영향을 끼쳤다.

280) 이 표현은 Horton Davies, 『영국에서의 예배와 신학』 *Worship and Theology in England* (Princeton, N.J.: Princeton University Press, 1962), IV: 141에 나온다.

첫 번째 "형제단" 모임들

플리머스 형제단이 시작한 정확한 여러 날자와 장소를 적시하는 것은 그 성격상 매우 어렵다. 지방에 광범위하게 산재한 작은 비밀집회가 성서를 읽고 자신들 삶에 주는 그 의미를 토론하기 위하여 모였다. 많은 경우에 이러한 모임은 존경받는 부유층 거실에서 열렸는데, 그들은 그렇지 않았더라면 생애 동안 그들 계급에 어울리는 신사 유흥을 즐기는 데 다 허비하였을 그들 삶을 이러한 모임으로 대체하였다. 상당히 많은 경우 안수 받은 성공회 성직자도 이 모임에 참여하였다. 이러한 여러 모임은 한 세기 전 여러 경건주의 비밀집회가 가졌던 의도와 방법에 있어서 흡사했다.

플리머스 형제단이 직접 시작한 몇몇 모임은 아일랜드 더블린Dublin 에서 열렸던 그런 여러 모임에로 추적될 수 있을 것이다. 앤써니 노리스 그로브스Anthony Norris Groves 를 중심으로 한 모임이 결성되었는데, 그는 선교 현장에 뛰어들 준비를 위하여 1825년 영국에서 치과의사로서 번영하는 사업을 포기했다. 이 사역을 위하여 그는 트리니티 칼리지Trinity College 신학부에 입학하였다. 그는 많은 사람을 만났는데, "그들은 주로 국교회 소속 회원으로서 그리스도를 향하여 좀 더 열정을 드리고, 모든 하나님 백성 중에 연합을 이루기를 열망하였으며" 또한 그는 이것이 이루어질 방법을 그들과 토의하기 위하여 좀 더 정해놓고 만났다.

2년 후, 그로브스는 성서를 공부한 결과 얻은 확신을 "그리스도 제자로서 함께 만나는 신자들은 그들 주님께서 권면하신 대로 빵을 떼기 위하여 함께 자유롭게 만날 수 있다"고 공지하였다. 이것은 매 주일에 시행되어야 한다. 그로브스가 그 후원 아래 사역하기 원했던 교회선교회가 그에게 말하기를 만일 그가 선교사로서 성례전을 집전하려면 안수를 받아야할 필요가 있다고 하자, 그는 사역에 대하여 자신이 가졌던 견해 전체를 다시 숙고하였다. 그는 참된 사역을 위하여 사실상 안수는 필요한 것이 아니라는 결론을 내렸다. "이로 인하여 나는 하나님께서 우리를 위하시는 마음을 의심하는 것이 아니다-우리는 제자로서 온전히 단순성을 가지고 함께 모여야만 하는데, 이 때 우리는 어떤 강단이나 사역으로부터 오는 도움이 바라는 것이 아니라, 우리 가운데서 주님께서 기뻐하시고 선하게 보시는 것을 따라 우리가 서로 사역하는 것을 통하여 주님께서 우리를 권징하신다."281) 매 주일 빵을 떼는 것을 지키며 모든 신자가 사역을 한다는 이 두 가지 개념은 플리머스 형제단 신앙 행습에 있어서 근간이 되었다.

더블린에서 이와 비슷한 다른 모임이 의대 학생이었던 에드워드 크로닌 Edward Cronin 에 의하여 시작되었다. 로마 가톨릭 신자로 자라난 그는 젊었을 때 그 교회를 떠났다. 더블린에 있는 많은 교파 교회가 크로닌이 그들 예배에 방문하였을 때 그를 따스하게 환영하였다. 그 중 많은 교회가 그에게 가입할 것을 강청하였지만, 그는 주님의 몸인 교회 안에 있는 분열에 대하여 당황하고 힘들어 했다. 결국 그는 모든 교파 교회는 성서의 가르침을 따르는 것이 아니라고 확신하였으며, 그리하여 그 스스로 성서를 공부하기 위하여 아무 교회도 나가지 않고 홀로 있게 되었다. 마침 독립교회에 속한 한 목사가 강단에서 크로닌을 신앙이 없다고 공공연하게 비난하자, 이러한 공정하지 못한 고발을 들은 회중 가운데 한 사람인 성서협회 서기가 크로닌에게 합류하였다. 이 둘은 주님의 만찬을 매주 거행하고 기도하는 모임을 시작하였는데, 곧 크로닌 사촌 두 명이 그들에게 동참했다.

그로브스와 크로닌 두 모임은 그들이 공통 동기를 가지고 있다고 결정하고 1829년부터 함께 만나기 시작하였다. 그들은 참여자가 여러 교구 교회나 비국교도 예배당에서 성찬을 받거나 참석하는 것을 자유롭게 할 수 있다는 것을 기본으로 시작하였다. 그러나 이르게는 1830년부터 그들은 다른

281) Clarence B. Bass, 『세대주의 배경』 *Backgrounds to Dispensationalism* (Grand Rapids: Wm. B. Eerdmans, 1960), pp. 65-67에서 재인용.

교회 예배 시간과 같은 시간에 임대한 건물에서 모였으며, 참석자를 초청하는 공식 안내를 하였다. 자신들 교제권 안으로 들어오는 유일한 요구조건으로 그들이 제시한 것은 예수 그리스도를 믿는다는 단순한 진술과 그리스도인에게 명령된 생활 방식을 따르는 것을 드러내는 것뿐이었다. 어떤 회원이라도 모임 중에 말을 할 수 있는 퀘이커 방식을 따랐는데, 찬송을 부를 때는 말할 수 없다는 것이 다른 점이었다. 이 모임에 참석하는 이는 모든 계층으로부터 왔으며, 부자와 빈자 사이를 차별하는 것은 "거룩하고 사랑하는 교제와 연합에 의하여 교훈을 받았다." 회원 중 한 명은 다음과 같은 진술을 남겼다:

> 회중 모임은 정숙하고, 평화롭고, 신성하였다. 그들 찬양은 부드럽고, 느렸고, 깊은 생각을 담았다. 그들 예배는 주님께서 그들 모임에 가까이 계심을 분명하게 보여주었다. 그들 기도는 하나님을 아는 지식이 증대하고 그분 진리가 편만해짐에 따라 진실해졌다. 그들 가르침은 성령께서 지도하심 아래 그들이 성서를 깊이 연구한 것을 드러내었으며, 성령께서 주시는 능력 아래 여러 가지 사역을 실행하는 동안 개개 중요한 주제에 대하여 하나님 말씀이 가르치시는 은총을 증언하였다.… 성령께서 맺으신 여러 열매가 분명하게 드러났다.[282]

그로브스와 크로닌 외에 에드워드 윌슨Edward Wilson, 헨리 허친슨Henry Hutchinson, 윌리엄 스토크스William Stokes, 존 파넬John Parnell, 존 G. 벨렛John G. Bellett, 그리고 존 넬슨 다비John Nelson Darby가 이 모임을 주도했다. 플리머스 형제단 중 뛰어난 신학자이며 창시자가 된 사람이 바로 마지막에 거명된 이였다.

---

282) *Ibid.*, p. 72.

존 넬슨 다비

성서를 그 근본 권위로 삼는 어느 운동이라도 그 운동 자체를 위하여 권위를 가지는 성서 해석자가 필요하다. 플리머스 형제단을 위하여 그 역할을 한 사람이 바로 존 넬슨 다비1800-1882였다. 그 운동이 가지는 생명력을 위하여 그가 얼마나 소중하였던지 많은 지역에서 그 운동은 "다비즘"Darbyism으로 지칭된다.

그는 상류층 가문 사람이었다. 조부grandfather는 트라팔가르 해전에서 명성을 얻은 넬슨 경Lord Nelson이었으며,283) 삼촌 다비 제독은 나일 강 전투에서 세운 공훈으로 유명하였다. 젊은 시절 다비는 조숙한 학생이었다. 그는 15세가 되었을 때 대학284)에 입학하였으며, 1819년 여름 법대를 우등생으로 졸업하였다. 가문 배경과 그 개인이 얻은 훈련 때문에 그는 유능한 법조인으로서 경력을 쌓을 수 있을 것이 분명하였지만, 법률가로 살지 않기로 결단했다. 그가 회심하기까지는 길고 어려운 시간을 보냈으며, 그 시절 그에게 위안을 주는 유일한 성서 본문은 시편 88편이었는데, 정확히 말하자면 "성서 안에 한 줄기 위안도 없었기" 때문이었다고 그는 후에 그 회심에 대하여 말하였다.285)

1825년 그는 공식 신학 공부를 하지 않았음에도 영국 성공회 부제deacon로 안수 받았으며, 아일랜드 위크로우Wicklow 군 보조신부curate가 되었다. 2년 이상 그는 가난하면서도 자부심이 강한 로마 가톨릭 거주민 가운데서 어려운 교구 사역을 근면하게 감당하는 것에 자신을 던졌다. 그는 그 주민이 거의 그들이 살고 있던 산악만큼이나 험악했다고 기술하였다. 그 당시

283) 넬슨 경은 조부가 아니라 대부였음

284) 더블린의 트리니티 칼리지

285) 다비와 형제단 사이 초기 만남에 대한 핵심 출처는 그가 할레 대학교 토루크(Tholuck) 교수에게 보낸 편지로 H. A. Ironside, 『플리머스 형제단 운동 역사 개요』 *A Historical Sketch of the Brethren Movement* (Grand Rapids: Zondervan, 1942), p. 182에 편집되어 있다. 또한 Napoleon Noel, 『플리머스 형제단 역사』 *The History of the Brethren*, ed. W. F. Knapp (Denver: W. F. Knapp, 1936), I: 34-43을 보라.

그는 확신 있는 고교회주의자였다. 규정을 따라 금식하고, 사도 계승을 주장하고, 영국 성공회와 연계되는 혜택이 없이 그리스도인이라고 주장하는 이들을 관용하였지만 동시에 불쌍하게 바라보았다. 그가 수행한 사역에 대하여 한 동시대인은 다음과 같이 기록하였다:

> 매일 밤 그는 통나무집에서 가르치기 위하여 집을 나섰으며, 산을 넘기도 하고 습지에 가기도 하려고 멀리 그리고 광범위하게 돌아다녀 자정이 되기 전에 귀가하는 경우가 거의 없었다. 그렇게 전력을 다함으로 건강은 서서히 손상을 입어서, 그의 사지는 불구가 될 정도로 고통을 겪었을 뿐만 아니라 더 심각한 결과가 올까 걱정되기도 하였다.… [이러한 상황은] 그에게 심각한 손상을 끼쳤다. 더 나아가 그는 그에게 제공되는 음식은 무엇이라도 먹었고 … 그의 체격은 라 트라페La Trappe[286] 수사와 누가 더 야위었는가를 겨룰 정도였다. 이러한 현상을 많은 가난한 로마주의자[287]가 흥미롭게 여겼는데, 그들은 그를 초대교회 형태의 진정한 "성인"으로 보았다. 그들에게 있어서 내핍 생활로 너무 야위고, 세상 헛된 욕심에서 떠나 있으며, 그들이 처한 모든 가난에 동참하는 이 사람은 하늘로부터 온 사람이라는 흔적을 가지고 있는 것이 분명하게 여겨졌다.[288]

다비와 또 그와 비슷한 사람들이 행한 사역은 열매를 맺었다. 그는 매주 영국 국교회에 가입하는 가톨릭 신자가 6백 명에서 8백 명 사이에 달한다고 보고했다. 그러자 아일랜드 로마 가톨릭 대주교는, 개종자가 영국 성공

286) 베네딕트 규율을 따르는 프랑스 시토단 수도원-역주
287) 로마 가톨릭교회 신자-역주
288) F. W. Newman, 『믿음의 단계』 *Phases of Faith* (London: John Chapman, 1850), T. C. F. Stunt, "19세기에 일어난 두 운동" (Two Nineteenth Century Movements), *The Evangelical Quarterly,* XXXVII (October-December 1965), 226에서 재인용.

회로 유입함으로 정치 지각이 변동할 것을 염려하여 모든 개종자에게 국가와 국왕에 대한 충성 맹세를 요구했다. 이러한 조치는 쇄도하는 개종을 효과 있게 중지시켰는데, 왜냐하면 아일랜드 사람에게 있어서 그들이 성공회 신자가 된다는 것은 그들이 마땅히 바쳐야할 애국심을 거부하는 것으로 간주되었기 때문이었다. 대주교가 공공연하게 아일랜드 정부에게 로마 가톨릭교회 입장을 지지하도록 요구한 것은 다비를 격노하게 하였다. 그는 분노를 표출하는 팸플릿을 저술하고 그것을 성직자 중에 퍼뜨려, 그리스도에 관한 일을 위하여 세속 권력에 도움을 기대하는 것은 의미가 없는 것이라고 강조하였다.

마침 다비는 낙마 사고 때문에 부상을 당해서 더블린에서 시간을 보내야만 했는데, 그가 그곳에 있는 동안 그는 대학 시절 친구였던 벨렛Bellett을 통하여 플리머스 형제단과 접촉하게 되었다. 다비는 요양하던 기간 중에 그들과 성서를 공부하였는데, 그들이 가진 관점이 국가교회가 가진 그것보다 훨씬 더 순전성이 있었기 때문에 그는 충격받았다. 그는 현 체제 하에서는 심지어 사도 바울 자신까지도 그가 안수를 받지 않았다면 영국 성공회 안에서는 설교하기를 허락받지 못할 것이며, 반면에 "사탄의 일꾼"도 그가 성직자단에 소속되어 있다면 설교할 수 있을 것임을 숙고하였다. "이것은 간단한 오용이 아니며, 어느 곳에서나 발견되며, 이는 체계 그 자체 원리principle가 그릇된 것이다."289) 사역은 성령께서 주시는 것이지, 교회 조직에 의하여 주어지는 것이 아니라고 그는 선언했다. 1829년 그는 이러한 견해를 담은 유인물을 출판하였는데, 그 제목은『그리스도의 교회 성격과 연합에 관한 숙고』*Considerations of the Nature and Unity of the Church of Christ*였으며, 이것은 쇄도하는 형제단 팸플릿 중 첫 번째 것이 되었다.

그 결과, 다비는 보조신부 직분을 사임하고, 플리머스 형제단에 소속하

289) Ironside, *op. cit.*, p. 184.

였지만, 수 년 후까지도 영국 국교회로부터 완전히 탈퇴하지는 않았다. 그는 여생을 그 운동이 발전하도록 저술하고, 연설하고, 여행하고, 상담하는 것에 바쳤다. 그는 수 년 동안 여행 가방만 가지고 살았다. 그는 결코 결혼한 적이 없으며, 오직 그 운동을 위하여 개인 재산을 사용하였다. 그를 알았던 사람들은 그들에게 "거의 압도할 힘으로" 영향을 끼친 그에 대하여 증언하였다. 그가 가진 명민한 지성, 성서 지식, 헌신하는 능력, 그리고 개인 경건은 격언이 될 정도였다. 사람들에게 요구하는 것은 최소한도였으며, 그 자신이 누릴 수 있는 즐거움에 대하여는 관심이 없었다. 동시에 그는 토론에 임하여서는 무자비하였다. 그는 너무나도 자신이 가진 관점이 옳다고 확신하였기 때문에 그에게 반대하는 사람은 다비 자신이 아닌 하나님을 거스르는 것이라고 비난하였다. 그가 가진 외골수 성격과 헌신은 그에게 엄청난 능력을 주었지만, 그 능력이 언제나 지혜롭게 사용된 것만은 아니었다. 그가 사망하기 전에, 그 운동 안에서 만난 여러 초기 친구와 그와의 관계는 거의 모두 단절되었다.

존 넬슨 다비 저술은 34권이나 되는 방대한 질로 모아지고 편집되었다. 또한 그가 쓴 편지도 세 권으로 모아져 출판되었다. 이 저술은 그 명료함보다는 진정성과 성실성 때문에 더 주목을 받는데, 왜냐하면 다비는 그가 가진 견해를 완성된 형태로 표현하는 것에는 극심할 정도로 아무런 주의도 기울이지 않았기 때문이다. 이에 관하여 그 자신은 고백하기를 그는 자신이 가진 생각이 여러 다른 사람에 의해서 어떻게 이해될 것인지에 대하여 관심을 기울이기보다, 그가 종이 위에 글을 쓰면서 생각했다는 것을 유념하라고 하였다.

확장

다비는 더블린에 오래 체류하지 않았으며, 림머릭Limerick 으로 여행하고,

다음에는 플리머스로 갔다. 거기서 그는 한 동안 옥스퍼드 엑스터Exeter 칼리지 특별연구원인 벤자민 W. 뉴턴Benjamin W. Newton 과 협력하여, 가장 많은 사람이 모이고 또 가장 높은 명성을 얻은 모임을 일구었는데, 그 모임은 1845년에 이르러 1200명이 함께하였다. 가장 중요한 초기 소책자는 거의 모두 다 그곳에서 출판되었고, 그리하여 그 운동에 그 도시 이름이 깊은 인상을 남기게 되었다.

19세기 중반에 플리머스 형제단이 주장하는 개념은 영국 전역에 걸쳐서 재빠르게 확산되었다. 일부 성직자는 그들 전체 회중과 함께 전입하였다. 단순하고 실제성에 근거한 그리스도인 연합에 관한 생각 속에는 엄청난 흡입력이 있었으며, 또한 오래된 신학 논쟁을 잠잠하게 하였다. 많은 평신도와 모든 사례금과 직함을 포기한 성직자가 여러 집회장과 극장이든 야외이든 어디라도 청중을 얻을 수 있는 곳이라면 그 장소에서 설교하였다. 그들은 성서를 숙달하였기에, "걸어 다니는 성경" Walking Bibles이라 불렸다.

많은 형제단 회원은 어떤 나이 대라 하더라도 뛰어난 그리스도인으로 인정받았다. 조지 뮐러George Müller 는 독일 출신으로 침례교 설교자로 영국에 왔다. 동료 헨리 크레이크Henry Craik 와 함께 뮐러는 브리스톨에서 큰 회중을 이루었다. 프랑케Francke 가 할레Halle 에 세웠던 것과 동일한 연장선상에 있는 엄청난 기관으로 자란 고아원을 뮐러가 시작한 곳이 바로 이곳이었다. 뮐러가 가졌던 원칙은 특별한 호소나 기부 요청 없이 믿음과 기도로 고아원을 운영하는 것이었다. 1898년 그가 사망할 때에 이르러 수백만 달러가 모금되었으며, 수천 명 어린이가 도움을 입었다. 뮐러는 생애 후기에 광범위한 지역을 여행하였으며, 그가 가는 곳마다 설교하고 또 그가 운영한 고아원에 대하여 이야기하였다.

플리머스 형제단에 소속한 다른 저명한 회원은 다음과 같다: 성서 주석가이며 학자인 새뮤얼 P. 트레질스Samuel P. Tregelles , 성구사전을 준비하기 위하여 25만 달러를 사용하였던 조지 V. 위그램George V. Wigram, 교회사가 앤드류 밀러Andrew Miller, 1865년부터 1901년까지 스코틀랜드 야드Scotland Yard290) 범죄 수사과 과장이었던 로버트 앤더슨 경Sir Robert Anderson 등이다.

독특한 신념 및 행습

1878년 다비는 형제단 신앙을 진술해 달라고 그에게 요청한 한 프랑스 가톨릭 신문에 한 기사를 저술하였다. 개신교가 공통으로 확신하는 부분을 반복하여 설명함으로 그리스도교 신앙 토대에 대하여 서술한 다음 다비는 "우리를 다른 이로부터 구분하는 것은 무엇인가?"를 논했다. 하나님 말씀은 그들 "신앙과 행습에 절대 권위"이다. 그리스도의 몸은 "성령에 의해서 그 머리, 즉 하늘에 계신 그리스도와 연합된 사람들로 구성되어" 있다. 로마 가톨릭 신앙은 매번 미사를 드릴 때마다 희생을 반복하여 그리스도와는 분리된 제사를 드리는 것 때문에 바른 신앙으로 용납될 수 없는데, 그러한 반복되는 희생은 히브리서 10:14 그는 거룩하게 되는 사람들을 단 한 번의 희생제사로 영원히 완전하게 하셨습니다.– 새번역 말씀에 의해서 용인될 수 없음을 다비는 주장했다. 개신교 역시 분파로 분열되어 있으며, 그 세속성 때문에 용납될 수 없다.

플리머스 형제단은 교회 형성에 관한 문제에 대한 답으로 두 사람 혹은 세 사람이 예수 이름으로 모인 곳에 예수께서도 역시 함께 계시겠다마18:20는 선언에 드러난 단순한 믿음을 신뢰하는 것이라고 대답한다. 하나님의 성령을 소유한 모든 사람그가 어느 교회에 있다 할지라도 모든 진정한 개개 그리스도교 신자은 그리스도의 몸을 구성한다. 그러나 그러한 모든 그리스도인은 의무 아래 존재한다: "만일 그리스도인 누구라도 그가 마땅히 되어야 하는 모

290) 무엇인가?"를

습-도덕성의 문제에서나 혹은 믿음에 관한 문제에서나-에서 공공연하게 실패한다면, 그는 교회에서 축출된다. 우리는 세상 즐거움과 오락을 삼간다.… 우리는 정치인들과 뒤섞지 않는다. 우리는 세상 일부분이 아니다. 우리는 투표하지 않는다. 우리는 세속 권력자가 명령하는 것은 그것이 무엇이든 간에 그리스도께서 의도하신 것과 정면 배치되지 않는 한 순종한다. 우리는 매 주일 주의 만찬을 거행한다. 그리고 설교 은사가 있는 회원은 구원하는 복음을 죄인에게 설교하고 신자를 가르친다. 모든 회원은 하나님께서 그에게 주신 능력에 따라 그 이웃을 위하여 구원과 선행을 추구하는 일에 매여 있다."[291]

모든 집회는 집과 세 낸 회관에서 열린다. 후에 플리머스 형제단은 모든 신자가 제사장임을 강조하며, 설교단과 연단을 두지 않는 건축 형태로 그들 자신을 위한 예배당 혹은 "집회장"을 건축했다. 그런 건물은 대단히 평이했다. 한 설계도는 정사각형 방 삼 면에 회중석이 있고 전면에는 책상 하나와 의자 몇 개가 있었는데, 그것들은 아마 발언자에 의해서 사용될 것임을 보여준다. 다비 자신은 설교하기 위하여 책상 뒤에 서는 사람들에 대하여 반대하고, 대신에 다른 회중 가운데 앉아 있어야 한다고 주장하였다. 그는 또한 성령께서 자유롭게 지배하시는 것을 선호하여서, 지도급 형제단 중에서 발언할 책임성에 있어서 이전에 어떠한 이해를 미리 가지고 있던 것을 반대하였다. 교훈이 되는 내용이 없이 너무 길게 발언하기를 계속하는 일부 회원을 다루기 위해서 그는 그들에게 일어나 그 방에서 나가라고 권고하였다! 좀 더 자유로운 형제단 가운데 후기에는 고정된 재정 후원을 받는 "정해진 설교자"를 준비하는 행습이 발전하였는데, 이 경우에 급료라는 단어 사용은 회피하였다. 형제단은 목사 제도에 대하여 활발하게 비판하였는데, 그들은 목사 제도를 "일인 사역"이라 불렀다.

291) *Ibid.*, pp. 188-195.

모임은 현장에서 추천된 찬양을 부르는 것으로 시작되어, 성서 해설 "성서 읽기"과 성만찬이 뒤따랐다. 퀘이커가 했던 것과는 다르게, 형제단은 여성이 공식으로 발언하는 것이나 기도하는 것을 반대하는 강한 규정을 가지고 있었다. 초기 플리머스 형제단은 음악을 악기로 연주하는 것에 매우 강하게 반대하였다. "현악기와 오르간은 가인이 주님 존전에서 추방되었을 때 그가 세운 도시에서 시작되어 여기까지 내려온 것이다"라고 다비는 기록하였다. 악기는 "**하나님의 성령**에 의한 능력으로 이루어져야할 어떠한 예배라도 감각을 위한 즐거움을 가져옴으로 망칠 뿐이다."[292] 그럼에도 형제단은 찬송시를 짓는 것에 있어서는 매우 활발했다. 가장 많이 사용된 찬송 책은 『작은 양 무리 찬양』*Hymns for the Little Flock*이었고, 다른 것은 『신자들 찬송 책』*The Believers Hymnbook*이었다. 그들은 자신들 책 속에 사용된 비형제단non-Brethren 찬송이 가진 신학 입장에 대하여 매우 예민하여서, 자신들 입장과 조화되도록 광범위하게 그것들을 개사하였다. 아이작 와츠Isaac Watts 찬송시 안에 드러나는 너무 많은 개인주의에 민감해진 그들은 "놀라운 십자가를 **내가** 생각할 때에"When I Survey the Wondrous Cross를 "놀라운 십자가를 우리가 생각할 때에"When We Survey the Wondrous Cross라고 개사하였다.[293] [294]

교리에 있어서, 형제단이 가장 독특하게 강조한 것은 그들이 세대dispensations와 구원에 있어서의 영원한 안전에 대하여 가르친 것에 있었다. 다비가 창조부터 천년왕국까지의 시대를 일곱 개의 "세대"로 구분한 것은 1830년 파워스코트 백작부인Theodosia Anne Powerscourt이 소유한 궁전 같은 집에서 열린 연속된 집회에서 처음으로 발전되었다. 얼빙파 일부 회원도 그 자리에

292) Davies, *op. cit.*, IV: 151.

293) John S. Andrews, "플리머스 형제단 찬송" (Brethren Hymnology), *The Evangelical Quarterly*, XXVIII (October–December 1956), 208–229.

294) 새찬송가 149장, 한국어 가사는 "주 달려 죽은 십자가 우리가 생각할 때에"로 번역되었다.–역주

있었으며, 그들은 다비가 얼빙파에 의해서 그러한 가르침을 소개받았다는 점에 대하여 동의한다. 경우가 어떻게 되었든 간에, 다비는 구약과 신약 성경에서 세대주의 해석을 함에 있어서 현 시대와 미래 사건은 지극히 자세하게 서술하였다. 거의 모든 학자는 다비와 플리머스 형제단이 지금 대다수 미국 근본주의자가 가지고 있는 것과 비슷한 견해가 온 직접 근원이라고 주장한다.295) 비록 다비와 미국이 난 위대한 부흥사 드와이트 무디는 자유의지에 관련된 주제에 관해서 서로 다른 견해를 가지고 있기는 하였지만, 전자가 후자에게 영향을 끼쳤다는 것은 잘 알려졌다. 플리머스 형제단은 후에 빌리 그래함이 발전하는 데에도 역할을 감당하였다. 다비는 1870년에, 1872년부터 1873년까지, 그리고 1874년에 미국에 체류했다. 다비가 끼친 간접 영향은 광범위하게 사용된 해설 성서를 저술한 스코필드C. I. Scofield를 통하여 전달되었다. 종말론을 강조하는 다른 일부 종파가 그렇게 하는 것과는 다르게, 플리머스 형제단은 그리스도 재림에 관한 정확한 날짜를 예고하려는 시도에 결코 매혹된 적이 없었다. 그들은 종말이 어느 순간이라도 현세에 일어날 수도 있다는 충분한 기대감 속에서 그 때를 준비하는 형태를 지향하는 삶에 대하여 더 관심을 기울였다. 그들은 현재 세대가 그리스도께서 당신 교회를 모으시는 시기이며, 환란 시기 이전에 교회는 공중으로 끌어올려 주님을 만나게 된다"휴거"rapture고 이해했다.

영원한 안전한 번 구원받은 사람은 영원이 구원받았다는 교리은 플리머스 형제단 가르침에 아주 뚜렷하다. 이 가르침 때문에 그들은 일반 찬송가 가사를 좀 더 바꾸어야 할 필요에 직면했다. "단 한 번도 용서를 구하지 못하는 바로 나인데"Just As I Am Without One Plea에서 현재형이 과거형으로 바뀌어 "바로 나였는데"Just As I Was로 개사되었다.296) 또 탑레이디Augustus Montague

295) Bass, *op. cit.*, pp. 17–19를 보라. C. Norman Kraus, 『미국에서의 세대주의』*Dispensationalism in America* (Richmond, Va.: John Knox Press, 1958), pp. 45–56.

296) 새찬송가 282장, "큰 죄에 빠진 날 위해"

Toplady297)가 지은 "만세 반석 열리니" Rock of Ages는 "나를 위하여 열리신 만세 반석이시여, 당신 속에 저 자신을 숨겨주소서" Rock of Ages, cleft for me, Let me hide myself in Thee에서 "죄를 위하여 열린 만세 반석이시여, 은혜 속에 우리를 안전하게 숨겨 주셨나이다" Rock of Ages, cleft for sin; grace hath hid us safe within!로 개사되었다.298) 299) 이 주제에 관련되어 발생한 한 논쟁에서 다비는 다음과 같은 질문으로 도전받았다: "그러나 다비 형제여, 진정한 그리스도인이 빛을 향하여 그 등을 돌렸다면 그 다음에는 어떻게 되겠습니까?" 그러자 다비는 이렇게 대답하였다: "그러면 그 빛이 그의 등을 비출 것입니다."300)

분열과 후기의 발전

플리머스 형제단이 가장 분명하게 강조하여 가르친 한 가지는 모순되게도 그들 자체 안에서 가장 적게 실행되었다. 이 가르침은 모든 그리스도인은 마땅히 연합되어야만 한다는 것이다. 고통스런 분열에 의하여 찢어지지 않은 다른 그리스도인 운동도 거의 전혀 없을 정도이다. 형제단을 친근하게 대하지 않은 한 관찰자는 "형제단은 말씀 진리는 올바르게, 그리고 그들 스스로는 그릇되게 나누는 데 있어서 눈에 띄는 사람들이다"라고 평했다. 다비에게 자기 강단을 내준 적이 있었던 또 다른 비판자는 형제단 소속 여러 분파 중에서 그가 목격한 자기 의self-righteousness에 대하여 개탄했다. 그는 런던에 있던 형제단 모임 장소 중 하나에 대하여 이야기했는데, 그곳에는 창문을 가로질러 "오직 예수" Jesus Only라고 읽도록 된 현수막이 걸려있었다. 어느 정도 시간이 흐른 후, 그 현수막은 손상을 입어서 "오직 우리" us

297) 영국 성공회 사제이며 찬송 작가
298) Andrew, *loc. cit.*, p. 213.
299) 새찬송가 494장
300) Ironside, *op. cit.*, p. 82.

Only라고 읽도록 되었다.301) 무디는 형제단이 보여준 분열 경향을 "그들의 생강 빵을 한구석에서 자기들끼리만 다 먹어버리는 것" 것이라고 칭하였다.

번창하던 플리머스 모임 안에서 첫 번째 주요 분열이 발생하였다. 공동 설립자였던 뉴턴이 예수 그리스도의 인성에 대하여 정상에서 벗어나게 가르치며 또한 국교회로 기울어 있다고 고발되었다. 일부는 다비가 경쟁심에 사로잡혀 부지중 분열하려는 동기를 가지고 뉴턴과 그 추종자와 교제를 끊었고, 그리하여 그 모임을 분열한 책임은 다비에게 있다는 의구심을 갖었다. 더 심각한 분열은 다비가 다른 모든 모임에게 뉴턴이 이끄는 분파는 오류에 빠졌다는 판결을 받아들이기를 강요하였을 때 발생하였다. 다비는 그리스도의 교회는 오직 하나만 있을 수밖에 없으므로 한 사람이 형제단 한 모임에서 축출되었는데, 형제단 다른 단체에서 받아들여질 수 있다는 것은 상상할 수조차 없는 것이라고 강력하게 주장하였다.

뉴턴 분파에 속하였던 이전 회원 일부가 브리스톨에 있는 베데스다 모임에 회원권을 얻고 가입하기를 청원하였다. 이제 형제단은 다비가 이끄는 "폐쇄파"와 뮐러가 이끄는 "개방 형제단"으로 분열되었다. 문제는 교회 내부 권징에 관한 것이었다. 베데스다 모임은 형제단 전체에게 같은 수준으로 적용되는 출교는 있을 수 없다는 입장을 견지하였다. 한 때 뉴턴이 가르친 것을 받아들였지만 그것에 의해서 오염되지 않은 것이 드러난 이들은 오류에 대하여 또 다른 고백을 할 필요 없이 받아들여져야 한다. 폐쇄파는 한 모임에 의해서 출교된 모든 회원은 교회 모두에 의해서 출교된 것이며, 그리하여 그들이 다시 받아들여지기 전에 권징을 받아야만 한다고 주장하였다.

개방 형제단Open Brethren과 폐쇄 형제단Exclusive Brethren을 뒤따라 다른 많은 "분지"分枝 가 생겨났다. 이 때문에 그들 이후 역사는 고상하기는 하지

---

301) *Ibid.*, pp. 110, 201.

만 때로는 지나치게 세밀한 것을 추구하는 많은 사람이 잇달아 벌인 쓸데없는 말 싸움판으로 바뀌어버렸다. 그 작은 여러 분지를 날카롭게 갈라놓는 가르침 사이에 실제로 존재하는 여러 차이점을 꿰뚫어보는 데도 신학에 있어서의 상당한 예리함이 필요하다. 가장 최근 보고된 분열은 1964년 영국과 스코틀랜드 마을과 어촌에서 진행된 것인데, 이는 뉴욕 은퇴 사업가인 제임스 테일러 주니어James Taylor, Jr.가 폐쇄 형제단에게 비회원과의 모든 관계를 끊지 않으면 출교 조치하겠다고 명령한 후 발생했다. 그 칙령 때문에, 건물주는 세입자를 몰아내고, 고용주는 직원을 해고하고, 가정은 쪼개졌다.

비록 플리머스 형제단과 베데스다 분파 사이에 일어났던 시련이 있었음에도, 1845년부터 1875년 사이에 형제단은 놀랍게 성장하였다. 형제단은 특별히 영국에서는 성장을 멈추었지만, 반면에 그 외 어느 곳에서나 계속 성장하였다. 다비 자신도 그 이후로 많이 하게 되는 해외여행을 1837년 처음 시작하였다. 그 여행 목적지는 스위스였는데, 왜냐하면 다비는 그곳에서 형제단 신앙과 같은 내용을 고백하는 어떤 무리가 있다고 들었기 때문이었다. 스위스로부터 그 운동은 프랑스, 독일, 네덜란드, 그리고 스칸디나비아로 확산되었다.

독일에서 플리머스 형제단 운동을 위한 바탕은 튀빙겐과 엘버펠트Elberfeld에서 경건주의 모임이 시작됨으로 조성되었다. 저지대 라인 강지역을 거듭하여 여행하는 동안 다비는 몇몇 독일 도우미가 제공하는 도움을 받아 성서 전체를 번역하였다. 그는 또한 이태리어, 프랑스어, 그리고 영어로 성서를 번역하였다. 거의 모든 다른 나라에서와 마찬 가지로 독일에서 복음화에 기여한 가장 큰 매개물은 인쇄물이었다. 플리머스 형제단 작가와 출판부에서 펴낸, 말 그대로 수백만 부에 달하는 유인물, 소책자, 팸플릿, 그리고 방대한 책이 거의 대부분 무료로 배포되었다. 틀림없이 아직 완결된 것이 아니지만, 최근 집계된 이러한 출판물 목록은 서로 구별된 제목으로 된 것이 1800여 개가 넘는다. 또한 151개에 달하는 서로 다른 정기 간행물도 알려져 있다. 거의 모든 출판물은 무명으로, 혹은 많이 드러난 경우라면 저자 이름이 겨우 약자로만 인쇄되었다.302)

비록 어떠한 조직이나 후원 기관이 없었음에도, 플리머스 형제단은 해외 선교에 열정을 기울여왔다. 더블린 모임을 시작했던 앤써니 노리스 그로브스Anthony Norris Groves는 1829년 근동으로 그리고 후에는 인도로 갔다. "만국그리스도인선교회" Christian Missions to Many Lands라는 이름 아래 많은 플리머스 형제단은 아시아, 아프리카, 그리고 남아메리카에서 "믿음" faith을 기반으로 사역하였다. 그들은 인도차이나 반도에 처음으로 복음을 전한 개신교 선교사였다. 플리머스 형제단은 회원 명부나 통계를 통상 남기지 않지만, 오늘날 가장 잘 어림잡아 통계를 낸 것에 의하면, 전 세계에 걸쳐 총 회원은 45만에서 48만 사이에 이른다. 가장 많은 회원은 영국에 있으며, 그 뒤를 독일, 미국, 캐나다, 뉴질랜드, 벨기에, 그리고 네덜란드가 잇는다.303)

302) Arnold D. Ehlert, "플리머스 형제단 저술" (Plymouth Brethren Writings), *American Theological Library Association Proceedings*, XI (1957), pp. 49–80.

303) Kurt karrenberg, "자유형제 모임" (Der Freie Brüderkreis), in Ulrich Kunz, ed., 『한 몸의 많은 지체』 *Viele Glieder–ein Leib* (Stuttgart: Quell Verlag, 1953), pp. 201–229.

제7장 현대의 발현

신자들의 교회를 대표하는 20세기 운동을 선정하는 것은 쉬운 작업이 아니다. 발전한 세속주의로 인하여, 이전에 국교회 위치를 누렸던 교회는 이제 자유교회 상태가 되어야만 했다. 금세기에 여러 나라를 휩쓸었던 역사에서의 사나운 물결은 오랜 세월 동안 존중을 받고 독립된 품위를 누리며 굳건하게 서있었던 교회 구조에도 무자비한 폭풍이 몰아치게 하였다. 교회와 국가가 강제로 분리된 것, 그리고 그 결과 자연스럽게 교회가 그 구성원이 자원하여 내는 후원금을 필요로 하게 된 것은 양차 세계대전 이후 유럽에 있는 많은 교회가 받아드려야 할 엄연한 현실이 되었다. 성직자와 평신도는 새로운 체제에 다양한 정도로 적응하고 저항하는 과정에 고통스러운 반응을 보였다. 아시아에서 뿐만 아니라 아프리카에서도 교회사 한 장 속 많은 부분은 초대교회 혹은 그 이후 시대에 나타난 비순응 운동과 놀라울 정도로 흡사한 길을 찾은 소위 "젊은 교회"에 의해서 기록되어 나갔다. 이 세기는 그 이전 어떤 세기보다도 더 많은 그리스도인 순교자를 낼 것으로 추정된다.

오늘날 신자들의 교회가 가장 잘 드러난 경우는 오순절교회에서 발견된다. 1958년 널리 존경 받는 유니온신학대학원 총장 헨리 P. 반 듀센Henry P. Van Dusen은 많은 출판 부수를 자랑하는 정기 간행물에 논문을 기고하여 오순절교회에 주의를 기울일 것을 촉구하였다. 그는 오순절 운동은 개신교와 로마 가톨릭교회와 함께 동일한 기초에 서 있는 세 번째 동력이며 오히려 그 이전 두 운동보다 더 활기차다고 주장하였다. 그 운동은 중산층 그리스도교가 더 이상 코를 아래로 둘 수 없는 곳으로 내려가는 "그리스도교 세계가 가진 세 번째 강력한 팔이다." 한 대담에서 그는 그 운동을 좀 더 강력하게 표현하였다: "나는 성령에 대한 강조와 함께하는 오순절 운동은 단지 또 다른 부흥운동에 머무는 것 이상이라고 느끼게 되었습니다.… 그 운동은 최초 사도교회 그리고 개신교 종교개혁이 이루어 놓은 것과 비교될 정도로 중요한 혁명입니다."304)

라틴아메리카에서 비로마가톨릭교회 중에 오순절 계통 그리스도교가 점유한 수에 있어서의 우세는 이 계통에 속한 두 분지가 1961년 세계교회협의회WCC에 정식 가입함으로 밝히 드러났다. 교회일치운동은 최근1966에 그 운동을 꾸준하게 주목함으로써 결국 그 운동이 중요하다는 것을 인식하게 되었다.305)

메노나이트 신학자 존 하워드 요더John Howard Yoder는 그 운동을 근원종교개혁 맥락 속에 넣는다. "금세기에 일어난 오순절주의는 16세기에 일어났던 아나뱁티즘과 가장 가까운 병행 관계를 이룬다. 교회 질서, 교회 지도자를 크게 존경하면서도 전체 교회가 성령께서 주신 모든 은사를 따르는 삶, 평신도가 말씀을 전하는 것에 대하여 당황하지 않는 것, 그리고 가난하고 활발하고 올곧게 열심을 내는 아름다운 맛을 낸다는 점에서, 그 운동은 그 자체 생각에 갇히지 않고 밖으로 터져 나와 너무나 힘차게 확장하고 있

304) Henry P. Van Dusen, "기독교제국에서의 제3동력" (Third Force in Christendom) Life, L (June 9, 1958), 113–124; John L. Sherrill, 『방언으로 말하는 이들』 *They Speak With Other Tongues* (New York: McGrawHill Book Co., 1964), p. 27. 오순절주의운동이 보여주는 광범위한 성격 때문에 의심을 가지는 저자 W. G. McLoughlin는 "그리스도교 세계에 제3동력이 있는가?" (Is There a Third Force in Christendom?)를 *Daedalus*, XCVI (Winter 1967), 43–68에 기고하였다.

305) Walter J. Hollen Weger, "오순절 운동과 세계교회협의회" (The Pentecostal Movement and the World Council of Churches), *Ecumenical Review*, XVIII (1966), 310–320을 보라.

다.” 이 운동 안에 있는 여러 결점이 쉽게 지적될 수 있다는 것을 그는 인정하지만, “동시에 그들은 전통 교회 그 이상이다”306)라고 평가한다. 여러 분지로 구성된 오순절 계통은 최근에 존 토머스 니콜John Thomas Nichol에 의한 연구에서 처음으로 학문 수준에 준하는 탐구가 이루어졌다. 니콜은 이 운동에 속하는 구성원은 현재 전 세계에 걸쳐 8백만에 달하는 것으로 추산한다.307)

현재 이 책에서 다루는 토론에 오순절 운동을 포함시킬 것인지에 대한 논란은 그 운동이 이미 다룬 교파, 특히 감리교 그리고 침례교와 많은 부분에서 같은 내용을 가지고 있다는 사실과 관련된다. 교리와 교회 정체에 있어서 그들은 침례교와 흡사하다. 오순절 교회에 의해 이루어진 많은 구별된 운동은 많은 나라에 퍼져있으며 그 생명력을 보여주고 있기는 하지만, 간략한 묘사를 하기는 어렵다. 그들이 가지는 중요성에 비하여 함께 토의할 관찰자는 극소수에 불과하다.

자유교회 정서를 가진 다른 실례는 그들이 이러한 정황 안에서 보통은 드러나지 않았지만 좀 더 뚜렷하다. 20세기에 세속주의가 가장 철저하게 그리고 독재 형태로 드러난 것은 나치 독일 제3제국Third Reich of Nazi Germany 308)이다. 제3제국이라는 호된 시련 가운에서 태어난 한 교회 생명 형태로

306) John Howard Yoder, “변두리 사람들” (Marginalia), 『관심: 그리스도교 갱신을 위한 소책자 시리즈』 *Concern: a Pamphlet Series for Questions of Christian Renewal*, No. 15 ([n.p.], 1967), p. 78.

307) John Thomas Nichol, 『오순절교회』 *Pentecostalism* (New York: Harper & Row, 1966). 니콜은 또한 오순절교회를 종교개혁 좌익 계열에 배치한다: “그들의 영적 조상인 아나뱁티스트 신자처럼 오순절 신자는 (1) 성도 개인 그리고 성도가 함께하는 몸은 성령께서 인도하심을 구하며 또 그 인도하심에 복종하기를 추구해야 한다; (2) 예배에 있어서 사도 시대에 행했던 단순성으로 마땅히 돌아가야 한다; (3) 신자들은 그들 스스로 세상으로부터 분리되어야만 한다; (4) 신자가 받는 침례가 유아세례를 대신해야 한다; 그리고 (5) 신자는 곧 오셔서 그의 왕국을 세우실 그리스도께서 다시 오시기를 사모해야 한다”고 선언한다(p. 3). 오순절교회에 대한 가장 온전한 개괄연구는 Walter J. Hollenweger, “오순절교회 핸드북” “Handbuch der Pfingstbewegung,” (unpubl. doctoral dissertation)이다. 미국에서 이 논문 복사본은 예일대학교 도서관, 오랄로버츠대학교 도서관, 그리고 리 대학교(Lee College) 도서관에 있다.

308) 역주-제1제국, 신성로마제국: 962-1806; 제2제국, 독일제국: 1871-1918; 제3제국, 나치독일: 1933-1945

서, 신자들의 교회가 가지는 많은 표식을 나눈 운동은 고백교회Confessing Church라 불렸다. 고백교회 여러 지도자가 정부에서 통제하는 국가교회뿐만 아니라 독일 자유교회 중 또 다른 하나로 간주되는 것, 그리고 더 나아가 선택할 수 있는 한 대상이 되는 것을 단호하게 거절했다는 것은 사실이다. 대신 그들은 국가 권위를 상대로 놀라운 승리를 거두며 자신들이 유일하게 진실한 독일 교회를 구성하였다는 점을 만족스러워 했다. 고백교회 구성원이 그 교회를 그렇게 생각했음에도 그들이 보여주었던 격렬하고 고통스러웠던 삶과 그들이 서있던 입장은 이 책 이전 부분에서 논의되었던 다른 이들이 구성했던 여러 교회와 매우 흡사하였다. 국가로부터의 분리, 회중 중심 정체, 자원하는 재정 지원, 목회 지도력을 선정하고 안수하는 독립성-심지어 회원 신분증까지-이 모든 것은 고백교회가 가진 교회 생활이었다.

문화에 적응된 교회에게 뿐만 아니라 세속화된 세상을 향하여 활발한 증언을 하는 훈련된 회원으로 구성된 몇몇 작은 회중이 일으키는 아주 최근 운동은 신자들의 교회가 오늘날 그리스도교 세계를 관통하는 것과 처음부터 연관되어 있는 관심을 보여주는 놀라운 방법 중 한 예이다. 이들 모험을 가장 잘 드러낸 것은 워싱턴 D.C.에 있는 세이비어교회Church of the Saviour와 뉴욕 시에 있는 이스트할렘개신교구East Harlem Protestant Parish이다. 이에 더하여 최근에는 "지하교회"underground churches 물결이 대서양 양안에서 로마 가톨릭교회 생활이라는 해안을 휩쓸어왔다. 교회일치운동을 추구하는 개신교와 동방정교 세계에서 드러난 갱신을 위한 계기는 제2차 바티칸 공의회[309] 이후 로마 가톨릭교회에게 활기찬 훈련을 하도록 하고 또 그 발전에 의해서 다시 영향을 받도록 하였다. 여러 개신교 신자와 로마 가톨릭 신자가 함께 "각 곳에 있는 모두"라는 일치를 드러내는 교회일치운동 표어를 점점 더 많이 채택하였는데, 그들은 그들을 서로 나누어 놓았던 문제에 대

309) 1962-1965

하여 공식 합의에 도달함으로써, 그들 나름대로 공동체를 이루기를 마냥 기다리는 것을 경멸하고 있다. 그리스도인 사랑은 반드시 행동으로 드러나야 한다고 그들은 말하며, 그들은 이것을 상징화하여 드러낼 수 있는 방법을 찾고 있는데, 그것은 초대교회가 시행했던 사랑의 공동식사를 시행하거나 새롭게 바꿈으로 그 증언을 이룬다.

이렇게 고백교회와 여러 새로운 회중은 현대에 신자들의 교회 형태를 대표하는 두 예로 선택되었다.

고백교회

독일에서 국가사회당National Socialist이 권력을 장악하는 놀라운 속도를 회상하며, 알버트 아인슈타인Albert Einstein은 여러 주요 기관이 보여준 미약한 저항에 대하여 그가 얼마나 경악하였는지 토로하였다. 비록 여러 개별 대학교수가 저항하기는 했지만, 모든 대학은 그들이 가지고 있던 지성과 학문의 자유라는 전통에 대한 자부심이 무색하게 나치 권력 안에서 재빠르게 전열을 정비하였다. 그들 스스로 품위와 민주주의를 수호해 왔던 것을 자랑스러워했던 여러 신문사는 곧바로 정부 선전기관으로 전락했다. 아인슈타인은 "히틀러가 진리를 억누르며 운동을 추진하는 거리 건너편에서 정면으로 도전하여 서있던 것은" 오직 독일 교회뿐이었다고 말하였다. 이전에는 기관으로서의 교회에 대하여 오직 경멸 밖에는 보이지 않았던 그였지만, 윤리가 보장하는 자유를 지키기 위하여 교회가 보여준 용감하고 꾸준한 저항 때문에 교회는 이제 그로부터 거리낌 없는 칭송을 얻었다.310)

1930년대 독일 개신교가 수행한 교회투쟁Kirchenkampf은 60여 년 전에 독

310) Julius Regier, 『침묵하는 교회』 *The Silent Church* (London: S.C.M. Press, 1944), p. 90, 그리고 Arthur C. Cochrane, 『히틀러 치하 교회 신앙고백』 *The Church's Confession Under Hitler* (Philadelphia: Westminster Press, 1962), p. 40에서 재인용.

일 로마 가톨릭교회를 대항하여 비스마르크에 의해서 수행되었던 문화투쟁과 어떤 면에서 비슷한 것이지만 훨씬 더 절박한 것이었다. 그 투쟁은 무엇보다도 우선해서 히틀러가 모든 독일인 삶 전반Gleichschaltung에 걸친 복종과 종속을 추구하던 독재에 정면으로 맞서서 교회가 가진 독립과 순전을 지키기 위하여 교회가 스스로 결단한 결과였다. 고백교회에 참여하였던 한 인사는 다음과 같이 말하였다: "고백교회가 보여준 투쟁은 국가사회주의가 가진 정치 야욕으로부터 교회 자체 정수精髓: kirchliche Substanz를 보호하려는 목표 외에는 아무것도 가진 적이 없었다."311) 그 투쟁은 또한 교회와 정부 관계를 두고 교회 안에서 통렬하게 싸운 논쟁이기도 하였는데, 다시 말하자면 만일 나치 정권이 하나님이 세우신 권력이라고 인정된다면 무엇을 어떻게 할 수 있느냐는 것이었다. 그 시대를 연구하는 한 지도급 학자는 그것을 "근본에 있어서 교회가 그 자체에 대항하며 그 자체를 위하는 투쟁" 이라고 부른다.312) 세 번째 차원에서 그 투쟁을 통하여 여러 독일 성직자는 제3제국이 먼저는 독일인에게 그 후에는 다른 유럽인에게 범죄를 함으로 결국 인류를 향하여 저지른 범죄를 정죄하는 그들 목소리를 높여야만 한다는 것을 서서히 확신하게 되었고, 또 그 확신은 행동으로 옮겨졌다. 카를 바르트는 이 차원에 대하여 교회는 소리를 내기에 늦기는 하였지만, 그래도 소리를 내기는 했다고 요약하여 서술하였다.

교회투쟁을 주도한 일부 인사에 대하여 개신교회 기록에서 먼저 지적하는 점은 그들이 결코 오점이 없지 않았다는 것이었다. "영광스런 연대기"도 없고 "영웅이나 성인 이야기"도 없다. 대신에 그것은 "독일 복음교회라

---

311) 고백교회에 참여하였던 그 인사는 오토 디벨리우스(Otto Dibelius)였다. Dietmar Schmidt, 『니묄러』 *Niemöller* (Hamburg: Rowolt Verlag, 1959), pp. 99-100에서 재인용. 이 전기 영어 판은 매우 자유로운 번역에 축약된 형태이다. 『니묄러 목사』 *Pastor Niemöller,* trans. L. Wilson (Garden City, N.Y.: Doubleday & Co., 1959).

312) Cochrane, *op. cit.*, p. 19; 또한 Ernst Wolf, 『저항하는 교회?』 *Kirche im Widerstand?* (Munish: Chr. Kaiser Verlag, 1965)를 보라.

불린 거친 벌판을 건너는 연약하고, 말더듬고, 위험에 빠진 회중" 이야기이다.[313] 이야기 그 자체는 매우 복잡하며 쉽게 연결되지 않는다. 이 투쟁에 참여한 인사는 여러 민감한 사건에 대한 해석에 있어서 모순점을 남기기 때문에 그러한 면을 서술해야 하는 부담감은 저자 본인에게 남겨둔다. 교회가 수행한 투쟁 역사를 기록하는 것 그 자체가 교회투쟁을 수행하는 한 형태이다. 오늘날 모습과 점점 더 관련되는 "복음주의가 가진 명료함, 충성스러움, 그리고 용감함이라는 가늘고 붉은 줄"을 추적하는 것이 이제 필요하다.[314]

교회 그리고 히틀러 등장

1933년에-합법이라는 방법을 통해서, 이 점은 반드시 기억되어야만 한다-히틀러와 그가 주도한 국가사회당이 권력을 장악했을 때, 거의 모든 개신교 성직자는 전혀 거부감을 갖지 않았다. 수 세기 동안 독일 개신교회는 사회 보수계층과 연계되어 있었다. 1918년 빌헬름 제국이 몰락한 것에 의해서 촉진된 법률상 독일 개신교 비국교화는 "정치 권좌와 교회 제단" 사이 연합이라는 심리상 지향을 무너뜨리지 않았다. 그것은 오히려 여러 성직자에게 애국심을 고양시켰으며, 여러 나라로 이루어진 세계에서 독일이, 그리고 갱신된 독일 안에서 교회가 가지는 강화된 지위를 약속하는 여러 정치 지도자를 용인하도록 하였다. 교회 그 자체는 비록 새로운 민주주의 손에 들린 한 기관이 되어감에도, 교회는 바이마르 공화국을 무척 선호하였다. 1차대전[315] 이후 처음 모였던 교회 총회Kirchentag에서 한 교회인사가 토로했던 탄식은 당대 교회가 가졌던 견해를 가늠하는 한 척도가 될 수 있다:

313) *Wilhelm Niemöller;* Schmidt, *op. cit.*, p. 118에서 재인용.

314) Karl Barth, 『독일교회 갈등』 *The German Church Conflict*, trans. T. H. L. Parker (Richmond, Va.: John Knox Press, 1965), p. 45.

315) 1914-1918

"독일 제국이 가졌던 영화, 우리 조상들이 가졌던 꿈, 모든 독일인이 가졌던 자부심이 사라졌도다!"316)

초기에 히틀러가 선언한 여러 가지는 번성하는 미래를 보여주는 듯했다. 『나의 투쟁』*Mein Kampf*에서 히틀러는 자신이 주도하는 정당은 신앙 고백에 있어서 중립을 지킬 것을 강조했다. 개신교와 가톨릭은 연합을 이루기 위하여 어깨에 어깨를 맞대고 서로 차별 없이 함께 일어서야 한다. 나치 선언 제 24장은 종교자유와 "긍정하는 그리스도교"를 촉구하였다. 독일 민족이 상처를 받지 않아야 한다는 담대함이 내포하는 상태와 도덕이 보장하는 윤리가 이상해진 낌새를 알아채는 사람은 거의 없었다. 드러난 것은 교회는 새로운 시대를 맞이한 독일 국민을 위하여 기둥이 되어야 한다는 주장이었다.

총통은 자신이 수상으로 취임하게 된 직후에 행한 한 연설을 통하여 그 점을 강조하였다: "우리나라 정부는 우리나라 보전을 위하여 가장 중요한 몇 가지 요인을 두 그리스도교 신앙고백 안에서 봅니다. 정부는 교회와 지방 정부 사이에 유지되어왔던 합의사항을 존중할 것입니다. 그들이 가진 권리는 침해되지 않을 것입니다." 그러나 그 약속에는 다시 몇몇 조건이 뒤따랐다: "그렇지만 정부는 우리나라가 국가 차원에서 그리고 도덕 갱신에 있어서 송두리째 뒤바뀔 희망을 갖습니다. 정부는 정부가 마땅히 해야 할 임무를 수행해 왔으며, 이제 그와 동일하게 마땅한 평가를 받게 될 것입니다." 교회 안에서 많은 인사는 이 도덕 십자군 운동을 시작하였으며, 그 독일 지도자가 절제하며 청교도 같은 모습으로 드러내는 모습에 깊은 인상을 받았다. 히틀러는 언제나 경건 서적을 가지고 다녔다고 널리 인정되었다.317)

316) Schmidt, *op. cit.*, p. 86. 또한 Karl Kupisch, 『19-20세기 독일』 *Deutschland im 19. und 20. Jahrhundert* (Göttingen: Vandenhoeck & Ruprecht, 1966), pp. 102-103을 보라.

317) Cochrane, *op. cit.*, p. 85에서 재인용.

이제 알려진 바에 의하면, 히틀러가 이러한 연설을 했던 그 동일한 시기에 그가 가졌던 교회에 대한 진정한 태도는 소수 내부 핵심인사에게는 이미 드러났었다. 나치 우월주의 사고에 명확하게 사로잡힌 상태에서 히틀러는 한 좋은 독일인이 동시에 한 충성스런 그리스도인이 될 수 있다는 생각을 조롱했다:

> 종교는 우리나라 국민을 위하여 매우 중요합니다. 그것이 그 유대-그리스도교 종교 전통에 충성스럽게 남아 있으며, 그리하여 그에 따라 경건이라는 굴종하는 도덕성에 충성스럽게 남아 있을 것인지, 아니면 그것이 강하고, 영웅스러우며 … 자연에 내재하며, 국가에 내재하는 새로운 신앙을 가질 것인지, 그 자신 피와 그 자신 운명으로부터 분리할 수 없는 하나님을 믿을 것인지에 모든 것이 달려 있습니다. 한 사람은 한 좋은 독일인이든지 아니면 한 좋은 그리스도인일 것입니다. 동시에 이 둘이 다 될 수 있는 것은 불가능합니다.[318]

히틀러는 성직자가 그들 급료를 계속 받기 위해서는 그들 신앙을 버릴 준비가 되어 있어야만 한다는 점에서 확고하였다. 그는 종교가 가지는 외부 형태를 유지하는 "보편화 계획" Catholic plan 을 이용하여, 그 안에 새로운 신앙을 불어 넣고자 하였다. 예를 들자면, 부활절은 유지되지만, 그것은 독일 국가가 재생하는 것을 상징하는 것이 될 것이다. 수 년 후, 그가 예상했던 것보다 교회가 그렇게 쉽게 조작될 수 있는 것이 아님이 입증되었을 때, 히틀러는 뿌리부터 가지까지 교회를 멸절시키려고 자신의 계획을 변환하였다. [319]

318) H. H. Schrey, 『결단의 세대』 *Die Generation der Entscheidung* (Munich: Chr. Kaiser Verlag, 1955), pp. 138–139에서 재인용.

319) Friedrich Zipfel, 『독일 교회투쟁, 1933–1945』 *Kirchenkampf in Deutschland, 1933–1945* (Berlin:

독일 그리스도인

1933년 이전에 이미 독일 사회당 사상과 그리스도교 신앙을 조화시키려는 운동이 독일 개신교 내부에서 시작되었다. 이들은 스스로를 "독일 그리스도인" German Christians이라 불렀다. 그들은 1933년 4월 처음으로 전국 총회를 소집하였다. 국가와 교회의 조화에 관한 오래된 논지에 의지하여 그들은 국가에 완전히 협조하기 위하여 교회 조직 통제권을 장악하기로 결정하였다고 공공연히 선언하였다: "교회는 그리스도교 독일을 위한 전투에 참여하기로 서약한 게르만 신자 공동체를 위하여 존재한다. 게르만 그리스도교 신앙운동이 가지는 목표는 오직 하나인 복음주의 게르만 국가교회를 이루는 것이다. 아돌프 히틀러가 다스리는 국가는 교회를 부른다. 교회는 이 부름에 반드시 복종해야만 한다."320)

스물여덟 개로 느슨하게 분산된 각 지역 교파에게 한 통일된 교회를 이루라는 요청은 이미 그전부터 들려온 것이었다. 실상 스물여덟 개 중 일부는 19세기에 몇몇 통치자에 의해서 위로부터 부과된 대로 루터교회와 개혁교회가 합류된 "연합 교회" United Churches였다. 나치 정부를 위해서는 서른 개 가까이 되는 교회를 통제하는 것보다는 한 조직만을 상대하는 것이 명백하게 여러 이점이 있을 터였다. 독일 그리스도인 활동을 장악하기 위하여 세 교회 지도자가 주도권을 쥐고 위원회를 구성하여 뜻을 모으는 대화를 가졌다. 이 세 위원은 곧바로 군목이며 히틀러의 옛 친구인 루이스 뮐러Lewis Müller 한 사람에 의해 기초된 새로운 교회 헌장을 완성하기 위하여 합류하였다. 뮐러는 종교 문제 총통 특별 보좌관으로 임명되었다. 새로운 헌장은 루터교 신자로서, 제국 감독 을 선정하며, 그를 보좌하는 장관을 세우고,

---

Walter de Gruyter, 1965), pp. 8–9.

320) Schrey, *op. cit.*, pp. 142–143에 나오는 최종 결의를 인용하였다. 또한 Paul B. Means, 『카이사르에게 속한 것』 *Things That Are Caesar's* (New York: Round Table Press, 1935), pp. 214–255를 보라.

새롭게 교회를 등록하는 국가 총회를 소집하도록 하였다.

독일 그리스도인은 뮐러만이 제국감독 자리를 위한 유일한 가능성이 있다고 말하였지만, 연합된 교회 안에 있는 거의 모든 다른 임무는 이미 다른 사람에게 넘겨졌고, 그리하여 그 다른 사람이 제국감독으로 선정되었다. 그 사람이 바로 베텔Bethel에 있는 유명한 병원과 요양소 책임자인 프리츠 폰 보델쉬빙Fritz von Bodelschwingh이었는데, 그는 그가 이룬 인도주의 과업과 보수주의와 애국심 때문에 광범위한 인정을 받았다. 독일 그리스도인은 맹렬히 저항했으며, 보델쉬빙을 원래 후원하던 일부가 힘을 잃었을 때, 그는 곧 강압으로 다스리기 시작했다. 정부는 종교 정책을 담당할 조정관 직책을 만들어서 그 조정관으로 하여금 준엄한 행정 조치를 통하여 교회를 탄압하도록 하였다. 그 다음에, 정부에 의해서 급하게 국가교회를 이끌 지도자를 선출할 총회가 소집되었는데, 그것은 "복음과 교회"Gospel and Church로 알려진 반대파 후보를 후원할 조직을 세우려 하는 반대파를 막기 위한 것이었다. 히틀러 그 자신은 선거 전날 호소를 통하여 독일 그리스도인 측을 후원하였다. 견진성사 이후 단 한 번도 교회를 방문해 본 적이 없던 무수한 명목상 교회 회원이 전국 총회 회원 등록을 위해서 몰려들었다. 투표 결과 독일 그리스도인 측이 압도적으로 승리했다. 오직 하노버Hannover, 바바리아Bavaria, 그리고 뷔르템베르크에서만 그때까지 지도력을 가진 이들이 계속 그 위치에 남아 있을 수 있었다.

독일 그리스도인은 그들 자신을 "예수 그리스도를 위한 돌격대원"SA for Jesus Christ이라고 불렀으며, 교회 조직을 통제하고 장악함에 있어서 꾸물거리지 않았다. 여러 교회 직분을 강압으로 점유하는 것은 어느 곳에서나 일상적이었다. 새로이 선출된 모든 연회 회원은 제복을 입고 군대 기장을 달고, 전통에 의거한 규정을 조롱하였다. 한 스웨덴 기자는 1933년 8월 1일 브란덴부르크교회연회구 프러시아 유니온에서 이루어진 회무절차에 대한 충

격을 담은 비평을 아래와 같이 기고하였다:

> 주청사 회의장에서 열린 회의에서 첫 번째로 이루어진 일은 그 연회 회장을 퇴임시킨 것이었다. 그를 계승한 자는 데안 그렐Dean Grell이었는데, 그는 갈색의 제복을 입고, 군인 자세를 하고, 훈련 하사관 목소리를 갖고 있었다. 그는 현재 필요한 것은 독일 신앙과 독일 신이라고 설명하였다. 영광스러운 혁명은 살아있는 기쁨이라는 조건 속에서 그 열매를 맺는다. 혁명은 허약해빠진 이들을 위한 것이 아니다. 그 자신을 오랜 관습으로부터 찢어서 떼어놓을 수 없는 사람은 새로운 사회 건설 협력에 적합하지 않다. 그가 연설하는 것을 들은 갈색 웃옷을 입은 청중은 떠들썩하게 "하일"Heil을 외치며 히틀러식 경례를 하였다.… 회의는 "독일, 독일은 모든 것 위에 있노라"라는 노래와 이제 어디서나 누구나 부르는 "호르스트-베젤 노래"Horst-Wessel Lied321)를 부름으로 끝마쳤다.322)

이 회의에 곧 이어, 뮐러는 제국감독에 임명되었고, 각 주에는 감독이 임명되었다.

독일 그리스도인 운동에 속한 한 분파는 이 정도의 승리에 만족하지 않았다. 그들은 독일 교회에 존재하는 모든 "유태" 형태를 말살하기로 결정하였다. "아멘"과 "할렐루야"와 같은 유태교 표현은 동등한 의미를 가진 독일어 표현으로 바꾸기 위해서 삭제되어야만 했다. 이러한 공격은 1933년 11월 13일에 베를린 스포츠궁전에서 행해진 악명 높은 집단시위로 극에 달하였다. 크라우즈 박사Dr. Krause는 개신교 신앙에 남아있는 쇠퇴하는 여러 가지 유태 요소를 향한 전면전을 선포하였는데, 그는 구약성서를 "소 판매상과

---

321) 1929년 호르스트 베젤이 작사. 1933년부터 1945년까지 독일 국가-역주
322) Svenska Morgenbladet, August 1, 1933, Zipfel, *op. cit.*, pp. 37-38에서 재인용.

뚜쟁이"에 관한 이야기 모음집이라고 묘사했다. 유태인 배경을 가지고 있는 모든 사람 그리고 국가사회주의National Socialism에 반대하는 이들은 목회자 직이 금지된다는 결의안인 "아리안 조항"Aryan Paragraph이 채택되었다. 이 결정에 반대한다는 소리는 2천 명 중에서 오직 한 명뿐이었으며, 다른 이들은 한 목소리로 찬성을 표하였다.

그러나 그 결의안에 찬성한 이들 가운데서 분노가 폭풍처럼 일어났는데, 이는 독일 그리스도인의 가르침이 주도를 이루는 곳에서 처음으로 그렇게 많은 이가 사태를 파악한 결과였다. 이 모임 발기인이었던 뮐러는 이제 신망을 잃었다. 비록 그는 수년 동안 그 직책을 갖고 있기는 했지만, 이 시점부터 그는 점점 더 의심과 조롱을 받는 존재가 되었다. 그를 반대하는 여러 사람은 그를 "라이비"Reibi라 부르며 모욕하였는데, 이는 제국감독을 경멸하며 줄여서 부르는 말인 동시에 설거지할 때 사용되는 작은 자루걸레 이름이었다.

항거하는 교회

저지대 루사티아Lusatia에 있는 지방 목사 셋이 국가사회주의자가 접수한 교회에 저항운동을 조직하여 개시했다.[323] 9월 그들은 자신들 생각을 나누기 위하여 베를린으로 갔는데, 그곳에서 특히 베를린-달렘BerlinDahlem 구역 목사 마르틴 니묄러Martin Niemöller를 중심으로 하는 일부 도시 목사로부터 후원을 얻어내었다. 신생종교개혁운동Young Reformation movement을 주도하였던 니묄러는 독일 전역에 걸쳐 목사와 평신도를 접촉하였다. 그는 일부 목회자가 기초한 서약을 그가 보내는 서신을 받는 사람 중에 회람시킴으로써 목사긴급동맹Pastors' Emergency League을 조직하였다. 니묄러가 편집한 그

323) Karl Kupisch, "목사긴급동맹 발생" (Zur Genesis des Pfarrernotbundes), *Theologische Literaturzeitung*, XCI (October 1966), 722–730을 보라.

서약은 다음과 같다:

1. 나는 나 자신을 오로지 성령, 그리고 성서를 진실하게 주석한 것으로서의 종교개혁 신앙고백에만 묶어둠으로써 말씀 사역자로서 내 직무를 수행할 것을 약속한다.
2. 나는 이 신앙고백 기준을 침해하는 하나하나에 대하여 그 대가가 무엇이든지 간에 저항할 것을 약속한다.
3. 나는 이 신앙고백 기준 때문에 핍박을 받는 이들을 내 능력이 다하는 데까지 책임진다.
4. 나는 이 서약을 통하여 그리스도의 교회에서 아리안 조항을 적용하는 것은 이미 이 신앙고백 기준을 침해해온 것임을 증언한다.[324)]

그 반응은 경이로운 것이었다. 일주일 사이에 2천 명이 서약을 하였으며, 4개월 안에 독일에 있는 만5천 목사 중 7천 명이 서약하였다. 이 동맹이 할 일을 주도하기 위한 지휘부가 조직되었다. 그리하여 제국감독 뮐러가 1934년 1월 초 교회 강단에서 어떠한 토론이나 논쟁을 금지하며 목사는 "순전한 복음"에만 머물러 있어야 함을 강조하는 교회법을 제정하였을 때, 동맹 지도자는 수천이나 되는 강단으로부터 실제로 그 법을 거부하는 성명서를 발표하였다.

그 달 늦게 교회와 정치 관련 정책에 관여하는 여러 대표자가 뮐러를 그 직책에서 추방하도록 압력을 가하려는 의도를 가지고 히틀러 집무실에 모였다. 그런데 이전에 니묄러가 부주의하게 통화했던 내용을 헤르만 괴링 Hermann Göring이 지휘하는 비밀경찰 요원이 도청하여 받아 적은 것이 있었

324) Cochrane, *op. cit.*, pp. 108–109. 폰 보델쉬빙 박사에게 추가로 충성 선언을 하였던 이들은 그가 지도자 위치에서 물러났을 때 그 서약을 철회하였다.

다. 괴링은 성직자가 반역을 꾀하는 증거로 그 회의석상에서 그 내용을 히틀러에게 보고하였다. 갑작스러운 공격으로 그 자리에 있던 성직자단은 허를 찔렸고, 그들은 잽싸게 자신들이 주도하려던 계획을 포기하고 뮐러에게 말 그대로 무한한 권한을 사용해도 좋다는 굴욕스런 문서에 서약했다. 그 자리에서 히틀러와 니묄러는 열띤 공박을 벌였다. 니묄러는 그 자리를 떠날 때 히틀러에게 다음과 같이 말했다: "당신은 나에게 독일 국민을 돌보는 것을 내가 당신에게 맡겨야 한다고 말하였소. 나는 당신뿐만 아니라 이 세상에 있는 어떠한 권력을 가진 자라할지라도 우리 그리스도인, 그리고 우리 국민을 위하여 하나님께서 우리에게 맡겨주신 책임인 교회를 빼앗아 갈 사람은 아무도 없음을 선언할 의무가 있소." 후에 니묄러는 그 독재자가 그 비판을 결코 용서할 수 없었으며, 이것이 바로 그를 강제수용소에 감금한 이유였다고 말하였다. 히틀러는 그 목사 이름을 입에 올리는 것을 듣기만 해도 격노했다고 알려졌다. 니묄러는 자격이 정지되고, 자신 교구로부터 직권에 의해 쫓겨났다. 하지만 그는 자기 회중 배후에서 어떠한 방법으로라도 본인 사역을 계속하였다.325)

고백교회

베스트팔리아와 라인란트에 있는 개혁교회와 연합교회 회중 사이에 국가사회주의당이 가하는 맹공격에 대처하기 위하여 새로운 신앙고백 진술이 필요하다는 확신이 점증하였는데, 국가사회주의당은 이제는 교회 자체 조직 안에 편안하고 견고하게 자리를 잡고 있었다. 1921년부터 몇몇 독일 대학에서 가르쳐왔던 스위스 개혁교 신학자 카를 바르트는 새로운 신앙고백이 필요하다고 하던 이들을 위해 초고를 준비하여 1934년 1월 바르멘-게마르케Barmen-Gemarke에서 종교회의를 소집하였다. 회의에 참석한 이들은

325) *Ibid.*, p. 131; Schmidt, *op. cit.*, pp. 107-114.

그 초고를 채택하였다. 가장 중요한 논지는 예수 그리스도 외에는 교회를 위한 계시의 근원이 있을 수 없다는 것이었다. 이것은 독일 그리스도인이 유포한 혈통과 영토를 강조하는 가르침에 직접 대항하기 위한 것이었다. 또한 루터교 신학자 사이에 인기가 높았던 창조질서신학theology of created orders을 대항하기 위한 것이기도 하였는데, 그 신학은 가족, 인종, 국가, 정부라는 기관에 지대한 중요성을 부여하는 것을 허용한 것이었다. 바르트가 1933년 7월 출판한 팸플릿 『오늘날 신학 실존』*Theological Existence Today*은 독일교회가 행한 활기찬 저항을 후원하는 신학의 척추를 제공한 바르트의 연속 저작물 중 첫 번째 것이었다.

1934년 늦은 여름, 뷔르템베르크와 바바리아의 여러 감독들은 베스트팔리아와 라인란트 지역의 여러 자유 연회와 연대할 것을 발표하였다. 이것은 전체 교회 투쟁의 핵심 사건으로 5월 29일 부터 31일까지 개최한 바르멘 종교회의를 여는 길을 열었다. 그 열아홉 개 국가교회루터교, 개혁교, 연합교로부터 파송된 140여 대표가 새로운 신앙고백 선언문을 작성하기 위하여 만났다. 이들 대표는 제국교회에 대한 언급을 하지 않은 채 각 독립된 회중 모임에 의하여 선출되었다. 종교 상황이 주는 중압감 때문에 그들은 그 회의가 현행법에 의해 충분하게 허용될 수 있도록 충분한 생각을 모았다. 평균 연령이 40세 이하로 상당히 젊은이들의 회합을 주도하였던 인사는 기조 선언문을 준비하여온 카를 바르트, 그리고 알토나Altona에서 사역하는 루터교 목사 한스 아스무센Hans Asmussen이었는데, 그는 바르트가 작성한 선언문에 대한 신학 해설을 준비하였다. 일부 사소한 부분을 고친 후, 그 회의는 아스무센에 의해 해석된 대로 바르트가 기초한 제안문을 받아들였다.

바르멘 신앙고백서 서문은 독일 각 회중과 개개 그리스도인에게 "하나님께로부터 온 영이라 할지라도 시험하라!"는 촉구를 담았다. 독일 그리스도인 분파가 주도함으로 발생한 위협은 구체화하여 지목되고 탄핵되었다. 이 고전 형태를 따라 신앙고백으로 이루어진 여섯 조항은 진리를 선언하고 거짓된 신앙을 거부하였으며, 무엇보다도 우선하여 성서의 권위를 강조하였다. 그 선언은 다음과 같다:

1. 성서가 우리에게 증언하는 분으로서 예수 그리스도는 우리가 들어야 하는 하나님 말씀이 성육하신 분이시니, 우리는 사나 죽으나 그분을 신뢰하고 그분에게 복종해야 한다.
2. 예수 그리스도는 우리 모든 죄를 위하는 용서가 되신 것처럼, 그 사실과 동일하게, 그리고 같은 진정성으로, 하나님이 그를 통하여 우리 생애를 강력하게 요구하는 분이시기도 하다. 그분 안에서 우리는 이 세상 불경건한 모든 요구로부터 환희로운 해방을 맞이하여 그분 피조물을 자유롭고 감사하게 섬긴다.
3. 그리스도인 교회는 그 안에서 예수 그리스도께서 성령을 통하여 말씀과 성례전 안에서 현존하여 일하시는 형제 공동체이다.
4. 교회 안에 있는 여러 직책은 다른 이 위에서 지배하기 위해서가 아니라, 전체 회중에 의해 위임받고 명령받은 봉사를 수행하기 위해서 존재한다.
5. 교회도 역시 그 안에 서있는 아직 구원받지 못한 세상 속에서 국가는 하나님의 준비하심을 따라 위협과 권력을 사용함으로써 아직 구원받지 못한 세상에서 인간의 통찰력과 주어진 가능성에 따라 정의와 평화를 제공할 책임을 져야하며 교회도 책임을 져야 한다고 성서는 우리에게 말한다.
6. 교회가 누리는 자유가 기초한 곳이기도 한 교회에게 주어진 위임은 다음으로 구성된다: 그리스도를 대신하여 모든 사람에게 하나님이 주시는 값없는 은혜를 전하는 메시지를 말씀과 성례전을 통하여 전

달하는 것, 그리하여 그리스도께서 친히 하시는 말씀과 하시는 일을 제공하는 것.326)

1934년 10월 19일부터 20일까지 베를린-다렘에서 열린 두 번째 종교회의에서는 바르멘에서 이미 공지되었던 대로 교회를 조직하는 문제를 직접 다루었다. 바르멘 선언에 서약한 이들은 자신들이 새로운 교회를 구성하려 했다는 고소에 응답할 필요가 있음을 발견하였다. 이것은 사실 고백교회 몇몇 지도자에 의해 시급하게 고려되어 왔었다. 디트리히 본회퍼는 독일 그리스도인이 주도를 이룬 독일 그리스도인 국가 총회National Synod로부터 돌아와, 루터자유교회Lutheran Free Church 가입을 청원하기 위하여 그 교회 소속 목사를 찾아갔다. 본회퍼가 들은 응답은 국가교회 목사로서 본회퍼 자신이 회중 5백 명을 데리고 오면 루터자유교회에 가입될 수 있다는 것이었다. 하지만 그 후 한 친한 친구가 자유교회를 설립하는 일을 추진하기 위하여 열 개 항으로 구성된 논지를 준비하였을 때, 본회퍼는 자신이 가졌던 생각을 포기하였다. 1934년 부활절, 카를 바르트는 본회퍼가 우유부단한 것을 공격하는 편지를 썼다: "이제 거의 일 년 동안 우리가 싸운 모든 것은 무엇을 위한 것이란 말입니까? 점점 더 모든 방면으로부터 말하는 자유교회로 방향을 전환하고자 하는 것이 가지는 용기는 무엇이며, 책임은 무엇이며, 믿음은 무엇입니까?" 바르트는 먼저 그가 펴낸 『오늘날 신학 실존』에서 교회는 독일 그리스도인과 협상을 하는 것보다는 지하묘지에서 작은 모임으로 나누어 모이는 것을 자원하여 선택할 수 있을 것이라고 촉구했었다.327)

326) 영어 번역은 Franklin H. Littell, 『독일 불사조』 *The German Phoenix* (Garden City, N.Y.: Doubleday & Co., 1960), pp. 184-188 (Appendix B)에서 가져왔다; 이것은 또한 John H. Leith, ed., 『교회 신조』 *Creeds of the Churches* (Garden City, N.Y.: Anchor Books, 1963), pp. 518-522에서도 볼 수 있다.

327) Barth, *op. cit.*, p. 37; Cochrane, *op. cit.*, p. 103. 1924년까지 거슬러 올라가 본회퍼가 학생 신분으

고백교회는 다른 방침을 결정하였다. 그들은 오직 진정한 독일국가교회를 구성하였다고 강조하였다. "우리는 이 교회를 저버리지 않을 것이며, 우리는 한 '자유로운 교회' 가 될 것이다. 우리가 교회이다."328) 그들은 그들 교회 집행부를 설립했으며, 급료를 주기 위하여 돈을 거두었으며, 목사를 교육하고 안수하기 위한 준비를 하였다. 이 일이 이루어지는 곳에서 겪는 어려움은 고백교회를 구성하는 각 회원교회가 처한 다양한 상황에 기인한 것이었다. "때 묻지 않은 교회"인 뷔르템베르크와 바바리아 지역 루터교회는 모든 통제권을 잃지 않기 위하여 정부와 특정한 타협을 할 준비를 하고 있었다. 독일 그리스도인 교회 권위자가 세속 정부가 가진 권력과 여론 선전을 사용함으로써 때 묻지 않은 교회 목회자를 그들이 가진 직책으로부터 축출하려는 총력을 기울이는 노력에 그들은 저항하고 있었다.

북부 독일에 있는 개혁교회와 연합교회 직분은 이미 나치에 의해서 접수되었다. 이들은 "분열된 교회"였으며, 니묄러와 본회퍼, 그리고 다른 일부 북부 지도자는 정부에게 완전하게 비협조하라는 어려운 선을 요구하였다. 본회퍼가 선언한 유명한 말은 다음과 같다: "독일에서 누구든지 고백교회로부터 그 자신을 분리시키는 자는 구원으로부터 그 자신을 분리시킨다."329) 분열된 교회 가운데 있던 고백교회는 이것을 염두에 두고 조직하였다. 고백교회 회원은 빨간 색 회원 신분증을 받았다. 1935년 베스트팔리아에는 약 5만 명, 라인란트에는 약 30만 명에 달하는 신분증 소지자가 있었

로 로마를 방문했을 때, 자유교회 개념이 그에게 떠올랐다: "아마도 개신교는 국가교회가 되려는 의도를 처음부터 전혀 갖지 않았어야만 했고, 오히려 한 큰 분파로 남아 있어야 했다. 그랬다면 그들은 항상 복잡한 문제를 거의 갖지 않았을 것이다. 개신교회가 그렇게 분파로만 남아 있었다면, 지금 겪는 이러한 참화는 없었을 것이다.… 개신교는 종교개혁 개념으로는 교회가 되었을 수도 있지만, 이제는 교회가 아니다." Eberhard Bethge, 『디트리히 본회퍼』 *Dietrich Bonhoeffer* (Munich: Chr. Kaiser Verlag, 1967), pp. 89−90, 361−362, 374에 나오는 토의를 보라.

328) Hermann Ehlers; Franklin H. Littell, "바르멘(1934년)으로부터 슈트트가르트(1945년)까지: 독일 고백교회 여정" (From Barmen (1934) to Stuttgart (1945): the Path of the Confessing Church in Germany), *Journal of Church and State*, III (May 1961), 41−52에서 재인용.

329) Dietrich Bonhoeffer, "교회 공동체에 관한 질문" (Zur Frage nach der Kichengemeinshaft), *Evangelische Theologie*, III (1936), 214−233, reprinted in *Die mündige Welt*, I (1959), 123−144.

다. 한 사람이 고백교회 회원 신분증이 없이 좋은 그리스도인이 될 수 있을 수 있느냐는 질문에 마르틴 니묄러는 다음과 같이 대답했다: "빨간 색 회원권을 가지지 않은 복음주의 그리스도인은 단지 미래에 홀로 있어 버림을 받을 것이며, 그 가족과 함께 반드시 적그리스도에게 먹히는 희생물로 전락하게 된다는 것이 내 견해입니다."330)

고백교회가 유일하게 적법한 독일 복음주의 교회라는 자기 인식은 교회일치운동과의 관계에 의해서 시험을 받았다. 1934년 8월 삶과 사역을 위한 보편위원회Universal Council for Life and Work 파노Fanø 총회에 참석하라는 초청장을 받았을 때, 고백교회는 국가 공식교회와 함께 두 번째 위치로 참가할 것을 요청받았다. 그러나 주로 본회퍼가 힘을 기울였기 때문에 그 총회는 고백교회를 인정하고 사실상 제국교회가 참석할 자리를 거절하였다.

고백교회 핍박

1933년부터 정부가 장악한 교회 조직에 반대하여 투쟁하는 여러 목사와 교회 직원은 여러 가지 정도로 이루어진 고난과 처벌 대상이 되었다. 예를 들어, 나치가 정권을 잡은 초기부터 이들 목회자는 나치 교회 권력자에 의해서 "불충성"disloyal 진술 혹은 행동에 대한 보응으로써 압류된 급료를 받을 수 있도록 도와달라고 때때로 법원에 호소했다. 부헨발트Buchenwald331)에서 사망한 파울 쉬나이더Paul Schneider는 나치 당원 장례식에서 나치 돌격대가 호르스트-베젤 노래를 부른 것을 비판했다는 이유로 한 주 동안 투옥된 적이 있었다. 카를 바르트는 히틀러를 향한 충성 맹세를 거부했다는 것과 그가 가진 정치상 반대 행위로 인하여 1935년 여름 본Bonn 대학교 신학부 교수직에서 추방되었다. 그는 곧 스위스로 돌아가 바젤대학교에서 새로

330) Schmidt, *op. cit.*, p. 128.
331) 강제수용소

운 교수직을 얻어, 독일에서 일어나는 일에 계속 참여하고 활기차게 그에게 맡겨진 일을 수행하였다.

1935년 여름 바젤에서 저술할 때, 바르트는 독일교회는 그 자체에 관련된 일에 저항하는 것에 매여서 제3제국이 다른 사람에게 영향을 끼치는 행동에 대해서는 목소리를 높이지 않았다는 점에 대한 그 자신이 가진 후회를 드러냈다: "독일교회는 그 자체 자유를 신장하고 선포에서의 순수함을 분명하게 신장하기 위하여 어려운 싸움을 하였다. 그러나 그 교회는 예를 들어 유태인을 박해한 행위, 히틀러가 정적에게 가한 경악스런 처우, 새로운 독일에서의 인쇄출판 자유를 억압한 것 등, 여러 구약 예언자라면 마땅히 목소리를 높였을 것에 대하여 침묵으로 일관했다."[332] 이러한 증언은 그 이듬해에 일부 고백교회 지도자가 총통 사무실로 그 여러 죄악을 기록한 메모를 보낸 것으로 드러났다. 그들이 히틀러를 기소한 목록 사본이 외국 출판사로 가는 길에서 발각되었다. "교회임시집행부"에 있는 한 직원인 프리드리히 바이슬러 박사Dr. Friedrich Weißler가 그 보복으로 강제수용소로 보내어졌고, 그는 거기서 곧 사망하였다.

니묄러 그 자신은 1937년 7월 1일 다시 체포되었다. 수 년 동안 그는 그에게 내려졌던 제재를 무시하며 두려움 없이 완전하게 지내왔었다. 군중은 "유태인 랍비 예수 그리스도"를 따르라는 그의 호소를 듣기 위하여 몰려들었었다. 그에 대한 재판은 1938년 2월까지 연기되었는데, 이는 여러 검사가 그가 설교를 오용하고 국가 권위에 저항하였다고 그를 기소하기 위한 증거를 모으고 있었기 때문이었다. 그의 체포 소식 때문에 국제 언론은 활기를 띠게 되었고, 저명한 비독일인 수백 명이 항의하기 위하여 재판정으로 몰려들었으며, 그를 석방하라고 요구하였다. 긴 재판 후, 판사는 극도로 부드러운 판결을 선언하였는데, 이는 실제로 거의 무죄 언도와도 같은 것이었

332) Barth, *op. cit.*, p. 45.

다: 벌금과 짧은 기간 동안 징역이었는데, 이 징역은 재판 이전에 투옥되었던 수개월로 이미 다 채워졌다. 니묄러가 기쁨으로 그 가족과 합류하려고 준비하고 있었을 때, 그는 몇몇 비밀경찰 요원에 의해 또다시 체포되었다. 그들은 그를 히틀러 "개인 죄수" 신분으로 베를린 근처 작센하우젠Sachsenhausen 강제수용소로 보냈는데, 그는 조금도 적법한 대우를 받지 못하였다. 거기서 그는 1945년 연합군이 침공할 때까지 바깥세상을 위하여 "다른 독일"을 드러내는 상징이 되었다. 니묄러의 연로한 아버지는 감옥으로 아들을 마지막 방문하여 캐나다 북부의 많은 에스키모가 그를 위하여 기도하고 있으며, 인도네시아 수마트라 섬 바타크스 족Bataks이 그에게 문안을 보내왔다고 말해주었다.333)

이 기간 독일 종교 생활에 대한 최근 역사에 의하면, 고백교회는 "한 작은 고기잡이 배"에 비교될 수 있는데, "그 배 안에 탄 이들은 거칠거나 각박하지 않았으며, 오히려 그 사람들은 그 마음에 희망을 품고, 두려움을 지배하며, 다음날 새벽이 올 것에 감사하였다. 오히려 그들이 존재함 때문에 교회 역사는 회의실에 앉아있는 고위 성직자들이 주관하는 교회보다 더 순수해지고, 더 감동을 받았다. 고위 성직자들은 외관상 두꺼운 변증서류 아래 숨었고, 후에는 그들이 가야할 방향을 잃었다"는 평가를 받았다.334)

전쟁 이후의 고백교회

2차대전 발발과 함께 고백교회가 행해왔던 조직 행동은 정지되기에 이르렀다. 많은 목사는 징집되어 군대에 갔고, 다른 이는 조용한 방법으로 저항을 계속했다. 일부 목사, 그 누구보다도 우선하여 디트리히 본회퍼는 히틀

333) Helmut Gollwitzer, "마르틴 니묄러: 믿음에 대한 저항자이며 반대자" (Martin Niemöller: Protestant und Opponent aus Glauben), in Günter Gloede, ed., 『교회일치운동 개관』 *Oekumenische Profile* (Stuttgart: Evang. Missionsverlag, 1963), II: 194–207; Schmidt, *op. cit.*, p. 154.

334) Kupisch, *op. cit.*, pp. 172–173.

러를 전복시키려는 음모를 꾸몄다. 종전과 함께 독일 그리스도인들로 구성되었던 교회 여러 공식 직원은 그들이 원래 권력에 나아왔을 때 그랬던 것처럼 하룻밤 사이에 잽싸게 사라졌다. 고백교회에 속했던 이들만이 새로운 시작을 할 수 있는 유일한 이들이었다. 그들이 바로 분열되었던 교회에 속한 마이저Meiser와 부름Wurm 감독으로서, 그들은 새로운 교회를 시작하는 주도권을 잡았다. 1945년 늦은 여름 트리자Treysa에서 열린 한 회의에서 교회를 다시 세우기 위한 계획이 수립되었다. 비록 3년이 걸리기는 했지만, 한 새로운 전체를 아우르는 조직인 독일복음교회Evangelical Church in Germany가 탄생하였는데, 부름 감독이 의장으로 그리고 니묄러 목사는 부의장과 해외업무 사무국장이 되었다.

전후 독일 교회가 취했던 의미심장한 초기 행동은 1945년 10월 발표한 슈투트가르트 선언Stuttgart Declaration이었다. 히틀러 저항 운동을 벌였던 고백교회 지도자 열 명이 공식으로 그들 죄를 고백했다: "우리는 좀 더 용감하게 증언하지 못하고, 좀 더 신실하게 기도하지 못하고, 좀 더 즐겁게 신뢰하지 못하고, 좀 더 열렬하게 사랑하지 못한 우리 자신을 고발합니다." 이 선언이 발표되던 당시 독일 여론에 의해서 비판 받고 오해 받기는 하였지만, 이러한 행동은 공동체가 함께 범한 죄를 인정한 것이기 때문에 결국은 모든 의구심을 떨쳐 버리게 하였다. 그 선언이 발표되던 현장에 있던 교회일치운동을 대표하는 이들은 독일 그리스도인에게 그 즈음에 형성과정 중이던 세계교회협의회 공동 업무에 참여해달라는 따스한 초청을 함으로써 즉각 반응하였다. 1차대전 이후로 국제교회 관계는 수십 년 동안 전쟁 범죄 문제로 인하여 해독을 입어왔었다. 독일 그리스도인이 전쟁을 통과한 후 분명한 기록으로 상세하고 완전하게 죄를 자백한 것은 모든 외국 교회가 보기에 독일이 재생할 가능성이 있는 것으로 여기게 하였다.335)

335) Littell, 『불사조』*Phoenix*, pp. 189-190; R. Rouse and S. C. Neill, eds., 『교회일치운동 역사』 *A*

고백교회 안에는 전후 교회 복구 기회를 독일 교회를 근본으로부터 개혁할 기회로 삼고자 하는 소망을 가진 이들이 있었다. 니묄러는 바르멘 선언에 근거하여 한 교회는 감독들 위에가 아니라 회중 위에 기초해야 한다고 촉구했다: “저는 완전하게 독립한 교회가, 특별히 독일을 위한, 그리고 미래를 위한 교회라는 점을 단호히 확신합니다. 그리고 교회가 무엇이라도 ‘영향력’ 을 행사하려는 것을 포기하려고 할 때, 그 보상으로 얻는 것이 바로 생명력일 것입니다.… 고백교회는 결코 교역자 교회가 아니었습니다. 그 교회는 그 시초부터 형제로 구성되고 형제가 함께 활동하였던 교회였습니다.” 그는 “중도파”에 속한 이들 스스로 옛 형태를 복구하려는 것에 대한 실망감을 표현하였다.336)

사실 옛 형태를 복구하기를 선호했던 이들은 니묄러 파를 누르고 대중으로부터 지지를 받았다. 그들은 국가와의 제한된 연결이 가지는 중요성을 역설했는데, 반면에 그들 내부에 관련된 업무를 수행함에 있어서는 독립성을 가지기 원했다. 국가가 교회를 재정 면에서 협조할 수 있을 뿐만 아니라 또한 국가와 교회 관계는 교회가 국가 중대사가 이루어지는 향방에 영향을 끼치는 역할을 할 수 있도록 길을 열어준다. 이러한 입장이 겉으로 드러난 증거는 로마 가톨릭교회와 복음주의 교회가 후원하는 기독민주당Christian Democratic Party이 구성된 것이었다.

니묄러가 가진 생각은 고백교회가 독일복음주의교회에서 유일한 적법 교회라는 주장을 포기하는 대신, 일반 교회를 위하는 양심으로서 섬기는 존재로 남을 수 있다는 것이었다. 이 개념은 “형제단 교회”brotherhoods로 형성되었는데, 그들은 독일민주공화국과 힘을 합하여, 독일 재무장 견해가 성립되는 것, 동유럽 국가와 관계를 수립하는 것에 대하여 도전하였다. 하

History of the Ecumenical Movement (London: S.P.C.K., 1954), pp. 364–366, 715.

336) Martin Niemöller, 『죄와 소망에 대하여』 *Of Guilt and Hope* (New York: Philosophical Library, [n.d.]), pp. 38–51.

지만 고백교회는 독일 교회 내부에서 영향력을 끼치는 여러 주요 지위를 잃었다. 이것은 니묄러가 교회 안에서 영향력 있는 지위로부터 제거되도록 하는 책략에 의해서 상징화하였는데, 그는 먼저 부의장직을 그리고 후에는 해외업무 사무국에서 그 지도력을 잃었다. 그가 정치에 관련된 논쟁에서 강한 논조로 발언한 것, 그가 신앙고백을 기초로 한 분파가 형성되는 것을 반대한 것, 그리고 그가 평화주의로 돌아선 것이 그가 맡았던 자리에서 축출되는 계기를 마련하도록 하였다.

세계교회협의회 의장 중 하나로서 니묄러는 1961년부터 1968년까지 교회일치운동에서 핵심 역할을 수행하였다. 최근 한 전기 작가는 그를 진정한 교회일치운동에 헌신한 사람으로 성격지었다: "니묄러는 교회가 '콘스탄티누스 시대' 동안 누려왔던 기관과 특권이 이미 고대의 것이 되었고, 이미 일부 극심한 손실을 입었으며, 어떠한 경우에서라도 전혀 신뢰할 수 없는 것이 되었다고 여겼던 사람이다.… [그는] 교회가 현재 처한 필요를 넘어서 가야할 먼 미래 속에 살고 있는 극소수 사람 중 하나이다. 이러한 이유로 그는 자유교회가 존재하는 형태에 대하여 이해하고 관심을 갖고 있다." 사실, 그를 따르던 이 중 몇몇은 1957년부터 1958년 사이에 독일복음주의교회로부터 탈퇴하여 독립교회를 이루라고 그에게 촉구했지만, 그는 그렇게 하기를 단호하게 거절하였다.337)

교회와 국가 사이의 바른 관계에 관한 문제는 독일 교회에게 아직도 생생한 문제이다. 양자 사이 관계를 다시 수립해야 한다고 적극 변호하는 이들 중 하나인 오토 디벨리우스Otto Dibelius 감독은 말기 출판 중 하나인 1967년 사망 이전 저서에서 독일 시사잡지인 「슈피겔」Der Spiegel의 편집자인 루돌프 아우그슈타인Rudolf Augstein이 한 교회 비판에 대한 답으로 그 주제는

337) Gollwitzer, *loc. cit.*, pp. 203, 207; Schmidt, *op. cit.*, p, 250; "만일 다른 이들이 자유교회로 가기 원한다면 가게 하시오–우리는 가지 않습니다!"

그렇게 시급한 것이 전혀 아니라고 인정하였다: "회중으로 구성되는 교회 Volkskirche가 올 날이 가까이 이르렀다는 점과 독일 그리스도인 교회 미래를 예견한다면 그것은 소수자로 구성된 교회가 될 것이라는 점은 오랜 동안 분명히 명확하게 일치된 견해가 되어왔다. 자주 거론되는 '콘스탄티누스 시대'가 종국을 맞이하는 순간을 보려고 모든 이가 시선을 고정하고 있다." 디벨리우스는 이렇게 되는 것은 교회가 원래 되어야 했던 모습이 되는 기회를 교회를 위하여 제공하게 될 것이라고 결론 맺었다.[338]

새로운 형태의 교회

2차대전 이후 유럽과 북미 교회는 겉으로 드러난 통계로 측정한 바에 의하면 엄청난 발전을 이루었다. 엄청난 재정이 새로운 회중을 수용하기 위한 건물을 짓는 것에, 혹은 오래된 시설을 대체하는 것에 사용되었다. 예배 출석자와 교회 회원이 급증했다. 일부는 교회 시대가 왔다고 말했다. 그러나 겉으로 드러난 번영 아래에는 사회문제를 지향하는 여러 기자와 학자가 문자 그대로 무자비한 해부를 함으로써 곧 낱낱이 드러날 근본 문제가 도사리고 있다. 이제 곧 신중하고 깊은 신앙을 가진 성도 사이에서 교회는 위기에 빠져 있다는 여론이 형성될 것이다. 성공처럼 보여 온 것은 교회가 시대정신에게 무기력하게 문화변용을 한 것이 드러난 것일 뿐이다. 현대 사회가 직면하는 핵심 문제에 그리스도인은 답을 가지지 못한 것으로 여겨진다. 인종, 기술, 도시화, 전쟁, 세대 차이-이 모든 것에 대하여 여러 교회는 해줄 말이 없든지 아니면 이제는 더 이상 확신을 주지 못하는 경건한 만병통치약으로 성급히 처방할 뿐이다. 지성인과 점점 그 수가 더 늘어나는 고등교육

338) Otto Dibelius, 『그리스도와 그리스도인』 *Christus und die Christien* (Berlin: Christlicher Zeitschriftenverlag, [1965]), pp. 25-26.

을 받은 젊은 층은 기관화한 교회에 대하여 존경심을 잃어버렸다.

한편으로는 점증하는 세속화와 다른 한편으로는 무능력한 교회를 대면하여 어떤 대답을 줄 수 있는 그런 운동들이 일어났다. 그들은 수에 있어서 적은데, 당황스러울 정도로 적다. 하지만 그들에게 반응하여 나온 속도는 그들이 행한 실험이 헌신된 그리스도인이 제기한 중요한 질문에 초점을 맞춘 것임을 증명하였다. 이는 새로운 길을 향한 갈망이다. 진실성, 진정성, 그리고 참여를 약속한 새로운 형태이다. 많은, 아마도 너무나 많은 글이 이들 운동에 관하여 기술되었지만, 그들이 신자들의 교회와 가지고 있는 동일성에 대하여는 거의 초점이 맞추어진 적이 없었다. 이전에 역사에 등장하였던 신자들의 교회 행적을 따르려는 어떤 의도성을 가진 노력이 없었음에도, 우리가 이 연구에서 이미 이전에 만났던 그 여러 교회와 예배 형태, 교회 권징, 그리고 삶 형태를 동일하게 이루어낸 몇몇 언약 공동체가 있다. 이들 새로운 운동이 얼마나 넓은 범위까지 영향을 끼칠 수 있을 것인지 판단하는 것은 너무 시기가 이르지만, 모든 징후는 그 영향력이 매우 주목할 만함을 말해준다.

세이비어교회

한 육군 군목이 자기가 침례를 준 병사가 소속된 지휘관에게 그 병사에 대하여 말을 건넨다. "조Joe가 잘 살고 있는지 저에게 말해주시겠어요?" "무슨 말씀이시죠?" 지휘관이 되물었다. "그리스도인으로서 잘 살고 있냐는 거죠. 그는 어떤 부류 삶을 살고 있죠?" 대화 상대자는 웃으면서 대답했다: "조가 그리스도인지 소속 중대에서 아무도 모릅니다." 그 군목에게 있어서 이 순간은 바로 진실을 대면하는 순간이었고, 그는 그 자리에서 그 이후로는 명목상 그리스도교와는 어떠한 타협도 거절하겠다고 결단하였다. 그 순간 이후로 그에게는 교회 회원이 가지는 진실성이 그가 행하는 사역을

이끄는 원리가 되었다.339)

그 군목은 버지니아 주 린치버그Lynchburg 출신 침례교 목사 고든 코스비 Gordon Cosby 였다. 이런 대화가 오간 장소는 2차대전 중 프랑스 해방작전을 벌였던 노르망디였다. 코스비가 이때 내렸던 결단은 전후 미국 워싱턴 D.C.에서 세이비어교회라 불리는 한 회중이 탄생하는 것으로 발전했다. 1946년 소수 흥미를 가진 참여자와 30 달러 재정으로 시작한 그 모임은 온전한 교회 회원권으로부터 오는 능력을 보여줌으로써 곧바로 뛰어난 모범 교회가 되었다. 그 교회는 그 이후로 미국과 해외에서 유사한 노력을 기울이는 많은 교회가 태어나도록 하였다.340)

코스비는 이미 군목 잔여기간에도 자신 생각을 실행에 옮겼다. 그는 연대 교회 구성원이 되는 것을 부끄럽게 인정하는 것이 아니라, 어떤 특별한 것을 추구하는 것이 되도록 만들었다. 군목은 각 중대마다 핵심 인물비행사: sky pilot을 선정하여 그 주변에 소수로 구성된 한 핵을 만들도록 하였다. 그들은 함께 동료 병사가 필요로 하는 신앙 복지를 책임졌는데, 그 모임 안에서 그들은 아무리 미약해도 그리스도인 경험을 나누며, 또 아무리 커도 어려움을 소통하였다. 주일 예배 참석자는 세 배가 되었다. 독일 침공과 벌지 전투Battle of the Bulge 341)라는 급박한 전시 상황에서, 코스비그는 이미 전장에서 보여준 용맹성 때문에 두 번이나 동성훈장을 받았다는 고국으로 돌아가 그가 세울 교회의 청사진을 완성하였다. 그 교회는 교파와 인종을 초월하며, 교회에

339) Elizabeth O'Connor, 『헌신에의 초청』 *Call to Commitment* (New York: Harper & Row, 1963), pp. 10-11에서 재인용. 코스비 동역자 중 한 명인 엘리자베스 오코너가 지은 이 책은 세이비어 교회에 대하여 가장 온전하게 다룬 것이다. 동일한 저자에 의한 후편도 이제 막 출판되었다. 『내면으로의 여정, 외부로의 여정』 *Journey Inward, Journey Outward* (New York: Harper & Row, 1968).

340) 버지니아 린치버그(Lynchburg)에 있는 회중에 대한 기술은 Beverly Cosby, "행동하는 언약 공동체" (A Covenant Community in Action), *Union Seminary Quarterly Review*, XVI (1960), 277-289를 보라.

341) 역주-1944년 12월부터 1945년 1월까지 서부전선에서 독일군 최후반격으로 벌어진 전투로, 이 전투에서의 패배로 독일 패망이 가속화함. 독일군의 반격으로 독일군 점령지역이 주머니 (bulge)처럼 튀어 나왔다고 해서 연합군이 붙인 이름.

참가하지 않은 사람을 목표로 하는 것이 될 것이다. 특별한 교인 훈련을 위한 공부, 시간, 그리고 교재가 필요하게 될 것이다. 작은 모임은 함께 활기찬 삶을 나누는 생명력을 제공할 수 있을 것이다.

코스비는 전쟁에서 얻은 경험으로 미국 교회가 그 소임을 다하지 않았다고 확신했다. 그가 만났던 많은 교회 회원은 군 생활과 전투가 주는 긴장, 유혹, 그리고 공포에 맞설 준비가 되어 있지 않았다. "상당 비율 군사가 고국에서 그들 교회가 그들에게 줄 수 있었던 모든 것을 받았습니다"라고 그는 그 후에 설명했다. "그러나 영적 자원은 그것들을 가장 필요로 할 때 바로 그곳에는 없었습니다. 그들이 생각했던 종교, 그들이 가지고 있던 종교는 실상 오직 사회생활에 필요한 겉치레일 뿐이었습니다. 당신이 그런 식으로 종교를 대할 때, 글쎄요, 바로 그때 끔찍한 일이 벌어집니다."342)

코스비는 고국으로 보내는 편지에 새로운 교회에 대한 자신 희망을 쏟아냈다. 그리하여 그의 아내매리 캠벨Mary Campbell와 처제인 엘리자베스 앤 캠벨Elizabeth Anne Campbell도 같은 비전에 사로잡혔다. 그들은 새 교회에 대한 그들 생각을 여러 친구와 소통하였으며, 그 기본 모습을 요약한 안내책자를 준비하였다. 유럽전승일 이후, 동원 해제가 있었고, 코스비는 돌아왔으며, 그리하여 매 주일 오후 열두 명으로 이루어진 한 모임이 모이기 시작했다. 그들은 새로운 교회 개념을 위한 굳건한 기초를 다지기 위하여 "그리스도인경험학교"School of Christian Experience를 설립했다. 자신들이 세운 계획으로 몇몇 인도주의자로부터 후원금을 얻어내고자 했던 시도가 실패하였을 때, 그들은 그들 자신이 가진 제한된 재원으로 모험을 추진하였다. 1946년 10월 5일, 세이비어교회 첫 번째 공식 모임이 버지니아 주 알렉산드리아

342) Catherine Marshall, "내가 고든 코스비 교회에서 배운 것" (What I've learned at Gordon Cosby's Church), *Reader's Digest* (December 1953), 48-52에서 재인용; 이 기고문은 "인간 본성은 바뀔 수 있다." (Human Nature Can Be Changed), *Christian Herald* (December 1953), 21, 62-67을 요약한 것이다.

에서 열렸다. 한 해 안에 그들은 한 오랜 빌딩을 구하여 예배당, 사무실, 친교실, 교실, 그리고 식당을 갖춘 교회 건물로 개조하였다.

1947년 10월 9일 예배 시간에 아홉 명이 일어서서 아래와 같은 헌신으로 교회 회원이 될 준비를 마쳤다:

> 나는 오늘 보편교회가 한 지역에 드러난 교회local expression of the Church에 참여하기 위하여 이 자리에 있습니다. 이 지역 교회는 하나님 은혜와 진리를 증언하라는 하나님 소명을 받은 이들이 함께하는 몸입니다.
>
> - 나는 보편교회가 가진 기능은 예배와 희생하는 섬김 안에서 하나님을 영화롭게 하는 것, 세상을 향하여 하나님이 보내시는 선교사가 되는 것, 예수 그리스도 안에서 하나님께서 구속하시는 은혜에 대한 증언을 하는 것임을 깨닫습니다.
> - 나는 베드로가 예수님은 그리스도이시며, 살아계신 하나님 아들이심을 고백한 것과 동일하게 믿습니다.
> - 나는 조금도 거리낌 없이 그리고 어떤 상황 속에서라도 그리스도께 내 삶과 운명을 맡깁니다. 나는 삶에서 일어나는 모든 일에서 실제 우선순위를 그분께 드리기로 약속합니다.
> - 나는 성숙한 그리스도인이 되어가며 배우기 위하여 시간, 힘, 그리고 돈이 얼마나 들든지 상관하지 않고 나 자신을 드립니다.
> - 나는 하나님께서 내 삶과 자원 모든 것을 소유하신 분이심을 믿습니다.
> - 나는 내 동료와 함께, 우리나라, 모임, 계급, 그리고 인종과 함께하는 모든 관계 속에서 그리스도인이 되기를 추구할 것입니다.
> - 나는 그리스도께서 가지신 주권 아래 내 삶 모든 국면을 가져가기를

추구할 것입니다.

– 내가 이곳에서 이사할 때, 나는 그리스도인 보편교회가 다른 곳에 드러난 지역교회에 가입할 것입니다.343)

이러한 서약은 "초대 그리스도인 공동체가 가졌던 어떤 생명력과 삶, 생기와 힘이 보편교회가 한 지역에서 드러난 곳에서 다시 발견되도록"하는 시도를 시작하는 기초가 되었다. 공부를 통한 훈련은 좀 더 구조를 갖춘 형태가 되었고, 그 과정을 참관한 한 사람에 의하면 신학대학원에서 일 년 동안 공부하는 것과 맞먹는 것이었다.344) 교회 회원이 되고자 하는 후보는 그리스도교 교리, 윤리, 성장, 그리고 성경에 대한 네 과목을 이수해야만 했다. 공부하는 과정을 마친 후, 후보자는 자신과 그리스도 사이 관계에 대한 자기이해, 상세한 현재 신앙 훈련 상태, 보완이 필요한 삶 분야, 그리고 교회 일원으로서 현재 자신이 하고 있는 업무 등에 대하여 진술하는 글을 써야 했다. 회중 집행부 직원 두 명과 선출된 회원 대표 열 명으로 구성된 위원회가 그 글을 검토하였다. 만일 그 글이 적합하다고 인정되면, 위원회는 그 후보자가 더 공부하고 스스로 점검할 수 있도록 지도하는 후견인 혹은 신앙 인도자를 지정해 주었다. 후보자에게는 상세한 읽기 과제로 1963년에는 본회퍼의 『신자의 공동생활』*Life Together*과 교회일치운동에 관한 책이 주어지고 지도를 받도록 하였다. 이렇게 교회 회원이 되고자 하는 한 후보자는 그 회원이 된다는 것이 함의하는 보편교회 삶에 온전하게 참여할 준비를 가장 깊게 갖추었다고 스스로 생각할 수 있는 상태까지 지도를 받았다. 그 과정이 다 이루어졌을 때, 그 청원회원은 그 다음 과정으로 전체 회원 앞에서 개인 헌신서약을 하였다. 개개 회원은 매년 이 헌신서약을 갱신하였는데, 이

343) O'Connor, *op. cit.*, pp. 20–21.

344) Stephen C. Rose, 『풀뿌리 교회』*The Grass Roots Church* (New York: Holt, Rinehart & Winston, 1966), p. 32.

것은 초기 퀘이커 신자가 하던 것이었다. 비록 많은 수가 교회 예배와 활동에 참여하기는 하였지만, 1953년에 이르러 이렇게 엄정한 교회 회원 자격을 충족시킨 회원 수는 겨우 67명에 불과하였다.

그 해 늦게, 캐서린 마샬Catherine Marshall이 이 교회에 관하여 쓴 한 논문이 『리더스 다이제스트』*Reader's Digest*에 기고되어 많은 독자가 읽게 되었다.[345] 그 결과 그 교회에 질문, 방문, 전화 문의, 대담 요청, 그리고 상담 요청이 홍수처럼 몰려왔다. 소수밖에 되지 않는 교회 회원은 이러한 사태에 그들 모든 시간을 들여야만 했다. 그들은 비록 그 사태를 환영하기는 했지만, 그들은 그것이 그 교회의 영적 건강에 유해한 것임을 깨달았다. 이것이 동기가 되어 그들은 처음으로 많은 구조 변경을 하였고, 그리하여 네 개로 구성된 교제 모임을 갖게 되었다. 그 후 그들은 그 도시에서 회중이 증언할 수 있도록 구별된 몇몇 선교 모임과 특별 사업부를 구성하였다. 이렇게 외부 활동을 하는 형태는 때로 색달랐고, 종종 회원이 아닌 많은 이들을 포함하기도 했지만, 그들 모두는 헌신된 교회 핵심 회원에 의해 지도를 받았다. 그 핵심 회원은 "그리스도를 경험함을 자각하며 제자도에 깊이 들어간 이들로 구성되어 있었다. 일부 회원에게 주님은 천지개벽하는 방식으로 오셨고, 일부에게는 조용한 방법으로 오셨지만, 주님은 그들 모두에게 오셨고, 이것이 바로 엄청난 변화를 만들었다."[346]

그 교회가 필요한 부지를 찾으라는 임무를 받은 세 젊은 여자가 메릴랜드주 데이스프링Dayspring에서 175에이커에 달하는 농장을 발견하였다. 교회는 그 농장을 사서 부지로 개발하여 막대한 자금을 만들었고, 후에 교회 회원은 그 부지에 수양회관을 지었다. 그들과 또 여러 다른 교회 모임이 이 수양회관을 사용하게 되었다. 또한 알코올 중독자를 위하여 전문 직원을 둔

345) Marshall, *loc. cit.*
346) O'Connor, *op. cit.*, p. 126.

"회복 센터"를 상설로 운영하였다. 그 교회로부터 여러 회원이 워싱턴교회연합에 자원함으로 참여하여 많은 시간을 봉사하였다. 그들이 한 일은 고용을 돕고, 개인을 교육하고, 빈민을 훈련하여 사회에 다시 정착하도록 하는 것이었다. 이 교회가 했던 가장 유명한 사업은 토기장이 집Potter's House이라는 커피숍을 한 번잡한 도로가에서 운영하였던 것이다. 이 커피숍은 문을 열자마자 곧 예술가, 시인, 대중 가수, 가난한 사업가, 학생, 그리고 일반 고객이 몰리는 명소가 되었다. 이 방식은 전 미국에 거쳐 많은 곳에서 복음을 전하는 새로운 한 방법으로 정착하게 되는 원형이 되었다.347) 토기장이 집은 공예방과 학교, 인쇄소, 그리고 좀 더 최근에는 한 회중까지 파생하였다. 일요일마다 커피숍에서 열리는 형식에 구애받지 않는 예배는 보통 교회에는 한 번도 방문해본 적이 없는 일부 사람에게 매력을 느끼도록 하고 있다. 이런 모임을 이끄는 이들은 당연히 평신도였는데, 이는 코스비가 강조했던 것 중 하나를 반영한 것이었다. 이런 지도자 중 하나는 부동산 사업가 제임스 W. 라우스James W. Rouse 인데, 그는 메릴랜드 주 콜롬비아를 복음전도 본부가 되도록 계획하는 주요 인물이기도 하다. 그 계획은 미국교회협의회와 협력하여 콜롬비아를 교회 시설"교회 핵심"church core을 나누어 사용하며, 교파 경계선을 넘어 팀을 이루고 "협력하여 계획을 세워 교회일치 사역을 위하여 새롭게 일하는 최고 형태를 이루어내도록 모험하는 핵심 지역 중" 하나가 되게 하려는 것이다.

세이비어교회가 이루어낸 명백한 성공에도, 고든 코스비는 최근에 교회 생활을 좀 더 근원부터 다시 세우자고 촉구했다. 이러한 동력은 그들이 지금 알고 있는바 교회 기관은 철두철미한 회복을 이루어낼 수 없다는 확신으로부터 온 것이다. 새로운 교회가 가질 형태는 그에게 불확실하기는 하지

347) John D. Perry, 『커피하우스 사역』 *The Coffee House Ministry* (Richmond, Va.: John Knox Press, 1966), p. 19에서는 "커피하우스 유행"이 시작된 것은 세이비어교회와 엘리자베스 오코너 저서에 빚을 지고 있다고 말한다.

만, 어떤 경우라 하더라도 크리스텐덤Christendom: 기독교제국을 이룩한 교만한 것이 아니라, 초대 그리스도인이 서로 떨어져서 모였던 것과 좀 더 비슷할 것이다.348) 중세 비순응파와 후터라이트 신자 중에서 많이 사용되던 심상을 이용하여, 코스비는 이미 이전부터 기관 형태로서 교회에 속한 그리스도인이 가져야 할 징표는 아마 다음과 같은 것이 되어야 한다고 묘사했다:

> 이들 그리스도인은 하나님이 주시는 평화와 치유, 그리고 이 세상에서 잃어진 이들이 가진 외로움, 분노, 그리고 공포 사이에 갈라진 틈에 자신을 내어던질 사람이다. 그들은 빻아진 곡식, 떼어진 빵, 으깨진 포도, 쏟아진 포도주가 되고자 하는 의지를 가지며, 더 나아가 갈망하는 한 다리가 되어 하나님과 사람 사이를 연결하며 서있다. 예수님께서 가난한 이들을 직접 먹이실 날이 오기까지 이들 그리스도인은 이 땅 위 가난한 이들에게 기꺼이 먹히고자 한다. 세상은 그런 사람을 항상 필요해왔고, 여기저기에 있는 그런 소수 사람에 의하여 세상은 살아남았다.349)

이스트할렘개신교구

이탈리아 알프스와 뉴욕 시 이스트할렘 빈민촌은 수천 마일 이상 떨어져 있지만, 이 둘 사이에는 흥미롭게 연결되는 고리가 있다. 160번 가에는 로마네스크 풍으로 지어진 승천교회Church of the Ascension가 있다. 이 교회는 금세기20세기 초 왈도파 이민자를 위해서 지어진 것이었는데, 이들 이민자는, 핍박을 피하여 이탈리아 알프스 지역으로 피난하여 정착하였던 중세 분파 후손이었다. 오늘날 그 건물은 이스트할렘개신교구에 의해서 사용되고

348) Gordon Cosby, "갱생이 아니라 종교개혁이다." (Not Renewal, But Reformation), in Stephen C. Rose, ed., 『누가 교회를 죽이고 있는가?』 *Who's Killing the Church?* (Chicago: Renewal Magazine, 1966), pp. 53–58; 이러한 관점은 Rose, 『풀뿌리 교회』 *Grass Roots Church*, pp. 17–28에서 토의되었다.

349) O'Connor, *op. cit.*, p. 158.

있는데, 이 교회는 1948년 시작부터 온 세상으로부터 주목을 받아온 도시 빈민가 사역을 하고 있다. 이 둘이 서로 연결된 것이 단지 우연에 의한 것이 아닌 것은, 그 교구가 발전시켜온 생활 방식은 고대 비순응파 생활방식을 떠올리도록 하기 때문이다.350)

이스트할렘교구 공동체가 드리는 예배에서 "가장 우선되는 실천"은 부활절 직전 주간인 '새 계명 목요일' Maundy Thursday에 열리는 아가페 혹은 애찬식이다. 승천교회 예배당 앞에 있는 장의자가 치워지고, 긴 식탁이 놓인다. 이른 저녁 시간에 여러 인종으로 구성된 회중이 친교 식사를 나누기 위하여 모여든다.351) 그들은 이탈리아식 긴 빵과 생선을 함께 나누어 먹는다. 왈도파도 같은 종류의 음식과 같은 방식으로 애찬식을 지켰다.352) 교구 예배가 진행되는 동안, 회중에 속한 구성원 여덟 명이 한 조가 되어 교회 앞으로 나오면, 그곳에서 목회자가 무릎을 꿇고 예수께서 발을 씻어주신 섬김을 상징하는 재연으로서, 자신의 수건으로 그들의 신발을 닦아준다. 이러한 의식은 로마 가톨릭교회와 동방정교에서 주교와 대주교를 기념하는 행동으로 보존되어 왔으며, 메노나이트 신자와 스위스 형제단이 성찬 예배 한 부분으로 지금도 지키고 있으며, 모라비아 형제단도 이전에 지켜왔던 것이다.

이스트할렘개신교구가 행해온 사역 방식을 살펴보면 이러한 공통점을

---

350) 이스트할렘개신교구에 대한 기본 연구는 Bruce Kenrick, 『광야로 나오라』 *Come Out the Wilderness* (New York: Harper & Brothers, 1962)에서 이루어졌다. 교구 사역을 함께 시작한 한 동료가 그 경험을 바탕으로 쓴 책 두 권이 있다. George W. Webber, 『인간 세상에 있는 하나님의 자치구』 *God's Colony in Man's World* (New York: Abingdon Press, 1960)와 『사명을 수행하는 회중』 *The Congregation in Mission* (New York: Abingdon Press, 1964). 일부 가장 자세한 보고는 1948년부터 오늘날까지 *the Union Seminary Quarterly Review*에서 볼 수 있다.

351) 이 애찬식에 대한 자세한 내용은 George W. Webber, "이스트할렘에서의 예배" (Worship in East Harlem), *Union Seminary Quarterly Review*, XVII (1961), 143-151와 그의 책 『사명을 수행하는 회중』 *Congregation in Mission*, pp. 98-100에 있다.

352) E. Lippelt, "나움부르거 마이스터가 가진 비밀" (Das Geheimnis des Naumburger Meisters), *Zeitschirift für deutsche Geistesgeschichte*, IV (1938), 23ff; K. Goldammer, "나움부르거 마이스터와 이단자" (Der Naumburger Meister und die Häretiker), *Zeitschrift für Kirchengeschichte*, LXIV (1952/1953), 97-102.

설명하는 데 도움이 된다. 이 교구를 시작한 이는 단 베네딕트Don Benedict 였다.353) 대학생 시절 베네딕트는 사회복음에 매혹된 적이 있었고, 그 스스로 마르크스주의와 평화주의 탐구에 푹 빠져들었다. 유니온신학대학원에 진학한 그는 그리스도교의 본래 모습을 이루고자 하는 모임에 가입하였다. 많은 토의를 거친 후 그들은 뉴저지 주 뉴아크Newark 빈민가에 주택을 한 채 구입하였다. 그곳에서 그들은 힘을 합하여 그들 스스로 "첫 세기 교회"First Century Church라 불렀던 교회를 조직하였다. 그들은 초대 그리스도인에게 그들 삶 형태를 맞추기로 결단하였다. 1941년 12월 미합중국이 2차 대전에 뛰어들었을 때, 베네딕트와 다른 유니온 학생 일곱 명은 징집 명령에 등록하기를 거부하였다. 이러한 시민 불복종 행위로 인하여 그들은 연방 감옥에 수감되는 형을 받았다. 수감 생활 사이에 그들은 공공연한 평화주의 목회자였으며 센트럴감리교회를 목양했던 헨리 히트 크레인Henry Hitt Crane과 공조하여 디트로이트에서 "협력 목회"를 시작하였다.

세 번째 투옥 기간에 베네딕트는 한 트로츠키주의자Trotskyite354) 감옥 친구와의 협력, 그리고 라인홀드 니버Reinhold Niebur의 저서를 읽음으로 자신이 가지고 있던 자유로운 평화주의는 더 이상 유지될 수 없는 것임을 깨달았다. 유럽에서 전쟁이 더욱 참혹해지자, 베네딕트는 평화주의를 완화하고 1943년 미육군비행단에 소속되어 남태평양에서 군복무를 시작했다. 전쟁이 끝날 무렵 베네딕트는 육군 상사로 이오 섬Iwo Jima355) 전투에서 싸웠다. 1947년 유니온신학대학원으로 돌아온 후, 그는 뉴욕 시를 더 연구하여, 이미 조직된 교회는 그 도시 노동자가 가진 필요를 채워주고, 빈민가를

353) Donald L. Benedict, "이유 있는 모반" Rebel With a Cause (unpub. autobiography), Raymond L. Owens, "웨스트사이드크리스천교구 분파성향 분석역사" (An Analytic History of the Sectarian Orientation of the Ministry of the West Side Christian Parish) (unpub. master's dissertation, University of Chicago, 1962), pp. 7-26에서 재인용. 또한 "도시 특공대" (Commandos in the City), *Time* (February 21, 1964), 56을 보라.

354) 레온 트로츠키가 주창한 '영구 혁명 이론'을 따름-역주

355) 1945년 2월부터 3월까지 미군과 일본군 사이에 이오지마 전투가 벌어졌다-역주

개선하는 것에 실패하였다는 자신의 확신을 더 강화하였다. 베네딕트가 사회역학 조사를 진행하였을 때, 그는 그 도시 인구 밀집지역에는 주류 개신교회가 전무하다는 것을 발견하였다. 유니온신학대학원에 재학 중인 다른 학생 조지 W. 웨버George W. Webber 도 같은 관심을 가지고 있었다. 그들은 함께 도시 선교를 위한 계획서를 작성하였다. 이 계획서에서 그들은 철저한 연구, 협력 사역, 길거리 전면에 나선 교회, 그리고 주민 삶에 사회학 그리고 지성 차원에서 깊게 참여하는 것이 필요하다고 말했다. 그들은 흑인과 푸에르토리코 대중이 요구하는 것에 부응하기 위하여 도심에서 활동하는 유일한 개신교 교회는 몇몇 이단이 길거리 전면에 세운 것뿐이었다고 지적하였다: “이러한 주민 중에 이단이 성공하고 있다는 사실로 인하여 오히려 우리는 새로운 접근법이 필요하다는 긴박성을 좀 더 강하게 느끼게 되었다.…” 필요한 것은 “자신들을 이들 주민 그리고 도심 빈민가 삶에서 만나게 되는 여러 맥 빠지게 하는 문제와 동일시하는 교회, 즉 주거 공간과 놀이터와 노동 환경에 관한 문제에 적극 참여하는 교회”였다.356)

1948년 그들은 여러 교회 기관으로부터 사역을 시작할 수 있는 자금을 지원받았으며, 후에 이 사역은 여덟 개 교파와 다른 단체로부터 후원받았다. 베네딕트와 웨버와 그 아내들에게 유니온신학대학원 출신 전직 기자였던 흑인 아르치 하그레이브스Archie Hargraves 와 그 아내가 합류했다. 그들은 길가에 카드놀이를 하는 책상을 설치하고 여름성경학교를 열어 빈민가 아이들이 등록하게 함으로 이스트할렘개신교구를 시작하는 계획을 수행하였는데, 이러한 활동으로 그들은 길거리에 나와 있는 지역 주민을 만났다. 그들은 이스트 100번가에서 이전에 정육점이었던 한 빈 가게를 찾아내어, 그들 스스로 작업하여 작은 예배당으로 바꾸었다. 처음으로 공표한 주일 예배에

356) D. Benedict and G. W. Webber, “광역 교구체제 상가 전면 교회 제안서” (Proposal for a Store Front Larger Parish System), *Union Seminary Quarterly Review,* III (1948), 17–20; Owens, *op. cit.*, pp. 16–17.

서 주일학교 학생이 가로세로 20피트 방에 꽉 차게 몰려들어 적절하게 수용하기조차 어려울 정도였지만, 교회 예배에 오는 성인을 기다린 것은 헛수고일 뿐이었다. 유일하게 예배하러 나온 성인은 나이 많은 푸에르토리코 여인이었는데, 그 여인이 십자가상을 가져오자 그들은 밝은 색을 칠한 예배당 벽에 그것을 즉시 걸었다.

이웃이 가진 의구심을 부숴버리기 위해, 함께 일하는 이들 사역자는 빈 장소를 치워 놀이터를 만들고, 야외에서 영화 상영을 하고, 거리를 깨끗이 하기 위해 일했다. 그래도 주민이 아직 그들에게 오지 않았기에, 그들이 주민에게 다가갔다. 그들은 의구심을 가지고 있는 빈민촌 거주자를 계획하여 방문하며, 그들에게 자기들이 하는 일에 대하여 설명하였다. 만일 조금이라도 관심을 보이는 이들이 있을 경우, 그들은 거주지 안에 작은 모임을 조직하였다. 그 모임은 가벼운 간식과 함께 시작하여, 성서를 읽고 기도를 하고, 그들이 늘 가지고 있던 여러 애로 사항인 임대업자와의 갈등, 난방 시설 부족, 실직, 질병 문제를 해결하는 것에 초점을 맞춤으로 끝을 맺었다. 이러한 여러 모임은 애찬식을 거행하였으며, 여기서 나누는 음식은 성만찬에서 나누어왔던 빵과 포도주에 해당하는 것으로 여겼다.[357] 그들이 교구 사역을 통하여 활발하게 행동으로 옮긴 것을 통하여 개인이 가지고 있던 문제가 어느 정도 해결되자, 할렘 주민은 교구 사역자가 보여주었던 관심사가 진실한 것임을 서서히 확신하였다. 점점 더 일부 주민이 자원하여 교회 생활에 참여하게 되었다. 교구 사역자는 교회 회원권을 얻기 위해서는 다음

357) 오웬은 하그레이브스에게 이러한 신선한 생각을 얻어왔다고 하였다; *ibid.*, p. 29. 또한 George E. Todd, "도심교구에서의 예배" (Worship in an Urban Parish), *Union Seminary Quarterly Review*, XIII (1958), 43–45에서는 다음과 같이 말하고 있다: "거룩한 성만찬은 종종 이런 임대 아파트에서 이루어졌다. 어느 정도 로맨틱하게 우리는 이러한 모임을 아가페 식사 모임이라 부른다. 그들은 우리를 다시 불렀으며, 우리는 그들에게 신약성경에 기록된 사랑의 공동식사(love feasts) 정신에 있는 그 어떤 것을 다시 붙들도록 하였다. 신약의 그리스도인은 그들의 주님을 기억하고 그들 중에 능력으로 다시 임하실 그분께 기도하기 위하여 공동식사 모임에 함께하였다."(p. 45).

준수사항을 받아들일 것을 요구하였다:

1. 예수 그리스도를 주와 구주로 받아들일 것;
2. 교역자에게 조언을 듣기 위해 일정하게 만날 것;
3. 교회를 초월한 공동체 조직에 활발하게 참여할 것;
4. 공동체가 가진 목표를 이루기 위하여 매달 교회가 할 일을 계획할 것;
5. 매일 기도하고 성서를 읽을 것;
6. "하나님과 우리 이웃을 위하여 사랑 안에서 함께 걸어 나갈" 것.[358]

초기 왈도파 지도자가 했던 것과 매우 흡사하게 이 협력 사역에 동참한 사역자는 단지 일반 회원 수준에 머무르지 않고, 그리스도인으로서의 그들 삶에 있어서 주로 네 분야에 좀 더 수준 높은 훈련을 수행하였다. 첫째로, 그들은 기도, 성서 읽기, 매주 성찬, 매년 두 번 수련회, 그리고 그들 가정에서 실제로 눈에 보이는 예배를 드리는 것 등 경건 훈련을 유지해 나가기로 언약을 맺었다. 둘째로, 그들은 사례비는 가족 수 혹은 특별한 상황에 근거하여 실제 필요에 따라서 지급되는 경제 훈련을 실행하였다. 세 번째 훈련은 교구 사역 프로그램을 수행함에 있어서 전문가로서 헌신하는 것이었다. 사역 계획과 예상되는 활동은 공동으로 비평하고 조언을 얻어야 하는 일이었다. 전체 사역자가 동의하지 않으면 어떠한 사역자도 다른 직책을 받지 않아야 했다. 네 번째로 마지막 훈련은 그들 후원자 중 일부는 더 용납하기 어려운 것이었다. 이것은 정치 결정 과정에 참여하여 행동하는 것을 증진하고 그들 이웃 생활환경을 향상시키기 위하여, 그들 지역에 영향을 끼치는 정부 기구에 대한 연구에 참여하겠다고 서약하는 정치에 관련된 훈련이었

358) Kenrick, *op. cit.*, p. 85.

다.

특별히 그 여러 협력 사역자가 여러 앙심을 품은 건물 임대업자에 대항하여 항의하거나 행정 사무소로 달려가기 위하여 거리를 분주히 오갈 때, 교계와 세속 양쪽 언론은 곧바로 그 교구 사역에 대한 소식을 듣게 되었다.359) 교회력에 있어서 중요한 행사를 전례로서 축하하는 거리 행렬은 좀 더 많은 관심을 끌어내었다. 여러 신학대학원 학생이 그 행사를 돕기 위하여 그들에게 합류하였다. 그 교구 사역은 곧바로 도심 위기를 다루는 가장 효과 있는 개신교 활동으로서 유명해졌다. 사방으로부터 비슷한 사업을 발전시키는 데 도움을 달라는 요청이 그 교구에 쇄도하였다. 첫 번째 "자녀"daughter 실험은 뉴헤이븐New Haven에 있는 오크 가에서 있었다. 베네딕트는 클리브랜드에서 교회를 조직하는 일을 하기 위하여 떠났다. 그곳에서 6년을 머물렀던 그는 회중교회 배경을 가지며 훌륭한 후원을 받고 있던 시카고도시선교협회Chicago City Missionary Society:최근에 공동체재활협회 Community Renewal Society로 개명 책임자가 되어 시카고로 갔다.

아르치 하그레이브스가 이스트할렘 형태를 거의 흡사하게 본 떠서 "웨스트사이드그리스도인교구"를 세우려는 계획을 세웠던 1951년에서 1952년 사이에 교구 사역이라는 개념은 이미 일찍이 시카고에 소개되어 있었다. 일찍이 시카고교회연합에 제출된 그 사업 소개에는 원시 그리스도교와 뚜렷하게 비교되는 면이 있었다: "눈에 드러나는 교회 혹은 교회들은 신조 혹은 정체에 갇히고 어느 교파에 속한 것이 되어서는 안 된다. 그 성격은 로마 가톨릭교회도 존재하지 않았었고 개신교회도 존재하지 않았었던 첫 번째 세기 여러 교회와 흡사해야 할 것이다. 그 본질은 회원이 하나님과 그리스도와 그리스도인 삶, 그리고 그리스도인 교제와 서로 함께 사역하는 것을 알

359) 가장 대표가 되는 연구는 William Harlan Hale, "주님, 이 거리로 내려오소서…," (Going Down This Street, Lord . . . ,) *Reporter* (January 13, 1955), 15–18이다.

아가는 것이다."[360]

이러한 기대에 부응하는 확실한 결과는 시카고 서부지역 빈민촌 맥스웰 가Maxwell Street에 소망교회Church of Hope가 설립되는 것으로 드러났다.[361] 이 작은 교회 핵심 인물은 독일 형제교회 배경을 가지고 있던 줄리어스 벨서Julius Belser였다. 다른 이들과 함께 그는 1959년 신앙, 경제, 그리고 정치 훈련을 나누는 긴밀한 조직 교회를 발전시켰다. 단 베네딕트는 그 교회를 "내가 아는 한 첫 세기 교회와 가장 가까운 것"이라 불렀다.[362] 대학 혹은 신학대학원을 졸업한 이들이, 국가 보조금을 받아 연명하는 이들 수준에 맞추어 자원하여 생활하였으며, 알코올 중독자와 다른 중독자를 그들 형제라 불렀다. 이들이 작성한 초기 진술 중 하나는 다음과 같았다: "여덟 명의 그리스도인으로 구성된 이 작은 교회에는 예수 그리스도 안에 있는 새로운 삶과 소망이 실재한다. 우리 회원 중 셋은 읽거나 쓸 수 없지만, 그들은 그리스도 안에 있는 삶과 소망이 무엇인지 배우고 있다. 그들은 점점 더 서로에게 마음을 열며 살고 있다. 그들은 형제가 죄에 빠진 것을 보면 권고하는 말을 한다. 그들의 매일 삶은 서로 연결되어 있으며, 단지 주일 오전에만 제한되어 있지 않다." 1961년 소망교회는 일리노이 주 에반스톤에 위치한 레바플레이스펠로우십Reba Place Fellowship과 합병하였는데, 이 교회는 여러 국가 출신으로 구성된 메노나이트 성격 위주 공동체였다.[363]

"이 도시 빈민가 교회 배후에 있는 주요 원리는 주민이 매일 겪는 문제에 그리스도교가 어떠한 의미를 줄 수 있는지를 보여주는 것이었다"라고 이스트할렘 사역자는 이미 초기 발표문에서 널리 알렸다.[364] 뉴욕과 시카고 두

360) Owens, *op. cit.*, p. 40에서 재인용.

361) *Ibid.*, pp. 64–103.

362) "도시 안에서의 믿음" (Faith in the City), *Newsweek* (December 25, 1961), 69, Owens, *op. cit.*, p. 64에서 재인용.

363) *Ibid.*, pp. 95–99.

364) "이스트할렘을 다시 고찰함" (East Harlem Revisited), *Union Seminary Quarterly Review*, V (May 1950), 25–29.

곳에서 구조와 내용에 변화가 있었음에도, 이러한 기본 방향은 꾸준하게 유지되었다. 이러한 운동과 그 이전에 그리스도교를 시기적절한 것으로 만들기를 추구했던 운동 사이에 있었던 주요 차이점은, 이러한 운동이 신자들의 교회가 가졌던 초기 신앙과 형태와 놀라울 정도로 흡사하다는 점이었는데, 이는 비록 이들 교구 사역이 신자들의 교회와 독립하여 발전하였음에도 그러하였다.

지하 교회

세이비어교회와 이스트할렘개신교구는 둘 다 개신교 안에서 갱신 운동을 펼친 결과였다. 이와 유사하게 그 근원을 휘젓는 운동이 로마 가톨릭교회 안에서도 발견되는데, 이는 제2차 바티칸 공의회로부터 나온 힘이 개혁을 불러일으키는 중심 물결이 된 결과였다. 이러한 현상 일부는 가톨릭 상부질서로부터 허가를 받은 것이 아니었기 때문에 몇몇 기자가 그 운동을 묘사하기 위하여 "지하 교회"라는 표현을 만들어 내었다. 그 용어는 로마 가톨릭 전통 문화는 더 이상 온전히 만족을 주지 못하며, 로마 가톨릭교회 현대화*aggiornamento* 365) 속도가 너무 느리다고 여기는 이들을 묘사하는 것으로 사용되었다. 저명한 가톨릭 기자인 다니엘 칼라한Daniel Callahan 은 이 운동을 에른스트 트뢸치Ernst Troeltsch 가 종교사회학에서 구분한 분파 형태를 가진 것으로 분석하고, 또 보수주의자와 급진주의자 사이에서 이 운동에 대한 관점이 계속하여 양극화를 가속할 것으로 예견하고 있다. 칼라한이 분석한 견해를 따르면, 인격주의 이론personalist theory , 실존주의 철학existential philosophy , 그리고 성서신학이 모두 이러한 분파 경향을 만드는 것에 기여한다:

365) 제2차 바티칸 공의회를 이끈 주요 정신. 그리스도교 내용은 변화시키지 않으면서도 현대인의 요구에 맞춤-역주

> 이렇게 신학을 혼합한 결과로 나타난 것은 지하 그리고 교구초월 공동체가 갑자기 번성하게 된 것인데, 그들이 가진 목적 중 하나는 미래 교회 전체가 어떤 모습이 되어야 하는지에 대한 모델을 제공하는 것이다. 그리하여 그들은 매우 흥미를 끄는 여러 모델을 제시하고 있으며, 게다가 교회 개혁 열정이 가로막힌 많은 이들에게 탈출구를 제공한다. 하지만 주목해야 할 아주 중요한 것은 그들이 제공한 모델이 교회보다는 분파 형태에 가깝다는 점이다.… 그들이 의도하는 것처럼, 그들은 교회 안에 있는 분파인데, 그들이 이렇게 교회 안에 머무르는 것은 미래에 적합한 형태를 제시하려는 의도에 의한 것이다.366)

이것이 이들 모임 중 하나인 엠마우스하우스Emmaus House 가 가지고 있는 소망인데, 이것은 첫 세기 교회 계열을 따르는 실험 가정교회이다. 엠마우스하우스 실무책임자인 데이비드 커크David Kirk 신부는 "교회는 창조경제 공동체라는 벌집honeycomb 으로 이동하고 있다. 우리는 교회가 되어야 하는 모습과 그 모습이 발생하도록 만드는 촉매 둘 다가 되기를 추구한다"고 설명한다.367) 지도부를 구성하는 여섯-신부 셋, 평신도 둘, 그리고 개신교 평신도 하나- 그리고 현재 회원 스물다섯 명이 이스트할렘에 있는 116번가 좁은 적갈색 사암 건물에서 일정하게 만난다. 그들은 "교회일치행동사역" Ecumenical Action Ministry 을 통하여 이스트할렘교구와 공동 사역을 추진하기로 계획하고 있다. 그들이 행하는 사회 활동, 과외, 출판, 강의, 그리고 직업 소개 봉사는 주일 미사에서 부르는 복음성가 그리고 그들이 지은 미사곡을 포함하여 드리는 밀도 깊은 전례 활동과 균형을 이루고 있다. 비록 교

366) Daniel Callahan, "교회와 분파: 교회는 열려 있어야 하는가 아니면 닫혀 있어야 하는가?" (Church and Sect: Should the Church Be Inclusive or Exclusive?) *Commonweal* (November 3, 1967), 140-143.

367) "한 종류의 메카" (A Kind of Mecca), *Newsweek* (November 27, 1967), 92-93.

회 상부질서가 기뻐하지 않은 탓에 그 미래가 불투명함에도, 엠마우스하우스는 1500명 이상의 방문자, 사제와 신부, 흑인 인권투쟁가, 그리고 호기심을 가진 자를 이끄는 힘을 보여주고 있다.

애틀랜타에서는 우리형제그리스도공동체Community of Christ our Brother가 "경계 없는 교구"로서 주교 허락을 얻어내었다. 1967년 2월 시작된 이 모험은 여러 도시에서 시도된 또 다른 접근 방법이 드러난 것이다. 사십 명그들 중 열 명은 개신교 신자으로 구성된 모임이 한 주에 두 차례 만난다. 화요일에 그들은 "기도하고, 공부하고, 계획하고, 회원 서로 사이에 그리고 방문자와 교제를 나누기" 위하여 가정에서 만난다. 비록 교회법에 의해서 신앙이 다른 이들과 함께 섞여 성찬을 나누는 것이 금지되었음에도, 그들은 주일저녁에 모여 함께 성만찬을 나눈다. 그들은 그들 자신이 모이는 장소를 확보하기 위하여 건물을 갖는 것을 거부하고, 그들 모임을 통하여 나오는 재원을 인간 필요에 직접 부응하는 곳에 사용하기로 하였다. 그들에게 중요한 것은 자원하는 협력과 연구를 통하여 도시 생활에 그들이 직접 참여하는 것이다. 그 실험이 면밀하게 평가되기에는 너무 새로운 것이기는 하지만, 그 책임자는 다음과 같이 말한다: "나는 14년 동안 신부로 지내왔지만, 사람들과 함께 이 정도로 그리스도교 활동에 참여하고자 하는 열망을 보인 것을 나 개인이 체험해 본 적이 없었습니다. 이전에 나는 제2차 바티칸 공의회에서 촉구한 사제와 평신도 사이에 밀접한 연대가 가지는 의미를 결코 이해한 적이 없었습니다. 이전에 나는 내가 우리형제그리스도공동체에서 가졌던 것처럼 인간이 가진 가능성이 싹을 틔우고 꽃을 만개한 것을 결코 본 적이 없습니다."368)

시카고에도 이와 비슷한 한 모임이 있다. 그들은 교회 개혁이 느려터진

368) Donald Foust, "경계 없는 교구" (Parish Without Bounds), *Commonweal* (August 25, 1967), 514-515.

것에 대한 실망감을 표현하기 위하여 그들 모임을 "제 2와 1/2차 바티칸 공의회"라고 부른다. 뉴저지에서는 "그리스도인평신도실험협회"가 모이고 있는데, 이들은 함께 모여 기도하고 공부하며, 또 비록 교회로부터 허락을 받지는 못하였지만 비공식 성만찬을 나누기 위하여 만나는 신앙을 초월한 공동체이다.[369] 이러한 여러 모임이 어떠한 미래를 맞이할지라도, 그들은 많은 방법으로 신자들의 교회가 이전 여러 세기 동안 일으켜왔던 것과 동일한 관심과 행습을 다시 구현하고자 한다.

늦은 12세기로부터 시작하여 현재까지 교회 갱신이 이렇게 여러 가지 모습으로 드러낸 것에 대하여 이 개괄하는 연구를 마침으로, 이제 이 많은 그리스도인을 특징 지웠던 그 여러 신념을 주제별로 토의하는 순서로 들어가는 것이 가능해졌다.

369) "지하 교회" (The Underground Church), *Time* (September 29, 1967), 53.

제3부 신자들의 교회의 특성

신자들의 교회 특성

대표가 되는 신자들의 교회를 개관하는 일을 다 마친 후, 이제 필요한 것은 그 여러 교회가 가진 몇몇 특성을 논의하는 것이다. 그렇게 하기 위해서, 그들을 다른 그리스도인 공공체로부터 구별해 주는 강조점에 좀 더 주의를 집중하는 것이, 그들이 전반으로 붙들고 있던 교리에 집중하는 것보다 나을 것이다. 소소한 예외 사항이 있기는 하지만, 이 여러 운동은 고전 개신교에 의해서 공식 정죄되었던 교리를 가지고 있었느냐의 관점에서 볼 때 이단이 아니었을 뿐만 아니라, 보통 이단으로 정죄되었던 핵심 신앙 요소를 그들도 역시 공공연히 비난했다. 그들은 신조creeds를 지지하지 않는 입장이었는데, 그러나 신자들의 교회에 강력한 구성원이 되기 위한 필요조건으로서 고대로부터 내려오는 여러 신조가 가르치는 것을 거부했던 것은 아니다. 그들이 신조를 지지하지 않는 데는 두 가지 이유가 있다: 첫째, 그들은 신조주의가 살아있는 믿음을 대치하는 것이 되어왔다고 믿었기 때문이다. 둘째, 그들은 성서가 새로운 통찰력을 제공하는 것에 대하여 열린 상태를 유지하기를 원했기 때문이다.

이들 교회가 가지고 있던 기초가 되는 정통신앙은 때로는 그들 대적에 의해서 인정받았다. 1532년 취리히 인근 조핑겐Zofingen에서 국가교회 성직자와 아나뱁티스트 신자 사이에 있었던 토론 이후, 그 개혁교회 몇몇 신학자는 다음과 같이 보고하였다: "우리는 신앙 중심이 되는 신조에 있어서는 한 마음입니다." 츠빙글리는 그리스도인이 공직자가 될 수 있느냐는 것과 같은 문제에는 상이점이 있지만, "속사람"에게 영향을 끼치는 모든 교리에는 합의점을 가지고 있다는 점을 일찍이 동의해왔었다. 스트라스부르 종교개혁자 볼프강 카피토Wolfgang Capito는 아나뱁티스트 신자가 가지고 있는 "여러 핵심 신조와 신앙에 절대로 필요한 여러 요점"에 있어서 "그들은 전혀 오류를 범하지 않는다"고 인정하였다.[337] 피터 리데만이 저술한 『기술』Rechenschaft에서 드러난 것처럼 아나뱁티스트 신자는 종종 사도신경 구성 형태를 따르는 저술을 남겼다. 17세기 침례교 신자는 그들 신앙고백을 작성할 때, 아무런 어려움 없이 웨스트민스터Westminster: 장로교 그리고 사보이Savoy: 회중교 신앙고백서 주요 부분을 사용하였다. 오늘날 연구를 따르자면, 퀘이커 신자조차도 종종 생각했던 것보다는 훨씬 더 복음주의에 속하였다.[338] 독일 형제단 여러 회원은 하이델베르크 교리문답Heidelberg Catechism 전체를 세 조항만 제외하고는 양심으로부터 동의할 수 있다고 고백하였다. 그들이 비록 여러 제도권 교회로부터 교리에 있어서 정상에서 벗어났다는 오명을 얻었음에도, 여러 신자들의 교회는 성서 계시 기본으로부터 떠난 종교 및 철학 경향성으로부터 스스로 거리를 두기를 진심으로 추구했다.

이제, 제3부에서 의도하는 바는 여러 신자들의 교회를 구성해왔고, 이제도 구성해 나가는 삶과 사상 여러 국면에 집중하는 것이다. 이것은 퀘이커 신자가 "여러 관심사"라고 불렀던 것그들이 계속 유지하고 노력을 집중하여 힘을 기울였던 핵심 뿐만 아니라, 그 운동이 태어나도록 했던 기본 원리 둘 다를 포함

337) John C. Wenger, 『죽음에 이르기까지라도』 *Even Unto Death* (Richmond, Va.: John Knox Press, 1961), p. 57에서 재인용.

338) D. Elton Trueblood, 『퀘이커 신자라 불리는 사람들』 *The People Called Quakers* (New York: Harper & Row, 1966), pp. 63–84에 나오는 토의를 보라.

한다. 이러한 것들이 바로 그들을 다른 여러 그리스도교 교파로부터 차이나게 구별할 수 있도록 만드는 여러 모습이다. 모든 모임이 여러 성격에 속한 모든 것을 보여주지는 않겠지만, 이들 특성을 묘사하는 이 그림에는 분명하게 드러나는 합일성이 있다. 그들의 여러 역사 기록에서 직접 인용한 본문은 그들이 가진 개념을 설명함에 있어서 좀 더 명확하게 하도록 도와줄 것이다.

제8장 제자도와 사도성

디트리히 본회퍼가 그의 저서 『제자도의 댓가』*The Cost of Discipleship* 에서 주장했던 것만큼 그리스도인 복종을 촉구함으로 주목을 받은 것은 최근에 전혀 없었다. 그는 1945년 나치 비밀돌격대 손에 순교함으로써 자신의 주장이 가진 진정성을 입증하였다. 여러 신정통주의 신학자는 큰 악을 회피하기 위하여 더 작은 악을 선택할 수 있다는 궤변 같은 추론을 펼쳤지만, 그런 추론은 제자도에의 이 얼버무릴 수 없는 초청에 의해서 뜻밖에도 산산조각났다. 아마도 원어로 『제자도』*Nachfolge* 라는 담백한 한 단어로 이루어진 이 책 제목이 영어로 번역되면서 *The Cost of Discipleship*이 된 것은 그 초청에 대하여 순수하고 똑바르게 응답하기를 주저하는 요즈음 모습을 상징하는 것 같다.

본회퍼가 서술한 여러 강력한 선언은 청중으로 결코 오해할 수 없게 하였다: "살아계신 그리스도가 없는 그리스도교는 필연 제자도가 없는 그리스도교이며, 제자도가 없는 그리스도교는 언제나 그리스도가 없는 그리스도교이다." "값싼 은혜는 제자도가 없는 은혜, 십자가가 없는 은혜, 살아계시고 성육하시는 예수 그리스도가 없는 은혜이다." "믿음은 복종이 있을 때에만, 반드시 복종이 있을 때에만 실재이며, 믿음은 복종 행위 안에서만 믿음이 된다."[339] 고백교회가 발생했던 상황에서 보여준 대로, 제3제국 통치기에 고백교회가 수행한 교회투쟁은 그들 조국에 광범위한 실제 반응을 일으켰는데, 이는 본회퍼가 당시 독일에서 고백교회 밖에 머무는 어느 그리스도인이라도 그 결과로 그 자신을 구원 영역 밖에 두는 것이라고 강조했던 반응이 일어난 것이었다. 본회퍼가 강조한 이 논지는 앵글로색슨 족에 의해서 제자도, 선교, 그리고 값비싼 은혜costly grace가 허튼 소리가 될 위협을 받을 정도로 지나치게 부드럽게 받아들여졌다. 최근 교회일치운동 토론은 질문과 어휘를 거론함에 있어서 본회퍼 사상에 의해서 분명하게 영향을 받고 있다.

물론, 제자도와 사도성이라는 주제는 기독교 역사에서 오래 전부터 목소리를 높여왔던 것이다. 아우구스티누스는 그의 『고백록』*Confessions*에서 "그 자신이 소원하는 것을 주님께로부터 듣기를 구하는 사람이 아니라, 오히려 주님께로부터 듣기를 소원하는 그 사람이 바로 주님을 가장 잘 따르는 종입니다"라고 진술하였다. 중세 말기에 『그리스도를 본받아』*Imitation of Christ*를 지은 저자는 다음과 같은 설명을 하였다: "누구든지 그리스도께서 가르치신 말씀을 이해하고 그 안에서 기쁨을 누리려고 열망하는 자는 반드시 그 자신 모든 삶을 그분께 맞추려고 분투해야만 한다." 하지만 『그리스도를 본받아』와 같은 형태를 따르는 한 로마 가톨릭 전통 작가는 본회퍼가 루터교 동료에게 촉구하였던 것을 추천하지 않았는데, 왜냐하면 그는 본회퍼가 가르친 것이 "광신주의" 경향을 가지고 있다고 보았기 때문이었다. 본회퍼가 불법으로 설립한 핑켄발데Finkenwalde 신학대학원 안에 반半수도원 형태의 형제공동체를 세웠을 때, 그에게는 이러한 광신주의에 대한 두려움

339) John D. Godsay, 『디트리히 본회퍼의 신학』 *The Theology of Dietrich Bonhoeffer* (Philadelphia: Westminster Press, 1960), pp. 151-172와 John A. Phillips, 『디트리히 본회퍼 신학에서 드러난 우리를 위하시는 그리스도』 *Christ for Us in the Theology of Dietrich Bonhoeffer* (New York: Harper & Row, 1967), pp. 95-105에 있는 여러 토론을 보라. 『제자도』 *Nachfolge* 영어 번역판은 R. H. Fuller, trans., 『제자도의 댓가』 *The Cost of Discipleship* (London: S.C.M. Press, 1948)이 있다.

이 확증된 것으로 여겨졌다.340)

제자도

본회퍼 사상을 해석하기에 좀 더 도움이 되는 방법은 그 사상을 신자들의 교회 구조 속에 집어넣는 것이다. 본회퍼 사상은 페테르 왈도Peter Waldo가 "벌거벗은 예수를 벌거벗고 따르기"로 결단했던 것을 오늘날에 이루고자 하는 주요한 관심사가 반복되어 나타난 것이다. 그것은 "주 예수님, 저와 함께 뛰고 계시죠?"가 아니라 "주 예수님, 제가 주님을 따르고 있는 거죠?" 라고 여쭙는 것이다. 변두리에 머물렀던 아나뱁티스트였지만 영향력이 있었던 한스 뎅크는 똑같은 생각을 다음과 같은 선언 안에 간략하게 표현하였다: "그 누구라도 자신의 생명을 다해 예수님을 따르지 않고서는 그분을 진정으로 알 수 없다."

여러 아나뱁티스트 주류 해석자는 제자도를 그 핵심에 둔다. 메노나이트 여러 기관과 아나뱁티스트 역사학회 양쪽 책임자였던 헤롤드 S. 벤더는 지금도 자주 다시 출판되는 논문 『아나뱁티스트 비전』*The Anabaptist Vision* 341)에서 전통이 되는 묘사를 서술하였다. 이 논문에서 그는 "첫째 그리고 근본이 되는 것은 제자도를 그리스도교 핵심이 되는 개념으로 붙잡은 것이었다. 제자도는 개별 신자 그리고 공동체가 그 전체 삶을 변화시키는 것을 의미하는 개념이었다. 그리하여 제자도는 그리스도께서 가르치고 본을 보이신 것을 따라 삶을 변형해야만 하는 것이 되어야만 한다"라고 강조하였다. 이러한 판단을 지지하기 위하여, 벤더는 세 유럽 학자인 요한네스 큔

340) Albert C. Outler, tranc. and ed., 『아우구스티누스: 고백록과 엔키리디온』*Augustine: Confessions and Enchiridion* (Philadelphia: Westminster, 1955), p. 224; Thomas à Kempis, 『그리스도를 본 받아』*Imitation of Christ*, Book I, chapter 1; Eberhard Bethge, 『디트리히 본회퍼』*Dietrich Bonhoeffer* (Munich: Chr. Kaeser Verlag, 1967), pp. 587-602.

341) 헤롤드 S. 벤더, KAP 역간, 2009.

Johannes Kühn 342), 알프레드 헤글러Alfred Hegler 343), 그리고 파울 베르레Paul Wernle 344)의 저술을 인용하였다. 345) 또 다른 아나뱁티스트 주류 역사가인 로버트 프리드만Robert Friedmann 346)도 이러한 해석에 지대한 비중을 둔다. 그는 아나뱁티스트와 고전 개신교 사이에 있는 주요한 쟁점은 제자도 삶이 실제로 구현될 수 있는지, 혹은 제자도가 인간이 가진 약함 때문에 실제로 그것을 삶으로 살아내기에는 너무나 불가능하기 때문에 제자도는 그저 사람에게 이상으로 드러내어 보여주기 위한 것은 아닌가 하는가에 있음을 지적한다. 347) 또 다른 아나뱁티스트 주류 역사가는 루터교회와 아나뱁티스트 관계에 관한 최근 연구에서 "루터교회가, 하나님으로부터 사람을 고립시키는 인간 죄가 압도하는 무게라는 관점에서 은혜로우신 하나님을 추구하는 것을 그 핵심에 가지고 있는 반면, 아나뱁티스트교는 회심과 중생 경험 이후 주님과 함께 의로운 삶을 걸어 나가는 핵심 사상을 중심으로 발전하였다"라고 결론지었다. 348)

제자도를 강조하는 동일한 방향성은 신자들의 교회가 다른 형태로 드러난 경우에서도 명백하다. 독일 형제단 한 분파였던 쉬바르제나우 형제단 Schwarzenau Brethren 은 출판을 통하여 여러 팔라티네이트 경건주의자에게 호소하기를 침례를 받고 그 모임에 합류하라며, 다음과 같이 외쳤다: "사랑

342) 독일 학자로 아나뱁티즘에 대하여 최초로 일반 연구를 시작-역주

343) 튀빙겐 대학 교회사 교수-역주

344) 바젤대학 신약학 및 교회사 교수-역주

345) Harold S. Bender, "아나뱁티스트 비전" (The Anabaptist Vision), (KAP역간, 2009) *Church History*, XIII (1944), 3-24; *Mennonite Quarterly Review*, XVIII (1944), 67-88; Guy S. Hershberger, ed., 『아나뱁티스트 환상 회복』 *Recovery of the Anabaptist Vision* (Scottdale, Pa.: Herald Press, 1957), pp. 29-54, 약간 개정한 것임; J. C. Wenger, 『미국 메노나이트교회』 *The Mennonite Church in America* (Scottdale, Pa.: Herald Press, 1966), pp. 315-331.

346) 오스트리아 비엔나 출신 유태인으로 미국으로 망명하여 예일, 고센, 웨스턴미시간 대학 등에서 가르치며 연구한 메노나이트 역사학자-역주

347) Robert Friedman, "아나뱁티즘에 대한 최근 여러 해석" (Recent Interpretations of Anabaptism), *Church History,* XXIV (1955), 132-151.

348) John S. Oyer, 『아나뱁티스트 신자를 반대하는 루터교회 여러 종교개혁자』 *Lutheran Reformers Against the Anabaptists* (The Hague: Nartinus Nijhoff, 1964), p. 212.

하는 형제들이여! 그렇다면 모든 영광의 왕이신 주 예수 그리스도께서 주신 명령에 복종하며 그것을 싫어하지 않는 것보다 더 나은 것이 무엇이란 말입니까?"349) 존 웨슬리는 그가 요구하는 회원 자격에 대하여 다음과 같이 말했다: " '한 사람이 예수 그리스도 안에 있는 신자이며, 그가 살아내는 삶이 그가 고백하는 신앙에 적합한가?' 는 우리 신앙공동체 안으로 그 사람을 받아들이기 위해 가장 핵심이 될 뿐만 아니라, 오직 그것만을 요구하는 질문이다."350) 포사이쓰Forsyth에 의해서 "자신 안에 있는 햄릿을 그리스도로 인하여 극복한 우울한 덴마크인"이라 불렸던 키르케고르는 동일한 요점을 다른 방식으로 표현하였다: "오랜 동안 다음과 같은 책략이 있어왔다: 모든 수단과 방법을 동원하여 최대한 많은 사람을, 만일 가능하다면 모든 사람을 그리스도교에 입문시켜라. 나의 책략은 그리스도교가 진실로 요구하는 것이 무엇인지 분명하게 드러낼 수 있게 모든 수단과 방법을 동원하도록 하나님께서 나를 도와주시는 것이다. 비록 한 사람도 그리스도교에 입문하지 못한다 할지라도." 최근 연구는 이 덴마크 신학자를 개신교 근원주의 Protestant radicalism 라는 맥락 속에 둘 때에만 가장 잘 이해될 수 있다는 사실을 탐구하고 있다.351)

퀘이커 지도자인 T. 캔비 존스T. Canby Jones 352)는 제자도가 가지는 중심성을 다음과 같이 분명하게 정의한다: "한 믿는 사람은 그의 살아계신 주님 음성을 들으며, 모든 일에서 그분께 복종하며, 이 세상에 사는 동안 모든 국면에서 그분 능력을 변명하지 않는 방식으로 증언한다." 제자도는 하나님

349) Donald F. Durnbaugh, ed., 『독일 형제단 유럽 기원』 *European Origins of the Brethren* (Elgin, Ill.: Brethren Press, 1958), p. 117.

350) Albert C. Outler, ed., 『존 웨슬리』 *John Wesley* (New York: Oxford University Press, 1964), p. 78.

351) Peter Taylor Forsyth, 『그리스도께서 하신 일』 *The Work of Christ* (London: Independent Press, 1910), p. xxxii에서 재인용. Vernard Eller, 『키르케고르와 근원주의 제자도: 새 전망』 *Kierkegaard and Radical Discipleship: a New Perspective* (Princeton, N.J.: Princeton University Press, 1968)를 보라.

352) 윌밍턴 대학 종교 및 철학 교수-역주

께서 맺으신 은혜로운 언약에 대한 인간 반응으로서 나온다고 그는 서술하다: "나는 너희 중에 행하여 너희의 하나님이 되고 너희는 내 백성이 될 것이니라 … 내가 너희의 멍에의 빗장을 부수고 너희를 바로 서서 걷게 하였느니라." 레위기 26:11-13, 개역개정 존스에게 있어서, "그러한 하나님 사랑에 대하여 유일하게 생각해 낼 수 있는 반응은 복종, 전적 복종, 은혜에 감격하는 복종이다. 감사로부터 하나님 율법, 계명, 그리고 법령을 순종하고 지키고자 하는 의지가 일어난다."353)

교회의 타락

신자들의 교회가 제자도가 가지는 근본 성격을 강조하는 귀결점에 다다른 것은 그리스도교세계 안에 이 제자도 내용이 결여되어 있다고 확신하였기 때문이다. 예수 그리스도를 향하여 생명을 드리는 예배보다 입술만 드리는 예배로 믿음이 일반화된 듯하다. 신자들의 교회 구성원이 제자도를 촉구하는 것을 통하여 보여주는 핵심 관심사는 신자들의 교회에 속하지 않은 많은 동료 그리스도인이 다른 길을 선호한다는 증거이다. 그러므로 신자들의 교회 구성원은 그리스도교가 그 "첫 사랑", 즉 사도들이 보여주었던 그 첫 번째 열정을 이미 잃었다는 평가를 자주 내렸다. 특별히 교황 제도를 취한 교회는 적그리스도를 위한 교회가 되었다. 많은 청교도는 참 교회가 맞이할 운명을 말하기 위하여 요한계시록에 나오는 심상을 사용하였다. 그들은 초대교회 그리스도인과의 연결을 유지하고 있던 이들이 바로 깊은 산속 여러 계곡에 거주하였던 왈도파였다는 견해를 통하여 이 심상을 그렸다:

353) T. Canby Jones, "신앙하는 사람들: 시대의 적절성" (A Believing People: Contemporary Relevance) (unpub. typescript, Conference on the Concept of the Believers' Church, 1967), pp. 7, 11; 이 논문은 좀 더 간략한 형태로 "오늘날 신앙하는 사람들" (A Believing People Today), *Mennonite Life*, XXII (October 1967), 177, 188-193에 다시 실렸다.

"이 계곡이 바로 일곱 머리와 열 뿔이 달린 용에게 핍박을 받던 여자가 도망칠 때 찾아갔던 광야이다.… 그리하여 이곳이 바로 교회가 피신하였던 곳이며, 거기서 그녀는 자기 양 떼를 9세기와 10세기라는 작열하며 불태우는 여름 한 낮 동안 쉬도록 하였다."354) 루터, 츠빙글리, 그리고 칼뱅도 또한 교회의 타락이 이 시기 즈음에 일어났다고 주장하였다. 교황 그레고리우스 7세와 그 후 교황 보니페이스 8세가 세속 권력을 능가하는 그들 권력을 주장하였을 때, 이를 통하여 그들은 교회를 정치 마당으로 이끌고 나왔고, 그리하여 교회의 타락이 이루어졌다. 이러한 상황 때문에 이들 종교개혁자는 자신들을 진정한 교회 계승자로, 그리고 교황 교회를 조작자로 여기는 것이 가능하였다. 이러한 관점은 마티아스 플라키우스 일리리쿠스Matthias Flacius Illyricus 에 의하여 저술된 소위 『마그데부르크 연대기』*Magdeburg Centuries* 안에 엄청난 양으로 모아진 문서에서 드러난다. 이 여러 권으로 이루어진 교회사는 루터교가 초대 그리스도인을 직접 계승하였다는 점을 입증할 목적으로 구성되었다. 이들 개신교 종교개혁자는 한 편으로는 "교황주의자"papists를, 다른 한 편으로는 "분파주의자"를 대항하여 자신들을 진정한 그리스도교 옹호자로 인식하였다.355)

그 쟁점을 묘사하기 위하여 16세기 그리스도교 교회는 한 그루 나무와 비교될 수 있다. 이 나무를 위하여 해야만 할 일이 무엇인지에 대하여 여러 가지 견해가 있었다. 로마주의자는 비록 그 나무 가지 일부가 마르거나 썩었다 할지라도 그 나무가 자란 모습 그대로 유지하여야 한다는 견해를 옹호했다. 그 나무는 신성하며, 그래서 건드려서는 안 되는 것이었다. 가장 대표

354) Samul Moreland, 『피드몬트 계곡의 복음주의 교회의 역사』(London, 1658), 조지 H. 윌리엄스 『그리스도인의 사상에서 광야와 낙원』(New York, Harper & Row, 1962), p. 63에서 인용.

355) 교회의 타락에 관한 가장 훌륭한 토론은 Franklin H. Littell, 『아나뱁티스트 교회론』*The Anabaptist View of the Church*, second rev. ed. (Boston: Starr King, 1958), pp. 46–78에 있다. 플라키우스(Flacius)에 관하여는 Walter Nigg, 『교회사 서술법』*Die Kirchengeschichtsschreibung* (Munich: C. H. Beck, 1934), pp. 48–65를 보라.

적인 인물로서 에라스뮈스 같은 개혁 성향을 띤 가톨릭 인문주의자는 그 나무 가지 중 썩은 것은 잘라내어 좀 더 나은 열매가 맺게 하기를 원했다. 여러 개신교 종교개혁자는 말하기를 그 나무는 중대한 수술이 필요하다고 하였다. 그 나무를 구원하는 유일한 방법은 건강한 줄기를 다시 얻기 위하여 모든 가지들을 다 잘라버리는 것이었다. 마지막으로, 지상으로 드러난 그 식물 전체가 병들었다고 강력히 주장한 여러 근원종교개혁자가 있었다. 유일한 해결책은 건강한 뿌리가 나올 때까지 잘라냄으로써 그 뿌리로부터 새 생명이 싹트도록 하는 것이었다.

조지 H. 윌리엄스George H. Williams 가 제안한 이후로 근원종교개혁Radical Reformation 이라는 용어가 종교개혁 기간에 활동한 여러 비순응주의자를 지칭하는 가장 적절한 용어라는 함의가 점증하고 있다. 이들이 가지고 있던 공통 소원은 그 시발점으로 돌아가는 것이었다. 그들은 "교회의 뿌리에 다다를 때까지 잘라 들어가, 교회가 가진 전통뿐만 아니라, 정치가가 가진 특권 역시 자라지 못하도록 질식하게 만든다고 여겼던 신조와 교회를 해방해야 한다고 합의"하였다.[356] 이러한 주장은 너무 단순화한 것이기는 하다. 그러나 "주류" 개신교는 인간 타락에 몰두하고 교회를 정화하고자 하는 것에 머문 반면, 근원종교개혁자는 심지어 타락한 인간을 향하여 소망을 갖는 동시에 제도권 교회는 타락했다고 확신했다는 면에서 이러한 주장은 사실에 가까운 것이다. 근원종교개혁자 사이에 진정한 교회를 재건할 가능성에 관하여 의견이 갈렸다. 성령주의자는 교회 재건이 불가능하다고 말하였지만, 복음주의 아나뱁티스트 신자는 그것이 가능할 뿐만 아니라, 만일 그들이 그리스도께 신실하기를 원한다면 그것은 피할 수 없는 명령이라고 말하였다.

---

356) George H. Williams, ed., 『성령주의 저자와 아나뱁티스트 저자』 *Spiritual and Anabaptist Writers* (Philadelphia: Westminster Press, 1957), p. 22.

교회의 타락에 대하여 말함에 있어서 근원종교개혁자는 인문주의에 의해 영향 받았을 수도 있다. 르네상스를 주도한 이들은 그리스와 로마를 황금시대로 말하기를 즐겨했었고, 그 시대를 뒤이어 중세기를 습하고, 어둡고, 황량한 시대로 묘사했다. 지나간 세월에 묻힌 가치를 발굴함으로써 계몽이 올 수 있다고 그들은 믿었다. 종교 영역에서 이에 상응하는 것이 바로 초대교회를 표준으로 바라보는 것이었다. 여러 세속 인문주의자가 고전 문학작품을 발굴하여 출판하는 것에 열중하였다면, 에라스뮈스와 같은 여러 그리스도인 인문주의자는 신앙의 보고성경과 여러 교부 저술를 왜곡되지 않은 형태로 제공하기를 추구하였다. 츠빙글리는 에라스뮈스를 열렬히 사랑하는 친구이며 추종자였으며, 스위스 형제단은 츠빙글리 추종자였다. 그렇지만, 아나뱁티즘과 인문주의 사이 관계를 연구해온 이들은 이러한 영향을 끼친 계통을 너무 직접 연결하여 묘사하는 것에는 조심하는 편이다. "그레벨과 같은 취리히 아나뱁티스트 신자가 고전 시대 이상에 대하여 친숙하다는 것이 의심할 여지가 없는 반면, 아나뱁티즘 안에서 종교 원시주의가 우세를 점하는 이유는, 그리스도교는 모든 개혁자가 그들 영감과 확증을 구하는 거룩한 책과 함께하는 역사종교라는 사실에 좀 더 기인한 것이다."라이텔 Littell 357)

거의 모든 근원종교개혁자에게 있어서, 4세기에 그리스도교가, 처음에는 법에 의해 허용되는 신앙 중 하나가 되고358) 나중에는 유일하게 허용되는 신앙이 되었을 때359), 교회는 타락하였다. 그들이 생각하는 방식에 의하면, 콘스탄티누스 황제가 그리스도교에 호의를 갖기 시작하고 또 그가 죽기 직전 침례를 받았을 때, 교회는 내리막길에 들어서기 시작하였다. 유세비우스 이래로 콘스탄티누스가 회심한 것을 그리스도교 영향력과 지배력

357) Littell, *op. cit.*, pp. 54-55.
358) 313년-역주
359) 381년-역주

이 영화로운 시기에 접어드는 시작점으로 보는 전통 그리스도인 견해와는 달리, 아나뱁티스트 신자는 이것을 비극으로 보았다. 그들만이 이러한 판단을 가지고 있는 유일한 이들은 아니었다. 고트프리트 아르놀트Gottfried Arnold도 그가 저술한 주요한 교회사에서 이러한 해석 계통을 취하였다. "음울한 수석사제" 잉게"Gloomy Dean" Inge360)는 콘스탄티누스 이래 교회 역사는 암울하지 않은 때가 거의 없다고 말한 것으로 인용된다. 영국 자유교회에 관하여 저술한 한 작가는 이 관점을 매우 명확하게 만들었다: "교회가 황제에 의하여 핍박을 받았을 때, 교회는 동기와 도덕에 있어서 순수했다. 그러나 콘스탄티누스가 교회 후원자가 된 아래에 있던 교회는 로마제국 귀족을 위한 유행이 되고, 명백하게 이교도는 교회로 들어와 교회 회원으로서 그 신분을 유지하였다."361)

존 웨슬리는 비록 교회 부패 징조는 그 이전부터 알려지기는 했을지라도 그 타락은 콘스탄티누스와 함께 발생했다는 점을 매우 강력하게 느꼈다. 그는 "불법에 관하여"라는 설교에서 이렇게 기록하였다:

> … 겸손하고, 온유하고, 인내하는 사랑이 가득하신 십자가 위 그리스도를 내리친 그 거대한 타격은 4세기에 콘스탄티누스 대제가 자신을 그리스도인이라 호칭하고 그리스도인들, 그리고 좀 더 특별하게는 사제단에게 부, 명예, 그리고 권력이라는 홍수를 쏟아 부었을 때, 그에 의해서 이루어졌다.… 그리하여 핍박에의 공포가 사라지고 대신에 그리스도인이라고 고백하는 것에 의해서 부와 명예가 획득되게 되었을 때, 그리스도인은 서서히 침몰한 것이 아니라, 모든 종류 악덕을 향하여 머리부터 뛰어들었다.… 그리하여 교회는 황금시대가 아니라 말하자면 무쇠시대로

360) 케임브리지 신학대학원 교수였으며 성 폴 대성당 수석사제-역주

361) Henry Townsend, 『자유교회의 주장』 *The Claims of the Free Churches* (London, 1949), p. 45, Littell, *op. cit.*, p. 56에서 재인용.

접어들었다.… 그리고 바로 이것이 거의 모든 그리스도교 해석자가 교회가 이루어낸 위대한 승리라고 언급하는 바로 그 사건이었다! … 그러나 그것은 오히려 사탄이 왕림하고, 그가 부리는 모든 군단이 무저갱으로부터 올라오고, 그때로부터 전 지면에 그가 왕좌를 설치한 것을 보여주며, 어떠한 통제력으로도 잠재울 수 없는 능력으로 이교도 세상뿐만 아니라 모든 그리스도인을 지배한 것이었다!362)

웨슬리가 생각하는 방식에 의하면, 콘스탄티누스 시대부터 시작한 그 동일한 불법이 다스리는 것은 웨슬리가 살던 시대 영국, 독일, 스웨덴, 그리고 그 외 개혁 그리스도교 나라들에까지 계속되었다.363)

퀘이커 신자는 그리스도교를 타락하고 부패한 것으로서 정죄함에 있어서 전혀 거리낌이 없었다. 조지 폭스에게 있어서, 사도 시대 이후로 "여러 거짓 교회는 교황주의자와 개신교로 나타났는데, 이들은 본질에 있어서 전혀 다른 점이 없었다." 플리머스 형제단과 그리스도의 제자들은 건강한 교회에 쇠약함이 발생하였다는 점에 동의하였으며, 그들은 그 만성질환 원인을 진단했을 뿐만 아니라 치료가 필요하다는 점에서 매우 활기를 띠었다. 알렉산더 캠벨은 종교 조직, 그리고 성직자에 대하여 가한 공격으로 악명이 높았다. "내가 생각하기에, 돈은 단순히 인기 좋은 종교 조직을 하나로 연합하도록 묶는 것에만 그치는 것이 아니라, 실제 그것은 대중적인 교회를 세우는 반석이 되었다."364) 평화주의 교회 사이에서 영향력 있는 한 책은 네덜란드 평화주의자 히어링C. J. Heering이 저작한 『그리스도교의 타락』*The*

362) John Emory, ed., 『존 웨슬리 목사 총서』 *The Works of the Rev. John Wesley* (New York: Carlton Lanahan, [n.d.]), II: 63–64.

363) Lewis Benson, 『보편 퀘이커교』 *Catholic Quakerism* (Gloucester, U.K.: the author, 1966), p. 11에서 재인용.

364) David E. Harrell, Jr., 『그리스도교 미국 탐구』 *Quest For a Christian America* (Nashville, Tenn.: Disciples of Christ Historical Society, 1966), p. 66.

Fall of Christianity 인데, 그 책은 초대교회가 평화를 증언하기를 잃어버린 원인을 콘스탄티누스가 교회와 국가를 연합한 것에 두고 있다.

동독 고트부스Gottbus 지역 총 감독인 성직자 귄터 야콥Günter Jacob 이 한 복음주의 교회 총회에서 언급한 이후 "콘스탄티누스주의"라는 주제는 2차 대전 이후 독일에서 뜨거운 논쟁거리가 되어왔다:

> 깨어있는 정신을 가지고 있는 여러 사람은 콘스탄티누스 시대 종식이 이미 이르렀다는 사실에 의해서 현 시대 유럽 그리스도교 상황이 가지는 성격을 규명합니다. 콘스탄티누스에 의하여 이루어진 교회와 국가 연합은 예수 그리스도의 교회가 걷고 있던 진정한 길로부터 떠나도록 하였는데, 세상 안에서 걸어야 할 그 길은 신약성서가 보여준 대로 세상으로부터 오는 적대와 반대 앞에서 고난을 당하는 것입니다. 콘스탄티누스 시대를 향하여 품었던 몽상이 끝나고 초대 그리스도교 증언으로 돌아감과 함께 우리는 더 이상 정부로부터 복음을 후원해 달라는 우선권이나 독점권을 주장할 권리를 가지고 있지 않습니다.365)

지난 10년 동안 북미와 서유럽에서 교회 회복에 관하여 쏟아져 나온 대다수 책이 제도권 교회 안에서 이루어졌던 "타락" 그 책들 일부는 사회 분석에서 결코 용납될 수 없는 내용을 담고 있다을 기술하기 시작한 것을 다 지적하여 언급할 필요는 거의 없다. 사실을 말하자면, 이 저자 중 많은 이는 신자들의 교회가 교회의 타락 시기를 보는 관점에는 동의하지 않지만, 그들이 행한 비평이 이룬 효과는 비슷하며, 그들 중 일부는 현재 교회 상황을 초대교회와 상세하게 대조한다.

---

365) Littell, *op. cit.*, pp. 56–57에서 재인용.

교회의 회복

1832년 교황 그레고리우스 16세는, 로마 가톨릭교회에게 국가에 의존해 온 것을 포기하고 새로운 방향을 모색하기를 촉구한 프랑스 지도자 라메내366)를 정죄하는 순회서신을 발표하였다. 이 교황 칙령 중심부에는 다음과 같은 진술이 있다:

> 여러 트렌트 공의회의 신부가 한 말대로, 교회는 "예수 그리스도와 그분 사도들 가르침을 받아왔으며, 모든 진리를 끊임없이 주입하시는 성령에 의하여 지도를 받았기 때문에" 그 누구라도 교회를 보존하거나 성장시키기 위해서 "회복" 혹은 "재생"이 필요하다고 주장하는 자는 완전히 터무니없으며, 교회에 현저히 욕을 보이며, 실패 혹은 무지 혹은 이와 비슷한 성격을 가진 다른 퇴보를 향하여 열려 있는 심판을 받게 되는 것과 마찬가지이다.367)

항상 이렇게 무뚝뚝한 태도로 표현되지는 않는다 하더라도, 로마 가톨릭교회가 제시하는 교회 형태에 대한 근본 모습이 이 칙령에서 드러난다. 인류 구원을 위한 안전함은 끊어지지 않은 권위 전승 위에 근거하고 타락할 수 없는 유일한 기관과 밀접한 관계를 가지고 있는 것으로 간주된다. 이러한 관점을 위한 상징이 바로 사도전승 교리이다.

이러한 입장에 반대하여 서있는 것이 개신교가 주장하는 영속하는 개혁 원리이다. 교회는 하나님께 속한 것인 동시에 인간에게 속한 것이며, 그러므로 끊임없는 갱신이 필요하다. 교회는 오류에 빠질 수 있을 뿐만 아니라, 종종 오류를 가지고 있다. 사도 계승이 차지하는 자리에 사도성apostolicity

366) Hugues-Félicité Robert de Lamennais: 신부, 철학자, 정치사상가-역주

367) Peter N. Stearns, 『사제와 혁명가』 *Priest and Revolutionary* (New York: Harper & Row, 1967), p. 189.

개념이 있는데, 이는 예수 그리스도를 처음으로 따른 이들이 살았던 방식과 미덕대로 사는 것을 의미한다. 일부 방식에 있어서 차이점은 교회가 따라야 하는 권위에 대한 오래된 논쟁을 반영하는데, 그것은 교회는 성서를 따라야 하는가, 아니면 전통을 따라야 하는가 하는 것이다.

추기경 존 헨리 뉴만John Henry Cardinal Newman은 로마 가톨릭 입장을 다음과 같은 말로 표현하였다: "물줄기는 발원지에 가까운 곳에서 가장 깨끗하다고 종종 말한다. 이러한 심상을 이용하여 공정하게 묘사할 수 있는 그 어떤 것이 있다 하더라도, 그것은 철학이나 신앙 역사에는 적용되지 않는다. 오히려 그와 반대로 강바닥이 깊고, 넓고, 꽉 찰 때 물줄기는 좀 더 한결같으며, 맑으며, 강해진다." 퀘이커 신자 루푸스 존스Rufus Jones는 그와 전혀 다른 관점을 다음과 같이 표현하였다: "다행스럽게도 우리는 아직도 그 능력 있는 물줄기 근원에까지 거슬러 올라갈 수 있고, 비록 어슴푸레하기는 하지만, 생명 강이 영원한 심연으로부터 터져 나왔던 순수함, 장엄함, 아름다움, 신비로움, 그리고 강력함을 느낄 수 있다. 그러나 우리가 하류로 내려올 때, 그 곳에는 그 물줄기가 넓게 흐르기는 하지만, 그 얕은 강바닥으로 인하여, 우리는 그 동일한 한 물줄기가 지구상 거의 모든 땅과 사람으로부터 흘러나와 구분할 수 없는 물과 합해지는 것을 발견한다."368)

신자들의 교회에게 있어서 진리인 것은 후자가 표현한 것임은 분명하다. 비록 말씀과 성령 둘 다를 단단히 붙들고 있더라도, 그들은 부담스러운 전통을 버릴 준비를 온전히 갖추었다. 도보 순례자와 하늘 시민으로서 그들은 관습과 문화라는 방해 수화물手貨物을 내던지기를 소원했다. 자유교회에 대한 주도 해석자 중 한 사람인 프랭클린 H. 라이텔은 "아나뱁티스트 교회론" Anabaptist View of the Church에서 그 핵심이 되는 것으로 초대교회가 가

368) Franklin H. Littell, "아나뱁티스트 교회 개념" (The Anabaptist Concept of the Church), in Hershberger, *op. cit.*, p. 127에서 재인용; Rufus Jones, 『교회가 여러 이단에게 진 빚』 *The Church's Debt to Heretics* (London: J. Clarke, 1925), pp. 22-23.

졌던 신앙과 행습을 회복하는 것이라고 제시한다. 라이텔은 저명한 하이델베르크 대학 루터교 교회사가 발터 쾨흘러Walther Köhler 가 아나뱁티스트 성격을 규명한 것을 만족해하는데, 쾨흘러는 다음과 같이 기록하였다: "그들은 예루살렘에 있던 초대교회를 세상으로부터 날카롭게 분리한 성도 공동체로 보고 그 교회로 회복하기를 원했다."[369] 심지어 16세기 이전에도 중세 비순응주의자는 그들의 개혁 행동을 위한 기초로서 사도와 순교자 시대에 호소하였다. 체코 형제단은 페테르 헬치스키Peter Chelčický 지도 아래 있던 그 초기 시대에 "원시 그리스도교 정신에로의 복귀"라는 철학을 따랐다.[370]

근원종교개혁에 속하는 모든 분지分枝는 교회가 타락했다고 믿는 것에 있어서는 모두 같은 견해를 가졌지만, 사도 교회를 회복하거나 다시 세우는 것이 바람직하냐는 점에 있어서는 서로 다른 마음을 품었다. 세바스티안 프랑크Sebastian Franck는 교회의 타락에 대해서는 자주 말하였지만, 어떠한 형태로라도 교회를 새롭게 구성하는 것은 타락과 동일한 것으로 여겨 반대하였다. 프랑크와 같은 여러 성령주의자는 진정한 교회는 눈에 보이지 않는다는 루터와 츠빙글리 관점을 공유하였다. 그러나 그들이 그러한 관점으로부터 도달한 결론은 서로 달랐다. 고전종교개혁자는 교회 형태나 정체는 그리 대수롭지 않은 사안이기 때문에 국가가 최소한 그 비상 상황에서는 교회를 대하여 그 권위를 행사하는 것이 충분히 허락될 수 있다고 보았다. 성령주의자는 교회 조직 그 자체를 반대하였다. 아나뱁티스트 신자는 이들 둘 다에게 반대하였다. 그들은 고전종교개혁자를 향하여 말하기를 국가는 쓸데없이 교회에 참견하지 말아야 한다고 했으며, 성령주의자를 향하여 말하기를 눈에 보이는 교회는 반드시 존재하게 될 것이라고 하였다. 아나

369) Littell, "관점" (Concept), p. 120.

370) Otokar Odlozilik, "우니타스 프라트룸의 두 종교개혁 지도자" (Two Reformation Leaders of the Unitas Fratrum), *Church History*, IX (1940), 255.

뱁티스트 신자가 가졌던 관점은 그 형성기1524년에 스위스 형제단으로부터 토마스 뮌처에게 보낸 편지에 있는 다음과 같은 표현으로 드러났다: "말씀과 함께 앞으로 나아가 그리스도께서 도우시고 다스리심에 의지하여 그리스도인 교회를 세우시오.… 믿음과 사랑을 따라, 명령하거나 강요함이 없이, 결단력과 공동 기도와 결정력을 사용하시오. 그대의 하나님이 그대와 그대가 돌보는 작은 양 떼를 모든 신실함으로 도우실 것이오.…"371)

퀘이커 신자는 상당히 명백하게 자신들을 초대교회 계승자로 간주하였다. "부흥된 원시 그리스도교"는 윌리엄 펜William Penn에 의해 사용된 표현이었다. 아이작 페닝톤Isaac Penington은 "퀘이커 신자는 마치 한 분파를 뒤이어 다른 분파가 뒤이은 것처럼 오래된 뿌리에서 다른 모습을 가지고 싹이 솟아난 것이 아니라 … 우리 안에서 … 지면이 흔들렸으며, 이새Jesse의 오래된 뿌리가 우리 안에서 드러나게 된 것이었다"라고 단언하였다.372) 퀘이커교는 단지 "오래된 그리스도교를 위한 새로운 별명"일 뿐이었다. 영국 청교도 사이에 공통되는 합의가 있었는데 그것은 바로 첫 번째 그리스도인들에게 호소하는 것이 적합하다는 것이었다. 영향력 있는 성공회 신자였던 리처드 후커Richard Hooker는 "모든 것은 그 첫 번째 상태가 최고라는 점은 의심할 여지가 없기 때문에, 그리스도교 신앙도 그 첫 번째에 나타났을 때가 가장 건전한 모습이었으며, 하나님께서 주신 성서는 그때 모든 사람에 의해 가장 잘 이해되었고, 경건에 속하는 모든 부분은 그때 가장 풍성했었다"라며 이러한 입장이 갖고 있는 진리에 대하여 승인하였다. 그러나 그 분별력 있는 성직자는 이러한 바른 원리가 너무 엄밀하게 적용되어야만 한다고 그 스스로 도저히 믿을 수 없었다:

---

371) Williams, 『저자』 *Writers*, p. 79.
372) Bebson, *op. cit.*, p. 9.

> 내가 분명히 바르게 알고 있는 것은 이들 원리는 다음과 같은 것을 의미하는 것이 아니라는 점이다. 즉 우리는 지금도 은밀하고 비밀스러운 모임에서 하나님을 예배하기 위하여 회집해야 하거나, 여느 시내나 강이 침례를 위한 장소로 사용되어야 하거나, 성만찬은 식사 이후에 집전되어야 하거나, 여러 종류로 구성된 목회자 직급이 완전히 제거되고 그러한 모든 직책이 자원하여 헌신하는 사람에게 다시 의존해야만 한다는 것은 아니다. 이러한 일들에 있어서 첫 시대에서는 충분히 간편하게 이루어졌던 것이 지금 시대에는 얼마나 안 맞는지 쉽게 감지할 수 있다.373)

후커가 알아차릴 수 없었던 것은 많은 신자들의 교회가 가지고 있던 기반이 사실상 "간편한지" 혹은 그렇지 않았는지 하는 점이었다. 침례교 신자, 독일 형제단, 그리고 그리스도의 제자들은 바로 이 기초에 그들 교회 생활을 배치하는 방향으로 진행하였다.

존 웨슬리가 쏟아 부은 노고는 초대교회가 행하였던 형식과 능력을 회복하려는 열망을 향한 강력한 동기에 의한 것임이 최근에 분명하게 드러났다. 그가 받은 대학 교육은 교부학이 부흥했던 시기에 이루어졌다. 옥스퍼드의 여러 강사와 교수는 개신교와 로마 가톨릭을 넘어서서 교회가 출발한 지점으로 돌아가려고 열망하였다. 웨슬리의 독서 목록은 윌리엄 케이브William Cave와 같은 이들 작품에 그가 친숙했다는 많은 증거가 있는데, 케이브가 행한 초대교회에 대한 연구는 고트프리트 아르놀트Gottfried Arnold에 의해서 사용되었다. 웨슬리는 아르놀트가 쓴『초대 그리스도인의 진정한 초상』*True Portrayal of the First Christians*, *1696* 한 권을 조지아로 가는 길에 소지했다. 웨슬리에게 영향을 끼친 또 다른 중요한 이는 영국에서 신앙협회라는 개념

373) Richard Hooker,『교회 정체에 관한 규정』*The Laws of Ecclesiastical Polity* (1594-1597), H. E. Fosdick,『위대한 종교개혁 음성』*Great Voices of the Reformation* (New York: Modern Library, 1954), pp. 348, 350에서 재인용.

을 처음으로 만들어낸 안토니 호르넥Anthony Horneck이었다. 호르넥이 저술한 『행복한 수도사』*The Happy Ascetic*는 초대 그리스도인의 삶을 제시하는 한 모델로 받아들여졌다.[374]

독일 형제교회는 초대교회가 표준이라는 신념을 뚜렷하게 가지고 있었다. 그들이 형성된 초기를 다루는 기사에서 한 저자는 어떻게 "그들이 초대 그리스도인이 밟은 족적을 다시 추구하도록 강력하게 빨려 들어감을 느꼈는지" 서술하였다. 그 모임 구성원은 자기들 지도자인 맥에게 "첫째이며 최고인 그리스도인들이 보여준 실례를 따른 자신들 믿음을 근거로" 자신들에게 침례를 베풀어 주기를 요청하였다.[375] 플리머스 형제단과 캠벨 운동을 이루는 기초는 초대교회를 환원하고자 하는 원리 위에 세워졌음은 이미 서술되었다. 토머스 캠벨은 "신약성서에 명백하게 드러난 원시 교회 행습을 본 받고 적용하는 것을 따르기를" 그의 추종자에게 촉구하였다.[376] 좀 더 최근에는, 성 바울이 보여준 전례를 따라서, 세계교회협의회 기구에 의해서 저술된 『텐트 메이킹 사역』*A Tent-Making Ministry*이라는 제목으로 증언된 것처럼 교회 재생에 관한 여러 저술에서 같은 경향을 보여주고 있다. 돈 베네딕트Don Benedict가 뉴저지에 설립한 "첫 세기 교회"는 사도행전 제4장에 묘사된 교회 모습과 이스트할렘개신교구에 의해 드러난 일부 모범을 본 그대로 가능한 한 가장 근접하게 살기 시작하였다.

374) Martin Schmidt, 『존 웨슬리: 신학 전기』*John Wesley: a Theological Biography* (London: Epworth, 1962), I: 132, 211, 222; John Van Kirk, "존 웨슬리 공헌 재고: 성공회 성직자로서의 초기 상태" (Re-Thinking John Wesley's Contribution: the Early Phase of His Churchmanship) (unpub. B.D. dissertation, Chicago Theological Seminary, 1964).

375) Durnbaugh, *op. cit.*, pp. 120-122.

376) "선언과 제언" (Declaration and Address,) in H. S. Smith, et al., 『미국의 그리스도교』*American Christianity* (New York: Charles Scribner's Sons, 1960), I: 580.

교회의 권징

신약교회 회복을 말한다는 것은 권징이 된 공동체를 말한다는 것과 동일한 것이다. 제자도 그 자체는, 그 정의를 따르자면, 권징을 위하여 부름을 받은 것이다. 신자들의 교회 회원은 아마도 캐나다연합그리스도교회에 의해서 발표된 교회 회원에 대한 최근 진술을 전혀 이해하지 못할 수도 있다. 그 진술에는 두 종류의 개념에 의한 교회에 대한 언급이 있다. 하나는 시민권과 교회 회원권이 실제로 동의어인 유럽 여러 교회처럼 "넓고 포용하는" 회원권이다. 다른 하나인 "좁고 배타하는" 회원권은 그 가입 조건으로 그리스도를 주님으로 받아들여야만 하는 각 개인 결정을 요구한다. 그 진술은 연합교회가 가지고 있는 입장을 다음과 같이 드러낸다. 이 교회는 "이 두 극단 어느 곳에도 서지 않으며, 대신에 거의 모든 큰 규모 개신교회처럼 그 방식에 있어서 중도를 따른다.… 이 교회는 종교 지식에 대한 최소한 표준을 정하거나 '참된 신자와 명목상 그리스도인' 사이에서 차별하고자 하는 어떤 시도도 거의 하지 않는다.… 교회는 이스라엘 자손이 그랬던 것처럼 '수많은 잡족' 출애굽기 12:38 으로 구성된다.…"377)

퀘이커 신자는 "혼합된 회중 밖으로" 빠져나와 곧고 좁은 그리스도인 삶이라는 길로 들어갈 필요성에 대하여 말하였다. 사실상 이러한 강조는 모든 신자들의 교회에서 발견된다. 체코 형제단은 그들 역사에서 드러난 것처럼 회원에게 권징을 실행하고자 하는 끊이지 않는 노력을 기울여왔다. 의미심장하게는 그들이 루터교 신자 그리고 개혁교 신자와 관계를 맺음에 있어서 이 사안은 가장 중요한 것이 되었다. 루터는 한 때 "형제단에게 이렇게 말해주시오. 하나님께서 그들에게 주신 것을 단단히 붙잡아야만 하며, 그들 헌장과 권징을 포기하지 말아야 한다고." 루터는 그가 형제단이 했던

377) J. K. Zeman, "신앙하는 사람들: 신학 해석과 비평" (A Believing People: Theological Interpretation [Critique]) (unpub. typescript, Conference on the Concept of the Believers' Church, 1967), p. 2.

것처럼 교회를 구성할 수 없었다는 것에 대하여 애석해했다. 코메니우스 Comenius는 후에 형제단은 악을 행할 어떠한 가능성에 대하여도 대비책을 가지고 있었다며 다음과 같은 평가를 내렸다: "그 대비책은 바로 그들이 가지고 있던 권징인데, 바로 그 권징에 의해서 성직매매, 탐욕, 말다툼은 억눌려지고, 경건함은 자라난다. 형제단은 그리스도인 단순성을 보여주는 실례인데, 이러한 단순성에서 그들은 교리 공박과 모든 종류의 논쟁을 피하고, 평화를 위하여 일하며, 보편교회Church universal 개혁을 위하여 수고한다."378)

개혁주의 전통은 루터교에 의해서 유지되었던 교회 구성요건참되게 선포된 말씀과 참되게 집행된 성례전에 권징이라는 요건을 추가한 것으로 알려졌다. 존 낙스John Knox는 그가 저술한 『제명 규칙』*Order of Excommunication*에서 교회 권징 실행을 질병 확산을 막기 위한 격리와 견주었다: "… 전염성이 있고, 다른 전염병 균을 가지고 있고, 감염시키기 쉬운 여러 상처를 가진 여러 악한 사람을 한 곳에 함께 결속되어 있게 하는 것은 무자비하며 잔인한 일일 것이다.…"379) 이와는 어느 정도 다른 태도가 아나뱁티스트 신자에 의해서 드러났는데, 그들은 교회 권징을 실행하는 것을, 제멋대로 하는 형제를 회복시키는 방법으로 보았다. 교회가 교회로서 구별되기 위한 여러 징표를 열거하는 목록에서 메노 시몬스는 교회 권징을 포함하지 않았지만, 그는 자신 여러 저서에서 거듭 이것이 필요한 것이라고 확언하였다. 공동체가 금지를 선언했을 때는 이미 발생한 분열을 확증하는 것에 머물 뿐이라는 점이 메노가 가지고 있던 입장이었다.380)

---

378) Edmund de Schweinitz, 『우니타스 프라트룸으로 알려진 교회 역사』*The History of the Church Known as the Unitas Fratrum* (Bethleham: Moravian Publication Office, 1885), pp. 249, 602.

379) James L. Adams, "그리스도교 윤리학에서 권징이 차지하는 자리" (The Place of Discipline in Christian Ethics), *Crane Review*, IX (1967), 140에서 재인용.

380) Franklin H. Littell, 『메노 시몬스 찬사』*A Tribute to Menno Simons* (Scottdale, Pa.: Herald Press, 1961), pp. 23-36에 있는 토론을 보라.

아나뱁티스트 권징 정신과 방식은 1527년 경 오스트리아 지역 티롤에서 발전된 그들 초기 규정*Ordnung*에서 드러난다. 아래에 인용된 규정은 요약 형태이며, 또한 각 요점마다 함께 제시된 광범위한 성구 인용도 삭제한 것이다. 이 규정 제목은 "신자들 권징: 한 그리스도은 어떻게 살아야 하는가?"이다:

> 전능하신 하나님이시며 하늘 아버지께서 … 우리를 이 시대에 순전하신 은혜로 불러내시어 당신의 기이한 빛으로 들어가게 하시어 한 몸, 한 영, 그리고 한 믿음과 사랑으로 서로 묶이어 연합하게 하셨기 때문에 … 우리 모두는 가장 가능한 방법 안에서 모든 것에 대한 규정을 서로의 앞에서 숨김없이 합의하였다. 우리 형제회를 발전하도록 하기 위하여, 주님께 찬양하고 영광을 돌리기 위하여, 그리고 필요한 모든 섬김을 위하여, 우리는 이 규정이 모든 형제와 자매에 의해 우리 가운데서 지켜져야 함을 전원 일치로 합의하였다. 하지만 한 형제나 한 자매가 더 나은 규정을 만들어 낼 수 있을 때, 그 규정은 언제라도 그로부터 받아들여질 것이다.
>
> 1. 형제들이 함께 모일 때 그들은 하나님이 당신의 신성한 뜻을 보여주시고 또 그들이 그 뜻을 깨달을 수 있는 은혜를 달라고 하나님께 진정하게 구해야만 한다. 형제들이 서로 헤어질 때에는 하나님께 감사하며 전체 형제회에 소속된 모든 형제와 자매를 위하여 기도해야만 한다.
> 2. 우리는 진정으로 그리고 그리스도인 정신으로 주님 안에서 신실함 가운데 거하고 … 주중에도 자주 만날 수 있기를 서로서로에게 훈계해야 한다.
> 3. 한 형제 혹은 한 자매가 무질서한 생활을 할 때는, 반드시 처벌받아

야만 한다. 만일 그가 모든 사람이 알게 그런 생활을 한다면 그는 모든 형제 앞에서 자비롭게 훈계를 받아야만 하며, 만일 그가 아무도 모르게 그런 생활을 한다면 처벌도 역시 비밀스럽게 이루어져야 하는데, 이렇게 하는 것이 그리스도께서 주신 명령을 따르는 것이다.

4. 모든 형제와 자매는 하나님 안에서 그 자신을 형제회 전체에게 그 몸과 생활을 완전히 내어 주어야 하며, 하나님께로부터 받은 모든 은사를 공동체를 위하여 지키고, 또한 형제들과 자매들이 언제나 도울 수 있도록 하기 위하여 공동체가 필요한 대로 주어야 하며, 도움이 필요한 여러 구성원은 사도 시대에 그리스도인들이 그렇게 했던 것처럼 형제회로부터 그 필요한 것을 공급받아야 한다.

5. 형제회로부터 선출된 여러 장로와 설교자는 가난한 이들이 필요한 것이 무엇인지 열정을 가지고 찾아보아야 하며, 또한 … 형제회를 위하여 그리고 대신하여 필요한 것을 확충해야 한다.

6. 각 구성원은 모든 구성원 앞에서 품위 있는 행동을 유지해야만 하며, 어떠한 구성원도 형제들 앞에서 부주의한 행동을 해서는 안 되면, 또한 "외부에" 있는 이들 앞에서도 그렇게 해서는 안 된다.

7. 모임에서 한 사람은 말을 하고, 다른 이들은 말해진 것을 듣고 검증해야 한다. 둘 혹은 셋이 말하기 위해서 함께 일어서서는 안 된다. 어느 누구도 욕설을 하거나 맹세하지 못하며, 게으른 험담을 전달해서는 안 되는데, 그렇게 함으로써 유순한 이들이 보호받게 된다.

8. 형제들이 모였을 때, 그들은 배가 차도록 먹고 마셔서는 안 되며, 최소량으로 국을 먹거나 혹은 하나님께서 주시는 대로 먹음으로 지출을 줄여야 하며, 남은 모든 음식은 다시 보관되어서, 우리 생존을 위하여 하나님께서 순수하고 선하시게 창조하신 피조물을 다시 다른 이가 감사함과 절제함으로 사용할 수 있도록 해야 한다.

9. 형제회 안에서 형제들과 자매들 중에서 공식으로 [권징이] 이루어진 내용은 세상 앞에서 알려지도록 해서는 안 된다. 선한 마음으로 관심을 표하지만 아직 회심하지 않은 사람은 형제회에 있는 형제들 앞에 나오기 이전에 반드시 먼저 가르침을 받아야만 한다. 그가 배우기를 다하고 그 배운 내용대로 살기 원하는 진실한 갈망을 드러낼 때, 즉 그가 복음이 가지는 내용에 동의한다면, 그는 한 형제 혹은 한 자매로서, 즉 그리스도를 친구로 삼는 한 회원으로서, 그리스도인 형제회에 의해서 받아들여지게 된다.

10. 그들 스스로에게 헌신된 이후에 모든 형제와 자매를 그분께서 우리에게 보내시는 모든 것을 인내로써 받아들이고 감내해야 하며, 그들 스스로 모든 풍파와 위협에 의해서 쉽게 겁에 질리도록 해서는 안 된다.

11. 형제들과 자매들이 함께할 때, 주님 안에서 그리고 한 마음으로 한 몸과 한 빵을 이루며, 그리하여 그들은 주님의 죽으심을 기념하는 것으로서 주의 만찬을 지켜야만 한다. 이렇게 함으로써 각 구성원은 아버지 하나님께 순종하는 가운데 주님을 닮아가도록 훈계를 받아야만 한다.

12. 우리가 형제들과 자매들을 가르치고 훈계하는 것처럼, 주님께서 다시 오실 때 [그 왕국에] 들어갈 수 있을 만하게, 그리고 이 세상에 임하는 악으로부터 피하거나 도망칠 수 있도록 항상 우리 자신을 돌아보며 주님을 기다려야 한다.[381]

침례교 신자는 언제나 근실하게 교회 권징을 실행해 왔다는 것은 잘 알려

381) Robert Friedmamm, "아나뱁티스트 신자가 실행한 가장 오래된 권징" (The Oldest Church Discipline of the Anabaptists), *Mennonite Quarterly Review*, XXIX (1955), 162-168.

졌는데, 예를 들어, 윌리엄 워렌 스위트William Warren Sweet에 의해 수집된 기록물에는 미국 개척시대 변방지역에서 행한 권징이 잘 드러나 있다. 이러한 권징은 토머스 헬위즈가 지도한 최초 회중이 주일 예배가 끝난 매 오후에 "견책"censures 시간을 가져왔던 행습에 의해서 매우 초기부터 시작되었다. 퀘이커 신자는 여러 가지 형태로 구성된 권징을 사용했다. 가장 효과가 좋았던 것 중 하나는 일 년에 한 번씩 각 회원이 고심하여 스스로를 심판하여 대답해야만 하는 질의 목록이었다. 독일 형제교회가 실행했던 것은 교회 직원, 때로는 교회 집사를 두어서 연간 성만찬 혹은 애찬식을 갖기 이전에 각 집을 방문하여 각 가정과 교회 구성원이 복음과 조화로운 삶을 살고 있는지 살피도록 하는 것이었다. 만일 그렇지 않은 것이 발견되어 복음과 다르게 사는 것이 드러난 회원은 성만찬이 거행되기 이전에 다시 복음과 조화가 이루어지도록 해야만 했다.

웨슬리언에게 있어서 권징은 많은 역할을 수행하였다. 자신을 따르는 이들의 삶과 신앙을 점검하고자 웨슬리가 가졌던 강력한 열정은 로마 가톨릭교회 학자 로날드 낙스Ronald Knox382)에 의하여 전제 통치에 근접하는 것으로 평가되었지만, 웨슬리 그 자신은 권징은 본질에 속하는 것이라고 생각하였다.383) 1742년 그는 런던에 있는 여러 회원의 "심령이 하나님을 향한 상태를 알고자 하여" 한 주간을 사용하였다. 반회bands와 속회 구조는 엄밀한 감독을 할 수 있도록 해주었다. 1743년 뉴캐슬에 있는 신도회를 방문하였을 때, 웨슬리는 회원에게 규칙을 읽어주고, 그 다음에는 안식일을 범하는 것부터 아내를 구타하는 것까지 64개에 달하는 여러 종류 위반 사항을 열거하였다. 속회 모임 참석자는 다음과 같은 여러 질문에 답을 할 것이 요구되었다: "그대는 그대가 행한 모든 과오를 말할 의향이 있습니까? … 그

382) : 영국 사제이며 방송설교자-역주

383) Ronald A. Knox, 『열정』 *Enthusiasm* (Oxford: Clarendon Press, 1950), pp. 426-430.

대는 우리가 그대에 관하여 들은 그 무엇에 대하여서라도 우리가 그대에게 말하는 것을 들을 의향이 있습니까? 우리가 지난번에 모인 이후로 당신이 범한 죄로 드러난 것은 무엇입니까? 어떤 유혹을 받았었습니까? … 그것이 죄인지 아닌지 당신이 의심하는 것 중에 생각하고, 말하고, 또 행한 것은 무엇입니까?"[384] 웨슬리 시대 영국 사회가 보여준 분명한 타락상에 비추어 보아, 이러한 과정은 필요했을 뿐만 아니라 유익한 종교 생활을 위해서도 본질에 속하는 것이었다.

권징에 대한 이러한 특성 중 일부는, 비록 동일한 정도로 집중하지는 못했다 할지라도, 회복 운동을 주도한 이들에 의해서 다시 채택되었다. 세이비어교회는 후보회원을 위한 신앙 상담자를 두어서 양심에 속한 문제를 점검하도록 도와주었다. 그들은 회원 서약을 매년 갱신하였다. 이스트할렘개신교구와 웨스트사이드크리스천교구 소망교회Church of Hope of the West Side Christian Parish가 수행한 단체 사역은 권징을 받은 행동을 달성하기 위한 시도로서 서로 비판하고 권면하는 체계를 발전시켰다.

권징은 사랑이 없는 율법주의로 쉽사리 변질될 수 있으며, 신자들의 교회 역사에서 그러한 많은 예를 찾는 것은 어렵지 않을 것이다. 세상에 침투해 들어가려는 추구에 있어서 "교회 형태"가 당하는 유혹이 신앙과 문화가 구별이 없어지는 문화수용이라면, "분파 형태"가 당하는 유혹은 도덕을 과도하게 강조하는 도덕주의moralism이다. 그럼에도 권징은 그것이 최고로 이루어질 때에는 형제를 향하여 애정이 깃든 관심을 표현하였는데, 이러한 관심은 여러 퀘이커 지도자가 1656년 발비Balby에서 북부 영국에 있는 그들 형제들에게 보낸 한 편지로부터 발췌한 아래 인용이 보여주는 바와 같다: "사랑하는 형제이며 친우여, 우리가 행하는 이러한 일들은 우리가 여러분을 지나치게 다스리거나 훈련하려는 것이 아니라, 무엇보다도 우선해서 순전하

384) Adams, *loc. cit.*, pp. 140–141에서 재인용.

고 거룩한 빛의 분량으로 인도함을 받으며, 그리하여 빛 가운데 행하고 거주하며, 이러한 일들이 성령 안에서 이루어지도록 하며, 율법조문letter에 의해 이루어지지 않게 하려는 것인데, 왜냐하면 율법조문은 죽이는 것이지만, 성령은 생명을 주는 것이기 때문입니다."385)

오늘날 서구 교회 생활을 하는 이들에게 과도한 권징은 문제가 되지 않을 것임은 분명하다. 오히려 교회 생활을 위협할 정도로 교회 회원 자격을 위한 의미 있는 요구를 하는 것이 어느 곳에서나 거의 없는 듯하다. 회원권을 순결하게 다시 정립하는 것은 교회 부흥을 옹호하는 우선권보다 더 수위에 위치한다. 목회상담과 정신건강 분야 여러 전문가는 여러 세속 기관이나 클럽에서 많은 사람이 간절하게 갈구하는 회원 돌봄 지도 같은 종류를 실행하라고 교회에 요청하고 있다. 여러 성경학자는 권징이 초대교회 생활에서는 핵심 역할을 수행했음을 밝혀내고 있다. 소시민이 정한 협소한 기준에 대항하여 선한 의지를 가지지만 과도한 반응을 하는 것이 그리스도인이 갖추어야할 미덕으로 간주되는 가운데, 그리스도인은 동일하게 위험한 율법폐기론이라는 극점까지 이르기를 반복한다. 사려 깊은 권징을 하는 것으로 돌아가는 것은 교회가 생존하기 위해서는 긴급하며 절대 필요한 것이다.386)

"모인 교회"the gathered church라는 표현을 발전시킨 이들은 회중교도 중에 있었다. 주님 이름으로 두세 사람이 "가시적 성도"로 모인 것은 교회를 구성하는 기초 단위로 이해되었다. 그러나 그렇게 모인 것은 결코 소수가 그들 이익만 즐기기 위한 것이 아님이 곧 분명해졌다. 오히려 그렇게 모인 교회는 많은 이를 섬기고 그리스도를 증언하기 위한 토대를 마련하기 위한 것

385) D. Elton Townsend, 『퀘이커라 불린 사람들』 *The People Called Quakers* (New York: Harper & Row, 1966), pp. 266-267.

386) William Klassen, 『용서 공동체』 *The Forgiving Community* (Philadelphia: Westminster Press, 1966), pp. 175ff에 있는 탁월한 토의를 보라.

이었다. 모인 교회는 또한 반드시 흩어지는 교회가 되어야만 한다. 이제 우리는 이 두 번째 국면으로 나아간다.

제9장 선교와 전도

두 퀘이커 신자가 대화를 나누는 중, 이야기가 사후 삶에 관한 것까지 진행되었다. 하나가 말하였다. "그대는 오직 친우회Society of Friends에 소속하고 있는 우리에게만 천국에 들어가는 것이 허락된다고 생각하세요?" 다른 이가 응답하였다. "전혀 그렇지 않아요. 왜냐하면 우리는 수가 너무 적어서 천국을 거의 유지해 나갈 수 없을 테니까요." 실제로 신자들의 교회에 속한 여러 교회 구성원은 수에 있어서 소소한 편이다. 퀘이커 신자와 독일 형제단은 20만 명, 플리머스 형제단과 메노나이트는 45만 명 정도 회원이 있는데, 이들 숫자는 수 세기 동안 존재했던 교회 회원 수로서 그리 크게 인상을 주는 정도는 아니다. 금세기에 많이 알려진 재생 운동에 속한 회원 수는 미미할 정도이다. 물론 침례교 신자와 감리교 신자는 2천만 명 이상 회원을 보유하고 있어서 다른 모습을 보여주고 있다. 그러나 이들마저도 루터교회, 동방정교, 그리고 로마 가톨릭교회가 보고하는 총 회원과 견준다면 결코 많은 수가 아니다.

별 생각 없이 교회 관련 통계를 다루는 것보다 좀 더 진지하게 다루어본 그 어떤 사람이라도 이런 식으로 수를 비교하는 것은 진실을 호도한다는 점에 동의할 것이다. 일부 교파는 뱁티즘을 받기만 했다면 후에 실제 활동 유무와 상관없이 각 유아부터 모두 계수하는데 반하여, 다른 일부 교파는 오직 활동하는 어른 회원만 계수한다는 것을 기억할 때, 통계 비율은 다른 모습을 띠게 된다. 게다가 국가교회로 간주되는 일부 다른 교파는 모든 시민 하나하나를 회원으로 셈한다. 예를 들자면, 스웨덴에서 루터교회는 스웨덴 인구 98%를 회원이라고 주장하지만, 그 교회 자체 통계는 5% 미만이 교회와 어떤 의미 있는 관계를 이루고 있음을 보여준다. 전체 인구 중 2/3이 충성스런 회원이라고 주장하는 영국 국교회에서 부활절에 성찬을 받는 회원은 4.6%에 불과하다. 이탈리아 성인 남자 중 오직 11%만 로마 가톨릭교회 신앙이 요구하는 최소 자격요건을 갖추는데, 그것은 매년 일 회 고백성사와 성체미사에 참여하는 것이다. 러시아 정교에 충성스러운 회원을 추정하는 수는 천5백만에서 5천만까지 매우 다양하다. 통계수치가 이렇게 불분명할 때는 어떠한 의미 있는 비교는 불가능하다. 만일 교회 회원 수가 겉으로 드러나는 여러 지표, 즉 예배 참석자, 재정 지원, 성례전 참여와 같은 특정한 합의를 근거로 계산된다면, 여러 신자들의 교회와 여러 다른 교회 사이에 큰 차이점이 없다고 생각할만한 이유가 있다. 그렇지만 회원 자격이 무엇인지에 대한 합의가 없으며, 그렇기 때문에 효과 있는 판단을 할 수 있는 근거는 결여되어 있다.387)

회원 수를 적게 보유한 여러 교회들을 변호하는 이들은 그들이 이렇게 회원이 적은 이유는 그 교회 회원권을 얻기 위한 표준이 너무 높아졌기 때문이라고 종종 말해왔다. 예를 들자면, 여러 역사적 평화교회는 양심에 근거하여 전쟁을 거부하는 입장을 표명하고자 하는 이들로만 그 회원 자격이 제한된다. 이들 모임 중에 일부 메노나이트 교단을 제외하고는 평화주의 입장이 회원권을 얻기 위한 필수 요구조건이 아니라는 사실과 함께 다른 여러

387) Franklin H. Littell, "평범한 언어" (A Common Language), *Journal of Ecumenical Studies*, III (1966), 362–365; Paul Zieger, "종교 통계학" (Religionsstatistik), *Weltkirchenlexikon* (Stuttgart: Kreuz Verlag, 1960), 1249–1252; Frank W. Price, "세계 그리스도교 통계" (World Christian Statistics), in H. W. Coxill and K. Grubb, eds., 『1968년 세계 그리스도교 핸드북』 *World Christian Handbook 1968* (Nashville and New York: Abingdon Press, 1967), pp. 48–52.

요소도 또한 연관되어 있음이 분명하다. 인종 인구가 저성장한 것, 자기만족, 초기 비전이 부족했던 것도 또한 역시 고려될 수 있다. 오늘날 가장 빠르게 성장하는 종교 모임 중 하나인 오순절 교파는 그 회원을 위하여 시간, 재원, 그리고 개별 권징이 지대하게 요구된다는 것을 또한 지적할 수 있을 것이다.

"분파"와 "교회" 형태 모두는 그들이 지금 이해하는 선교, 전도, 그리고 회심에 있어서 위기에 맞닥뜨렸다. 영국 미들톤Middleton 교구 부주교는 유아 시절에 받았던 세례에 근거하여 "그들 입과 마음으로 인정하는" 견신례에 참여하는 영국 성공회 젊은 층이 최근 몇 년 동안 거의 80% 가까이 줄어들고 있다고 보고하였다. 이렇게 수가 감소하는 것 때문에 국교회 성직자단이 회심 문제를 검토하게 되었는데, 그들이 새로운 방법으로 회심을 유도하는 것은 결코 "쉽지" 않다고 그는 서술한다. 과거를 회상하는 어조로, 그 부주교는 "모든 사람이 그들 삶을 살아내는 그리스도인 문화 형태에 의해 자연스럽고 불가피하였던" 그리스도교세계에서 "사실상 모든 개인이 세대에 세대를 뒤이어 교회 안에서 자라났던" 때에 믿던 세대에 대하여 아쉬워한다. 분파 모임이 회심에 대하여 접근하는 방법은 좁고 너무 개인중심이라며 거부한 후, 그는 다음과 같이 결론을 내린다: "우리는 교회가 적절한 회심, 적절한 영성, 세속사회에서 그리스도인 신앙이 구성하는 것에 대한 적절한 이해에 대하여 너무나도 분명하게 이해하도록, 그리고 세속에 있는 사람들 안에서 일하시는 하나님의 은혜, 성도보다 열등한 사람들이 구성하는 그 사회 안에서 그 사람들을 역설처럼 붙드시는 하나님의 은혜에 대하여 너무나도 분명하게 이해하도록 기도하고 일해야만 한다."388)

388) E. R. Wickham, "세속 세대에서의 회심" (Conversion in a Secular Age), *Ecumenical Review*, XIX (1967), 291–296.

지역교회와 선교

이러한 견해는 교회와 교회가 살고 있는 지역 사이 연결에 대하여 깊이 생각하도록 이끈다. 최근 인류학에 근거한 인구분포 연구는 여러 동물 생활에서 관찰할 수 있는 "텃세권" territorial imperative 과 전쟁을 좋아하는 인간 성향 사이 관계를 입증하고자 노력하고 있다. 그들 학자는 아마도 1500년부터 1648년 사이 근대 유럽역사를 관찰함으로써 그들 주장을 뒷받침하는 좀 더 나은 증거를 발견할 수 있을 것이다. 로마 가톨릭교회와 관주도 개신교 G. H. 윌리엄스가 제안한 표현 둘 다 자기들이 서유럽에서 유일하게 진정한 교회로서 보편통치권 universal dominion 을 가지고 있다고 주장하였으며, 그 결과로 살육전쟁에 빠져들었다. 이 종교 전쟁이 전쟁에서 종교는 종종 일부 통치자에 의해서 다른 목적을 성취하기 위한 구실이었다는 것은 기정사실이었다 과정에서 벌어진 유혈이 낭자한 여러 전투는 오직 지역주의 territorialism 를 절충함으로써 중단될 수 있었을 뿐이다. "군주를 따라, 종교도 같게 *cuius regio, eius religio*" 라는 표현은 종교전쟁에 진저리를 치던 각국 전권대사가 뮌스터와 오스나브뤼크 Osnabrück 에서 열린 회의석상에 참석하여 협상한 해결책이었는데, 이 두 지역에서 맺은 조약은 결국 베스트팔렌 평화조약으로 결실을 맺었다. 1648 이러한 일이 있기 이전에 개신교는 이미 그 종교가 주도 신앙을 이룬 지역에서 그 스스로 특권을 누리는 교회로서의 역할을 가졌음을 시인하는 여러 표식을 보여주었다. 아우크스부르크 평화조약도 비록 그렇게 구체화된 표현은 사용하지 않았지만, 베스트팔렌 조약과 동일한 원리를 따랐다.

이러한 지역주의 원리는 일부에 의해서 표현된 "비밀"에 대하여 설명을 하게한다. "종교개혁 시대 개신교가 가지고 있던 역설은 그 교회가 사도 신앙으로 돌아가자고 촉구하는 반면, 그 교회 대부분이 로마에 있던 교회에게 여러 사도가 주었던 선교 명령을 완수하는 것을 등한히 하는 것에 아무런 불평이 없었다는 점이다."[389] 여러 해 동안 많은 유럽 학자는 종교개혁을 주도한 진영에서 선교에 대한 동기가 결여되었다는 고발에 대답을 하려고 부단히 노력해 왔다. 그들은 루터와 칼뱅의 저서를 낱낱이 조사하여 선교에 관심을 기울인 조그만 증거라도 되는 문서를 찾고자 하였다. 남동부 유럽 슬라브족 사이에서 이루어진 선교, 스칸디나비아 루터교회에 의해서 랩스족the Lapps 사이에서 이루어진 정치와 종교를 혼합한 전투, 혹은 일부 칼뱅주의자에 의해서 실패로 끝난 브라질 이주사업에 쏟아 부었던 노력에 대하여 상세하게 기술하는 것은, 예수회나 프란체스칸에 의해서 이루어진 전 세계를 망라한 선교사업과 대조하면 너무 애처로워 보일뿐이다. 일부 로마 가톨릭 논객은 개신교가 이단임을 입증하기 위한 그들 시도에 개신교가 전혀 선교에 힘을 기울이지 않았다는 점을 사용하다. 로베르트 벨라르미네Robert Bellarmine[390]는 16세기를 종결지으며 다음과 같이 기록했다: "이들 이단이 이교도이든 유태인이든 믿음으로 개종하도록 하였다는 말은 전혀 들을 수 없었고, 오히려 그리스도인을 사교에 빠지게 했을 뿐이다. 그러나 이 한 세기 동안 가톨릭교회는 신세계에서 무수한 이교도를 개종하도록 했다.… 루터교 신자는 그들 스스로를 여러 사도와 전도자에 견주지만, 그들 가운데 수많은 유태인이 있으며, 폴란드와 헝가리에서는 투르크족을 그들 이웃으로 두고 있지만 그들이 개종하도록 한 이는 한 줌에도 미치지 못할 정도이다."[391] 일부 루터교 신자는 루터교회는 유일하고 진정한 보편교회이며, 그렇기 때문에 어느 곳에서 이루어진 어느 선교 행위라도 그들 표준에 준하기만 하면 그들 자신이 행한 것으로 간주되는 것이 정당한 것이라

389) Charles W. Ranson, 『세상에 알리라』 *That the World May Know* (New York: Friendship Press, 1953), pp. 62, 65.

390) 이탈리아 반동종교개혁을 이끈 예수회 출신 추기경-역주

391) Stephen Neill, 『그리스도교 선교』 *Christian Missions* (Baltimore, Md.: Penguin Books, 1964), p. 221에서 재인용. [스티븐 니일, 『기독교 선교사』 성광문화사, 역간.

고 진술함으로 대답하였다![392]

루터는 그러한 고발에 대하여, 인류 구원은 하나님 손에 있음을 지적하는 것으로 대답을 삼았을 것이다. 참 복음은 사람이 전하지 않아도 지구 모든 구석까지 복음 그 자체가 결국 그 길을 찾게 될 것이다. 필요한 것은 하나님께서 그 사람에게 있게 한 그 장소에서 신실하게 말씀을 전하는 것이었다. "이렇게 복음을 전하는 사명을 감당하는 것은 돌 하나를 물속에 던져 넣을 때 일어나는 현상과 똑 같아서, 그 돌은 파동과 동심원을 일으키고 그 돌 주변으로부터 계속 퍼져나가며, 그 파동은 계속 더 멀리, 더 멀리 나가고, 한 파동은 다른 파동을 따르며, 결국 그들이 건너편 제방에 다다를 때까지 나아간다. 복음을 전하는 것은 바로 그와 같다."[393] 그렇지만, 루터의 생애를 그린 저작을 읽어보면, 정말로 많은 외국 학생이 비텐베르크로 찾아와 강의실에서 그의 발 앞이나 그와 함께 식탁에 앉고, 그 후 그가 가르친 것을 자기들 고국으로 가져가서 결국 종교개혁이 전파되는 것을 보게 될 것이다. 루터가 많은 작은 책자를 만든 것은 개혁을 가장 효과 있게 전달하는 운송수단이 되었음을 입증하였다. 칼뱅주의는 개혁주의 신앙을 전파하기 위하여 좀 더 조직을 갖춤으로 루터교보다 과감했었다. 제네바는 로마 가톨릭 지역 안으로 침투하기 위하여 모방할 수 있는 모범과 전진기지가 되었다. 그럼에도 아직 비판 여지는 그대로 남아있다: "언급할 수 있는 모든 좋은 것을 다 언급하고 또 여러 종교개혁자가 남긴 저술에서 선교 관련 글을 모을 수 있는 대로 다 모아 모든 가능한 증거를 제시한다 하더라도, 그 모든 것을 다 합한 것도 몹시 적은 양에 불과하다." 니일 Neill [394]

16세기 후반과 17세기 동안 개신교 정통주의 Protestant orthodoxy는 왜 선교

392) Hans-Werner Gensichen, 『근대선교사』 *Missionsgeschichte der neueren Zeit* (Göttinggen: Vandenhoeck & Ruprecht, 1961), p. 12.

393) Gustav Warneck, 『개신교 선교역사 개요』 *Outline of a History of Protestant Missions*, trans. G. Robinson (New York: Fleming H. Revell, 1906), p. 14에서 재인용.

394) Neill, *op. cit.*, p. 222.

위임이 더 이상 유효하지 않은지 설명함에 있어서 대단한 재간을 발휘하였다. 첫째, 마태복음 28장에 주어진 지상 위임Great Commission은 그 위임을 받은 모든 사도가 문자 그대로 "모든 족속"에게 복음을 전하였고, 그러므로 그 위임은 이미 성취되었다. 기발한 고안이 이 사실을 입증하기 위하여 적용되었다. 중국에 머리 셋이 달린 그림이 있다는 것은 그들이 삼위일체를 이미 알고 있다는 증거가 되었다. 멕시코인은 에티오피아인으로부터 그리스도교를 받아들였는데, 왜냐하면 그들은 그 아프리카인들이 그랬던 것처럼 세례와 할례가 연관이 있다고 말했기 때문이다.[395] 루터교 신학자 주스투스 메니우스Justus Menius는 "하나님은 오직 그 사도들만 온 세상으로 보내셨고," 다른 모든 사람은 교구 체제를 따라야만 한다고 단호하게 진술했다. "복음을 섬기는 종은 오늘은 이 곳, 내일은 저 곳 땅 위를 여기저기 돌아다니지 않는다.… 오히려 한 종은 진정한 산업과 함께 그에게 맡겨진 교회를 충실하게 돌보고, 그 교회와 함께 살아야 한다. 그럴 때 다른 교회는 문제가 안 생기고 평화롭게 지낼 수 있다."[396] 둘째, 이교도는 그들이 가지고 있는 야만성 때문에 복음을 받아들일 권리를 상실했다고 여겨졌다. "하나님께 속한 여러 거룩한 것은 개와 돼지 같은 것들 앞에 던져지지 않아야 한다"고 우르시누스Zacharias Ursinus는 공언했다. 셋째, 만일 하나님이 이교도가 회심하게 되기를 원하신다면, 그분은 그 결과를 당신 스스로 이루어 내실 것이다. "만일 그 일이 하나님께 속한 것이라면, 하나님은 그분 자신을 위하여 당신께서 그 일을 이루실 것이고, 길과 수단을 보이실 것이며, 그리하여 이교도는 '비둘기들이 창문으로 날아 들어오듯이' 그렇게 들어올 것이다."[397]

---

395) Warneck, *op. cit.*, pp. 29–30.

396) Franklin H. Littell, 『아나뱁티스트의 교회관』 *The Anabaptist View of the Church*, second rev. ed. (Boston: Starr King Press, 1958), p. 114에서 재인용.

397) Warneck, *op. cit.*, pp. 38–39.

고전 개신교에 선교에 대한 추진력이 도달하였을 때, 그 힘은 할레Halle와 헤른후트Herrnhut에서 활동한 경건주의를 통하여 왔다. 교회가 선교를 착수하기에 너무 마음내켜하지 않았기 때문에, 선교는 일부 개별 협회와 관심을 가진 개인에 의해서 수행되었어야만 했다. 이 점은 한 탁월한 루터교회 선교 역사가가 "종교개혁자들은 선교에 관심이 없었는가?"라는 주제에 대하여 변증하는 글을 쓸 때 의도하지 않았지만, 밝히 드러났다. 그는 다음과 같이 서술한다: "해외 선교가 소수 경건주의 국외자가 가진 취미에 지나지 않는 동안, 교회와 여러 신학자는 이 너무나도 불합리한 사업에 투자할 동기에 거의 관심을 기울이지 않았다. 그러나 선교가 지속되어야만 하며, 세계에서 복음화가 이루어지지 않은 지역에서의 복음 전파에 관심을 기울이는 그리스도인 수가 계속 점점 더 많아지는 것이 드러나자, 일부 학자가 스스로 이 운동의 기원과 근거에 대하여 관심을 기울이기 시작하였다." 이렇게 설명한 후, 그 역사가는 많은 종교개혁자는 사실상 최소한 선교 신학에라도 무관심했던 것이 아니었으며, 그들은 자기들이 추진하는 개혁을 이루는 실제 긴급성 때문에 선교를 직접 하는 것이 제한되었었음을 보여주려고 시도하는 데까지 나아간다.398)

에른스트 벤츠Ernst Benz는 왜 유럽에서는 하르낙에 의해 고전 초대교회 역사가 완성되었던 것처럼 한 세계관을 가지고 저작된 교회사 저술이 없는지에 대하여 물음으로써 같은 주제를 접근하였다. 만일 미국 자유교회를 서술한 역사가 라투렛Latourette이 그 역사를 저술하는 책임을 맡았다면 그 결과는 어떻게 되었을까? 그는 여러 유럽 학자가 가지고 있던 신앙고백 성향과 특이한 성향은 그 주제를 국제 관계상 그리고 교회일치 관점에서 볼 수 있는 이점으로부터 그들을 막았다고 대답하였다. "미국에서 교회와 선

398) Hans-Werner Gensichen, "종교개혁자들은 선교에 무관심했는가?" (Were the Reformers Indifferent to Missions?), *Student World,* LIII (1960), 119-127.

교 관계를 보는 입장은 우리가 독일 상황에서 보던 것보다는 상당히 다르다. 거의 모든 대형 자유교회는 그들 자체 선교 사역과 선교 지역, 그리고 많은 경우 중요한 해외 선교지에 미션 스쿨과 미션 대학을 가지고 있다. 독일에서는 지역교회가 아닌 여러 선교협회가 선교를 후원하는 것과는 달리, 미합중국에서 선교는 여러 지역 교회와 회중이 가진 고유한 기능으로 여겨졌고, 훨씬 더 활발하게 수행되었다."399)

신자들의 교회와 선교

16세기 뷔르템베르크 공국duchy of Württemberg에서는 모든 아나뱁티스트 남자 신자는 추방당하거나 처형당했다. 그 정부는 오직 여인들만 어린 자녀와 함께 고국에 머물 수 있도록 허락했다. 그렇지만, 정부는 이 아나뱁티스트 신자가 그들이 가진 신앙을 증언하기 위해서 그들 친척이나 이웃을 찾아다니는 것은 금지했는데, 그것은 그들이 이미 아나뱁티스트 신자는 그런 관습을 가지고 있음을 경험을 통해서 알고 있었기 때문이었다. 아나뱁티스트 여자 신자는 그들 남자 가족이 그러했던 것처럼 불법 신앙을 퍼뜨리는 위험한 존재로 여겨졌다. 아나뱁티스트 신자가 수행한 선교 활동에 대하여 가장 광범위하게 연구한 저자는 그들을 대체로 일반 회원이 복음 전달자가 되었던 원시 그리스도교와 연관시켰다. "종교개혁을 따르는 교회는 아나뱁트스트 신자가 보여준 그런 활동상황을 적대시하였기 때문에 그들처럼 복음을 전하는 일은 거의 전혀 없었다." 그 저자에게는 "아나뱁티스트 신앙에 관하여 놀라운 점은 안수 받은 여러 지도자가 이루어낸 활동이 너무 많다는 것이 아니라 … 여러 보통 회원이 선교에 헌신하였다는 점이었다."400)

---

399) Ernst Benz, 『교회일치운동 관점에서 본 교회사』 *Kirchengeschichte in ökumenischer Sicht* (Leiden: E. J. Brill, 1961), pp. 13-18.

400) Wolfgang Schäufele, "아나뱁티스트 평신도가 가졌던 선교 관점과 사역" (The Missionary Vi-

이렇게 그들이 선교에 헌신하는 것은 중세 왈도파가 보여준 모범을 따른 것이었다. 중세교회가 이들 "이단"을 억누르기 위해서 그렇게도 포악한 행동을 취하였던 이유는 그들이 다른 사람에게 다가감으로써 계속 확산되었기 때문이었다. 1245년 교황 인노켄티우스 4세는 그 이단이 너무나도 굳건하고 광범위하게 확산되어서 여러 군주와 귀족뿐만 아니라 일반 농노까지 포함하고 있다고 불평하였다. 15세기 초기 한 프랑스 고위성직자는 그리스도교세계에서 많게는 1/3이 왈도파 모임에 불법으로 참여하거나 심정으로는 왈도파 신자라고 추산하였다. 왈도파 신자는 "민중 가운데 성경에 관하여 상당한 지식을 퍼뜨린 첫 번째 선교사들이었다.… 한 번 왈도파 신자가 그리스도께서 가르치신 율법과 직접 접촉하는 것이 다시 이루어지자, 성서는 그리스도교를 영원히 흔들 정도로 거듭되는 폭발을 일으키는 활화산이었음을 다시 한 번 입증하였다"는 평가를 받았다.401)

체코 형제단은 심원한 선교 감각을 가졌다. 헬치스키가 저작한 『신앙의 그물』*Net of Faith*에는 초대교회가 보여주었던 급박한 선교에 상당히 많은 관심이 주어졌다. 헬치스키는 예수 그리스도께서 구원하시는 은혜에는 한계가 없으며, 그 은혜는 세계가 여럿이 있다고 하더라도 단번에 구원하기에 충분하다고 말하였다! 하지만 이것은 주님을 따르는 이들이 주님께서 사용하셨던 그 여러 방법을 사용하고자 할 때에만 오직 가능하다. 그들은 국가와 제휴한 것을 반드시 포기해야만 하며, 그러면 교회는 다시 한 번 대중에게 다다르는 교회 그 자체 능력을 회복하게 될 것이다. 체코 형제단이 설립된 때로부터 15세기 말에 이르기까지 수십 년 동안, 그들은 오스트리아, 브란덴부르크, 폴란드, 러시아, 몰다비아, 그리스, 팔레스티나, 이집트, 그리

sion and Activity of the Anabaptist Laity), *Mennonite Quarterly Review*, XXXVI (1962), 99–115.

401) Henry C. Lea, 『중세 이단재판소 역사』 *History of the Inquisition of the Middle Ages* (New York: The Macmillan Co., 1906), II: 427; Leonard Verduin, 『종교개혁자와 그 서자』 *The Reformers and Their Stepchildren* (Grand Rapids, Mich.: Eerdmans Publishing Co., 1964), p. 173; 인용 부분은 Walter Nigg, 『이단』 *The Heretics*, trans. R. and C. Winston (New York: Alfred A. Knopf, 1962), p. 201.

고 터키에 대표단을 파견하였다. 16세기 프라하의 루카스Luke는 그리스도인이 무슬림을 복음으로 개종할 수 있을 정도로 효력을 갖기 위해서는, 무슬림이 무슬림 가르침에 따라서 사는 것만큼이라도 그리스도인이 그리스도인 스스로 가르치는 것을 따라 살아야 할 것이라고 주장하였다. 그는 선교를 교회 안에서 먼저 이루어져야만 하는 근원적 개혁으로 여겼다.402)

프랭클린 H. 라이텔Franklin H. Littell은 아나뱁티스트 신자는 모든 교회 회원이 지상 위임에 대한 임무를 수행한 첫 번째 그리스도인이었다는 논제를 문서화하였다. 거의 모든 아나뱁트스트 교회 회원이 다른 사람, 친척, 이웃, 낯선 사람에게 복음을 납득시키고 회심시키도록 부름을 받았음을 깨달았다는 인상 깊은 증거가 실제로 있다. 그 운동이 급속하게 퍼져나간 것은 그렇지 않다면 설명이 불가능하다. 잘 알려진 1527년 순교자 총회Martyr's Synod는 "복음화 사업을 위한 거대 지도" 위에서 선교 임무를 감당한 여러 구별된 지역을 조망하였다. 후에 후터라이트 신자는 모라비아에 있는 그들 공동체를 기반으로 전 유럽을 망라하여 체계 있는 선교사역을 조직하였다.403)

출판된 역사자료 모음은 불법 모임을 개최한 죄로 인하여 체포되었던 보통 사람을 심문한 무수한 기록을 포함하고 있다. 여러 종교개혁자가 가지고 있던 견해는 정부에 의해서 정식으로 안수 받은 목사에 의하여 이루어진 것이 아닌 경우에는 설교가 수행될 수 없다는 것이었다. 그들은 아나뱁티스트 신자를 "산울타리 설교자"라고 불렀다. 아나뱁티스트 신자가 저지른 여러 과오를 열거한 것 중에는 "누구든지 진정한 신앙을 가지고 있는 사람이라면, 비록 아무도 그에게 위임하지 않았다 할지라도, 그리스도께서

402) Amadeo Molnar, "체코 종교개혁과 선교" (The Czech Reformation and Missions), *Student World*, LIII (1960), 128-136.

403) Littell, 『아나뱁티스트 교회관』 *Anabaptist View of the Church,* pp. 109-137; 또한 그가 기고한 "개신교와 지상위임" (Protestantism and the Great Commission), *Southwestern Journal of Theology*, New Series II (October 1959), 26-42를 보라.

누구에게라도 능력을 주시면, 그분께서 '가서 모든 족속을 가르치라.' 라고 명령하셨기에, 모든 사람이 설교할 수 있다" 마태 28장 라고 주장한 것도 있다. 비록 루터가 처음에 독일어 미사식서 서문에서 진정한 그리스도인은 비공식으로 모일 수 있다고 제안했었지만, 후에 그는 법에 의해 허용되지 않은 모임에 대하여 매우 방어하는 태도를 취했다. "그러므로 모든 사람으로 다음 사실을 숙고하게 하라. 만일 누구라도 설교하거나 가르치기를 원한다면, 그로 하여금 그에게 그렇게 하도록 내모시는 소명이나 위임을 제시하게 하라. 만일 그렇지 않다면 그로 하여금 그 입을 다물게 하라. 만일 그가 이 규정을 따르기를 거부한다면, 위정자로 하여금 그 말썽꾸러기를 그 합당한 주인 손아귀에 넘겨주도록 하라. 그 이름은 마이스터 한스Meister Hans: 교수형 집행인에 대한 완곡한 표현이다."404)

초기 아나뱁티스트 신자는 온 세상을 향한 책임이라는 비전을 가졌었다. "그들은 환원 교회Church of the Restitution, 즉 평신도 회원이 훈련을 받은 참된 교회True Church가 역사를 이끌어나간다고 믿었다."405) 그러나 거대한 억압에 직면하자, 또 다른 신념이 돌출하였다. 그것은 남은 자 교회Church of the Remnant라는 개념이었다. 하나님은 잔인하고 썩어가는 세상 한 가운데서도 당신을 증언하는 책임을 맡는 작은 양 떼를 가지고 계신다. 이들 소수 신실한 자는 보호를 받는 지역으로 도피해 나와서 그들 스스로를 불멸하도록 해야만 한다. 그러나 하늘에 폭풍을 일으키려고 하지는 말아야 한다. 최근까지 온 세상이 아나뱁티스트 신자, 메노나이트 신자, 그리고 독일 형제단 후예를 지켜봐 온 것이 바로 이런 겉모습이다. 마치 쇠락하는 민족처럼, 선한 소수 종족으로서 그들은 그들 씨족과 문화와 함께 만족하는 듯했다. 그러나 19세기 후반에 두 모임이 광범위한 해외선교 계획과 함께 이러한 단

404) 인용 부분은 Verduin, *op. cit.*, pp. 182, 184-185에서 왔다.
405) Littell, 『아나뱁티스트의 교회관』, p. 109.

단한 껍질을 깨고 나왔다.

퀘이커 신자는 분명히 그 시작부터 이미 세상에 대한 환상을 가지고 있었다. “퀘이커교는 그것이 한 조직된 종교 단체이기 이전에 이미 한 선교 운동이었다.”406) 그들은 빛이신 그리스도에 관한 메시지를 받아서 온 세상에 “지리나 언어로 인한 어려움에 관한 유익한 걱정도 없이” 함께 발길을 떼었다.407) 폭스는 이렇게 기록했다: “모든 사람에게 하나님께서 주신 증언으로 답하시오. 그들이 그리스도를 고백하지 않는 이교도이든 혹은 그들이 불경건한 모습으로 능력이 없는 그리스도를 고백하는 이들이든 간에.”408) 웨슬리가 교회 성직자에 대하여 가지고 있던 광범위한 지평은 잘 알려졌다. 그는 다음과 같이 즐겨 말했다: “그대를 원하지 않는 이들에게 가지 말고, 그대를 가장 원하는즉, 필요로 하는 이들에게 가시오.”409) 순회전도 계획은 영국과 미국에 있는 아직 복음이 들어가지 않은 지역에 어떻게 도달할 수 있느냐는 질문에 대하여 그가 내놓은 대답이었다. 그가 세운 북미 지역 대리인 토머스 코크Thomas Coke는 초기 감리교 세계선교를 주도한 인물이었다. 웨슬리는 코크에게 “형제여, 온 세상으로 나아가 복음을 전하시오”라고 말하였다. 웨슬리는 코크를 북미 감독으로 임명한 후, 서인도제도에 대한 활기찬 계획을 수립하였다. 1784년 웨슬리는 『이교도 선교 수립을 위한 감리회 계획』*Plan of the Society for the Establishment of Missions among the Heathen*을 출판하였지만, 이 촉구에 대한 응답은 없었다. 코크는 1814년 다른 6명의 감리교 신자와 함께 스리랑카로 가는 길에 사망하였다.410)

---

406) D. Elton Trueblood, 『퀘이커라 불린 사람들』*The People Called Quakers* (New York: Harper & Row, 1966), p. 247.

407) Hugh Barbour, 『청교도 영국에서의 퀘이커 신자』 *The Quakers in Puritan England* (New Haven: Yale University Press, 1964), p. 67.

408) Harold Loukes, 『퀘이커 공헌』 *The Quaker Contribution* (New York: The Macmillan Co., 1965), p. 33에서 재인용.

409) Rupert E. Davies, 『감리교』 *Methodism* (Penguin Books, 1963), p. 67에서 재인용.

410) Ernest A. Payne, 『세계 교회 성장』 *The Growth of the World Church* (London: Edinburgh House Press, 1955), pp. 40–43.

이런 일이 있기 이전에 일부 독일 경건주의자가 선교에의 새로운 시대를 열었다. 그 시대는 18세기 초기 덴마크 왕이 거하던 궁전에서 시작되었다. 한 경건주의자인 궁정목사에 의해 감동을 받은 왕은 덴마크 식민지인 인도와 그린란드에 있는 자기 백성의 영적 생활에 관하여 관심을 갖게 되었다. 아우구스트 헤르만 프랑케August Hermann Franke가 지도하였던 할레 대학을 최근에 졸업한 두 젊은이가 선교 사역에 헌신하고자 하는 열망을 드러내자, 그 왕은 그들을 주목하였다. 그들의 이름은 바톨로뮤 치겐발크Bartholomew Ziegenbalg와 하인리히 플뤼초우Henry Plütschau 였다. 이들은 1705년 동인도 마드라스 남쪽 트란퀴바르Tranquebar에 도착하여 그곳에서 선교를 시작하였는데, 이 선교는 그 아대륙亞大陸 subcontinent에 거의 100년 동안 유일하게 존재했던 개신교 선교 전진기지였다. 그들 계승자 중 가장 유명했던 이할레 대학으로부터 결원을 보충하기 위하여 온는 1750년부터 1798년까지 중단 없이 일한 크리스티안 프레데릭 쉬바르츠Christian Frederick Schwartz 였다. 그러한 노고로 인하여 그는 "탄조레에 있는 친절한 사제"로서 알려졌다. 그는 또한 모든 카스트 계급에 속한 원주민으로부터 광범위한 존경을 받았다. 다음은 그에 대한 평가이다: "지성과 순전성에 흠잡을 데 없던 이 선교사는 유럽인이 저지른 모든 악행으로 인한 비난을 상쇄하였다." 수산나 웨슬리를 감동시켜 에프워쓰 목사관에서 그녀 자녀에게 선교를 사랑하는 마음이 조금씩 스며들게 한 것이 바로 이 여러 덴마크-할레대학 선교사가 행한 사역이었다.411)

그 자신이 할레 대학 학생이었던 친첸도르프 백작의 지도력 아래 있던 갱신모라비아교회Renewed Moravian Church는 18세기에 가장 광범위한 선교 활동을 감당하였다. "이 곳 전 공동체에 속한 가정이든 결혼하지 않은 이든 간에 신앙 전파에 헌신하여, 그 결과 그리스도교 확장에 새로운 현상이 생겨

411) 인용 부분은 Neill, *op. cit.*, p. 233에서 가져왔다.

났다."[412] 그들이 처음으로 뻗어나간 곳은 그린란드와 서인도제도였는데, 그곳에서 그들은 흑인을 상대로 사역하기 위하여 만일 필요하다면 그들을 위해 노예가 될 준비가 되어 있었다. 그들이 행한 선교가 결과를 보기까지는 많은 생명이 희생되었지만, 1800년에 이르러 그들은 러시아로부터 북미 인디언에 이르기까지 열다섯 곳에 달하는 선교 지역을 가지게 되었다. 선교 노고가 처음으로 열매를 맺는 것을 멋지게 묘사한 그림이 헤른후트에 있는 한 건물에 1747년 완성되었다. "[모라비아] 형제단 작은 교회가 20년 동안 선교 현장으로 내보낸 생명은 전체 개신교가 2세기 동안 한 것보다 더 많았다."[413]

위대한 선교의 세기

"앉게나, 젊은이! 주님께서 이방인을 개종하기를 기뻐하실 때, 그분은 자네나 내 도움이 없이 그것을 하실 것이네." 이 말을 한 사람은 영국 침례교 소속으로 존경받는 지도자였던 존 라일랜드 박사Dr. John Ryland 였는데, 그가 이렇게 말했을 때, 그는 당대 거의 모든 신학자가 가지고 있던 생각을 드러낸 것이었다. 설교를 전한 사람은 젊은 윌리엄 캐리 였는데, 그는 구두수선장이, 학교 선생, 그리고 설교자 등으로 일하고 있었다. 그러나 캐리는 결코 기죽지 않았다. 그는 굴하지 않고 전진했으며, 자기가 가진 그 신념을 증명하기 위하여, 영어로 저작된 가장 영향력 있던 선교 관련 논문으로 불린 『이교도를 회심시키기 위한 수단을 사용할 그리스도인이 가진 의무에 대한 질의서』*Enquiry into Obligations of Christians to Use Means for the Conversion of the Heathens* 를 출판하였다. 제1부는 지상위임이 오직 사도에게만 명해진 것이

412) Kenneth S. Latourette, 『그리스도교 확장사』*A History of the Expansion of Christianity* (New York: Harper & Brothers, 1939), III: 47.
413) Warneck, *op. cit.*, p. 63.

라는 주장을 배격하는 것에 목적을 두었다. 캐리는 열정을 가지고 쿡Cook 선장과 다른 이들이 수행한 탐험 결과를 공부하였고, 그 결과 성서 시대에는 전혀 알려지지 않았던 다른 부분이 지구상에 있음을 알게 되었다. 그렇기 때문에 그 위임은 전혀 사도에게만 한정된 것일 수 없었다. 그는 유럽인은 많은 곳에서 살아남을 수 없을 것이라고 말하는 이들에게 "모라비아 형제단 여러 선교사가 아비시니아Abyssinia 414)에서 작열하는 무더위를, 그리고 그린란트와 래브라도Labrador 415)에서 얼어붙는 기후를, 그리고 그들의 어려운 언어와 미개한 습성을 견뎌내지 않았는가?"라고 반문함으로써 답변하였다. 영국 국회의사당 건축을 위한 청사진에 비유할 수 있을 정도로 견실한 형태를 갖추며, 캐리는 자신이 맡은 것을 건축했는데, 그는 세계 인구 7/9는 그리스도교를 전혀 알지 못한다는 그 자신의 계산을 보여주는 주의 깊은 통계학 도표를 통하여 그 건축물을 지탱하였다.

그럼에도 캐리는 그가 원하던 바를 간신히 얻어내었다. 한 침례교 목회자 모임이 끝나려던 때, 캐리는 다음과 같이 외쳤다: "또 다시 아무것도 이루어진 것이 없이 회의를 끝내는가요, 목사님들?" 마지못해서 다음 회의에 선교 계획을 제출할 수 있도록 준비할 것을 승인한다는 내용이 회의록에 기록되었다. 이렇게 주저하며 시작한 것으로부터 특수침례교이교도복음전파협회Particular Baptist Society for Propagation of the Gospel Amongst the Heathen 가 탄생하였다. 캐리가 적은 돈이라도 정한 시기에 계속 내자고 제안한 것을 따라 처음으로 여러 개인과 회중으로부터 모아진 선교 후원금은 그가 너무나도 존경하는 몇몇 모라비아 선교사에게 보내졌다. 그리고 1793년 캐리는 전혀 마음내켜하지 않는 아내 그리고 세 자녀를 데리고 그 자신이 인도로 갔다. 동인도회사는 캐리가 도착하자마자 엄청난 어려움을 그에게 안겨주었다.

414) 에티오피아의 옛 이름-역주
415) 북아메리카 북동부의 허드슨 만과 대서양 사이 반도-역주

결국 그는 캘커타 위쪽에 있는 덴마크 식민지 세람포르Serampore에서 선교 발판을 찾아내었다. 그곳에서 그는 선교사업을 수립하였는데, 이 선교사업은 캐리가 그 모든 것을 온전히 파악했기 때문에 하나의 명품이 되었다. 그가 영국으로 보낸 여러 편지가 회람되었을 때, 그 편지는 다른 많은 선교 단체를 조직하게 하는 동력을 제공하였다.[416] 비록 캐리는 이론에 있어서는 협력 선교를 믿었지만, 그는 "그리스도교세계가 분열된 상태인 것처럼, 선교는 함께 힘을 합하여 수행되는 것보다는 선교 현장에서 각 교파별로 서로 구별되어 진행되는 것이 좀 더 나을 것이다"라고 판단하였다.[417]

19세기에게 선교를 위한 "위대한 세기"라는 이름을 지어준 이는 침례교 역사가인 케네스 스코트 라투렛Kenneth Scott Latourette이었다. 그는 그리스도교 확장 역사를 총망라함에 있어서 그 세기에 대한 이야기에 전체 일곱 권 중 세 권을 할애해야 함을 알게 되었다. 라투렛은 19세기에 그리스도교가 지구상에서 가장 넓은 지역으로 펼쳐 나갔다는 사실에 근거하여 그런 구성을 하였는데, 그러한 확장은 이전에 이미 복음이 들어갔던 곳에 더 많은 선교가 이루어졌을 뿐만 아니라, 그 당시까지 전혀 복음이 들어가지 않았던 "수많은 나라, 섬, 민족, 종족"에게로 그리스도교가 들어감으로 이루어졌다. 다른 어느 나라보다 더 빠른 발전을 이루어낸 미국에서는 1800년대에 교회 회원 비율이 눈부시게 성장했다. 아시아에서조차 그리스도교는, 비록 수에 있어서는 성장이 미미했지만, "대중문화에 침투하여 영향을 끼쳤을 뿐만 아니라, 이전 시대에는 존재하지 않았던 새로운 사상, 풍습, 그리고 여러 기관을 만들어 내었다." 활기차게 선교가 고양된 결과 그리스도교가 부흥하였으며, 그에 뒤이어 그리스도교는 18세기로부터 시작된 혁명과 이성주의가 도전해 오는 것에 훌륭하게 저항할 수 있었음을 라투렛은 깨달았

416) Payne, *op. cit.*, pp. 44–52.

417) Ernest A. Payne, "캐리의 '질의서'" (Carey's 'Enquiry'), *International Review of Missions*, XXXI (1942), 180–186.

다. 많은 새로운 운동이 일어나, 선교 임무를 수행할 생기와 동력을 제공하였다. 19세기는 감리교 신자 존 R. 모트John R. Mott418)가 주도하였던 학생자원운동Student Volunteer Movement이 내세운 "우리 세대에 온 세상 복음화"라는 표어로 선교를 촉구함으로 그 최고조에 도달하였다. 당대 한 사람은 이렇게 선언했다: "우리가 추수할 밭은 세상이다. 우리 목표는 전 인류에게 도덕 혁명이 일어나도록 영향을 끼치는 것이다."419)

총괄 조직이 없는 상태에서 플리머스 형제단은 "만방에 미치는 그리스도인 선교"라는 기치 아래 세계 여러 곳에 걸쳐 많은 회원을 내보내었다. 그들 중 한 명인 아르노트Frederick Stanley Arnot는 아프리카 선교를 시작하는 주요 역할을 수행했다. 19세기 후반 메노나이트 신자와 독일 형제단은 활기를 띠어, 미국과 영국 퀘이커 신자가 그렇게 했던 것처럼 다시 한 번 해외선교를 시작하였다. 라투렛이 주의 깊게 연구한 결과를 따르면, 선교사를 파송한 여러 단체는 주로 경건주의, 감리교, 그리고 18-19세기 부흥운동 전통에 서 있는 이들이었다.420) 오늘날 개신교 전체 선교 요원과 재원 중 3/4이 넘는 수와 양이 자유교회를 조상으로 둔 교회로부터 파송되었다.421)

전도: 사회 중심 혹은 개인 중심?

2차대전 이후로부터 해외선교를 말하는 것은 그릇되었다는 합의가 있어 왔다. 사실 서구 국가를 포함하여 모든 나라가 다 선교 현장이다. 가장 선교가 필요한 지역은 교회 안에 있는 회원 그 자체이다. 회원으로 교회에 정식 가입은 되어있더라도, 그들은 최소한의 성서 및 교리 지식마저도 결여되

---

418) 미국YMCA와 교회일치운동 지도자-역주

419) Latourette, *op. cit.*, IV: 2-3, 18-19.

420) *Ibid.*, p. 65.

421) Franklin H. Littell, "신자들 교회가 가진 관심" (The Concerns of the Believers' Church), *Chicago Theological Seminary Register*, LVIII (December 1967), 17.

어 있으며, 교회가 그 임무를 다하기 위한 헌신이 불충분한 상태이다. 교회는 "가장 복음화 되지 않은 현장"으로 불린다.

거리낌 없이 불일치가 드러나는 영역은 전도에 있어서 어디에 초점을 두어야 하는가에 대한 문제이다.422) 부흥회 운동이 거듭하여 휩쓸고 일어나서 앵글로색슨 교회 세계를 형성하고 전체 서구 세계에 상당 수준 역할을 한 것과 같은 형태를 계속 따라야만 하는가? 이러한 주장이 강조하는 바는 개인 전도에 의해서 각 개인이 회심에 이르는 영향을 끼치도록 교회가 그 힘을 집중할 수 있다는 점이다. 빌리 그래함 전도대회는 이러한 접근방법을 사용하기 좋은 형태이다. 아니면 모든 현시대 저자들이 속한 모든 학파가 주장하듯이, 오늘날 전도는 세속 사회 안에 위치해야만 하는가? 미국그리스도교회총회 전도부서National Council of Churches of Christ in the U.S.A 프로그램과 세계교회협의회가 구상한 선교를 위한 교회 구조 연구 자료는 이 두 번째 접근법을 보여준다. 1966년 10월 베를린에서 열린 세계전도대회World Conference of Evangelism 혹은 1966년 7월 제네바에서 열린 교회와 사회를 위한 세계대회World Conference on Church and Society는 이러한 접근법을 위한 추진력이 될 수 있을까? 베를린 대회는 제네바 대회가 전문가에게 맡겨야할 영역인 사회 변화 영역에서 인도주의자가 손을 댐으로써 교회가 가진 기본 사역을 버렸다고 고발한다. 제네바 대회는 베를린 대회를 변화가 요구되는 사회 구조에 대한 책임감을 잃어버린 채 개인중심주의에 빠져들었다고 고발한다. "개인을 구원하시는 구주"이신 예수님이신가, 아니면 "권력 구조"를 지배하시는 주님이신가?

개인 전도를 옹호하는 이들은 자신들이 사회에 대한 관심을 저버리지 않았음을 강조한다. 사람이 변화하면 그 사람의 그 변화된 인격이 그가 일하

422) 그 질문은 존 하워드 요더에 의해서 "신자들의 교회와 선교" (The Believers' Church in Mission) (unpub. typescript, Conference on the Concept of the Believers' Church, 1967), pp. 30-32에서 이러한 형태를 갖추었다.

는 세속 직업을 통하여 구속하는 방식을 가지고 올 것이라고 그들은 말한다. 많은 사람을 구원하라, 그리하면 당신은 세상을 변화시킬 것이다. 빌리 그래함은 1966년 영국 선교를 떠나기 전날 밤에 다음과 같이 외쳤다: "만일 금번 전도대회가 영국에게 복을 끼치면, 그것은 유럽 대륙과 모든 영연방 국가에게 영향을 끼칠 수 있을 것이며, 미국에도 그 효과가 파급될 것입니다. 이 전도대회는 온 세상에 다다를 수 있습니다."423) 이 입장을 요약하는 유명한 한 이야기는 어린 소년을 돌보고 있던 한 아버지에 관한 것이다. 그 아버지는 너무나도 신문을 읽고 싶어서, 자기 아들로 인해 방해받지 않기 원했다. 그래서 그는 세계 지도가 인쇄된 잡지 한 페이지를 오려내었다. 그 지도에서 세계 각 나라를 잘라낸 후, 그는 그 조각을 퍼즐로 삼아 맞추라고 소년에게 주었다. 아버지가 생각하기에는 그것을 다 맞추려면 많은 시간이 걸릴 것임에 틀림없었다. 그러나 아버지가 겨우 다시 자기 의자에 앉았을 때, 소년은 벌써 지도를 다 맞추어 돌아왔다. 어떻게 그렇게 빨리 퍼즐 맞추기를 끝낼 수 있었는지 묻자, 그 소년은 이렇게 대답하였다: "간단해요. 그 원래 잡지 페이지 뒤에는 사람 사진이 있었어요. 저는 단지 그 사람을 맞추었죠. 그랬더니 세계가 다 제 자리에 맞추어지던데요."

전도에 대한 다른 학파 프로그램은, 가장 잘 알려진 일부 학자를 말하자면, 하비 콕스Harvey Cox 저작 『세속 도시』*Secular City*, 콜린 윌리엄스Colin Williams가 지은 여러 연구서, 그리고 깁슨 윈터Gibson Winter 저술을 중심으로 그 형태를 갖추었다. "교회는 하나님이 보내신 전위부대이다. 그리고 그 기능은 그 작전이 펼쳐지는 곳에서 이루어져야 하는데, 그곳은 바로 세상 속이다"라고 시카고도심훈련센터Chicago Urban Training Center를 주관하는 아

423) Cecil Northcott, "빌리 그래함 전도대회: 전도 포기" (The Graham Crusade: Abdication of Evangelism), *Christian Century* (May 25, 1966), 674에서 재인용. 또한 William G. McLoughlin, Jr. 『현대 부흥운동』*Modern Revivalism* (New York: Ronald Press Co., 1959), pp. 503−505를 보라.

르치 하그레이브스Archie Hargraves는 말한다.424) 이 진영에 속한 일부는 그들이 개인 전도에 대한 흥미를 잃지 않았음을 강조한다. "복음전도는 세상 일상사에 그리스도께서 주님으로서 현존하심을 강조하는 것 그리고 그리스도를 우리 각자를 위하시는 구주로 부르는 것을 강조하는 것, 이 둘 다를 포함해야만 한다"라고 콜린 윌리엄스는 말한다.425) 그러나 가장 강조되어져야 하는 것은 분명히 하나님께서 세상에서 활동하심, 교회 인력과 재원을 고된 싸움 한 가운데로 이끌어 내심, 교회가 시민 권리를 위하여 존재하게 하심, 남아프리카공화국이 펼치는 흑백분리정책에 반대하게 하심, 혹은 도심 빈민가를 좀 더 나은 환경으로 만들기 위해 투쟁하도록 하신 것임을 교회는 확신해야 하는 것이다. "현재 우리에게 주어진 종교개혁에 있어서 가장 중요한 것은 교회가 세속 질서와 어떠한 관계를 맺느냐와 관련되어 있으며, 교회 내부 삶은 두 번째로 중요할 뿐이다."Cox 콕스 공동체재활협회 Community Renewal Society를 대표하는 돈 베네딕트Don Benedict는 다음과 같이 예견한다: "우리는 세상 속에 있는 교회라는 문제로 인하여 실제로 분열하게 될 것이다. 일부 회중은 10년 안에 정확하게 절반으로 나누어질 것이다."426)

메노나이트 학자인 존 하워드 요더는 신자들의 교회가 서 있는 입장은 이 논쟁을 넘어 새로운 형태를 형성한다고 주장한다:

> 개인주의가 범하는 오류는 구원받은 개인이 때때로 서로 함께 만나거나 사회에게 영향을 끼칠 수 있다고 주장하는 것에 의해서는 적절하게 조정되지 않는다. 사회 전체를 재구성하기 위해서 개인이 변화하거나 헌신하

424) "미국 개신교: 두 번째 종교개혁을 위한 시기" (U.S. Protestantism: Time for a Second Reformation), *Newsweek* (January 3, 1966), 33-37에서 재인용.

425) Howard E. Royer, "세상을 향한 복음전도" (A World Oriented Evangelism), *Messenger* (March 16, 1967), 15에서 재인용.

426) "미국 개신교" (U.S. Protestantism), p. 35.

는 것으로는 사회나 개인 둘 다 바르게 교정될 수 없다. 개인이 내리는 결정에 보충해야 하는 것은 언약 공동체를 이루는 "새로운 인류"이다. 세계 역사를 바르게 만드는 과정 혹은 세속 도시를 하나님 도성으로 만들면서 가장 몰두해야 하는 일은 심지어 최고 기술이라 할지라도 아직도 불완전하며, 혹은 도래하는 위대한 사회 안에 아직도 자원하는 마음으로 합류할 필요성이 있다고 말하는 것에 의해서 적절하게 조정되지 않는다. 그 어떤 것도 새로운 태도에로의 단순한 부르심에 의해 하나님나라의 사회적 차원을 위한 관심을 대치할 수 없다. 하나님께서 세상 안으로 가져오시는 참신한 정치는 다스리는 대신에 섬기며, 고통을 가하는 대신에 고통을 당하며, 사회를 보강하는 것 대신에 사회 계급을 넘어서는 교제로 이루어지는 공동체이다. 장벽이 인간 이상주의, 혹은 민주주의나 법치주의에 의해서가 아니라 그리스도께서 일하심에 의해서 무너지는 이 새로운 그리스도인 공동체는 복음을 전달하는 매체일 뿐만 아니라, 복음이 맺는 열매이며, 그 자체가 곧 좋은 소식이다. 그것은 단지 선교 대행조직이나 선교 기관을 위한 후원자가 아니다. 그것은 바로 선교이다.427)

신자들의 교회 역사를 되돌아보면 이러한 입장이 진리에 가깝다는 것을 보게 된다. 아나뱁티스트 신자는 그들이 국가로부터 예배 자유를 요구하였을 때, 국가 안에서 종교자유를 얻어낼 것을 염두에 두지 않았었지만, 그들이 고난을 당하는 과정에서 종교자유를 확립하는 데 도움을 주었다. 퀘이커 신자가 노예제도에 반대하는 것은 노예제도 폐지에 중요한 역할을 감당했음이 입증되었다. 존 웨슬리가 잘 조직된 교회를 만들기로 결정했던 것은 영국 무산자 계급을 안정시키려고 고안하였던 것이 아니었지만, 결국은 그것은 바로 그렇게 되었다는 평가를 받았다. 고백교회는 제3제국이 저지르

427) Yoder, *op. cit.*, p. 32.

는 정치 악행에 저항하기 위해서 조직되었던 것은 아니었지만, "선한 독일"을 보여주는 가장 효과 있는 모범으로서 그리고 독일을 재건하는 매개체로서 첫 번째 실례가 되어 그 국가 가족 공동체 안에서 그 악행을 끝냈다.

사회복음에 대한 토의는 교회와 국가가 가지는 적절한 관계에 대한 정의와 관련된다. 앞에서도 언급했던 것처럼, 이 국면 하나만으로서 자유교회가 가지는 중요성을 두는 이들도 있다. 그러므로 다음 주제는 종교와 정부 사이 상호관계에 자주 등장하는 여러 중요한 문제들을 거론할 필요가 있다.

제10장 교회와 국가

신랄한 말투를 구사하는 여행가 프란시스 트롤로프 여사Mrs. Frances Trollope[428]는 1830년 미국 변경지역 종교 상황을 다음과 같은 평가로 전해주었다:

> 모든 주민이 거의 끝없는 종교 분파에 의한 다양함 때문에 분열된 듯하다.… 그들은 크고 잘 알려진 감독교회Episcopalian, 로마 가톨릭교회, 장로교회, 칼뱅교회, 침례교회, 퀘이커교회, 스웨든보리교회Swendenborgian, 만인구원교회Universalist, 덩커교회Dunker 등등으로 분열되어 있는데, 이들로부터 다시 무수한 다른 분파가 파생되었다. 이 각 교파는 자체 정부를 가지며, 가장 흥미롭고 당파심이 강한 사람이 항상 그 수장이다.… 이 모든 겉으로 드러나는 여러 엉뚱한 것을 증언하면서, 참으로 주제넘지 않은 많은 그리스도인을 위한 본부 역할을 하는 국가교회가 가지는 장점을 인정하지 않는 것은 불가능하다. 그들 진실한 그리스도인은 각자가 조금씩 다른 것에 근거하여 스스로 상상해 고안한 내용으로 수놓은 그들만의 작은 깃발을 고집하지 않으며, 신실한 모습으로 섬기는 이들이다.… 내가 믿기에 나는 충분히 관용할 수 있는 사람이

428) 영국 소설가이며 성공회 신자-역주

다. 그러나 내가 아무리 그런 사람이라 하더라도, 교회 정부가 그것에 참여하겠다고 주장하는 모든 그릇 땜장이와 재단사 손에 주어지기보다는, 사람 가운데 가장 존경을 받는 지혜와 경험을 갖춘 이에게 맡겨질 때, 모든 종교 행위가 추구하는 것이 더 잘 이루어질 것이라는 내 견해를 막을 수는 없다.429)

이 글을 통하여 그녀는 영국인으로서의 편견으로 인한 태도뿐만 아니라 교회와 국가 사이 바른 관계에 대하여 이미 가지고 있는 태도도 드러내 보여주었다. 원래 미국 식민지에 있던 모든 교파 가운데 오직 두 교회만이 국교 지위를 확립했었다. 매사추세츠 주에서 회중교회는 그녀가 이 글을 쓰던 시점에서 아직도 공식 국교로서 후원을 받는 지위를 누리고 있었지만, 미국 독립전쟁이 발발할 즈음에는 모든 부분에 있어서 비국교화 과정을 밟았다. 1774년 존 아담스John Adams 430)는 국가교회를 소멸시키기 위하여 분투하는 침례교 신자 아이작 박쿠스에게 그 만주Bay State 431)의 가치에 대하여 "우리는 그들이 그들 국교를 포기할 것이라는 기대를 통하여 태양계가 곧 변화할 것을 기대할 수 있을지도 모른다"라고 상기시켜 주었다.432) 1818년 코네티컷 주 스탠딩 오더Standing Order of Connecticut 433)가 최종 포위 공격 아래 놓였을 때, 그 기구를 최고로 옹호하던 회중교회 목사 라이먼 비

429) Frances Trollope, 『미국의 지방 관습』 *The Domestic Manners of the Americans* (New York: Dodd, Mead and Co.,) Milton B. Powell, ed., 『자원 교회』 *The Voluntary Church* (New York: The Macmillan Co., 1967), pp. 69–70에서 재인용. 같은 본문이 Daniel Boorstin, 『미국의 정치 천재들』 *The Genius of American Politics* (Chicago: University of Chicago Press, 1953), p. 145에서도 사용되었다.

430) 미국 2대 대통령

431) 매사추세츠 주 별명

432) William G. McLoughlin, 『아이작 바쿠스와 미국 경건주의 전통』 *Isaac Backus and the American Pietistic Tradition* (Boston: Little, Brown & Co., 1967), p. 132에서 재인용.

433) 역주-1818년까지 거의 200여 년 가까이 성문헌법이 없이 코네티컷 주를 통치한 기구로서, 회중교회와 목회자와 평신도로 구성됨. 1818년 10월 5일 코네티컷 주 시민은 투표를 통해 최초로 주 성문헌법을 제정하고, 회중교가 가지던 국교 지위를 해체하고 주정부와 회중교 사이 관계를 종식시킴.

처Lyman Beecher가 수심에 잠겨있는 것을 그의 아들이 발견하였다: "투표가 있던 바로 다음날 아버지 모습이 기억나요. 아버지는 등심초로 바닥을 만든 구식 부엌의자에 앉아서, 머리는 가슴에 파묻고, 양 팔은 길게 내려뜨리고 계셨죠. 나는 물었어요. '아버지, 무슨 생각을 그리 골똘하게 하세요?' 아버지는 비장하게 대답했어요: '하나님의 교회. The Church of God' "

후에 비처는 그가 고통스럽게 저항하여 싸운 자원 제도voluntary system 초안이 그 모습을 드러내었을 때, 그것이 "코네티컷 주에서 발생할 수 있는 최고로 좋은 일"이 되었음을 인정하였다. 정부가 후원하던 모든 것에 의존하던 것으로부터 단절된 성직자는 그들 스스로 재원을 마련하도록 내몰렸으며, 그들은 결국 그것을 얻었다.434)

교회와 국가의 분리

종교 권력과 세속 권력이 사회를 떠받치기 위하여 연합하는 것을 신성하게 보는 관점은 유구한 전통을 가진다. 어떤 형태가 되었든지 이러한 관점은 모든 문화에서 볼 수 있다. 많은 사람은 사회 안정이 자신들에게 달려있다는 것은 전혀 말하지 않는다. 오히려 그들은 정부가 한 국가 안에서 민중이 영위하는 종교 생활을 통제하지 않을 때 도덕과 경건이 유지되는 것을 불가능한 것처럼 여긴다. 이것은 분명히 16세기에 많은 사람이 가지고 있던 견해였다. 한 네덜란드 개혁교회 목사는 다음과 같이 외쳤다: "만일 한 국가 시민이 다양한 종교 개념에 의해 분열되어 있다면, 어떻게 조용하고 평안한 생활이 있을 수 있으며, 어떻게 나라가 번영할 수 있을까? 국가 공동체를 위해서 종교에 관한 문제로 불통일, 다양성, 그리고 투쟁이 있는 것

434) Winthrop S. Hudson, 『미국교회의 위대한 전통』 *The Great Tradition of the American Churches* (New York: Harper & Brothers, 1953), pp. 64–65에서 재인용 및 토의.

보다 더 나쁜 것은 없다." 그래서 피할 수 없는 결론은 다음과 같다: "행정 지도자가 가지는 무력으로써 달성한 종교에서의 통일성만이 그 국가 안에 평화와 번영을 가져오기 위한 연합이며 유일한 시작, 과정, 그리고 종국이다."435) 이것은 1778년 입법부 총회에서 발언한 매사추세츠 주 첼시Chelsea 회중교회 목사가 가진 관점과 정확하게 똑같은 것이었다. 그는 다음과 같이 말했다: "하나님에 대한 경외와 영원에 대한 두려움을 갖는 것은 사람들 마음 안에 있는 가장 강력한 억제 수단입니다.… 종교에 있어서 국교회 형태를 취하고 운용하는 것, 좀 더 명확하게 말하자면 모든 시민이 하나님을 예배하도록 규정하는 것은, 대체로 변하기 쉬운 한 사람이 가지는 생활 원리와 행동 규범을 형성하며 … 국교회를 포기하는 것은 정부가 매우 위험한 실험을 하는 것으로 간주될 수도 있습니다." 그는 다음과 같이 경고하였다: "종교가 가지는 억제 수단이 한 번 무너지게 되면, 민중은 틀림없이 공공 예배 주제를 대중이 즐기는 웃음거리로 만들어 버릴 것이며, 그들은 국가 안에서 질서 그리고 정부를 후원하고 보존하는 모든 인간 지혜와 능력에 용이하게 도전할 것입니다."436)

어떤 이들은 국가종교가 없는 상태에서 사람들은 국가 자체를 종교로 만들어 대체물로 삼는다는 점을 지적한다. 현대 종교로서의 국가주의 현상은 종종 주목을 받아왔다. 좀 더 최근에는, 이러한 분석을 미국에 적용하는 이들도 있다.437) 시작부터 논란이 되어왔던 것은 미국인은 그들 스스로를 하나님이 가지신 특별한 섭리 아래 있다고 여겼다는 점이었다. 하나님은 당신이 가지신 놀라운 목적을 이루는 전달매체인 이스라엘을 예정하신 것처

435) Leonard Verduin, 『종교개혁자와 그 서자』 *The Reformers and Their Stepchildren* (Grand Rapids, Mich.: Eerdmanns Publishing Co., 1964), p. 90에서 재인용.

436) McLoughlin, *op. cit.*, pp. 139-140에서 재인용.

437) John E. Smylie, "그리스도교 교회와 국가 정서" (The Christian Church and National Ethos), in P. Peachey, ed., 『국가와 맞선 성서 현실주의』 *Biblical Realism Confronts the Nation* (Lebanon, Pa.: Fellowship Publications, 1963), pp. 33-44; Robert N. Bellah, "미국 시민종교" (Civil Religion in America), *Daedalus*, XCVI, No. 1 (Winter 1967), 1-21.

럼 미국을 정하셨다. 19세기에 이르러 교파주의가 광범위하게 실행되었을 때, 교파주의는 그 개념 자체로 보편 통치권 행사를 포기한다 교회가 가지는 몇몇 특정 기능을 완성하는 것으로부터 국가에 대한 충성을 바치는 것으로 변동하였다. 첫째로, 국가는 "역사에서 하나님께서 하시는 의미 있는 행위를 드러내는 가장 중요한 대행기관"으로 간주되었다. 둘째로, 국가는 "그리스도인과 비그리스도인을 막론하고 각 개인이 그 정체성을 발견하는 가장 중요한 사회가 됨으로써" 교회가 가지는 또 다른 기능을 떠맡는다. 마지막으로, 국가는 그 안에서 "역사적 목적과 정체가 명확하게 드러나는" 가장 우선되는 공동체가 되었다. 미국인이 가진 국가관에 대한 이러한 접근법은 미국인이 가진 특성에 대하여 거의 모든 외국인이 자주 접하는 황당한 상황을 이해하도록 도와주는데, 그러한 특성의 예는 다음과 같다: 그 대적이 카이저 빌Kaiser Bill438)이든, 히틀러이든, 혹은 공산주의이든 막론하고 대적에 대항하는 십자군 정신 , 국가 체제에 대하여 좋은 의미로 비판하는 것에도 대항하는 적대감, J. 에드거 후버J. Edgar Hoover439) 혹은 루이스 허쉬 장군General Lewis Hershey440)처럼 연방이 가진 이상을 수호한 이에 대하여 신성불가침 수준으로 가치를 부여하는 것. 1967년 10월 로마 가톨릭교회 평신도 신학자 마이클 노백Michael Novak이 새로운 종교개혁을 촉구하도록 하였던 것이 바로 국익을 빛과 진리라는 문제와 아무런 이의도 제기하지 않고 동일시하는 것이었다: "많은 미국 그리스도인에게 있어서 미국 문명이 심원하게 그리스도교에 대적하고 있을 가능성은 마음에 품기조차도 매우 어려운 일인데, 이것은 특별히 가장 경건하고, 애국심이 강하고, 귀족 정서가 충만한 지역에서 그러하다. 하나님 주권에 대하여 깨어있음은 이미 사라졌다."441)

438) Wilhelm II-독일 제2제국 황제

439) FBI 초대 국장

440) 육군 장군으로 2차대전, 베트남 전쟁, 한국 전쟁 지휘

441) Michael Novak, "우리는 새로운 종교개혁이 필요하다. … 여기서" (We Need a New Reformation . . . HERE!) *Together*, XI (October 1967), 15-19, 여덟 개 다른 교파 정기간행물에서도 또한

이베리아 반도와 라틴 아메리카에서는 로마 가톨릭교회와 여러 보수 정권이 협력하는 것을 광범위하게 홍보하는 신성한 정서가 계속되고 있음이 분명히 드러난다. 그러한 정서는 또한 일부 개신교 국가, 특별히 스칸디나비아에서 매우 분명하다. 오늘에 이르기까지 스웨덴 모든 시민은 만일 그들이나 그들 부모가 세례를 받았다면 루터교회 구성원으로 간주된다. 한 사람이 한 자유교회에 가입하지 않은 상태에서 국가교회 회원을 탈퇴하기 위하여 스웨덴 정부에 청원을 할 수 있는 것은 1951년에 이르러서야 가능했다. 그러나 지독히도 조직을 갖춘 종교에 질색함에도 스웨덴에서 이 제도를 통해서 이득을 얻는 이는 거의 없다. 노르웨이에는 로마 가톨릭교회, 감리교회, 침례교회, 그리고 오순절교회 등 여러 소수 교회가 있음에도, 오직 국가교회만 모든 시민으로부터 국가에 의해서 징수되는 교회 세금으로부터 오는 혜택을 입고 있다. 최근에는 루터교회 성도로 구성된 관료층이, 공립학교에서 "국가교회와 중요한 부분에서 같은 교리를 가지는 교단에 속한 회원"으로서 비국교도로 신분을 가지고 있더라도 종교교사를 채용할 수 있도록 하는 법안을 공격하는 사건이 있었다. 그 관료층이 가지고 있던 논점은 공립학교에서 종교교육을 하는 것은 루터교회 교리문답 교육을 하는 것으로 구성되며, 그러므로 그 직책은 오직 루터교회에 의해서만 유지되어야 한다는 것이다. 스칸디나비아 국가에서 교회는 국가 종교 정책에 속해 있는 것으로 인정되는 것이 아직도 광범위한 사실로 받아드려진다.442)

그래서 여러 신자들의 교회가 교회와 국가 사이에 명확한 분리를 옹호하는 수영水泳을 할 때, 그들을 대항하여 매우 깊고 강력하게 흐르는 관습이라는 조류가 있어왔던 것이다. 페테르 헬치스키는 그 요점을 지적해낸 첫 번째 사람 중 하나였다: "그리스도께서 주신 믿음이 정치권력을 사용할 필

교파를 초월하여 이 논문을 게재하였다.

442) 『크리스천 센추리』 *Christian Century* (August 24 and September 21, 1966), 1025–1026, 1142–1146.

요성이 전혀 없듯이, 복음 안에서 입증된 그리스도께서 주신 진리도 정치권력으로부터 멀리 떨어져 있다. 권력을 가진 이들은 믿음으로 인도함을 받지 않을 뿐만 아니라, 믿음은 그들을 필요로 하지 않는다." 귀족층이 체코 형제단 가입을 허락받았을 때에도 그들이 귀족이 아니었으면 가졌을 목회자 추천권을 행사하는 것은 용인되지 않았다. 미국 역사가 드 쉬바이니츠De Schweinitz는 "바로 우리나라에서 최고 성공을 거두면서 영광을 얻으며 첫 번째로 좋은 예가 된 것은 교회와 국가의 분리 정책이었다"라고 평가했다.443)

이미 보아왔듯이 바로 이 문제 때문에 아나뱁티스트 신자가 존재하게 되었다. 츠빙글리를 따르는 이들로서, 그들은 성경이 가르치는 몇몇 원리를 따라 교회를 온전하게 개혁하고자 앞으로 더 나아갈 준비가 되어있었다. 하지만, 츠빙글리는 취리히 도시위원회 여러 위원이 그 속도를 조절해야만 한다고 결정하였다. 스위스 학자 프리츠 블랑케Fritz Blanke는 "그레벨 모임은 취리히에서 개혁주의 동료로부터 뛰쳐나오는 용기를 가졌으며, 원시 그리스도교 형태에 부합하는 교회를 설립하기를 착수하였다. 다시 말하자면, 그 교회는 그리스도 안에 개인이 결정한 믿음을 두고 나아온 소수가 구성하고 그들이 가진 믿음에 근거하여 침례를 받는 그런 교회였다"라고 결론 내렸다. 그렇게 하는 과정에서 그들은 자유교회를 설립하였으며, 그 교회는 "자원 회원권에 근거하며 정부로부터 독립한 하나의 그리스도인 교제모임"이다.444) 여러 근원종교개혁자가 공통으로 서있던 그러한 입장을 사료史料를 통하여 입증하는 것은 매우 용이하다. 대표가 되는 한 진술은 후터라이트 『대연대기』*Great Chronicle*에서 발견된다: "1519년부터 마르틴 루

443) Peter Brock, 『체코 형제단에서의 정치 및 사회 교리』 *The Political and Social Doctrines of the Unity of Czech Brethren* (The Hague: Mouton and Co., 1957), p. 46에서 재인용; Edmund de Schweinitz, 『우니타스 프라트룸이라는 이름으로 알려진 교회 역사』 *The History of the Church Known as The Unitas Fratrum* (Bethlehem, Pa.: Moravian Publication Office, 1885), p. 362.

444) Fritz Blanke, 『그리스도 안에 있는 여러 형제』 *Brothers in Christ* (Scottdale, Pa.: Herald Press, 1961), p. 15.

터는 그 바벨론 창녀가 행해온 여러 소름끼치도록 혐오스런 것에 대항하여 저술하기 시작했으며, 그 모든 사악함을 드러내었으니 … 천둥소리가 나는 것처럼 그 모든 것이 떨어졌다.… 그러나 루터는 그 자신이 세속 통치에 참여하자마자, 그곳으로부터 십자가를 대항하는 보호를 요청하기 시작하였으며 … 그리하여 루터와 함께하는 교회는 마치 오래된 솥을 고친다며 더 크게 구멍을 내는 사람과 함께하는 것이 되었고, 그는 다 함께 죄에 무감각해지는 사람을 길러내었다."445)

오랜 동안 루터와 칼뱅을 현대 종교자유가 기원한 원천으로 보는 것이 관습처럼 내려왔다. 그들이 가르친 교리가 현대 민주주의 성장에 무한할 정도로 공헌한 것을 넓게 적용하는 것은 정말로 옳다. 그러나 좀 더 엄밀한 조사를 하면 이 둘 다 아직도 중세 사고에 흠뻑 젖어있었음이 충분히 드러나며, 그 점은 특히 교회와 국가의 관계와 연관된 것에서는 더욱 그러하다. 자원주의voluntaryism와 종교자유가 좀 더 넓게 퍼져나가면서, 여러 학자는 이러한 사상을 퍼뜨린 여러 선구자를 찾기 위하여 다른 곳을 바라보았으며, 결국 관주도종교개혁 안에서가 아니라 근원종교개혁에 속한 이들에게서 그것들을 찾아내었다. "자유교회를 주장하는 이들과 국가교회를 주장하는 이들 둘 다 단 한 신앙고백만이 세워진 여러 나라뿐만 아니라, 교회가 해체된 여러 나라에서도, 그리스도인 삶에의 방식과 교회 조직을 세우기 위하여 목숨을 바쳤던 여러 근원종교개혁자가 살아온 경험과 이루어낸 원리에 점점 더 관심을 갖고 있다. 그 경험과 원리는 상황이 좀 더 완화된 오늘날 혹은 가까운 미래에 세계 거의 모든 곳에 있는 모든 그리스도인을 위한 길이 이미 되었거나 곧 될 것이다." 윌리엄스Williams 446)

비록 교회와 국가 결탁의 다음 단계로 넘어가기까지 인식하는 데 있어서

---

445) Verduin, *op. cit.*, p. 37에서 재인용.

446) George H. Williams, "근원종교개혁 연구 논문집 1517−1618" (Studies in the Radical Reformation 1517−1618), *Church History*, XXVII (1958), 49.

때때로 많은 세월이 흐르기도 한다. 하지만, 분리주의자가 가지고 있던 좌익청교도신앙이라는 그 이름 자체가 사람들의 관심을 끌었는데 이는 국가교회 즉 국가와 교회의 결탁을 거부한다는 피할 수 없는 실용주의 원리 때문이다. 여러 분리주의자가 영국 국교회는 전혀 진정한 교회가 아니라고 주장하는 질문을 내던졌을 때, 많은 성공회 신자는 놀람과 혐오로 반응하였다. 그러한 비판은 건전한 종교에게 해악일 뿐만 아니라 동시에 치안을 불안하게 하는 사상이었다. 그리하여 한 사람은 이렇게 말하였다: "만일 그들이 교회와 국가에서 어떠한 것이라도 부적절하게 판단한다면, 종교개혁가로 돌아간다면, 또 탁월한 이들이 교회를 개혁하지 못하게 하거나 하지 않게 된다면, 이것은 교회와 국가 안에 있는 모든 것이 혼란스러지며, 그 누구든 모든 사람에게 자유를 주도록 문을 여는 것이 아닙니까? … 아마도 안전하게 말하려면, 내가 생각하기에 이것은 그 근본에 있어서 아나뱁티스트 신자가 뮌스터에서 가졌던 원칙으로, 더 이상 허용되어서는 안 됩니다."447)

분리주의 청교도 내부에서 발생한 침례교 신자에게 있어서, 교회와 국가의 분리 교의는 그 시초부터 자각했던 핵심 원리였으며, 그 교의가 이룩한 공헌은 오늘날에 이르기까지 그 교파가 가장 자랑스럽게 여기는 주장이 되어왔다. 그들이 남긴 초기1612년 신앙고백서는 "그리스도의 교회는 신실한 사람들의 모임이며, 말씀 그리고 하나님의 성령에 의해서 세상으로부터 분리되어, 그들 자신 신앙과 죄 고백에 따른 침례에 의하여 주님 그리고 서로서로에게 연결되어 있다"라고, 이 문제에 대하여 분명하게 밝혔다.448) 그들이 가르치는 교회론에는 국가가 간섭할 여지가 남아있지 않다. 뉴잉글랜드 지역, 중부 식민지, 버지니아, 그리고 노스캐롤라이나에서 침례교 신

447) Geoffrey F. Nuttall, 『가시적 성도들』 *Visible Saints* (Oxford: Basil Blackwell, 1957), p. 63에서 재인용.

448) Ernest A. Payne, 『신자들의 교제』 *The Fellowship of Believers*, revised ed. (London: Carey Kingsgate Press, 1954), p. 25.

자는 정교분리 문제로 인하여 오랜 동안 그리고 훌륭하게 여론을 환기시켰다. 그렇지 않았더라면 그들이 가진 목표에 효력을 더하기 위하여 선호하지 않았을 여러 이신론자deists와 이성주의자와 공동 노력을 기울였다. 아이작 박쿠스Isaac Backus는 이 오랜 투쟁에서 가장 혁혁한 활동을 한 인물이었다. 미국에서는 침례교공공문제합동위원회Baptist Joint Committee of Public Affairs와 국제관계에서는 침례교세계연맹Baptist World Alliance이 내건 이와 동일한 가치가 우선순위 목록의 첫째가 되었으며, 이는 바티칸 주재 미국 대사가 주장해온 내용이 제시하였던 것과 같은 주제이기도 하다.

이 사실은 침례교가 그들 구성원이 정부에서 공직을 받을 수 없다고 가르쳤다는 것을 의미하지는 않는다. 왜냐하면 그들 중 다수가 그것을 받아들일만한 조건이 갖추어졌을 때는 그렇게 하였기 때문이다. 그들이 이 문제에 대하여 가졌던 관점은 퀘이커 신자가 가졌던 것과 매우 흡사하였다. 퀘이커 신자는 국가 안에서 그리스도인이 끼칠 수 있는 영향력과 그 가능성에 관하여 아나뱁티스트 신자와 메노나이트 신자가 가지고 있던 것보다 훨씬 긍정하는 태도를 가져왔다. 감리교 신자는 정교분리 입장에 대하여 훨씬 약한 소리를 내었다. 그들은 적어도 그 창시자가 죽은 이후에는 국교가 가지는 장점에 대하여 회의懷疑하였으며, 웨슬리조차도 거의 모든 성공회 교구가 인정하지 않았던 진정한 하나님 교회에 대한 정의를 냉정하게 정성을 드려 만들어내었다. 1787년에 출간된 『권징조례』에 있는 감리교 진술은 국교에 대한 감리교 입장을 잘 보여준다: "우리는 유럽 전역에서 발견되는 국교 정신과 형태에 대해서, 국교가 됨으로써 높은 지위를 점하고 세상에서 대접받는 자리에, 그것도 이 세상 지배자 뜻에 매우 비굴한 태도로 헌신함에 대하여 모르지 않는다. 그래서 우리는 비록 그 이름을 바꾸긴 했지만, 마치 그 동일한 정신이 미연방에 있는 동일한 교회를 비슷한 형태와 시도로 이끌지 않을까 두렵다. 비록 그 교회 교인의 수와 힘이 성공 개연성을 제공해준다 할지라도 말이다. 우리는 국교 지위를 획득하는 것을 진리와 거룩함에 대한 심각한 해독으로 여기고 진심으로 혐오한다. 그것은 세상에서 생명력 있는 그리스도교의 진보를 막는 최대 장애다."449)

한 감리교 감독은 후기 미국인 삶에 있어서 "정교분리 장벽"을 보호하는데 가장 활발한 활동을 하는 기구를 창설하면서 그리스도의 제자들 교회 편집자 그리고 다른 이들과 함께 팀을 이루었다. 이 기구는 "교회와 국가의 분리를 위한 개신교와 다른 연합된 미국인 모임" 으로 많은 논쟁을 일으켰으며 이 모임은 침례교로부터 광범위한 후원을 받았다고 알려져 있다.

트롤로프 여사 이전부터 그리고 그 이후로 미국을 방문한 외국인은 자유교회를 세우기 위한 위대한 실험은 미국 종교생활에 있어서 그리고 미국인 생활 그 자체를 위하여 가장 주목할 만한 특징이라고 보고해왔다. "미국이 가진 영광은 세속 정부로부터 독립하고 자유시민이 자원하여 드리는 기부금에 의하여 후원을 받는 자유로운 그리스도교이다"라고 필립 샤프 Philip Schaff는 말했다. "이것은 현대 역사에서 가장 위대한 사실 중 하나이다."450)

종교의 자유

교회와 국가의 분리를 위한 나팔 소리는 처음에는 어두운 음색을 띠었다. 동일한 관심이 가지는 밝은 측면은 종교자유를 위한 청원이다. 이제는 세상 거의 모든 곳에서 기본권 중 하나로 주어진 것이 여러 근원종교개혁자가 진리로 처음 선포하였을 때에는 정말로 문자 그대로 혁명과도 같은 교리였

449) Franklin H. Littell, "아나뱁티스트 연구의 중요성" (The Importance of Anabaptist Studies), *Archiv für Reformationsgeschichte,* LVIII (1967), 15-28에서 재인용.

450) Philip Schaff, 『독일: 대학, 신학, 그리고 종교』 *Germany: Its Universities, Theology and Religion* (Philadelphia: Lindsay & Blakiston, 1857), p. 105.

다. 이것은 루푸스 존스Rufus Jones가 다음과 같이 자신 독자에게 상기시키는 바와 같다: "이들 자유 특권은 막대한 가격을 치르고 산 것이었으며 … 이제는 그 사상이 처음으로 선포되었을 때, 그것을 위하여 죽은 이들이 있었다는 사실을 깨닫지 못하는 많은 이들이 그 특권을 누린다."451) 이러한 확언에서 핵심이 되는 것은 진실한 믿음은 강요되지 않은 양심으로부터 와야만 한다는 개념이었다. 헬치스키가 말한 대로 하자면 다음과 같다: "복음을 전하는 것을 통하여 그리스도교 믿음에로 신실하게 인도되지 않은 그 누구라도 강압에 의해서 인도되어서는 안 된다.…"452) 이 원리가 1560년 경 감옥에서 저술한 아나뱁티스트 클라우스 펠빙거Claus Felbinger 453)에 의해서 표현된 것보다 더 훌륭하게 표현된 적은 없다: "하나님은 강압에 의한 예배를 원치 않으신다. 정반대로 그분은 기뻐하는 영혼으로 그리고 진리를 기뻐함으로 그분을 예배하는 자유롭고 자원하는 마음을 사랑하신다."454)

콘스탄티누스에 의해서 교회 운명이 상전벽해桑田碧海가 된 바로 직후부터 그리스도교가 박해 받던 이단으로부터 박해하는 제도권 교회가 된 모순되는 변화를 서술하기 위하여 목소리를 높이는 이들이 있어왔다. 쁘와띠에의 힐라리우스Hilary of Poitiers는 365년에 주장하기를 한때 유배와 투옥으로 위협을 받았지만, 지금은 사람들의 충성을 받는 그리스도교 믿음이 이제는 다른 사람을 강압하는 수단이 된다고 하였다. 한 때 추적을 당하던 여러 사제에 의해 전파되었던 그리스도교가 이제는 그 스스로 여러 사제를 추적하고 있다. 순교자 폴리캅Polycarp과 키프리아누스Cyprian 시대 그리스도교 그리고 교황 인노켄티우스 3세 시대 그리스도교 사이는 단지 여러 세기 차이

---

451) Rufus Jones, 『교회가 이단에 진 빚』 *The Church's Debt to Heretics* (London: J. Clarke, 1925), p. 237.

452) Brock, *op. cit.*, p. 49.

453) 후터라이트 목회자, 순교자

454) William R. Estep, 『아나뱁티스트 이야기』 *The Anabaptist Story* (Nashville: Broadman Press, 1963), p. 143에서 재인용.

에 의한 것 이상이 있다. 이는 인노켄티우스 3세는 13세기 초기에 시몽 드 몽포르Simon de Montfortc 백작 군대의 손아귀에 의해 남부 프랑스에서 카타리파Cathari와 정통 신앙을 가진 이들Catholics 역주-가톨릭 신앙을 가졌던 왈도파를 의미함이 함께 무차별하게 학살당했다는 소식을 듣는 것을 즐겼기 때문이다. "우리가 하나님께서 가지신 하나이며 동일한 자비에 근거하여 전능하신 그분께 찬양과 감사를 드리는 이유는 그분께서 황송하게도 이 믿음이 없는 무리를 이러한 모습, 즉 그들이 마땅히 받아야할 멸망으로 인도하시고, 최대한 많은 신실한 자가 그 믿음 없는 무리를 처형함으로 응당 받아야 할 상급을 얻도록 하는, 이 두 정의로운 일을 행하셨기 때문이다."455) 그렇게 약탈물을 취하고자 하던 프랑스 통치자의 욕심은 무슬림이나 불신자가 아니라, 그리스도교 세계 안에 있는 정치 및 종교 경쟁자를 향해 점점 더 많이 출정시킨 많은 십자군 중 하나를 통하여 교황으로부터 얻은 허락에 의해서 채워졌다. 12세기 이전에 여러 교부는 이단을 죽여 피를 흘려서는 안 된다고 가르쳤지만, 토마스 아퀴나스와 다른 신학자에 의해서 그 적합성이 제공된 후 이러한 망설임은 신속히 잊혀졌다.456)

핍박에 직면한 비순응파가 가지고 있던 단호한 정신이 어떠하였는가는 1560년 프랑스 캐이녀Caignan에서 체포된 한 왈도파 신자가 겪은 일을 통해서 분명히 드러난다. 마토린Mathurin이라는 이름을 가진 이 남자는 감방에 던져진 후, 숙고할 수 있도록 사흘이 주어졌는데, 만일 그 시간 안에 생각이 변하지 않으면 그는 화형을 당하게 될 것이었다. 마토린의 아내는 이러한 가혹한 처우로 인하여 남편이 가진 믿음이 약해질 것을 두려워했으며, 그리하여 그녀는 그와 대화할 수 있도록 허락해 주기를 요청했다. 그들 관리는

455) G. G. Coulton, 『종교재판소와 자유』 *Inquisition and Liberty* (London: William Heinemann, 1938), republished (Boston: Beacon Press, 1959), pp. 103-104에서 재인용.

456) Joseph Lecler, 『관용과 종교개혁』 *Toleration and the Reformation*, trans. T. L. Westow (New York: Association Press, 1960), I: 79-80.

아내가 간청을 하면 남편 마음이 변할 것으로 생각하여 그 청원을 들어주었다. 그들은 그녀가 자기 남편에게 그가 가진 믿음을 지키도록 호소하는 것을 듣자 격노하여 그녀도 역시 화형에 처해질 것이라고 위협했다. 그녀는 자신이 신앙을 돌이키느니 죽음을 견뎌낼 준비가 되어있기 때문에 자신 사건을 위해서는 사흘을 기다릴 필요조차 없다고 응답하였다. 그녀는 자기 남편이 죽임을 당할 때 동행할 수 있도록 허락해 주기를 그들에게 요청하였고, 그리하여 그 다음날 이들 부부는 함께 화형을 당했다.457)

아나뱁티스트 신자는, 유아세례는 단지 그것을 입증할만한 근거를 성서에서 발견할 수 없으며 그것이 적합한 회개와 회심을 불가능하게 만들기 때문만이 아니라, 그것이 강압에 의한 믿음을 대표하는 것이기 때문에도 반드시 거부되어야만 한다고 주장하였다. 필그람 마르펙Pilgram Marpeck은, 유아세례는 하나님 왕국에 사람들이 들어가도록 강요하는 것인데, 그에 반하여 정확하게 말해서 강압은 거기서 있을 곳이 없다고 지적하였다. “세속 권력을 향한 의뢰를 통하여 하나님 왕국 유지를 추구하는 모든 이에게는 영원한 심판이 기다리고 있다.” 16세기 트리에스테Trieste에서 투옥된 창백한 아나뱁티스트 신자는 그들이 형벌 생활을 할 갤리선을 기다리는 동안, 한 신앙고백서를 도출하였다. 그중 한 항목은 다음과 같다: “하나님께서 당신 자녀에게 이렇게 말씀하셨다: ‘내 아이야! 온 세상으로 가서, … 모든 족속을 가르치라고 명령을 하였지, 만일 너희들 가르침을 받아들이거나 혹은 믿기를 거부하는 사람을 만나면, 잡아서, 고문하고, 그가 믿을 때까지 매달아 놓으라고 하였니?’” 한 성직자가 그들이 주장하는 것은 아우구스티누스가 “그들로 들어오도록 강권하라”고 말한 것을 반대하는 것이라며 마음을 바꾸기를 요구하자, 그들은 다음과 같이 응답하였다: “그리스도께서 사람을 강권

457) Hanspeter Zürcherm, “몸을 취하라… !” (Nehmen sie den Leib . . . !) *Märtyrerschicksale* (Zürich: ZwingliVerlag, 1943), pp. 171–172.

하시는 것은 그분 말씀과 그분 심판에 의한 것입니다."[458]

여러 관주도종교개혁 지도자는 이러한 입장을 너무도 잘 알고 있었으며, 그리하여 그것을 즉각 거부하였다. 취리히에서 울리히 츠빙글리를 뒤이은 하인리히 불링거Henry Bullinger는 그들에 대항하는 논리를 구축함에 있어서 다음처럼 아나뱁티스트 신자가 가진 확신을 인용하였다:

> 그들이 말하는 바 믿음은 하나님으로부터 오는 자유로운 선물로 보아야 하기 때문에 그 어느 누구에게라도 믿음을 받아들이도록 강압을 사용할 수 없으며 해서도 안 된다는 것이다. 그들이 말하는 바는 어느 누구에게도 믿음을 포용하도록 하기 위하여 물리력이나 강압을 사용하는 것, 혹은 오류를 가진 믿음 때문에 그 누구라도 사형에 처하는 것은 잘못이라는 것이다. 그들이 역설하는 바는 교회에서 신성한 말씀이라는 칼 외에 그 어느 다른 칼을 사용하는 것은 오류라는 점이다. 그들이 주장하는 바는 세속 왕국은 교회로부터 반드시 분리되어야만 하며, 시민 통치자는 교회에서 그가 가진 권위를 사용할 수 없다는 것이다. 그들이 주장하는 바는 주님께서는 단지 복음을 전파하라고 명령하셨으며, 어느 누구에게도 강압으로 복음을 받아들이도록 강제해서는 안 된다는 것이다. 그들을 따르면, 진정한 그리스도의 교회는 핍박을 당하고 견뎌내지만, 그 누구에게도 핍박을 가해서는 안 되는 그러한 특징을 가지고 있다.[459]

메노 시몬스는 권력을 가진 이들에게 아나뱁티스트 신자가 양심을 따라 결정하는 바를 존중해 주기를 자신 저서 『그리스도인 침례』*Christian Baptism*에서 호소하였다: "그러므로 우리가 여러분께 간청하는 바는 … 하나님 자

458) 두 인용 다 공히 Verduin, *op. cit.*, pp. 74–75에서 가져왔다.

459) John Horsh, 『유럽 메노나이트 신자』*Mennonites in Europe* (Scottdale, Pa.: Mennonite Publishing House, 1950), p. 325.

비를 의지하여, 여러분에게도 합당함이 있다면, 우리 불쌍하고 가련한 백성이 처한 엄청난 고민과 고통을 숙고하고 깨닫는 것입니다." 그리하여 메노는 "만일 우리가 예수 그리스도와 그분께서 주신 거룩한 말씀을 저버린다면, 우리는 하나님께서 내리시는 진노에 떨어지는" 반면, "만일 우리가 그분께서 주신 거룩한 말씀에 굳게 거한다면, 우리는 여러분이 가진 칼로 떨어질 것입니다"라고 말했다.460)

최고 수준으로 종교자유를 옹호하는 영향력 있는 몇몇 진술은 청교도를 통해 만들어졌다. "주님 백성은 자원하는 백성이다"라고 쓴 로버트 브라운 Robert Browne 461)은 자원하는 회원이 언약을 맺어 구성하는 공동체에 관한 이론을 기초하였다. 사보이 신앙고백서는 "그리스도 안에 계시는 성령은 또한 자유롭고 위대하고 너그러운 영이셔서, 어떠한 인간이 그 팔을 사용하여 다른 사람에게 믿음을 갖도록 매질을 해도 그분은 그 고통을 견뎌내신다. 그분은 모든 진리로 몰아가지 않으시고 온화하게 인도하시며, 사람으로 하여금 고귀한 믿음이 거하는 장막에 거하도록 설득하신다. 이 고귀한 믿음은 그 안에 있는 자유라는 조각이 보이지 않는다면 그 고귀함과 가치를 잃고 말 것이다"라고 선포하였다. 침례교 신자는 존 스마이스John Smyth 이래로 종교자유를 청원함에 있어서 모든 열정을 쏟아 부었다. 스마이스는 처음으로 영어로 이 문제에 관하여 탄원하는 공헌을 이루었다. 그 탄원에서 그는 관료는 종교에 간섭해서도 안 될 뿐만 아니라, 어느 형식이나 교의를 따르라고 강요할 수도 없으며, 다만 각 사람이 양심을 따라 결정한 바를 허락해야만 한다는 입장을 천명하였다. 그를 계승한 토머스 헬위스Thomas Helwys는 그 동일한 자유를 얻기 위하여 스스로 증언한 것 때문에 감옥에 갇힌 채 죽음을 맞이하였는데, 이는 그가 제임스 1세에게 백성이 가진 그 자

---

460) John C. Wenger, 『죽음에 이르기까지라도』 *Even Unto Death* (Richmond, Va.: John Knox Press, 1961), p. 71.

461) 분리주의자

유를 상기시켜 줌에 있어서 너무나도 용맹스러웠기 때문이었다.462) 침례교 신자는 게인스보로Gainsborough 분리주의 회중으로부터 발생하였는데, 그 회중은 “주님의 자유로운 백성”으로서 그들 스스로를 규정하며, “그들이 알게 된 혹은 그들에게 앞으로 알려질 대로의 그분의 모든 길을, 그것이 그들에게 어떠한 대가를 치르게 한다 하더라도 그들 최고의 노력을 다해 걷기 위해 복음 교제 안에서 교회 공동체를” 구성하였다.463)

이러한 입장을 지탱하는 기초는 모든 사람은 주님 앞에서 동등하다는 주장이다. 로저 윌리엄스가 뉴잉글랜드 지역 지도자와 지역 인디언을 위하여 논쟁을 시작하였을 때, 뉴잉글랜드는 이러한 주장을 받아들일 준비가 전혀 되어 있지 않다는 것을 발견하였다. 영국으로부터 온 첫 번째 식민지 이주민인 필그림 파더스가 “우선 그들 무릎을 꿇고 하나님께 기도를 드리자마자, 토착민을 습격했다” 윌리엄 M. 에버츠 고 한 설명은 정확하게 말하자면 사실이 아니기는 하지만, 인디언에게 그리스도교를 전파하려는 초기 노력은 곧바로 전투로 대치되었다. 여러 신학자는 원주민을 강압으로 그들 터전에서 몰아내는 것을 정당화 할 수 있는 사람을 손쉽게 찾아낼 수 있었다. 그들 최초 식민지 이주민에게 로저 윌리엄스는 다음과 같은 사행시를 지어 호소하였다:

교만한 영국인이여, 그대들 가문과 혈통을 자랑하지 마시오.
그대들 형제 인디언은 태어날 때부터 선했다오.
하나님은 인디언과 영국인과 모든 이를 한 혈통으로 만드셔서,
다 같이 지혜롭고, 공평하고, 강인하며, 인격이 있다오.464)

462) Estep, *op. cit.*, pp. 216–218에서 논의되었다.

463) Payne, *op. cit.*, p. 18.

464) Roger Williams, 『미국 원주민 언어 입문』 *A Key into the Languages of America,* Christopher Hill, 『청교도와 혁명』 *Puritans and Revolution* (New York: Oxford University Press, 1964), p. 123에서 재인용.

모든 사람이 하나님 앞에서 평등하다는 사상은 퀘이커 신자 중에서 가장 영속하는 옹호자를 발견하였는데, 각 사람에게 하나님 빛이 있다는 그들 믿음은 그들 동시대 칼뱅주의자 일부가 주장하였던 이중예정설에 대항하는 신학 근거를 제공하였다. 이러한 가르침은 친우회가 신세계에서 식민지를 다스리는 문제에 그것을 적용할 수 있는 기회를 발견하여 실행에 옮겨지게 되었다. 감리교 신자도 역시 이러한 일반적 전망을 선호했다는 기록을 남겼다. 웨슬리는 그 누구도 다른 사람의 믿음을 선택해 주거나 지시할 수 없음을 강조했다. 반대로, 모든 사람은 단순함과 정직함으로 그 자신의 양심이 명하는 것을 따라야만 한다. "그는 먼저 그 마음 안에서 온전히 납득해야만 하며, 그 후에야 그가 가진 그 최고 빛을 따라 행동해야 한다." 이 아르미니우스주의에 경도된 부흥운동가는 열왕기하 10:15[465]에서 취한 그의 모토를 여러 다른 문맥에서 거듭 사용하였는데, 그것은 만일 그를 따르는 이들이 가진 마음이 그가 가진 마음 정도로 바르다면, 그는 더 이상 제기할 물음이 없다는 것이었다. "그대는 하나님을 사랑하며 섬기십니까? 그것으로 족합니다."[466]

자원하는 모임은 이 원리로부터 분기하였으며, 서구 관습이 걸어온 길을 형성하였다. 프랑스 학자 일리 할레비Élie Halévy 는 웨슬리 부흥운동이 19세기 영국 사회계급 기초를 이루어내었음을 주목하였다. 정부의 허가에 의한 권위를 얻고자 하는 의도나 그로 인한 힘을 갖지 않은 상태에서 여러 자유교회는 훨씬 심원한 도덕적 권위를 이룩하였다.[467] 후에 불린 대로 하자면,

---

465) 예후가 거기에서 떠나가다가 자기를 맞이하러 오는 레갑의 아들 여호나답을 만난지라 그의 안부를 묻고 그에게 이르되 내 마음이 네 마음을 향하여 진실함과 같이 네 마음도 진실하냐 하니 여호나답이 대답하되 그러하니이다 이르되 그러면 나와 손을 잡자 손을 잡으니 예후가 끌어 병거에 올리며 –개역개정

466) Albert C. Outler, ed., 『존 웨슬리』 *John Wesley* (New York: Oxford University Press, 1964), pp. 96–97; Harry E. Fosdick, ed., 『종교개혁에서의 위대한 목소리』 *Great Voices of the Reformation* (New York: Modern Library, 1952), p. 513.

467) Hudson, *op. cit.*, pp. 101–102.

이러한 "비순응파 양심"은 영국에서 정치, 경제, 그리고 사회생활에 심원한 영향을 끼치는 효과를 가져왔으며, 또한 영국의 대응국인 미국에서도 같은 영향을 끼쳤다. 환원운동을 일으킨 그리스도의 제자교회나 플리머스 형제단이 종교를 선택할 수 있는 자유에 대하여 강조한 내용은 그들 역사에 이미 충분히 상세하게 묘사되었다. 아마도 그리스도의 제자교회는 그 원리를 할 수 있는 한 최대로 신학과 또한 정체에까지 적용하였다. 가장 최근까지 그들 회의에 참석한 그 누구라도 그가 회원이든 아니던 간에 토론하고 있는 문제에 대하여 말을 하거나 투표할 수 있는 자유를 누리를 수 있는 데까지 나아갔다. 고백교회는 그들 자신이 가진 주장대로 교회를 운영할 수 있는 권리를 주장함으로써 나치 독일에서 놀라울 정도로 성공을 거두었다. 최근에는 교회 안에 새로운 형태를 추구하는 그리스도인은 더 큰 자유를 강조하는 것을 드러내고 있는데, 이 경우에 있어서 그 자유는 정부의 압제로부터가 아니라 기존 교회 지배체제로부터 얻어내는 것이다.

평화의 증인

권력을 가진 이들에게 교회와 국가가 연합하는 것을 거부하기로 도전하는 것은 신자들의 교회에 속한 많은 이에게는 군대에 징집되기를 거부하는 것으로 표현되었다. 오늘날 의미에서 보자면 평화주의자는 거의 없지만, 많은 이가 무저항 혹은 "무방어" 그리스도인이었다.468) 이들은 비록 질서를 유지하는 마지막 수단으로서 무력을 사용할 수 있는 "권력이 존재해야" 하는 당위성은 인정하지만, 그들 스스로 폭력을 행사하기 위해서는 어떠한 준비도 하지 않는다는 의지를 갖는다. 이러한 입장의 정당화는 그리스도인

468) 이 둘 사이 차이에 대한 토의는 Guy F. Hershberger, 『전쟁, 평화, 무저항』 *War, Peach, and Nonresistance* (대장간 역간)을 보라.

에게 요구되는 높은 수준 윤리는 세속 영역에서는 기대되지 않는다는 교회와 세상 사이에 존재하는 이원론에 근거한 것이다. 중세 로마 가톨릭교회는 모든 사람이 지켜야 하는 것에 더하여 주어진 충고counsels와 모든 사람이 지켜야 하는 기본 계명precepts이라는 두 윤리 등급을 가르치는 것을 발전시켜왔다. 전자는 오직 수사에 의해서만 지켜지는 것이었지만, 후자는 요구사항이 좀 덜한 것으로서 다른 모든 이에 의해 준수되어야 하는 것이었다. 루터는 그가 가르친 두 왕국 교리를 통하여 이 이원론을 개개인 안으로 옮겨 놓았다. 아나뱁티스트 신자는 산상수훈은 수도사로 사는 사람에게만 주어진 것이 아니라는 믿음을 가지고 언약 공동체와 세상 사이에 그 선을 그었다.

이 주제에 관하여 신자들의 교회에 속하는 모든 이가 아나뱁티스트를 따르는 것은 결코 아니다. 침례교 신자는 크롬웰 철기군 통치에 그들이 마음을 다하여 참여한 이후로 정부에 애국심을 다하여 후원하는 오랜 역사를 가져왔다. 오늘날 침례교 신자는 미국 군대에서 복무하는 군목 수에 있어서 그들에게 할당된 수를 채우고도 남는 것은 좋은 예가 된다. 반면, 그들은 마르틴 루터 킹Martin Luther King Jr. 목사를 배출하였다. 감리교 신자는 보통 징병의무를 후원해 왔음에도, 그들로부터 많은 뛰어난 평화 운동가가 배출되었으며, 감리교 모임으로부터 강력한 반전 메시지가 선포되었다. 2차대전 중에 감리교는 징병 거부자 수에 있어서 친우회 바로 다음으로 많이 내었다. 거의 모든 플리머스 형제단은 그들이 가진 근본주의 신학이 군 복무에 잘 어울린다는 것을 알고 있었지만, 그들 중 일부는 평화주의자였다. 그러나 또한 놀랍게도 그들 중 상당수는 영국 군 장교였다. 소위 역사상 평화주의 교회라 불렸던 메노나이트, 독일 형제단, 그리고 퀘이커교, 즉 교단 차원에서 공식으로 평화주의를 선언하고 있는 이들 중에서도 20세기에 양심적 병역 거부 입장을 따르지 않는 이들이 있다. 하지만, 이들 교회로부터 양차대전 중 군복무 거부자 주류가 나왔다. 미국 남북전쟁 동안 그리스도의 제자교회는 평화주의 교회를 제외하고는 남부 어느 교단보다 더 많은 평화주의자를 보유하고 있었던 것으로 예측된다. 그리스도의 제자교회 목회자 중 하나가 설립한 "크리스천 센추리" the Christian Century 는 종종 평화주의 노선을 추구하였다.469)

신자들의 교회 일부가 서 있는 평화주의 입장을 위한 근거를 발견하는 것은 어려운 일이 아니다. 제자도에 주어진 기본 방향은 평화의 왕을 향하고 있으며, 초대교회에게 주어진 행동 기준은 경건이기 때문에 무저항이라는 논리는 자연스럽게 도출된다.470) 여러 학자는 초대교회는 2세기에 이르기까지 군 복무에 참여하지 않았다는 점에 동의한다. 그 후 의무 군복무가 가지는 정당성을 받아들인 여러 교부 작가도 살인에 대해서는 준엄한 태도를 가졌는데, 이것이 모순이 아닌 이유는 그 당시 군대가 경찰 기능을 수행했기 때문이다. 5세기에 이르러서는 오직 그리스도인만 군인으로 복무할 수 있도록 허용되는 데까지 상황이 변하였다. 초기 평화주의 윤리는 여러 수도사에 의해서 교회 안에서 지속되었는데, 그들에게는 신약성서를 따르도록 허용되었을 뿐만 아니라 그렇게 하는 것이 요구되었다. 여러 종교개혁자가 수도원주의를 내버렸을 때, 그들은 좀 더 엄격한 표준을 요청하는 이들을 위한 여지를 남겨두지 않았다.

왈도파와 체코 형제단 양쪽 다 무저항 입장을 가지고 있음이 알려졌다. 실제로 그들이 무기를 소지하기를 거부하는 것은 그들의 여러 대적에 의해서 그들을 가려내는 방법 중 한 가지로 사용되었다. 왈도파는 전쟁에서나

469) Walter B. Posey, 『개척지 선교』 *Frontier Mission* (Lexington, Ky.: University of Kentucky Press, 1966), p. 401.

470) 이에 관한 간략한 토의는 Geoffrey F. Nuttall, 『역사에 나타난 그리스도인 평화주의』 *Christian Pacifism in History* (Oxford: Basil Blackwell, 1958)를 보라. 좀 더 온전한 서술은 Roland H. Bainton, 『전쟁과 평화에 대하여 그리스도인이 가진 다양한 태도』 *Christian Attitudes Toward War and Peace* (New York and Nashville: Abingdon Press, 1960)을 참조하라.

혹은 사형 집행이나 어떠한 형태로든 피를 흘리는 것을 정죄하였다. 체코 형제단 회원들은, 특히 헬치스키Chelčický 영향력 아래 있던 초기에는 거리낌 없이 전쟁에 반대하는 소리를 내었다. 그는 금요일에는 돼지고기를 먹기를 삼가면서도 주중 어느 날에도 인간을 학살하는 것은 아무런 문제가 없다고 보는 많은 이를 조롱했다. 헬치스키는 그를 따르는 여러 사람에게 겸손히 그리고 인내로 불의를 견디며, 그들 스스로 원수를 갚지 말고, 도살자에게 어린 양으로서 자신을 내어주신 후 아무 말씀도 하지 않으셨던 그리스도를 본받으라고 촉구했다.

아나뱁티스트 신자도 같은 심상을 사용하였다. 1524년 콘라트 그레벨Conrad Grebel은 그리스도를 따르는 이들은 "육체를 가진 대적을 칼로 이김으로써가 아니라, 영적인 원수를 이김으로써 영원한 안식이 있는 아버지 나라에 이르러야만 한다"고 말하였다. 그리스도인은 "세상 칼을 사용해서도 안 되며 전쟁에 참여해서도 안 되는데, 왜냐하면 그리스도인에게는 인간 생명을 취하는 것이 온전히 금지되었기 때문이다."[471] 1522년 이후 취리히 자신 집에서 성서 연구 모임을 인도하였던 앤드루 카스틀리버거Andrew Castleberger는 살인을 하고 급료를 받는 군인은 살인자와 동일하다고 가르쳤는데, 이는 용병으로 유명세를 떨치고 있는 나라에서 행한 강력한 선언이었다. 아나뱁티스트 신자가 가지고 있던 입장은 1524년 토마스 뮌처에게 보낸 편지에서 완전히 명확하게 드러났다. 그 독일 지도자그 편지를 결코 받지는 못했음는 자기들 영주를 대항하여 반란을 일으킨 농노를 강력하게 후원하였던 푸랑켄하우젠Frankenhausen 전투에서 같은 해 사망하였다. 스위스 형제단은 뮌처가 폭력에 경도된 소식을 이미 듣고 있었는데, 왜냐하면 그들은 그에게 다음과 같이 훈계하였기 때문이다:

---

471) Hershberger, *op. cit.*, p. 82에서 재인용.

복음과 복음에 참여한 이들은 무력에 의해 보호를 받아서도 안 될 뿐만 아니라 그렇게 무력을 사용하여 자신들을 보호해서도 안 되는 데, 우리가 우리 형제로부터 들은 것은 그대가 이런 의견을 가지며 또한 그렇게 한다는 것이었습니다. 참된 그리스도인 신자는 이리 무리 가운데 있는 양 떼이며, 도살자를 위한 양 떼입니다. 그들은 반드시 고통과 역경, 환란, 핍박, 고난과 죽음 안에서 침례를 받아야만 합니다. 그들은 불로 연단을 받아야 하며, 그들 육체에 속한 원수를 죽임으로써가 아니라, 그들 영에 속한 대적을 극복함으로써, 영원한 안식을 누리는 아버지 나라에 이르러야만 합니다. 그들이 세상에 속한 무력을 사용해서도 안 되고, 전쟁에 참여해서도 안 되는 이유는 그들에게는 어떠한 살인도 금지되었기 때문입니다.[472]

친우회는 이 모든 평화주의 교회 가운데 전쟁과 살인에 저항하는 방법을 가장 명확하게 발전시켰으며, 정부에게 대안 행동을 할 수 있는 방안을 제시하였다. 민간에서 생각하기에 퀘이커 신자는 평화주의와 완전히 동일하게 여겨졌다. 실제로는, 그들은 그 시작 단계부터 선한 목적으로 사용되는 무력에 대하여는 반대하지 않았었다는 증거가 있다. 조지 폭스George Fox는 수차례 청교도 군대에게 종교재판소에 대한 징벌로 교황 진영 대적을 향하여 전쟁을 일으키라고 촉구했다. 그러나 곧바로 퀘이커 신자는 이러한 가르침이 그들 다른 신념과 조화를 이루지 못한다는 것을 알게 되었다.[473] 1654년 폭스는 크롬웰에게 자신은 "모든 폭력에 대항하여, 어두움에 속한

472) George H. Williams, ed., 『성령주의자 및 아나뱁티스트 저자들』 *Spiritual and Anabaptist Writers* (Philadelphia: Westminster Press, 1957), p. 80. 추신 (혹은 둘째 편지)에서 그들은 뮌처가 여러 군주는 "주먹으로 공격을 받아야만 한다"고 설교하였다는 소식을 들은 것에 근거하여 다시 그를 비판하였다(p. 80).

473) Hill, *op. cit.*, p. 145; Thomas G. Sanders, 『교회와 국가에 관한 여러 개신교 견해』 *Protestant Concepts of Church and State* (Garden City, N.Y.: Anchor Books, 1965), pp. 136-143.

모든 일에 대항하여 증인이 되도록 일어서며, 사람을 어둠으로부터 빛으로 인도하며, 그들을 전쟁 상황과 위정자가 휘두르는 무력 상황으로부터 인도하라"고 하나님께로부터 보내심을 받았다고 편지하였다.[474] 7년 후 친우회는 함께 모여서, 그 이후부터는 그들을 확고하게 세운 선언을 채택하였다: "우리로서는 피를 흘리는 모든 원리와 행습을 특별하게 온전히 거부하는 바, 이는 모든 종류의 겉으로 드러나는 전쟁과 투쟁과 싸움으로서, 어떠한 목적 혹은 어떠한 구실로든 겉으로 드러나는 무기를 사용하는 것이다." 아이작 페닝톤Isaac Penington 은 이에 관하여 퀘이커가 진술하고 또한 가능성을 찾을 수 있도록 명확한 태도를 드러내는 주의 깊은 선언을 다음과 같이 기초했다: "내가 말하는 이것은 어떠한 위정자나 국민이 외적 침공을 대항하여 그들 스스로를 방어하는 것이나, 그들 영토 안에서 폭력과 악을 행하는 자들을 억누르기 위하여 무력을 사용하는 것을 반대하는 것이 아니다. 왜냐하면 이렇게 하는 것이 현세 사물 영역에서는 요청될 수도 있고 또 요청되기 때문이다 …. 그러나 주님께서 이미 그 일부를 가지고 오신 더 나은 영역이 있으며, 그곳을 향하여 열방은 행진해야 한다."[475] 퀘이커 신자는 이미 그들에게 주어진 그 방식대로 살기로 결단하였는데, 어느 때에 모든 사람이 계몽되는 시기가 오면 그들도 그 방식대로 살게 된다. 이러한 방식은 페닝톤이 한 청중이 그에게 다음과 같이 평화에 대하여 말하였을 때 명확하게 응답한 것을 통하여 예시되었다: "글쎄요, 이상한 양반! 만일 모든 세상이 당신 마음만 같다면 나는 돌이켜 당신 뒤를 따르겠소." 그러자 페닝톤은 이렇게 응답했다: "그렇다면 당신은 선하게 되는 마지막 사람이 될 마음을 가지고 있군요. 나는 선하게 되는 첫째 사람 중 하나가 될 마음이 있으

474) Frederick B. Tolles, 『퀘이커 신자와 대서양 문화』 *Quakers and the Atlantic Culture* (New York: The Macmillan Co., 1960), p. 38에서 재인용.

475) Sanders, *op. cit.*, pp. 139, 143.

며, 나머지 사람을 위하여 선례가 되는 삶을 살겠소."476)

미국에서 독립전쟁이 발발하자마자 메노나이트 신자와 독일 형제단은 연합하여 징병에서 제외시켜 주기를 펜실베이니아 의회에 청원하였다. "우리는 사람 생명을 보존하기 위하여 도움이 될 수 있는 모든 일을 함으로써 사람을 섬기기로 우리 자신을 헌신합니다. 그러나 우리는 사람 생명이 파괴되거나 다치도록 하는 어떠한 행동을 위하여 무엇을 주거나 하거나 혹은 협력할 자유는 가지고 있지 않습니다." 그들은 기꺼이 세금을 내려고 하였지만, 전쟁 세금은 강제력에 의해서나 거두어질 수 있을 것이라고 선포했으며, 결국 그들이 말한 그대로 되었다.477) 그들은 미국 남북전쟁 기간에도 동일한 입장을 유지했으나, 남부 연맹에서는 인력이 크게 부족하였기 때문에, 북부에서보다 남부에서 징집을 면제받기가 훨씬 어려웠다. 스톤월 잭슨 장군General Stonewall Jackson 478)은 그들에게 다음과 같이 말하였다: "버지니아 계곡에 사람들이 살고 있는데, 그들을 군대로 징집하는 것은 어렵지 않습니다. 군대에 있을 동안 그들은 그들 장교에게 복종합니다. 또한 그들에게 총을 겨누라고 하는 것까지는 어려운 일은 아닙니다. 그러나 그들에게 정확하게 적을 향해 총을 겨누라고 하는 것은 불가능합니다. 그래서 나는 그들이 고향에 머물며 군인을 위한 물자를 생산하도록 하는 것이 더 나을 것이라고 생각합니다."479) 1차대전 기간에 여러 평화주의자는 지역 공동체로부터 전쟁터로 내몰려는 많은 압력을 받았다. 캔자스 주 메노나이트 신자 존 쉬라그John Schrag는 전형이 되는 경험을 하였다. 독일 혈통 후예로 러시아에서 태어나 미국으로 이주하여 성공을 거둔 농부였던 그는 전시 채권

---

476) Howard Brinton, 『퀘이커교 300년 역사』 *Friends for 300 Years* (New York: Harper & Brothers, 1952), p. 162에 실린 이야기.

477) 『간략하고 신실한 선언』 *A Short and Sincere Declaration* (1775), Donald F. Durnbaugh, ed., 『식민시대 미국에서의 형제단』 *The Brethren in Colonial America* (Elgin, Ill.: Brethren Press, 1967), pp. 363-365에 다시 실림.

478) 로버트 E. 리 장군 다음으로 중요한 역할을 한 남부 장군-역주

479) Hershberger, *op. cit.*, p. 107에서 재인용.

을 구매하도록 그에게 동의를 강요하는 한 무리 폭도에게 붙잡혔다. 그가 그렇게 하기를 거부하자, 그들은 노란색 페인트로 그의 머리와 수염을 더럽히고, 행인들도 그를 조롱하도록 거리에 억지로 세워놓았다. 만일 지역 경찰이 그를 인근 도시로 이송하지 않았더라면 그는 폭도에게 폭행을 당했을 것이다. 그 도시에서 그는 기소되어 재판을 받았지만 결국에는 국기모독과 치안선동 혐의로부터 무죄가 입증되었다.480)

1930년대에 세 평화주의 교회 대표단은 또 다른 전쟁이 일어날 경우에 합력하여 행동하기로 합의하였다. 이러한 합의로 인하여 그들은 2차대전이 발발하려고 할 때 다시 징병 명령이 떨어지자 평화주의자로 등록함에 있어서 도움을 받을 수 있었다. 그 결과로 군 의무 징집을 대신할 수 있는 시민공익봉사단Civilian Public Service이 탄생하였다. 세 평화주의 교회는 전후에도 미국 내에 교회평화선교단을 조직하도록 도움에 있어서 계속하여 공동 노력을 기울였다. 유럽에서 그들은 "교회와 국가를 향한 그리스도의 주권" 이라는 이름 아래 계속되는 신학 회의를 구성하였는데, 이 회의는 1955년 그 첫 번째 모임이 열렸던 스위스 작은 마을 이름을 따서 보통은 피두 회의 Puidoux Conferences라고 불린다. 이 모임은 16세기 이래로 근원종교개혁자와 국가교회 사이에서 열렸던 첫 번째 연속 논쟁으로 불렸다.481)

국제화해연맹International Fellowship of Reconciliation 또한 이 회의를 후원하였다. I.F.O.R.은 1914년 설립되었다. 1차대전이 발발하자 국제 평화를 위하여 성직자가 모인 회합은 콘스탄츠Constance에서 무력에 의해 해산되었다. 대표단 중 두 명인 독일인 프레데릭 지그문트-슐츠Frederick Siegmund-Schultze 루터교 목사와 영국 퀘이커 신자 헨리 호드킨Henry Hodgkin 은 그들이

480) James C. Juhnke, "존 쉬라그 이적행위 사건" (John Schrag Espionage Case), *Mennonite Life* (July 1967), 121-122.

481) Dale Aukerman and W. Row, "360년 후 다시 살아난 이야기" (Talks Resumed After 360 Years), *Brethren Life and Thought*, VI (Winter 1961), 29-32; Donald F. Durnbaugh, "피두 회의" (The Puidoux Conferences), *Brethren Life and Thought*, XIII (Winter 1968), 30-40.

콜로냐Cologne 기차역을 떠날 때에 어떠한 어려움이 닥치더라도 순수한 평화 정신을 지켜 나가기로 그들 스스로 맹약하였다. 그 결과 화해 연맹이 탄생하였다. 1914년 12월 영국에서 처음으로 조직된 이 연맹은 1919년 10월에 국제모임이 되었으며, 곧 20개 나라에 지부를 두었다. 2차대전 후 독일 지부에서 활발하게 활동한 이는 이전 잠수함 지휘관이자 고백교회 지도자였던 마르틴 니묄러Martin Niemöller였다. 핵전쟁 위협과 분열 독일이 당한 곤경은 그가 평화주의자가 되는 논란을 일으킨 결정을 내리도록 한 두 요소였다.

자신들을 고백교회 후예로 여기는 형제단 교회Brüderschaften 사이에 평화문제는 전면에 부각되어 있다. 1961년 북서독일 형제단교회는 다음과 같이 선언하였다: "대량살상무기가 명확히 보여준 것은 전쟁은 살인이라는 점이다." 일부 저명 독일 신학자는 절대평화주의자 입장에 근접해 있다. 또 다른 고백교회 지도자인 헬무트 골비처Hellmut Gollwitzer는 1957년 다음과 같이 기술했다: "이제 결코 간과할 수 없는 새로운 전쟁 무기가 도래함에 따라 전쟁이 가지는 진정한 본질이 분명하게 드러난 듯하다. 이전에 전쟁이 가지는 성격은 숨어져 있었고, 억눌려 있었으며, 제한되어 있었지만, 항상 같은 것이었다.… 그러므로 이전과 현재 살상무기 사이의 질적 경계선은 언제나 경찰과 군인의 활동 사이에 존재하는데, 그리스도인 평화주의는 오랜 동안 이 선을 유지해왔다."482) 이와 유사한 발전이 오늘날 교회 갱신운동 안에서도 파악되는데, 아시아에서 일어나는 특정 전쟁에 반대하여 그 교회 안에서 일어나는 혐오감은 모든 전쟁에 반대하는 몇몇 경우로 확장되었다.

---

482) H. Treblin and H. Weitbrecht, 『그리스도인 고백 – 평화에의 증언』 *Christusbekenntnis–Friedenszeugnis* (Hamburg–Bergstedt: Herbert Reich, 1963), p. 14ff.

정치 참여

교회와 국가에 대한 개신교 여러 관점을 다루는 한 새로운 책은 현재 여러 가지 새롭게 일어나는 모습을 유형화하기 위하여 메노나이트 입장, 퀘이커 입장, 그리고 침례교 입장을 이용한다. 이에 더하여 이 저서는 루터교회가 가르치는 두 왕국 교리 입장과 저자 눈에 비치는 대로 사실주의가 가르치는 "변혁주의자" 입장과 책임감에 대하여 말한다. 메노나이트 신자는 "정치 타협이 없는 그리스도인 삶"을 대표하며, 이는 니버 형제에 의해서 이전에 묘사되었던 입장과 같은 것이었다. 메노나이트 신자가 주장하는 입장은 비록 시대부적절함이라는 값을 치르기는 했지만, 시종일관된 입장 때문에 저자로부터 찬사를 얻었다. 퀘이커 신자는 "신정정치로부터 평화주의"로 이동했다고 설명한다. 퀘이커 신자는 펜이 소유한 숲과 뉴저지에서 그리스도인 공화국을 세우려고 시도한 "거룩한 실험"으로부터 그들이 "정치권에게 진리를 말하는" 현재 행동까지 그 경로를 통과해왔다. 침례교 신자는 교회와 국가의 분리 장벽을 보호하려는 가장 중요한 관심과 함께 엄정한 분리주의 입장을 지니는 모범으로 예시되었다. 한 존경받는 침례교 역사가는 침례교 신자가 가진 특성을 이렇게 규명하는 것은 부정확하고 오도하는 것이라고 맹렬히 부인하였다.483)

사실상, 국가에의 참여는 트뢸치가 구분한 분파 형태에 가장 잘 맞는 교파에게도 매우 복잡한 상황을 만들어왔다. 체코 형제단은 형성 초기부터 영주가 회원권을 얻게 되는 상황을 맞이하였으며, 그리하여 그 상황에 맞게 조정해야만 했다. 16세기에 위정자 신분으로는 교회에 참여하는 것을 분명하게 거부하였던 아나뱁티스트 신자도, 그 후에 러시아와 남미에서는 실질상 신정정치를 추구하였다. 메노나이트 신자는 그들이 처음으로 관용

483) Sanders, *op. cit.*,; Winthrop S. Hudson in *Church History,* XXXV (June 1966), 227-234에 실린 독후감을 보라.

을 허락받고 또한 받아들여졌던 네덜란드에서, 헤이그 회중에 속한 한 집사가 네덜란드 해군 장관이 되는 정도까지 온전히 네덜란드인 생활을 구성하는 한 부분이 되었다! 독일 형제단은 정치 행위가 그리스도인 행동에 부적절한 것으로 여기어 오랜 동안 참여를 지양해왔지만, 1차대전 동안 펜실베이니아 주지사였던 마르틴 G. 브룸버그Martin G. Brumbaugh는 독일 형제단 출신이었다. 알렉산더 캠벨은 버지니아 제헌총회 대표자였으며, 자신 정기간행물에서 정치 문제에 대해 거론하기도 했다. 존 웨슬리는 간단한 규정을 가지고 있었는데, 그것은 "정치인 사절!"이었다. 그럼에도 그를 뒤이은 여러 신앙 후손은 종종 정치 영역에서도 발견된다. 미국 제 90차 의회에서 감리교 신자는 하원의원 수에서 로마 가톨릭교회를 뒤이어 두 번째로 많았고, 주지사 수에 있어서는 가장 많았다.484)

반드시 언급해야만 하는 한 가지 요점은 신자들의 교회의 삶이 끼친 영향과 증언이 현대 서구 민주정치가 창조되도록 도왔다는 것이다. 더 나아가, 이 교파에 속한 이들이 신실하고, 심지어는 완고하게, 그들 종교 관점에 집착함으로써 정치에 가장 효과 있는 공헌을 했다고 말할 수 있다. 자원하여 모임을 만드는 형태가 발전하는 것으로부터 오는 영향은 이미 언급하였다. 다른 예를 들면 좀 더 명확해질 것이다. 2차대전 이후 역사적 평화교회는 군에 입영하는 것을 대신하는 C.P.S. 캠프에 참여하는 것보다 좀 더 만족감을 가질 수 있는 대체복무 방법을 찾고자 열정을 기울였다. 이는 C.P.S. 캠프는 종종 사회보장 혜택이 없이 때우기 식으로 일하는 것이 되기 쉬웠고, 때때로 정부의 여러 대행기관에 의해 만족스럽지 못한 배치를 받는 수도 있었기 때문이다. 이들 교회는 여러 가지 다양한 사회사업안을 가지고 자원하여 해외로 나갈 수 있는 계획을 발전시켰다. 어떤 이들은 추방된 이

484) "제90차 국회: 종교 연감" (The Ninetieth Congress: a Religious Census), *Christianity Today* (December 9, 1966), 36–37.

들을 위해 집을 지었다. 다른 이들은 그리스와 북아프리카에 있는 마을에 발전된 농업 기술을 소개하였다. 또 다른 이들은 난민 수용소에서 영어를 가르치고 오락을 제공하는 일을 하였다. 그들은 의무 징집에 나가 소비하는 동일한 시간을 보수를 받지 않고, 생존과 의료 혜택을 위한 기초 처우만 받으며 봉사하였다. 이들 평화주의 교회 대행기관이 이러한 방식으로 양심에 근거한 군 복무 거부자를 위하여 군 복무를 대체할 수 있도록 수행한 계획을 정부는 분명하게 인정하였다. 이러한 생각은 성공을 거둠으로 입증되었고, 그리하여 케네디 행정부에 의해서 이 계획이 거대하게 확장되어 평화봉사단Peace Corps 을 만드는 기초로 선택되었다. 평화봉사단은 케네디가 재임한 1000일 동안 이루었던 가장 창조성이 있는 모험으로 평가된다.

고려해야할 또 다른 사항은 군주정 혹은 지속되는 과두정이 국가를 운영하던 상황으로부터 민주정치가 불완전하지만 그럼에도 영향을 끼치는 현재 서구 정치 모습으로 이제는 시대가 철저하게 변하였다는 점이다. 이렇게 변화된 흐름 속에서 신자들의 교회는 매우 다른 태도를 가질 것이 요구된다. 이전에는 가능하지 않았던 공공 사안에 참여하는 것이 공화정 기간에 허락되었던 퀘이커 신자가 그 시점에서 발전하였다는 사실은 정부에 대한 그들 태도에 영향을 끼쳤던 것이 분명하다. 라이텔은 자유교회 성도가 지방정부에 참여하기 시작하였을 때 이루어진 변화에 대하여 기술하였다.485) 그들이 종교 문제에서 진리를 탐구하는 것에 도움이 되도록 해왔던, 각자 다른 사람이 가진 생각을 존중하던 바로 그 동일한 원리를 여러 사회 문제에 적용하였을 때, 그들은 만족할만한 결과를 얻었다. 루푸스 존스Rufus Jones가 유럽 대륙 아나뱁티스트는 "현대 세계, 특히 미국과 영국에서 새로운 형태 그리스도인 사회를 건설하기 위한 입안을 현대 역사에 처음으로 분

485) Franklin H. Littell, "역사상 자유교회 정의" (The Historic Free Church Defined), *Brethren Life and Thought,* IX (Autumn 1964), 78–90.

명하게 공포하였는데 … 이는 절대 자유와 독립을 누리는 종교 사회이며, 모든 사람은 각각 한 사람으로 계수되고, 교회와 국가를 형성해 나감에 있어서 각자는 자신 몫을 가진다"고 진술했을 때, 아마도 그는 너무 낙관하였을 수는 있지만 바른 접근법을 찾아내고 있었다.486) 더욱이 퀘이커 신자는 표결 대신에 "회의 감각"을 사용하여 분명한 효과를 얻는 행정 기술을 일부 공공 상황에 소개하여왔다.

또 다른 국면은 정부 그 자체가 가진 기능이 전환된 점이다. 오늘날 정부가 책임을 지는 많은 영역인 교육, 복지, 건강, 오락 등은 이전에는 순전히 개인 손 안에 있었다. 이것이 의미하는 바는 교회와 국가의 분리를 완고하게 유지해왔던 여러 교회조차 사회를 위하여 가치 있는 계획을 수행함에 있어서 정부와 협력하는 것이 가능하기도 하며 또한 도움이 되기도 한다는 것을 발견하였다는 뜻이다. 한 좋은 예는 전쟁 때문에 피해를 입은 사람과 나라가 재활하고 재건하도록 2차대전 종전 이후에 베풀어진 원조이다. 교인이 참여하여 구호품이나 가축을 포장하고 배송하는 일은 모든 진영에 있는 이들을 위하여 최대 이익을 창출하도록 섬기는 방법으로서 정부에 의해서 보호를 받았다. 또 다른 예를 들자면, 이스트할렘개신교구는 도심 주민에게 혜택을 주는 정부 계획에 밀접히 관여하여 일하였으며, 자신들이 이전에 운용하였던 여러 계획도 정부와 함께 일할 수 있도록 조정하였다.

신자들의 교회가 가진 생각은 변화된 정치 상황에 온전히 반응해오지는 못했지만, 아래 몇몇 가정assumptions을 중심으로 형태를 이루어가는 중이다.487) 교회는 그 자체가 가진 천재성에 진실해지기를 추구하며, 그 현재 상황에서 제자도를 실행한다. 동시에 교회는 교회가 가진 책무를 스스로

486) Rufus Jones, 『신비종교 연구논문집』 *Studies in Mystical Religion* (1909), Harold S. Bender, "아나뱁티스트 비전" (The Anabaptist Vision), *Church History*, XIII (1944), 3에서 재인용.

487) Franklin H. Littell, "여러 교회와 정치 단체" (The Churches and the Body of Politic), *Daedalus*, XCVI, No. 1 (Winter 1967), 22–42; John Howard Yoder, 『국가에 대한 기독교의 증언』 *The Christian Witness to the State* (대장간 역간)을 보라.

가장 잘 이해한 것을 따라서 살아가기 위해서 정부를 돕는다. 부정 측면에서 말하자면, 교회는 국가에게 신성한 지위를 부여하려는 시도 그리고 국가가 교회가 가진 특권을 가져가는 것에 저항해야 한다. 교회는 또한 문화종교에 의한 함정에 빠져드는 것을 대항하여 스스로를 지켜야 한다. 교회는 국가가 신약성서 수준에 달하는 윤리를 행할 것을 기대하지 말아야 하지만, 교회는 또한 국가가 정의를 수행하기를 촉구해야 한다. 독재정치에 준하는 요구는 반드시 거부되어야만 하지만, 교회는 삶의 여러 영역에서 정부와 함께 일할 수 있다. 교회는 정부가 적절하게 일하는 영역에서 일하려고 중복하여 기구를 만들려 하지 말아야 한다. 교회는 또한 필요에 따라서 새로운 영역을 찾아내어 그 모델을 발전시켜야 하며, 그것이 성공한다면 국가에게 넘겨 줄 수도 있다. "종교자유라는 복을 즐기는 우리에게 주어진 두 가지 임무는 신실한 사람으로 구성된 공동체의 질을 부요하게 하는 것 그리고 세속 사회 질서에서 의심이 없이 그리고 근심이 없이 선한 의지를 가진 모든 사람과 함께 사는 것을 배우는 것이다." 라이텔 488) 이러한 점은 우리를 다음 주제인 상호부조와 봉사라는 주제로 곧바로 인도한다.

488) Franklin H. Littell, "신자들의 교회에 관하여" (The Concerns of the Believers' Church), Chicago Theological Seminary *Register*, LVIII (December 1967), 18.

제11장 상호부조와 봉사

때는 1569년 겨울이었다. 더크 빌렘스Dirk Willems 라는 네덜란드 아나뱁티스트는 몇몇 공무원이 자기 집 앞으로 들어와 그를 체포하려 하자 뒷문을 통해서 도망쳤다. 그가 한 제방과 운하에 이르렀을 때, 그는 죽음을 무릅쓰고 가늘게 언 얼음 위를 건너, 결국 맞은 편 제방으로 안전하게 건너갔다. 그러나 그를 가장 앞서 추격하던 사람은 그 정도로 행운이 있지 않아서 얼음이 깨지고 살을 찌르는 듯이 차가운 물속으로 빠져 들어가고 있었다. 이 광경을 목격한 더크 빌렘스는 돌아가서, 그렇지 않았더라면 반드시 죽을 수밖에 없었을 그 공무원을 구조하였다. 이렇게 자신 생명을 돌아보지 않는 행동을 했음에도 그는 체포되었고, 이단으로 재판을 받아, 형주에 묶여 서서히 불태워지게 되었다. 형장에 있던 사람들은 그가 70번 이상이나 다음과 같이 외치는 소리를 들었다: "오 나의 주님! 오 나의 하나님!" 더 이상 그 모습을 바라볼 수 없었던 한 사형 집행인은 결국 그 아나뱁티스트를 고통 가운데서 꺼내어 사형을 집행하라는 명령을 내렸다.489)

더크 빌렘스가 도망치기보다는 그를 추격하는 자를 구해주기를 선택하여, 결국 자신이 체포되어 사형을 당하도록 선택한 것은 어리석은 행동이

489) John C. Wenger, 『죽음에 이르기까지라도』 *Even Unto Death* (Richmond, Va.: John Knox Press, 1961), p. 101.

었을까? 그 대답은 학문 영역에 속하는 것인데, 왜냐하면 이 행동에서 그는 그 자신 믿음만을 따르고 있었으며, 그 믿음은 자신을 생각하기 이전에 이웃을 위한 행동을 기대했기 때문이다. 이러한 믿음은 비록 그에 따른 행동이 항상 이상에 도달할 정도로 평가받을 것은 아니었을지라도, 거의 모든 신자들의 교회 구성원에게 거의 모든 시간 동안 있어온 것이었다. 그러나 그 이상은 언제나 함께 있었다. 아마도 상호 구제와 봉사를 행함에 있어서 신자들의 교회가 가진 특성보다 더 자주 주목을 받아왔으며, 또한 사회로부터 좋은 평가를 받은 것은 없을 것이다. 이 여러 교회가 노예제도 폐지, 난민 구조, 약자 보호, 노동 조건 개량, 감옥 환경 발전, 시민 권리 보호 등에 끼쳐왔던 공헌을 고려하지 않고는 인도주의에 관한 어떠한 책도 적절하게 저술할 수 없을 것이다.

퀘이커 신자에게는 보통 개신교회 주일 예배를 기대하고 친우회 집회소에 우연히 들어오게 된 한 방문자 이야기가 전해 내려온다. 10분여 동안 다함께 침묵하는 시간 동안 앉아 있은 후, 어쩔 줄 몰라 하던 그 방문자는 자기 곁에 앉아있던 수수한 옷차림을 한 사람에게 속삭여 물었다: “죄송하지만, 언제 예배service가 시작되나요?” 그러자 상냥한 대답이 돌아왔다. “친구여, 봉사service는 모임이 끝난 후 바로 시작된답니다.” 생애 전체를 다른 사람이 누려야 할 복지에 대하여 꾸준한 관심을 기울이는 것으로 정의하는 것은 퀘이커 신자와 다른 신자들의 교회가 가져온 품질증명이다. 어떤 때는 모인 집단에 대하여 강조점이 신앙을 가진 가정에 은혜를 베푸는 수준에 제한되어 왔었지만, 이러한 강조는 종종 각 개인이 좀 더 넓은 비전에 책임을 다하는 것을 통하여 돌파되었다. 디트리히 본회퍼가 그리스도를 ‘다른 이를 위한 사람’으로 묘사한 것은, 예수님를 따르기 위하여 다른 이를 위한 사람이 되기를 시도했던 이 사람들이 가진 태도와 잘 맞음이 역사를 통해서 드러난다.

어떤 이들은 인간을 위하는 관심을 가진 증거와 이 여러 종교 운동에 의해서 지켜졌던 세족의식 사이 관계를 주목해 왔다. 겸손한 섬김으로 형제를 위하여 발을 씻김으로 그리스도를 본 받기 위하여 무릎을 꿇는 것은 매일 무의미하고 실용성만을 추구하는 흐름 속에서 세상이 필요한 것을 찾아 섬기기 위하여 준비된 이들이 가진 모습을 드러내는 듯하다. 교회가 보통 가져왔던 성례전을 거부하는 원리를 지켜왔던 일부 퀘이커 신자조차도 교회 회원권을 유지하기 위한 기본이 되는 한 부분으로 이 의식을 여기는 이들에 의해서 실행해 옴으로써 이 의식을 행하는 의미를 추구하여왔다.490) 영국 감리교가 그들 여자 부제deaconess를 안수하는 예배에서 세족식 이야기요한복음 13장를 사용하는 것은 주목해야만 할 충분한 의미가 있다. 그들은 자신들이 맡은 임무의 일부를 다음과 같이 진술한다: "복음을 전하는 것, 회중 예배를 인도하는 것, 젊은이와 노인을 가르치는 것이 여러분에게 맡겨질 수 있습니다. 여러분은 그리스도 소유 양 떼를 먹이는 것, 환자를 간호하는 것, 가난한 이를 돌보는 것, 쓰러진 자를 구하는 것, 소망을 잃은 자를 돕는 것, 비록 돈이 들어도 그대 외에는 그리스도인 친구를 전혀 알지 못하는 많은 이를 위하여 친구가 되어 주는 것이 그대에게 요구될 수도 있습니다."491) 독일 교회에 여자 집사 제도를 확장한 아버지로 불리는 테오도레 플리에드너Theodore Fliedner는 1830년대 네덜란드를 여행할 때 그곳에서 여러 메노나이트 여자 집사가 하는 일을 본 후에 독일에서 그 직분을 활발하게 소개하였다.492)

아래 토의는 편의를 위하여 개인, 공동체, 사회, 그리고 국제 차원으로

---

490) D. Elton Trueblood, 『퀘이커 신자라 불린 사람들』 *The People Called Quakers* (New York: Harper & Row, 1966), p. 137을 보라.

491) Gordon S. Wakefield, "오늘날 감리교회 여부제" (Diakonia in the Methodist Church Today), in J. I. McCord and T. H. L. Parker, eds., 『그리스도 안에서의 봉사』 *Service in Christ* (London: Epworth Press, 1966), p. 185.

492) Frederick Herzog, "근대의 여부제: 18-20 세기를 중심으로" (Diakonia in Modern Times: EighteenthTwentieth Centuries), *ibid.*, p. 142.

다룰 수 있도록 네 부분으로 나누었다. 그렇지만 이 넷은 다 전체를 이루는 한 부분이며, 역사 속에서 함께 숙고되어 왔다.

개인 차원

전신자제사장 개념은 신자들의 교회 구성원에 의해 심도 깊게 받아들여졌으며, 루터가 실로 깊은 의미를 담으려고 하였었던 것이 후에 이 표현이 사용될 때에는 상당히 그 의미가 왜곡되었다. 이 표현이 의미하는 바는 각 사람이 그 자신을 위한 사제라는 오늘날 사상을 그 당시에 말하고자 했던 것이 아니었다. 그들은 콜리지Samuel Taylor Coleridge493)가 자신은 하나의 진실한 교회를 구성하는 회원이라고 하였지만, 사실은 유일한 회원이었던 그와는 정반대로 그들은 각자가 모든 다른 이를 위한 사역자라는 의미로 이 사상을 이해했다. 루터는 그것을 좀 더 용감하게 드러내었다: 각 사람은 그 형제를 위하는 한 그리스도이다. 이런 이유로 인하여 이들 교회가 사역자 제도를 폐지했다고 종종 말하는 것은 잘못된 것이다. 오히려 평신도 제도를 폐지했다고 말하는 것이 좀 더 공정할 것이다. 모든 구성원이 곧 사역자이다. 그들이 침례를 받는 것은 그들의 회개를 표시하고 증언하는 것인 동시에 그들이 사역자로 안수를 받는 것이다. 이것은 다른 이들을 방치한 상태로는 구원받을 가능성이 없다는 것을 의미했다. 그들에게는 프레데릭 대제Frederick the Great가 각 사람은 먼저 그 자신부터 구원을 받아야만 한다고 냉소하듯 선언한 것은 맞지 않는다. 그들을 대표할 수 있는 것은 친첸도르프 백작이 "나는 형제애가 없는 그리스도교를 인정할 수 없다"라고 말한 것이라 할 수 있다.

실제에 있어서, 이것이 의미하는 바는 신자들의 교회에 속한 회원이 그

493) 영국 낭만파 시인

스스로 홀로 남아 있을 수 없음을 의미했다. 교회 권징 측면에서 보통 말해지던 이 원리는 한 신자가 그 형제로부터 마태복음 18장에 제시된 형식을 따라서 자신 부족함과 죄악 등을 훈계할 것을 기대한다는 것을 의미했다. 다른 여러 형제도 그들이 그리스도를 따라 걷는 믿음에서 행하는 실수를 알았을 때, 그들을 지적해 줄 것을 또한 기대할 수 있다. 이 원리는 고백교회 시대에 한 사람이 가졌던 약함이 다른 이들에게 나쁜 반향을 즉각 일으켰을 때에 분명하게 드러났다. 이에 대하여 마르틴 니묄러는 온전한 주의와 질책 그리고 격려로 반응하였다. 니묄러는 그 이전에 독일 동료 목사 사이에 보통 사용되던 호칭을 "형제"로 바꾸었다. 만일 니묄러 동료 중 한 사람이 "매우 존경하는 형제에게!"로 시작하는 편지를 니묄러로부터 받았다면, 그는 형제 사랑이 가득한 비판이 담긴 내용을 기대할 수 있었다.[494] 형제 사랑이 없이 홀로 남을 수 없다는 이 원리가 가지는 다른 면은 어떠한 불행, 고통, 질병 혹은 핍박도 스스로 감당하는 것이 아니라 큰 공동체 일부로서 당하는 것이라는 확실성이었다. 경제 측면에서는 왈도파 시대부터 신자들의 교회 회원 중에는 거지가 발견된 적이 없었다. 그들은 그들 자신을 돌보았다. 물질에 관련된 사안도 영혼에 관한 사안과 동일한 관심을 가져야했다. 실제로 이 둘 사이를 구분하는 것이 그들에게는 적합하지 않았다.

이것은 구성원이 가지는 재정 문제는 언약 공동체가 가지는 관심의 한 분야가 됨을 모두가 매우 강력하게 느끼고 있음을 의미했다. 만일 구성원이 경제상 심각한 어려움을 겪는 동안 도움을 받았다면, 그들은 또한 금전을 관리함에 있어서의 불규칙성에 대하여 권징을 받아야할 책임도 있었다. 예를 들어, 갚을 방법이 모호한 상태에서 빚을 지는 것은 금지되었다. 1860년 켄터키 주 소재 엘크혼Elkhorn 그리스도의 제자교회 회중은 "사업을 함에 있어서 무모한 방식을 따랐던 리처드 알렌Richard Allen을 제명하였다. 그가

494) Dietmar Schmidt, 『마르틴 니묄러』 *Martin Niemöller* (Hamburg: Rowohlt Verlag, 1959), p. 125.

따랐던 방식은 부동산을 매입함에 있어서, 그가 자신이 한 약속을 지키지 못하고 결국 갚을 수 없음을 분명히 알고 있으면서도 신용으로만 그것을 취득한 것이었다. 그렇게 함으로써 그는 그리스도의 교회가 손가락질을 받도록 하였다."495) 1758년 독일 형제단 저먼타운 회중 두 회원은 그들이 부지 매입에 관하여 가지고 있던 불일치를 해결할 때까지 빵을 떼는 일성만찬로부터 물러나 있어야 했다.

막스 베버Max Weber는 1904년 미국을 여행하였을 때 남부 지역 침례교 신자 사이에서 금전거래에 있어서의 엄밀함과 정직성을 주목하였다. 회원 지원자에 대한 행동과 이전 삶에 대하여 특별히 시간을 두고 엄밀하게 조사한 이후에야 지원자는 회원권을 얻을 수 있었다. "그 회중에 가입했다는 것은 신사로서의 윤리 자질, 특별히 사업을 함에 있어서 요구되는 여러 자질을 갖추었다는 분명한 보장으로서 인식되었다.… 만일 그가 그 자신 과오가 아님에도 경제상 곤경에 처하게 되었다면, 그가 속한 분파는 그가 가진 문제를 조정하며, 여러 채무자에게 지불 보증을 하며, 여러 방법으로 그를 도왔다.…" 베버는 최근에 이민 온 독일 의사가 맞은 첫 번째 환자가 검진 이전에 자신은 침례교회 회원임을 강조하였을 때 겪은 당혹감에 대하여 이야기했다. 그 전문의는 침례교회 회원이라는 것과 코와 목을 검진 받는 것 사이에 어떤 연관이 있는지 이해할 수 없었다. 그러자 한 미국인 의사가 그에게 환자가 그 교회에 소속되어 있다고 의사에게 말하는 것은 그 환자가 특진비를 낼 준비가 되어 있다고 의사를 안심시켜 주는 것이라고 알려주었다.496)

재정 안정성에 관한 경우에 있어서 진정성을 갖추는 것은 삶에 있어서 옷

495) David E. Harrell, Jr., 『그리스도인 아메리카 탐구』 *Quest for a Christian America* (Nashville, Tenn.: Disciples of Christ Historical Society, 1966), p. 71에서 재인용.

496) Max Weber, "개신교 분파와 자본주의 정신" (The Protestant Sects and the Spirit of Capitalism), in H. H. Gerth and D. Wright Mills, eds., 『막스 베버로부터: 사회학 연구논문집』 *From Max Weber: Essays in Sociology* (New York: Oxford University Press, 1958), pp. 304–305.

차림과 표준이 되는 단정한 삶을 기대한다는 것과 마찬 가지였다. 윌리엄 펜은 "헛된 세상을 매우 정갈하게 하는 것은 헐벗은 자를 옷 입히는 것이다"라고 조언하였다.497) 여러 초기 감리교 신자는 이 사안에 관하여 매우 강한 느낌을 가지고 있었다. "불필요하거나 값비싼 의류 혹은 필요 없는 장신구로 안목의 정욕을 만족시킬 목적으로 고귀한 달란트를 조금이라도 낭비하지 마시오. 호기심을 채우기 위해서 집을 꾸미거나, 불필요하거나 값비싼 가구, 값비싼 그림, 미술품, 도금장식, 책을 구하기 위해서, 혹은 필요해서가 아니라 보기 좋은 정원을 가꾸기 위해서 조금이라도 돈을 낭비하지 마시오. 좋은 것을 전혀 모르는 당신 이웃으로 이것을 행하게 하시오.… 교만한 생활을 조장하기 위해서는, 사람들로부터 경탄이나 칭송을 얻기 위하여 아무것도 하지 마시오." 이 내용은 존 웨슬리가 전한 설교 "돈 사용법"The Use of Money으로부터 가져온 것이다.498) 단순함에 대한 칭송할만한 추구는 한 편으로는 단순한 가구에 대한 깐깐한 기호 혹은 단순하게 재단하였지만 값비싼 의류를 발전시키는 것에 의해서, 다른 한 편으로는 가치 있는 사안은 무시하고 그저 겉으로 드러나는 것에만 합법상 주목하는 편견에 의해서 왜곡될 수 있다는 점은 반드시 지적해야 한다. 신자들의 교회 역사에서는 이러한 위험에 대한 충분한 증거를 보여준다.

개인에 대하여 동일하게 주어지는 관심과 개인이 가지는 책임 일부는 세이비어교회와 지금 새로운 형태를 갖추는 다른 교회처럼 오늘날 교회 모습에서도 발견된다. 시간과 재원에 대한 요구는 어떤 형태이든 의혹을 사는 소비 형태를 지양하도록 만들었다.

497) Howard Brinton, 『친우회 300년사』 *Friends for 300 Years* (New York: Harper & Brothers, 1952), p. 135에서 재인용.

498) Albert C. Outler, ed., 『존 웨슬리』 *John Wesley* (New York: Oxford University Press, 1964), pp. 245-246.

공동체 차원

발타자르 후브마이어는 그가 재산 공동소유제도를 선호한다는 비난아나 뱁티스트 신자가 심지어 아내들도 공유하는 공동체를 시도하고 있다는 주장과 동일선상에 있는 것으로 여러 위정자를 거슬리게 했던 것 같다에 대하여 다음과 같이 진술함으로 응답하였다: "물품을 공유하는 것에 관하여, 나는 항상 모든 개인은 다른 이들 필요에 관심을 기울여야만 하며, 그리하여 배고픈 자에게는 먹을 것을, 목마른 자에게는 마실 것을, 그리고 헐벗은 자에게는 입을 것을 주어야 한다고 말해왔다. 이것은 우리는 우리 소유에 대하여 주인이 아니라 청지기요, 배급자이기 때문이다. 그러나 어느 누구도 다른 사람 소유물을 강제로 빼앗아서 공동 소유로 만들어야 한다고 말하는 사람이 없어야 하는 것은 분명하다. 오히려 가진 자는 그가 가진 속옷에 더하여 겉옷까지도 기쁘게 줄 수 있어야 한다." 여기서 그는 아나뱁티스트 신자는 모든 소유를 강제로 빼앗아서 가난한 이들을 위하여 분배하기를 추구했다는 비난을 부인하고 있다. 심지어 소유 공동체를 실행하고 있는 후터라이트 신자조차도 그들은 다른 이들의 재물을 소유할 수 있다고 가르치지 않았다. 물론 그들이 행했던 것은 공동체의 재원을 이끌어내는 것이었다.

물건은 청지기 정신에 의하여 오직 임시로 소유하고 있는 것이라는 사상은 신자들의 교회 안에 편만하게 펴져 있다. 1557년 스트라스부르에 있는 한 개신교 신자는 스위스 한 지방에 있는 형제단 교회에 가입하기 위하여 침례를 받는 모든 지원자는 "만일 상황이 그것을 요구한다면, 그들은 그들 모든 소유를 형제단을 섬기도록 다 드릴 수 있으며, 궁핍한 어느 회원을 잃지 않기 위해서 구제금을 낼 수 있는지를" 가장 우선하여 질문을 받는다고 보고하였다.[499] 식민지 시대 미국 역사에 관하여 독일 형제단 소속 교회의

499) J. Winfield Fretz and Harold S. Bender, "상호부조" (Mutual Aid), *Mennonite Encyclopedia* (1957), III: 796–801에서 재인용.

어느 신자가 저술한 박사학위 논문은 그 정신을 다음과 같이 칭송하였다: "이렇게 '내 것' 과 '당신 것' 이 계속되는 것은 다음 기초에 근거해 말해질 수 있다. 즉 이것은 내 것이며 저것은 당신 것이라는 것은 회중 안과 밖에 있는 가난하고 고난을 당하는 이들이 필요할 때까지 관리하고 소유하는 것이라는 점이다. 한 사람이 그 자신을 사랑하는 것처럼 그 이웃을 사랑하는 것은 공동체가 무엇인지를 분명히 보여주는 것이다. 그래서 외투 두 벌이 있는 자는 하나도 없는 이에게 나누어 주고, 음식이 있는 자도 그렇게 하는 것이 마땅하다." 누가복음 3장 [11절] 500) 그 논문은 필요한 만큼 나누는 양에 대하여 다음과 같이 제안하였다: "사랑은 얼마나 나누어 주어야 하는지에 대한 목적이나 양이 있을 수 없다. 대신에 사랑은 무엇이든 가진 것을, 그리고 도울 수 있는 한, 사람 스스로 결단하여 기쁨으로 돕고 나누어 준다."501) 한 사람이 너무 많이 주어서 이제 그가 보호를 받아야 하는 형편이 되는 것은 장려되지 않았는데, 이는 마치 중세 가톨릭교회가 행해왔던 대로 자선으로 천국에 공덕을 쌓으려는 생각과 같아서 용납되지 않았다.

후터라이트 신자가 1528년 모라비아 니콜스부르크를 떠났던 이유 중 하나는 다른 아나뱁티스트 신자 일부가 그곳으로 도피처를 삼아 온 많은 피난민을 충분하게 돕지 않았다고 믿었기 때문이다. 그들의 공동체 정착촌을 폐쇄한 후, 그들은 성경과 신학 기초를 함께하는 이들을 돕기 위해 주의를 집중하였다. 그들은 초대 그리스도인을 바라볼 수 있었고, 또 그렇게 하였으며, 자연스럽게, 신약성서 많은 다른 부분에서 그리스도인은 그들 형제를 돌보아야 한다는 암시를 발견할 수 있었다. 그들이 좋아하던 지표는

---

500) Peter J. Klassen, 『아나뱁트즘 경제, 1525-1560』 *The Economics of Anabaptism, 1525-1560* (The Hague: Mouton and Co., 1964), p. 32에서 재인용. 제2장, "상호부조 경제"(The Economics of Mutual Aid)에서 이 주제에 전반에 걸친 좋은 토의를 담고 있다.

501) Michael Frantz, "단순한 교리 숙고 … " (Simple Doctrinal Considerations . . .), in Donald F. Durnbaugh, ed., 『식민시대 미국에서의 독일 형제교회』 *The Brethren in Colonial America* (Elgin, Ill.: Brethren Press, 1967), p. 453.

"공동체 삶은 만일 너무 자신만을 돌보는 마음이 없다면 그렇게 힘들지 않다"는 것이었다. 그들은 또한 겔라센하이트*Gelassenheit*가 얼마나 중요한지도 강조하였는데, 중세 말기 여러 신비주의자에 의해 많이 사용된 이 번역을 할 수 없는 용어는 자아의지를 근원부터 제거함으로써 하나님 의지에 온전하게 굴복한 상태를 내포한다. 울리히 스태들러Ulrich Stadler[502]는 1536년 경 "그리스도 안에서 모든 것을 공동 소유로 보는, 자유롭고, 방해 받지 않고, 양보하며, 기꺼이 하고자 하는 마음을 갖는 것이 필요하다"라고 썼다.[503] 후터라이트 정신을 오늘날에 설명한 것은 다음과 같다:

> 후터라이트 공동체에 소속한 한 회원의 삶은 세상 나라 보통 시민이 그 자신 모든 일에 전적 책임을 지는 것과는 비교될 수 없다. 공동체는 많은 이가 모인 것이기 때문에, 여러 짐도 또한 많은 이들 어깨에 놓이는데, 이는 능력뿐만 아니라 필요까지도 공유하는 것과 같다.… 공동체는 한 정신, 한 마음을 가진 한 몸으로 구성되는 한 단독 유기체이다. 다스리는 정신은 모두가 공동 소유한다. 그 정신은 어떠한 상황에서라도 관심이 부족하다면 드러날 수 없다.… 형제 사랑 그리고 함께 일하는 연합 정신은 공동체 기능이 작동하도록 도와준다.[504]

오늘날 메노나이트 신자는 아마도 어떤 다른 비공동체 모임보다 더 온전하게 상호 구제를 위하여 조직되어 있을 것이다. 1959년 미국과 캐나다에서 활동하는 69개 메노나이트 상호구제협회 중에서 가장 잘 알려진 것은 고

502) 후터라이트 지도자

503) Robert Friedmann, "후터라이트 형제단에서의 그리스도교 공산주의" (The Christian Communism of the Hutterian Brethren), in H. S. Bender, ed., 『후터라이트 연구 논문집』 *Hutterite Studies* (Goshen, Ind.: Mennonite Historical Society, 1961), pp. 76-85.

504) Paul S. Gross, 『후터라이트 방식』 *The Hutterite Way* (Saskatoon, Can.: Freeman Publishing Co., 1965), p. 171.

아와 도움이 필요한 어린이를 위한 협회, 노인을 위한 협회, 그리고 화재와 태풍 보험을 위한 협회 등이다. 그들은 또한 양심에 근거하여 병역을 거부하는 이들에게 자금을 빌려주고, 남미 이주민을 돕고, 그리고 새 교회 건물을 지을 수 있는 상호금융협회도 설립하였다. 그리스도의 제자교회는 복합체계를 갖춘 부서와 대리 기관을 발전시켜 왔는데, 그 중 일부는 위에서 설명한 것과 같은 필요를 채우기 위한 것이다. 이전에는 이러한 일들이 각 지역 교회에 근거를 두고 처리되었었다. 1834년 알렉산더 캠벨은 각 지역교회 회중을 구성하는 그리스도인에게 당면한 다섯 가지 최우선 봉사 영역 중에는 "가난한 성도들을 위하여, 과부를 위하여, 그리고 위로가 필요한 다른 일을 위하여 … 직접 공급하는 것이" 포함된다고 선언했다. 1840년대에 이르러 그들은 "주님께서 준비시켜 주시는 대로" 이러한 목적을 이루기 위하여 매주 정해놓고 헌금을 하는 계획을 발전시켰다. 1847년 테네시 주 네시빌 교회는 도시 전체를 여러 구역으로 나누어 매주 매 구역에 한 형제와 한 자매가 다른 회원을 방문하도록 조직을 구비하였다고 보고하였는데, 그렇게 함으로써 각 회원이 가진 일반 상태와 영적 상태를 매주일 교회에 보고할 수 있도록 하였다. 일리노이 주 월넛그로브Walnut Grove 교회는 회중이 주로 사는 지역에 가난한 이들을 위한 집을 두 채 운영하고 있다. 이에 경탄한 한 방문자는 다음과 같은 평가를 남겼다: "정말로 오랜 전통을 가진 그리스도교처럼 보입니다." 실로 환원주의 운동에 속한 제자로부터 나온 칭찬답다![505]

1930년대 독일 고백교회는 정부에 발각된 목회자 가정을 기꺼이 도와주는 것으로 구제하는 모습이 드러냈다. 급료가 끊어지거나, 막중한 벌금이 부과되거나, 혹은 징역형이 결정되었을 때, 고백교회 운동이 지속되도록 하기 위해서 그들 목회자 가정에 필요한 것들을 공급하는 것은 매우 중요하

505) Harrell, *op. cit.*, pp. 72–74.

였다. 교회투쟁에 있어서 여러 무명용사는 자금을 분배하는 일을 맡은 재정 담당자였다. 『신자의 공동생활』Life Together에서 디트리히 본회퍼는 실제 상황에 부합하는 신학 토대를 마련하였다. 이러한 형태로 필요를 나누는 것은 개개인으로 서로 떨어져 사는 엄격한 계급제도가 발전하였던 독일에서는 실로 기발한 것이었다.

사회적 차원

재능 있는 이탈리아 기자 다닐로 돌치Danilo Dolci는 시실리 섬 주민이 마피아 횡포에 시달리는 참혹한 생활환경을 세상에 알렸다. 관광객이 전혀 흥미를 느끼지 못하는 그 섬 외딴 곳에 있는 가난한 마을 리에시Riesi는 그 냉담함, 비참함, 그리고 소망이 없었기 때문에 시실리에서조차도 악명이 높을 정도이다. 좁은 지역에 2만8천 명이 거주하는데, 방이 한 칸 뿐인 집에 여섯에서 열두 명가축은 셈하지 않은 것임이 거주하거나 또는 바위투성이 언덕에 있는 여러 동굴 속에서 살고 있다. 1962년 이 참혹한 상황을 알리는 사례연구를 읽은 툴리오 비나이Tullio Vinay라는 이름을 가진 왈도파 목사는 마음에 충격을 받았다. 2차대전 중 플로렌스에서 왈도파 목사로 사역한 그는 목숨을 걸고 여러 유태인에게 피난처를 제공하였다. 후에 그는 이탈리아 알프스 지역에 아가페청소년촌락Agape Youth Village을 계획하고 건설한 것으로 널리 알려졌다. 현재 그는 아가페 공동체를 확장하여 리에시에 그리스도인 봉사단을 운영하는 국제협력팀을 이끈다. 비나이는 이 프로젝트에 대하여, 그것은 "새로운 생명 감각을 줌으로써 전체 마을을 송두리째 바꾸는 공격"이라고 말한다. 그 접근방법은 교육, 재정, 정치, 농사, 사회 등 다방면으로 이루어진다. 교회일치운동으로부터 오는 도움은 "올리브 언덕" 위에 사회봉사회관을 건설하는 것이 가능하게 하였는데, 이 건물에는 유치원,

병원, 직업학교, 자모상담소, 그리고 가금실험농장이 함께 한다. 비나이는 이 프로젝트를 위한 신학 바탕을 다른 상황에서 다음과 같이 적시하였다: "우리 신자에게 있어서, 이웃을 찾아, 섬기고 줌으로써 만들어 나가는 '새로운 세상' 은 그리스도께서 부활하셨고 이미 일하시고 계시기 때문에 공상에만 존재하는 이상향이 아니다. 만일 그가 부활하셨다면, 그가 다스리시는 이 세상은 폭력 세상이 아니라, 참인 세상이며, 그분 진리를 파묻는 것은 불가능하다." 한편, 이 모험은 왈도파에게는 새로운 것이 아니었는데, 왜냐하면 그들은 19세기 말 이탈리아 통일 이후 남부 이탈리아와 시실리 섬에서 이미 교육 사역을 운영해왔기 때문이다. 여러 병원, 고아원, 학교, 그리고 호텔이 많은 도시와 촌락에 건설되었다.506)

아나뱁티스트 신자도 그들과 비슷한 분파보다 자선사업에 대하여 더 넓은 전망을 가지고 있었다. 1553년 크리스마스 바로 이전, 메리 여왕이 왕위에 올랐을 때, 런던에서 이방인 회중이기에 추방 압박을 받아 영국으로부터 한 배 가득히 출항한 개혁교 신자 피난민이 루터교 덴마크에 의해서 정착이 거부된 후, 북부 독일의 비스마르Wismar항구에 발이 묶였었다. 비스마르 도시의회도 역시 루터교 신자로 구성되었으며, 이 "성례전파"에게 어떠한 것도 해 주기를 거부하였다. 개혁교 신자는 루터와 츠빙글리가 성만찬에 논쟁을 벌인 결과 이 이름으로 불렸다. 비스마르 인근에 메노나이트 신자가 있었는데, 하지만 그들도 역시 이단으로서 숨어살기를 강요당하고 있었다. 메노나이트 신자는 이들 방랑객이 겪는 곤경을 듣고 그들을 위해 자금을 거출하고, 직업을 구하여 주고, 그들의 자녀를 위하여 피난처를 제공하였다. 이러한 만남은 이 두 모임 사이에 긴 교리 토론 여정으로 그들을 이끌었지만, 그 결과는 아무런 열매도 없었다. 후에 그 개혁교 신자는 루터교

506) Ray Davey, "시실리 섬의 두 얼굴" (The Two Faces of Sicily), *Frontier*, I, vol. 8 (Spring 1965), 45–48; *Agape Servizio Informazioni* (May 1967), [6].

시의회에 그들에게 은혜를 베푼 이들의 이름과 숨어사는 곳을 알려주었다. 이들 메노나이트 신자는 스위스 메노나이트 순교자 중 하나였던 한스 레오폴트Hans Leopold가 그들에 대하여 다음과 같이 표현한 원리에 꼭 맞추어 살고 있었다: "그들은 만일 어떤 사람이라도 곤경에 처한 것을 알았을 때, 그가 그들 교회 회원이든 그렇지 않든 간에, 하나님 사랑으로 그들에게 도움과 원조를 제공하는 것이 그들 의무를 다하는 것이라고 믿는다."507)

네덜란드 메노나이트 신자는 여러 다른 이를 도움에 있어서 특별히 신실하였다. 그들은 그들과 동일한 신앙을 가진 이들보다 일찍 관용을 허락받는 환경에 있었는데, 그러한 환경 때문에 그들은 다른 이들을 도울 수 있는 수단을 얻을 수 있었다. 18세기 초 그들은 스위스 베르네스 주Bernese canton를 강압에 의해서 떠나야했던 아나뱁트스트 신자를 위하여 자금을 마련했다. 그들은 다른 나라에 다시 정착하는 핍박받는 비순응파를 도운 긴 목록을 가지고 있다. 현재 미국에서는 메노나이트재난구호봉사단Mennonite Disaster Service이 사회봉사를 하는 예로써 아마도 가장 잘 알려져 있을 것이다. 홍수 혹은 폭풍과 같은 천재지변이 발생할 때, 자급하는 숙련 기술자로 구성된 구조팀은 신속하고 효과 있는 도움을 제공하기 위하여 재난 발생 지역으로 이동한다. 그들이 이렇게 신속하게 자원하여 수고를 아끼지 않는 것은 전국에 걸쳐 잘 알려져 있다.

친우회는 아마도 어떤 다른 종교단체보다도 일반 인도주의 영역에서 균형을 갖추어 힘을 쏟아왔을 것이다. 이렇게 꾸준히 노력을 기울이는 것은 각 사람은 하나님 자녀이며, 진리와 사랑에 반응할 수 있는 것이 그 안에 있다는 그들 기본 확신으로부터 자연스럽게 흘러나왔다. 그들이 사회를 돕는 행동에 헌신하는 삶에서 보여준 통일성은 많은 이로부터 경탄을 자아냈다. 영국 헐Hull 대학에 재직하는 한 교수는 왜 그가 "확신 있는" 친우회

507) Fretz and Bender, *op. cit.*, p. 797.

원이 되었는지 다음과 같이 설명하였다. "나에게 특별히 매력으로 다가왔던 것은 … 고요한 내부 삶이 세상 문제를 해결하기 위하여 활발하게 외부로 표현되는 것은 서로 불가피하게 연결되어 있음을 강조하는 그 뚜렷한 방법이었다. 퀘이커교를 통하여 나는 그리스도인과 그 사회는 노력하지 않아도 서로 뒤얽혀 있음을 발견하였다."[508] 영국과 미국에서 비참한 감옥 환경에 대하여 처음 알게 된 이후, 퀘이커 신자는 그 개혁을 위하여 총력을 기울였다. 정숙하고 세련된 부인 엘리자베스 프라이Elizabeth Fry는 1813년 이래 런던 뉴게이트 감옥 여죄수 구역이 처한 상상할 수 없는 소란과 열악한 환경에 용감하게 맞서 자주 방문하며 "게으르고, 사납고, 술주정하며, 감당할 수 없는 여러 여인"이 개선된 생활을 하도록 꾸준한 변화를 일으켰다. 펜실베이니아 퀘이커 신자는 감옥 생활은 처벌을 하는 것보다는 교정을 목적으로 계획되어야 한다는 개념을 처음으로 발전시킨 이들이었다. 그리하여 그들은 여러 죄수가 혼자 있을 수 있는 "참회 교화소"를 고안하였는데, 이는 뉘우침과 변화참회가 일어나도록 돕는 곳이었다. 비록 거의 모든 수인에게 있어서 혼자 있음이 너무 가혹한 것임이 드러나기는 했지만, 이렇게 형벌 이론이 혁명처럼 바뀌었을 때, 퀘이커 신자가 수행한 다른 여러 계획은 큰 성공을 거두었다. 저명한 프랑스인 방문자 알렉시 드 토크빌러Alexis de Tocqueville는 프랑스 정부에게 프랑스 감옥을 더 개선하도록 권고하기 위해서 이 감옥을 연구하려고 미국에 왔다.[509]

퀘이커 신자가 정신병자를 대하며 유지해온 태도 또한 주목할 만하다. 정신병자를 동물로 대하는 전통 대신 퀘이커 신자는 그들이 정신이 병든 것이라고 말했다. 1796년 윌리엄 터크스William Tukes는 영국 요크에 "휴양소"를 설립하였는데, 그곳에서 환자는 방문객 대우를 받았으며, 신체를 속박하는

508) Trueblood, *op. cit.*, p. 256에서 재인용.
509) Brinton, *op. cit.*, pp. 151–153.

일은 폐지되었다. 치료는 기술이 있는 이들에 의해 제공되었다. 펜실베이니아 주 프랭크포드Frankford에 소재한 퀘이커 신자 안식처는 그 목적을 "요긴한 의료 도움과 함께, 혼란스러운 마음을 진정할 수 있도록 부드러운 자애심을 가지고 보살피는 것과 신앙으로 돌봄을 제공하기 위하여 계획되었다"고 알렸다. 이러한 일환으로 2차대전 기간 그리고 그 이후에까지 계속되어 퀘이커 신자와 다른 양심에 근거한 징병 거부자는 국영 대형정신병원에서 환자를 돌보도록 배치되었다. 일부 병원에서 체험한 포악한 환경에 의해서 충격을 받은 그들은 그 상황을 폭로하도록 하였으며, 더 중요하게는 그들 중 많은 이가 그들 생애를 정신건강을 개선하는 문제에 헌신하게 되었다. 메노나이트 신자 같은 경우에도 비슷한 이야기를 할 수 있다. 그들 역시 전 국가에 걸쳐 병원을 연이어 설립하였는데, 그들 중 일부는 외래 환자 치료에 선구자가 되었다.

퀘이커 신자가 노예제도에 대하여 반대한 것은 정평이 나있다. 존 울만John Woolman과 앤써니 벤제Anthony Benezet는 미국에서 노예소유 및 매매라는 악을 먼저는 그들 신앙 형제에게 그리고 더 넓게는 사회 전체에게 주목하도록 하기 위해서 목소리를 높였다. 울만은 노예를 소유한 가정에서 대접을 받는 것을 종종 거부하였으며, 또한 그 자신을 위하여 일한 노예에게 보상해야 함을 강조했다. 자신 행동을 통해서 설명하는 이러한 부드러운 방법 때문에 그는 종종 노예소유자로부터 존경과 공감을 얻어내었다. 메노나이트 신자, 독일 형제단, 그리고 모라비아 신자 등 미국에 정착한 독일 분파는 그들이 미국에 첫발을 디딜 때부터 노예제도를 거부해 왔다. 메노나이트 신자인 피터 C. 플락호이Peter C. Plockhoy는 노예에 대한 델라웨어 식민지 규정에 대항하여 다음과 같이 미국에서 처음으로 공식 선언을 발표하였다: "주인정신을 갖지 못하게 하는 것, 혹은 비열하게 노예를 소유하는 것은 우리 사회에 큰 부담이 될 것이다."510) 1688년 펜실베이니아 저먼타운에 있던 메노나이트 신자와 퀘이커 신자는 연합하여 그들 월례 모임에서 통과시키기 위하여 노예제도에 대한 통렬한 비판을 저술하였다. 이에 대하여 너무나 큰 논쟁이 벌어져 이 일은 더 이상 진행되지 못했지만, 증언은 이루어졌다. "이 나라에는 바르고 합당한 양심에 근거한 자유가 있으며, 신체를 위한 자유는 반드시 존재해야만 한다"고 그들은 발언했다.511) 퀘이커 신자는 남북전쟁 이전부터 그들 자신에게 심각한 위험이 초래될 가능성을 감수하며 흑인을 캐나다로 도망치도록 돕는 "지하철도" underground railway를 적극 운영하였다.

감리교 또한 사회에 대하여 처음부터 관심을 기울여 왔는데, 특별히 노동자 처우 개선에 힘썼다. 야외설교 그 자체가 영국 국교회가 운영하던 낡은 교구 체제에 의해서는 접촉할 수 없는 이들에게 다다를 수 있는 기술을 발전시켰다. 존 웨슬리는 항상 실업자에게 관심이 있었다. 82세가 되었을 때에도 그는 가난한 이들을 위한 구제금 모금에 진력하였다. 조지 휫필드가 조지아에 세운 고아원은 비록 오래 가지는 못하였지만 많은 나라 사이에서 유명해졌다. 영국 역사가 그린John Richard Green은 영국 복음주의 부흥운동이 초래한 가장 혁혁한 결과 중 하나는 사회봉사 정신이 탄생한 것이라고 지적하였다. 감리교를 통하여 자신을 형성한 윌리엄 부쓰William Booth는 빈민가에서의 필요를 돌보기 위하여 구세군을 세우려고 종국에는 감리교로부터 탈퇴하였는데, 그는 자신 저서 『영국에서 가장 캄캄한 곳』*In Darkest England*에서 경악할만한 빈민가 세부 상황을 묘사하였다.

산업혁명이 일어나면서 많은 문제가 발생하였고, 그 문제를 해결하기 위

---

510) Leland Harder, "플락호이와 미국 노예제도" (Plockhoy and Slavery in America), *Mennonite Life*, VII (October 1952), 187-189.

511) John C. Wenger, 『프란코니아 총회 메노나이트 역사』 *History of the Mennonites of the Franconia Conference* (Scottdale, Pa.: Mennonite Publishing House, 1938), p. 413. (철자법은 현대용법에 맞게 고쳤다.)

하여 여러 시도도 이루어졌다. 이러한 시도 중 성공을 거둔 것에는 프라이스Frys, 캐드버리스Cadburys, 그리고 론트리스Rowntrees와 같은 영국 퀘이커 초콜릿 회사가 세운 모범 마을이 있다. 각 회사마다 "정원 하나에 공장 하나"를 지음으로써 그들은 그들 노동자를 위한 좀 더 나은 노동 환경을 만들어 내었으며, 그들을 위하여 훌륭한 주거 시설을 건설하였고, 건강 혜택, 은퇴 계획, 이득 재분배, 그리고 오늘날에는 보통 받아들여지는 여러 혜택을 제공하였다. 미국에서 단지 노동뿐만 아니라 사회 전반에 걸쳐 더 나은 조건을 창출하려고 싸운 예언자는 침례교 신자 월터 라우쉔부쉬Walter Rauschenbusch였다. 신학대학원 교수직을 사임하고 뉴욕 웨스트사이드에 있는 "지옥의 주방"Hell's Kitchen에서 목회자로 일하게 된 라우쉔부쉬는 놀이터, 주택, 직업, 그리고 더 나은 건강을 위한 조건을 이루기 위해 싸웠다. 신학대학원 교수였던 그는 자신의 저서와 강연 때문에 나라 전체에 걸쳐 유명인사가 되었다. 그를 비판하는 이들에 답하면서, 그는 "주님 왕국이 임하시고, 주님 뜻이 이 땅 위에서 이루어지이다"라고 기도하였으며, "기독교 사회주의" Christian Socialism를 주창하였다.

국제적 차원

1947년 12월 10일 미국친우회봉사협회American Friends Service Committee와 영국 친우회봉사위원회British Friends Service Council 두 대표가 그들 기관을 대표하여 노벨 평화상을 수상하기 위하여 오슬로에 머물고 있었다. 이는 공식 행사로서, 그들은 적절하게 의상을 갖추고 행사장에 입장하도록 요구를 받았다. 하버드 대학 성서학자인 헨리 캐드버리Henry Cadbury는 미국친우회봉사협회 의장으로서 협회를 대표하였다. 연미복을 포함한 예복은 그가 준비한 의류 가방에는 들어 있지 않았다. 대신 자원이 풍부한 다른 몇몇 퀘이커 신자가 이 행사에 참석하였는데, 그들은 외국 난민 정착촌에 보낼 옷가지를 만드는 필라델피아 공장에서 그 행사에 요구되는 연미복을 만들어 왔다. 시상식 이후에 캐드베리는 다음과 같이 회상하였다: "나는 만찬 중 내 자리 곁에 앉았던 귀부인 중 누군가가 내가 입고 있던 그 외투가 잠시 후 혹은 좀 더 시간이 흘러 헌 옷과 새 옷으로 꾸려진 많은 짐 속에 묻혀 대양을 건너갈 운명이었는지 알고 있었을지 궁금했다." 이런 일이 있기 얼마 전, 그는 신약성서 개역표준판RSV을 만들어 내는 학자 모임에서 봉사했었다. 좀 더 엄밀한 영어 본문을 결정하는 끈질긴 노동을 하던 수 년 동안 그는 또한 그 구호협회 의장으로서 막중한 부담을 견뎌야 하는 행정 업무를 수행하였다. 한 번은 그는 성서를 연구하는 학문 세계로부터 미국친우회봉사협회라는 긴장과 복잡함 속으로 변환하는 것이 너무 갑작스러운 것은 아닌지 질문을 받았다. 그는 이 두 가지 일이 다 그에게는 "신약성서를 번역하고자 분투하는" 것이라고 응답하였다.512)

오랜 세월 동안 신자들의 교회 안에 있던 정신을 잘 드러내 보여주는 앞에 나온 두 일화는 그들이 이해한 성서 가르침을 국가 혹은 민족 경계를 초월하여 확고한 섬김으로 옮기고자 추구해왔음을 보여준다. 이러한 정신이 바로 이전에 토의했던 대로 그들이 가지고 있던 선교 개념 중 하나로 드러난다. 15세기까지 멀리 거슬러 올라가면, 페테르 헬치스키는 그 가르침을 다음과 같이 선포하였다: "유태인이든 이교도이든 이단이든 대적이든 간에 만일 어떤 사람이라도 도움이 필요한 가운데 있다면 사랑 원리를 따라, 그가 굶주림과 추위 혹은 어떤 다른 재앙에 의해서 죽지 않도록 돌보는 것이 우리에게 주어진 의무이다."513) 그래서 그들에게는 처음부터 외국에 있는

---

512) Mary Hoxie Jones, "헨리 조엘 캐드버리: 전기 그리기" (Henry Joel Cadbury: a Biographical Sketch), in Anna Brinton, ed., 『이전 그리고 지금』 *Then and Now* (Philadelphia: University of Pennsylvania Press, 1960), pp. 52–54와 밀접한 관계가 있다.

513) Peter Brock, 『체코 형제단 정치 사회 교리』 *The Political and Social Doctrines of the Unity of Czech Brethren* (The Hague: Mouton and Co., 1957), p. 62.

도움이 필요한 이들이 진 짐을 가볍게 해주려는 일관된 노고가 있어왔다.

이러한 노고는 19세기에는 좀 더 조직을 갖춘 형태가 되었다. 그리스도의 제자교회는 1847년 알렉산더 캠벨이 영국을 방문할 때 거기서 나누어줄 구제금을 모금하였다. 거출된 1,300 달러 중 거의 모든 액수가 스코틀랜드 노동자에게 주어졌다. 1870년부터 1871년까지의 프랑스-프러시아 전쟁 Franco-Prussian War 시기에 영국 퀘이커 신자는 친우회전쟁희생자자금을 조직하였으며, 전선 양측에 있는 부상자와 무숙자를 돌볼 자원봉사자를 파견하였다. 이러한 활동은 1차대전 시기에 친우회야전병원단과 전쟁희생자 구조위원회를 위한 전례가 되었다. 1914년 전투가 시작되었을 때 많은 퀘이커 신자는 솔선하여 전선을 방문하였으며, 그리하여 그곳에서 알아낸 것을 고국으로 가지고 갔다. 이것은 대영제국 전체에 걸쳐 광범위하게 순환되는 호소를 불러일으키는 결과를 낳았다: “우리는 오늘날 인류 역사에서 가장 격심한 것이 될 수 있는 분쟁 한 가운데 있는 우리를 발견합니다. 이렇게 전쟁이 발발하도록 한 그 과정을 보는 우리 견해가 어떠한 것일지라도, 전쟁은 가공할 정도의 범위로 발전하고 있으며 우리나라도 그 전쟁에 참여하게 될 것이라는 사실을 이제 우리 면전에 두고 있습니다.… 우리가 가진 의무는 명확합니다: 사랑으로 그리고 증오를 증오하였기 때문에 용감해지는 것.” 24시간 가동되는 야전병원을 이끈 한 지도자는 필립 노엘베이커Philip Noël-Baker 였는데, 위험천만한 국제전쟁 한 가운데서 그가 쏟아 부은 노력이 인정되어 1959년 그에게 노벨평화상이 주어졌다.

1914년 11월 초에 이르러는 적십자 후원으로 훈련된 의료 구호요원으로 구성된 첫 번째 단체가 유럽 대륙에서 활동을 시작하였다. 그들이 프랑스 북부 해안 벨기에 접경지역의 던커크Dunkirk 에 상륙하자마자 그들은 3천여 명 연합군 병사가 기차역 창고에서 병원으로 이송되기를 기다리고 있는 것을 발견하였다. 그 병사 중 일부는 3일 이상 그곳에서 기다리고 있었으며, 그럼에도 그들을 돌보는 이는 불과 몇 명뿐이었다. 전쟁이 끝날 무렵에는 600명 이상이 이런 야전병원에서 일을 하고 있었는데, 각 자원봉사자는 자신 훈련비와 생활비를 스스로 충당했다. 1917년 미국이 전쟁터에 휩쓸려 들어왔을 때, 미국친우회봉사단이 태어났다. 이 봉사단도 역시 600여 명 퀘이커 신자와 비퀘이커 신자를 훈련하여 프랑스에 파송하여 의료와 재건 사업을 하도록 하였다. 다른 여러 종교단체는 이 계획을 협조하기 위하여 자금을 제공하였다. 1917년부터 1919년까지 러시아와 세르비아, 그리고 오스트리아와 독일에서 봉사활동을 하는 동안 이 두 봉사단체는 긴 전쟁과 해안봉쇄작전 결과로 인해 호된 고난을 당했다. 퀘이커 신자로서 허버트 후버Herbert Hoover 514)는 유럽 지역 구조 총책임을 맡았다. 그는 독일에서 광범위한 급식작전을 실행하기를 친우회에 요청했는데, 그 자금 상당 부분은 독일계 미국인으로부터 조달되었다. 그 이후에 다시 새롭게 일어난 전쟁, 즉 1930년대 스페인 내전 등, 그리고 대공황 여파 등은 이 봉사단이 계속 작동하도록 결정내릴 필요성을 만들었다.515)

1920년 수많은 러시아인이 고난을 당했으며, 그들 가운데는 많은 메노나이트 신자도 포함되어 있었다. 이러한 상황은 미국과 캐나다에 있는 여러 메노나이트 분파가 메노나이트중앙위원회Mennonite Central Committee를 형성하는 계기를 만들었다. 그 바로 전 해, 러시아 메노나이트 대표단은 그들 나라에서 일어나는 광범위한 기아에 대하여 보고하기 위하여 북미를 방문하였었다. 신속한 구조를 위하여 수천 달러가 거출되었으며, 세 사람이 그 작전을 돕기 위하여 러시아로 파송되었는데, 그들 중 한 명은 백군과 적군White and Red armies 사이에 일어났던 동란으로 인한 혼란 와중에 그 생명을 잃었다. 그 다음에 해야 할 큰 작전은 러시아 메노나이트 신자를 다른 여러

514) 후에 미국 제31대 대통령

515) Janet Whitney, "퀘이커 신자와 노벨상" (Quakers and the Nobel Prize), in A. Brinton, *op. cit.*, pp. 253-269.

나라로 새롭게 정착하도록 하는 노고였는데, 이 이주는 소비에트 독재정권이 추진하는 강제집단농장 정책이 농촌지역에 거주하는 메노나이트 신자에게 가한 심각한 타격으로 인한 것이었다. 독일과 네덜란드에 있는 신앙형제 도움으로 함께 일한 북미 메노나이트중앙위원회M.C.C는 2천 명을 파라과이 차코Chaco에 그리고 다른 이들은 캐나다에 정착하도록 주선하였다. 이런 일을 함에 있어서 관계국 정부, 운송 회사, 그리고 이주민 사이에 협상이 이루어지는 과정에서 상상할 수 없을 정도로 복잡하고 쓸데없는 여러 일을 견뎌내야만 했다.

2차대전 종전 후에는 더 많이 이주해야할 과제가 생겨났다. 1945년부터 1951년 사이에 3만여 명 정도가 미국, 캐나다, 파라과이, 그리고 우루과이에 정착했다. 가장 드라마 같은 경우 중 하나는 일천 명에 달하는 러시아 메노나이트 신자가 이주하는 과정이었다. 그들은 먼저 베를린으로 그들 행로를 결정하였는데, 그 때 베를린은 네 강대국 분할통치 아래 놓이게 되었다. 소비에트 정부는 그들이 소비에트 시민으로 돌아와야 한다고 강력히 주장하였지만, 그들 난민은 만일 본국으로 송환되면 그들을 기다리고 있을 가혹한 운명을 두려워하였다. 북미 메노나이트중앙위원회는 1947년 러시아 점령지구 독일로부터 브레메하벤Bremerhaven 으로 가로질러 그들을 이동시키는 세세한 계획을 추진하였는데, 브레메하벤에는 전세계약을 맺은 배가 그들 그리고 네덜란드와 서부 독일로부터 파라과이로 가는 이주민을 기다리고 있었다. 그들이 베를린으로부터 떠나기로 예정된 시간을 24시간 정도도 남기지 않았는데, 미국 군정은 북미 메노나이트중앙위원회 대표인 페테르 딕Peter Dyck 에게 러시아 군정이 이주민을 태운 기차가 출발하는 것을 무력으로 저지할 준비를 하고 있다고 말하였다. 그들이 비행기 편으로 베를린을 떠나는 방안이 숙고되었으나, 비행기가 격추될 가능성이 있었기 때문에 이 계획은 포기하였다. 워싱턴에서는 전쟁이 일어날 가능성 때문에 이주민을 이동시키는 데 무력을 사용할 수 없다는 훈령을 내렸다. 그리하여 그들은 베를린에 발이 묶였다. 전세 선박은 다른 지역으로부터 오는 난민을 먼저 태우고, 항해할 시간을 계속 허비하면서 기다렸다. 게다가 항구에는 더 기다리는 날 수만큼 늘어나는 비싼 벌금을 물어야 했다. 결국 항해를 포기하기로 결정된 때가 되기 불과 몇 시간 전에 베를린으로부터 러시아 군정이 이 문제를 부드럽게 처리하기로 결정했다는 전갈이 도착했다. 그들 메노나이트 신자에게는 서부 베를린에 있는 그들 정착촌을 떠날 준비를 할 수 있는 시간으로 90분이 주어졌으며, 미 육군은 그들을 트럭으로 철도역까지 이동시켰다. 철도역에서는 그들을 48개 철도차량에 태워 36시간 후에 그 전세선박까지 안전하게 이동시켰다. 북미 메노나이트중앙위원회 사역은 2차대전 이후에 많은 다른 나라로 확장되어서, 1965년에 이르러는 54개 나라에서 프로젝트를 했었거나 혹은 현재 진행하고 있다. 1964년에는 300여 명에 달하는 직원이 해외에서 섬기고 있다.516)

독일 형제교회는 처음에는 미국친우회봉사협회A.F.S.C.에 그 후에는 북미 메노나이트중앙위원회에 개인으로 혹은 공동으로 후원함으로 그들 프로젝트를 도왔지만, 그들도 그들 자신 봉사기관을 가지고 있어야 한다는 공감대가 형성되었다. 그래서 1941년 형제단봉사위원회가 창설되었다. 이 위원회가 수행한 첫 번째 중요한 과업은 다른 몇몇 평화주의 교회와 함께 2차대전에 참전하기를 거부하던 평화주의 교회 신자를 위한 대체복무 조직인 시민공익봉사캠프Civilian Public Service Camps를 조직하고 운영하는 것이었는데, 그 위원회가 맡은 분야는 대상자 선정 작업이었다. 이 일을 하기 위해서 그 위원회는 200만 달러 가까이 거출하여 사용하였다. 시민공익봉사단과 함께하던 시절에 추진한 또 다른 주요 프로젝트 중 하나는 미네소타

516) John D. Unruh, 『그리스도의 이름으로』 *In the Name of Christ* (Scottdale, Pa.: Herald Press, 1952), 곳곳에서 인용하였음; "1920 년 혁명위기 속에서 태어난 북미 메노나이트중앙위원회" (MCC Born in 1920, Amid Revolutionary Crisis), *Mennonite Weekly Review* (September 23, 1965), 1, 6–7.

대학교에서 "기아 연구팀" starvation unit을 운영하는 것이었는데, 여기서 여러 독일 형제단 양심 병역 거부자는 과학에 근거하여 조절된 최소한 영양만 섭취하는 규정식단에 자원하여 참여하였다. 이 연구 목적은 인간에게 기아가 끼치는 영향을 탐구하고 그들을 다시 건강하게 회복하는 가장 나은 방법을 알아내는 것이었는데, 이것은 2차대전 종전과 함께 인류 건강회복이라는 막중한 과제를 지향한 것이었다. 형제단봉사위원회가 운영하는 정착촌과 거주지에 3천명이 넘게 참여하였으며, 그들 중 1300명이 독일 형제교회 회원이었다.517)

독일 형제교회가 후원한 가장 유명한 구제사업은 독특한 "송아지 프로젝트" heifer project 였다. 이 계획은 먼저 단 웨스트 Dan West 가 스페인 내전 기간에 어린이에게 분유를 공급하기 위하여 기획하였다. 농장에서 자라난 웨스트는 장기간 영양을 공급하기 위해서 스페인에 소를 공급하는 것이 좋겠다는 생각을 가졌다. 더 나아가, 기증받은 소가 낳은 첫 번째 송아지를 또 다른 필요한 사람에게 줌으로써, 이 계획은 그 후에 "연쇄사랑반작용" chain reaction love 이라 불리는 것을 시작하는 것이 되었다. 미국으로 돌아오자 그는 그 생각을 말하였으며 그리하여 1944년 그 계획은 행동으로 옮겨졌다. 북부 인디아나 주로부터 먼저 푸에르토리코에 "믿음" Faith 이라는 이름을 가진 송아지가 보내졌는데, 거기서 3곳의 역사적 평화교회 Historic Peace Churches 가 공동체 재건과 의료 프로젝트를 이미 실행하고 있었다. 그들은 전쟁 기간 동안 해외에서 사역하기를 열망하고 그를 위하여 주의 깊게 준비하였지만, 이를 좋게 여기지 않은 의회에 의해서 저지되었었다. 정부 기안자는 웨스트가 가진 계획을 좋아하였는데, 왜냐하면 유럽에서 명맥이 끊긴 가축을 다시 살리는 것은 전후 복구 계획이 가진 주요 목표 중 하나였기 때문이

517) Leslie Eisan, 『평화에의 지름길』 *Pathways of Peace* (Elgin, Ill.: Brethren Publishing House, 1948); Lorell Weiss, 『독일 형제교회 사회봉사 10년사』 *Ten Years of Brethren Service* (Elgin, Ill.: Brethren Service Commission, [1952]).

었다. 국제연합 구제재활집행부United Nations Relief and Rehabilitation Administration가 구성되었을 때, 그 집행부는 미국에 있는 독일 형제교회에게 배편으로 유럽으로 보낼 천 마리 가축을 공급해 줄 것을 요청하였다. 송아지 프로젝트에 대한 답례로 무료 해외 배송을 보장받았다. 다른 교파에 소속한 농촌지역 여러 대표자는 실제로 적용이 가능한 이 계획에 많은 매력을 느꼈고, 그리하여 이 기구는 곧 바로 초교파 성격이 되었다. 어느 나라에는 소를 공급할 수 없어서 염소나 가금류가 보내졌다. 1966년에 이르러 84 나라 이상이 백만 마리 이상이나 되는 동물을 배송 받았다. 독일 형제교회는 또한 그리스도인농촌해외계획Christian Rural Overseas Program을 창설하는 데에도 영향을 끼쳤는데, 이 계획은 교회세계봉사회Church World Service와 세계교회협의회가 운영하는 몇몇 구제 기구를 통하여 수많은 식량을 공급하였다.518)

교회일치운동으로부터 후원을 받고 독일 형제교회가 주도한 사업은 1950년 시작된 그리스 농촌 거주자를 구제하는 것이었다. 여러 자원봉사자는 알바니아 국경 근처에 있는 산악지대를 이동하면서 가난에 찌든 지역 주민과 난민을 도왔다. 그들은 한 지역에 집중하여 일함으로써 그 지역 여러 마을 전체 경제 상황과 미래 전망을 개선하는 것에 성공하였다. 여러 농업지도사는 시범 농장을 운영하고 개량종자를 만들어 내었다. 목화가 주요 원자재 작물로 소개되었고, 가금류 기르기와 양봉이 시작되었다. 여자아이에게는 시골에서 할 수 있는 기술을 가르쳤는데, 여기에는 작물이 자랄 수 있는 시기가 지난 후 수 개월 동안 양식을 공급할 수 있도록 통조림을 만드는 것이 포함되었다. 여러 청소년 모임이 조직되고 주택 여러 채와 새로운

518) Kermit Eby, 『당신 안에 거하시는 하나님』 *The God in You* (Chicago: University of Chicago Press, 1954), pp. 43–54; "여러 담장과 한 따스한 코" (Fences and a Warm Nose), Church of the Brethren *Messenger* (July 21, 1966), 13; Harold E. Fey, 『동정심으로 모아지는 협동』 *Cooperation in Compassion* (New York: Friendship Press, 1966).

교회 건물이 하나 지어졌다. 이 모든 것은 동방정교회와 밀접하게 협동함으로써 이루어졌는데, 원래 동방정교회는 개신교가 들어와서 주민을 개종시킬 것이 두려워하여 그들을 받아들이는 것을 싫어하였었다. 이 봉사단은 세계교회협의회를 통하여 후원을 받음으로써 온전히 교회일치 그리고 국제운동 성격을 갖게 되었다.519)

침례교 신자는 1920년 런던에서 모인 총회와 함께 국제구조 현대계획을 시작하였다. 그들은 이 때 세 가지 주요 결정을 하였다. 그들은 구제를 위한 3년 계획을 결정하였고, 미국침례교는 그들 안에서 100만 달러를 모금하기로 약속하였고, 유럽에 보낼 대표자 한 명을 뽑았다. 이 계획에 의한 원조가 15개 나라로 보내졌다. 1921년 유럽에 공급하기 위하여 배 한 척에 식량과 의류가 가득 채워졌다. 2차대전 종전 시기에는 "십자군"crusade이 유럽 전반에 걸쳐 시작되었고, 난민촌을 다시 정비하였다. 1940년 조직된 미국침례교세계구제협의회American Baptist World Relief Committee는 1300만 달러 이상을 모금하여 배분하였는데, 이 과정에서 주로 교회세계봉사회Church World Service 등과 같은 다른 기관과 함께 일하였다. 1947년 이후 기구를 확장한 침례교세계연맹구제협의회Baptist Wold Alliance Relief Committee는 많은 침례교단과 협력하여 구제에서 제외된 많은 지역을 도왔다. 1947년부터 1950년 사이에 천만 달러에 달하는 구제물품과 의료용품이 배포되었다.520)

이탈리아에 있는 작은 왈도파 교회도 역시 그 인근 지역을 넘어서는 필요를 공급하는 일에 민감하게 반응하였다. 아가페 공동체로부터 파생한 한 기관이 해외 이주 노동자를 돕기 위하여 독일 프랑크푸르트/마인Frankfurt/Main 인근 크리프텔Kriftel에서 사역을 시작하였다. 1965년 여덟 사람이, 상

519) Edgar H. S. Chandler, 『난민촌 높은 탑』 *The High Tower of Refuge* (New York: Frederick A. Praeger, 1959), pp. 79-83.
520) Dana M. Albaugh, 『누가 우리를 갈라놓을까?』 *Who Shall Separate Us?* (Chicago: Judson Press, 1962).

이한 그리고 때로는 적대하는 문화에 적응하려는 이주노동자를 돕는 국제간 팀사역을 하였다. 그들은 자기들이 하는 일을 어떻게 해서든 교회가 울리베토 공동체Uliveto community를 창설할 실제 가능성을 "이루어내는" 것으로 규정하였다. 이 공동체는 이른바 "고집 센" 러시아 탈주자로 이루어진 농업 정착촌이었는데, 그들은 해외 정착 환경을 받아들이기에는 너무 나이가 많았거나 너무 병약했다. 노년층에 속하는 이주민은 그들 스스로를 부양하기 위하여 그리고 자존감을 형성하기 위하여 토끼 기르기, 가금류 기르기와 양봉에 참여하였다. 세계교회협의회 소속 정착촌 책임자인 에드거 H. S. 챈들러Edgar H. S. Chandler는 "만일 우리가 세계 곳곳에 수백만 개에 달하는 울리베토 공동체를 계속 확장할 수 있다면 행복한 세상이 올 것이다. 그렇게는 할 수 없지만, 우리는 이제 오직 이탈리아 알프스에 있는 이 난민 안식처를 새로운 지평을 위한 징후로 여길 수 있다. 또 이는 나머지 세상 사람에 의해서 거부된 사람이 마지막으로 발견하는 길이 될 것이다"라고 말하였다.521)

521) "외국 이주 노동자를 섬기는 교회일치운동 사역팀" (An Ecumenical Team Serving Foreign Workers), *News From Agape* (November 1965), 25-32; Chandler, *op. cit.*, pp. 237-238.

제12장 분파와 교회일치

1차대전 중에 미국 독일 형제교회 지도자로 구성된 대표단이 워싱턴 D.C.를 방문했다. 그들이 받은 사명은 비전투요원으로 군 복무를 할 수 있는 정부 규정을 확인하고, 또 이 문제에 대하여 헌병사령관과 대담을 하는 것이었다. 토의가 진행 되던 중, 그 장군은 독일 형제교회에는 얼마나 많은 분지分枝가 있는지 그 대표단 한 명에게 물었다. 대답을 듣자 그는 웃으면서 이렇게 말하였다: "여러분은 어쨌든 평화를 지키는 사람이 되기 위해서 상당히 자주 툭하면 싸우는 사람이군요."522)

동일한 비판이 신자들의 교회 전반에 걸쳐 퍼부어질 수 있다. 그들 역사는 분열로 얼룩져있다. 예를 들면, 가장 최근 미국 그리스도교 교파 연감은 27개 침례교, 4개 독일 형제교회, 3개 제자교회, 8개 플리머스 형제단, 9개 퀘이커교, 15개 메노나이트교회, 그리고 22개 감리교회 교단을 열거한다. 물론 다른 교파 공동체도 역시 분열되어 있음을 지적할 수 있다. 같은 자료집에 의하며 열세 장로교회와 여섯 개혁교회 교단이 있다. 1900년 24개 루터교회 교단이 미국에 있었는데, 이들은 교리와 윤리 문제로 이렇게 분열하였다. 지난 해 동안에 루터교회 계열 교단이 서로를 하나로 만들기 위하여

522) J. E. Miller, 『독일 형제단이 사는 이야기』 *Stories from Brethren Life* (Elgin, Ill.: Brethren Publishing House, 1942), pp. 136–137.

많은 노력을 해왔지만, 아직도 그들 이름은 그 연감에서 반 페이지를 차지한다.523)

교회 분열 현상을 보는 두 가지 상반되는 방법이 있다. 지금 교회일치운동은 그것을 추문으로 본다. 이렇게 보는 방식은 이르게는 1929년 H. 리처드 니버가 저술한 영향력 있는 책『교파주의의 사회적 원천』*The Social Sources of Denominationaliam* 에서부터 정착된 것인데, 그 책은 여러 변증론자가 주장했던 것처럼 교파주의의 다양성을 신앙과 전통에 대한 근본 부정으로 여긴다. 교파 사이에 있는 서로 다른 점은 다양성에 기원한 것이라기보다는 사회 계급, 국적, 지역주의, 그리고 경제 요인과 관련된 것으로 해석되었다. 니버에게 있어서 교파주의는 "그리스도교 윤리 몰락"을 대표한다. 교회 역사는 분열 역사가 되어왔으며, "분열 역사는 그리스도교 패배 역사가 되어왔다."524)

그리스도인 사이에 통일성이 결여된 것은 지금 많은 이가 동의하듯이, 교회 증언이 가지는 신빙성을 강탈해갔다. 어떻게 교회는 자기들이 같은 주님을 따른다고 하면서도 함께 살지 못하면서, 열방에게 평화롭게 함께 살자고 말할 수 있을까? 계속되는 분열은 그리스도 안에서 한 몸을 이루라는 하나님의 요청에 교회가 불신실함을 보여주는 것이다. 선교는 분열정신에 의해서 방해받아왔다. 교회연합협의회Consultation on Church Union 에 의하여 산출된 교회통일 원리를 소개한 "여러 교회에게 드리는 공개서한"은 이런 견해를 다음과 같이 표현한다: "교회는 하나이며, 그리스도 안에서 하나님이 행하심에 의해서 그렇게 되었다. 교회 생명은 그리스도를 통하여 주어지신 한 성령이시다. 이렇게 주어진 통일성unity 으로 인하여, 그리스도인이 눈에

523) Frank S. Mead,『미국 교파 연감, 제4판』*Handbook of Denominations in the United States,* fourth ed. (New York: Abingdon Press, 1965), pp. 233-240.

524) H. Richard Niebuhr,『교파주의의 사회적 원천』*The Social Sources of Denominationalism* (New York: Meridian Books, 1957), pp. 25, 264; originally published in 1929.

보이도록 모이는 모임이 가지는 비통일성은 언제나 어디서나 진리에 대한 도전이며-이는 심지어 양심이 가장 우선하여 주장하는 진리에 관한 문제에 의한 분열이라 해도 그러하다-우리 단일 인류를 위하여 하나님이 가지신 구원하시는 사랑에 함축된 통일성을 거부하는 것이다."[525]

이와 반대되는 태도를 갖는 이들이 있다. 그들에게 있어서 서로 경쟁하는 많은 교파가 현존하는 것은 신앙이 가지는 생명력을 증언하는 것일 뿐만 아니라, 좀 더 많은 사람을 접촉할 수 있는 방법이기도 하다. 그들은 자유기업제도free enterprise system[526]가 경제를 위해서도 혜택인 것처럼, 교회를 위해서도 동일한 것으로 생각한다. 이러한 생각은 한 때 개척지에서 쓰디쓴 교파 경쟁자에 대하여 묘사한 한 텍사스 침례교 편집자에 의해서 신랄하게 드러났으며, 그 결과가 다음과 같이 표현되었다: "밤에 뒷골목에서 끔찍하게 무서운 꽥꽥거리는 소리를 들었는데, 아침에 보니 단지 죽은 고양이 몇 마리로 어질러져 있는 것을 발견한다면 그 기분이 어떨지 여러분은 아실 겁니다. 그것이 단지 고양이 몇 마리가 아니라면 어쩔 뻔했습니까?"[527] 좀 더 수수하게, 그렇지만 비슷한 어조로, 침례교 교회사가 케네쓰 스코트 라투렛Kenneth Scott Latourette은 새로운 종교 모임이 발생하는 것을 교회 안에 있는 생명력을 잴 수 있는 한 척도로 사용하였다. 라투렛이 판단하기에 18-19세기가 진보하는 위대한 세기인 이유 중 하나는 종교생활 무대에 새롭게 등장한 이가 많다는 사실에 있다. 같은 방식으로 로마 가톨릭교회 안에 새로운 종단이 현존한다는 것은 그 교회 안에 생동감이 넘친다는 징표이다. "개신교가 그 기원에 지는 빚은 그리스도교 본질인 원동력이었다. 그것은 개신교

525) 『1967년 교회연합협의회』 *Consultation on Church Union 1967* (Cincinnati, Ohio: Forward Movement Publications, 1967), p. 9.

526) 자본주의 경제체제-역주

527) Archie Robertson, 『오래 전부터 내려온 종교』 *That Old-Time Religion* (Boston: 1950), p. 80. Ross Phares, 『주머니엔 성경, 손엔 총』 *Bible in Pocket, Gun in Hand* (Garden City, N.Y.: Doubleday & Co., 1964), p. 129.에서 재인용.

가 가지는 다양함으로 주로 드러난 원동력이었다. 개신교 안에 있는 '여러 교파', '여러 신앙고백', 그리고 '여러 공동체'는 가톨릭교회 안에 있는 여러 수도원 종단과 개략 상응한다. 수도원 종단처럼 개신교 안에 있는 다양함도 기본에 있어서는 확신과 헌신이 새롭게 파도침으로 일어났다." 이러한 전망에서 보면 개신교에 있는 분열생식 특질fissiparous quality은 비록 일부 분열이 경건에 관한 문제 때문이 아니라, 개인이 가진 야망에 의한 결과인 것을 감안한다 하더라도, 구제할 수 없는 비극은 아니다.528)

월터 라우쉔부쉬는 많은 단면을 가진 신앙이 행진하는 것에 관하여 매우 낙관하였다. 그는 흘러간 시절에 여러 근원주의자가 비록 교회 형태를 깨뜨리기는 했지만 그들 신앙을 지속하기 위하여 드러냈던 그들 용기에 대하여 칭송했다. "우리는 비록 우리가 가지고 있던 오랜 교회를 조각으로 나눈다 하더라도, '더 이상 지체할 수 없는 개혁'을 위하여 여기에 있다. 우리는 성직자주의와 모든 성직자 계급제도를 반대한다." 비록 여러 선조가 그들 피로써 그들 용맹함에 대한 대가를 지불했지만, 역사를 주관하시는 하나님은 그들을 옹호하셨다. 라우쉔부쉬에게 있어서 그들이 거둔 승리는 미국 종교 생활에서 드러났다.529) 최근 여러 학자는 비록 종교개혁 시대에 처음으로 자유교회를 대항하여 그렇게도 쓰디쓰게 싸움을 했던 이들 후손 중에서도 자유교회 사상이 미국 그리스도교 안으로 스며들어왔음을 동의한다. 그렇기에, "비록 많은 주류 미국 교파가 오랜 세월이 흐른 후에야 윤리에서의 폐쇄성과 교리에서의 편협성이라는 개념 안에 있던 분파중심주의를 거의 포기한 반면, 그들은 아직도 헌신된 신자로 구성된 모인 교회 그리고 상호 교정, 후원, 그리고 소망 안에 거하는 교제로 이루어지는 삶을 추구하는

---

528) Kenneth Scott Latourette, 『그리스도교 역사』 *A History of Christianity* (New York: Harper & Brothers, 1953), p. 970.

529) Walter Rauschenbusch, 『성령을 따르는 종교가 누리는 자유』 *The Freedom of Spiritual Religion* (Philadelphia: American Baptist Publication Society, 1910), p. 13.

분파주의 이상을 직간접으로 받아들인 후손이거나 수혜자이다."530) 차이점은 일부는 좀 더 포용하는 입장으로 이 유산을 받아들이고자 추구하는 반면, 다른 이들은 자유교회를 선호하는 입장을 계속 유지하는 것이다.

분리주의의 입장

영국 성공회 사제였으나 1917년 로마 가톨릭으로 개종한 로마 가톨릭교회 도시사역 학자 로날드 낙스Ronald Knox 는 자신의 저서 『열정』*Enthusiasm* 에서 모교회로부터 분리해 나오는 여정을 서술하였다. 그 저서에서 낙스는 신자들의 교회로 지적한 여러 가지 운동에 대하여 기술하였다. 그는 교회사에서 새로운 모임이 태어나도록 하는 순환하는 상황이 있다고 보았다: "여러분에게 그들 이웃보다 세상 삶에 적게 관심을 갖고 좀 더 성령께서 … 인도하심에 민감한 그리스도인 남자들 그리고 … 여자들 엘리트로 이루어진 파당이 있다고 합시다. 점점 더 불가피하게 여러분은 그들이 그들 동료 신앙인으로부터 그들 스스로를 멀리하는 것을 보게 되는데, 이것은 바로 분봉分蜂할 준비가 다 된 것을 의미합니다. 그러면 두 방향으로부터 오는 도전을 맞게 됩니다. 한 쪽에서는 경건에 과도하게 많은 비용을 지출하는 것에 대한 값싼 조롱, 동정심이 없는 여러 권위자에 의해 이루어지는 바보같이 억누르는 행동이 옵니다. 다른 한 쪽에서는 반쪽짜리 그리스도인이 주는 경멸, 오래된 포도주를 낡은 부대에 넣는 것, 즉 핵심과 껍데기에 대한 무수한 발언이 옵니다. 그 다음에 여러분이 호흡을 멈추고 두려움으로부터 눈길을 돌리는 동안, 새로운 시작이 옵니다. 정죄 혹은 탈퇴가 어떠한 새로움을 만들어 낼까? 이렇게 하여 여러 그리스도교 목록에 한 신선한 이름이

530) George H. Williams, 『그리스도교 사상 안에 있는 광야와 낙원』 *Wilderness and Paradise in Christian Thought* (New York: Harper & Brothers, 1962), p. 214.

추가됩니다."

낙스에게 있어서 한 번 권징이 강하게 이루어지고 로마에 대한 복종을 잃어버리면 이러한 과정은 피할 수 없다. 한 분열은 또 다른 분열을 낳는다. 그렇지만 낙스는 이단 목록을 서술하는 과정에서, 그들에게 마지못해 감사하는 데까지 나아가는데, 자신 책을 완결하는 곳에 이르러서는 『먼 나라에서 온 공주』*La Princesse lointaine* 531)에서부터 한 단락을 가져온다:

> 프레어 트로핌Frère Trophim : 비활동성inertia 이 유일한 악덕입니다, 에라스뮈스 선생님. 그리고 유일한 미덕은–
>
> 에라스뮈스Erasmus: 무엇인가?
>
> 프레어 트로핌: 열정enthusiasm입니다!532)

근원 개신교가 "여러 이탈자" 무리 중에 있었던 것은 거의 부인할 수 없다. 조지 H. 윌리엄스는 신자들의 교회는 "떠나는 이들의 교회"가 되어 왔다고 말한다.533) 국교회 관점에서 보면 그들은 시온으로 가는 길에 있는 문제아이며 평화를 교란하는 자들이었다. 17세기 영국에서 그들을 향하여 교회 권위자가 가지고 있었던 태도는 분리주의자와 침례교 신자에 대하여 저술한 하웰스라는 사람에 의해서 다음과 같이 표현되었다: "내가 만일 누군가를 미워한다면, 그들은 바로 우리 교회가 가진 달콤한 평화를 방해하는 자들이다. 나는 아나뱁티스트 신자534)는 분리주의자를 뒤따라 지옥으로 가는 것을 보게 된다는 것에 동의할 수 있다."535)

---

531) 프랑스 낭만주의 희곡작가 에드모 로스토(Edmond Eugène Alexis Rostand)의 작품

532) R. A. Knox, 『열정: 종교사 안에 있는 한 장』 *Enthusiasm: a Chapter in the History of Religion* (Oxford: Clarendon Press, 1950), pp. 1, 591.

533) George H. Williams, " '회중주의자' 루터와 여러 자유교회" ('Congregationalist' Luther and the Free Churches), *Lutheran Quarterly*, XIX (1967), 292.

534) 침례교 신자를 의미–역주

535) Niebuhr, *op. cit.*, p. 44에서 재인용.

그들이 가졌던 모인 교회, 자원주의에 의한 교회 회원권, 교회와 국가의 분리, 교회 권징에 관한 확신 때문에 신자들의 교회에 속한 회원이 여러 기존 교회로부터 추방되거나 혹은 탈퇴하기로 결정했다는 것은 놀라운 일이 아니다. 그들은 사도전승과 교회 성직에 관한 끊어지지 않은 전승에 관심을 기울이지 않았다. 그들은 필그림을 이끌던 목사 존 로빈슨Pilgrim pastor John Robinson 536)이 한 적대자와 논쟁할 때 가졌던 다음과 같은 태도를 공유했다:

> 교회로 모이는 것에 대하여 … 내가 당신에게 말하는 것은, 어떤 장소에서든지, 어떤 방법을 통해서이든지, 즉 한 진정한 사역자에 의해서 복음이 선포되는 것에 의해서이든지, 혹은 거짓 사역자에 의해서든지, 사역자 없이 되든지, 혹은 성서를 읽거나 회의에 의해서든지, 혹은 복음에 관하여 기록된 서적을 읽는 다른 방법을 통하든지, 둘 혹은 세 신실한 사람이 일어나, 그들 자신을 세상으로부터 분리하여 복음 교제와 아브라함 언약 안으로 들어갈 때, 그들은 결코 약해지지 않을 교회를 진정으로 이룬 것이며, 사도들과 선지자들 가르침 위에 바르게 세워진 하나님 집이며, 그리스도께서 친히 그 모퉁이 돌이 되시는 교회로서, 그 교회를 대항하여 지옥 권세와, 또한 당신의 수치스러운 악담이 결코 이기지 못할 것이오.537)

왈도파가 로마 가톨릭교회를 향한 깊은 충성을 나타내는 정신으로 평신도가 가진 경건을 단순하게 드러내기 시작하였음에도, 교회가 그들을 권징하였을 때, 그들이 그 권징을 무릎 쓰고 설교와 가르침을 계속하기로 한 그

536) 신대륙으로 가지 않고 암스테르담에서 사망-역주
537) Franklin H. Littell, "신자들의 교회가 가지는 관심사" (The Concerns of the Believers' Church), (unpub. typescript, Conference on the Concept of the Believers' Church, 1967), pp. 5-6.에서 재인용.

결정은, 종교에 있어서 독립선언을 발표한 것이었다. 오랜 박해가 있기 이전에 그들은 경쟁이 되는 교회 조직을 만들었지만, 그것은 타락한 교황 교회와는 구분되는 진정한 교회임을 그들 스스로 간주하였다. 비슷하게, 체코 형제단은 성배파가 가진 확신을 신실하게 따르는 교인으로 시작하였지만, 그들 자신 사역자를 안수한 것 그리고 뒤이어 1467년 시행한 침례와 함께 그들도 또한 분리주의자가 되었다. 츠빙글리를 따르는 이들 중에 있던 스위스 형제단 일부는 그들 입장으로 취리히 도시위원회를 설복시키기를 희망하고, 그렇게 함으로써 그들이 가진 믿음을 일반 대중이 소유하는 것으로 만들기를 원했지만, 그 이후로 1520년대에 진행된 발전은 그러한 소망이 불가능한 것임을 보여주었다. 그들 모임과 성인 침례를 불허하는 도시위원회 입법조치에 대항하여, 그들은 분명하게 그들 자신과 정부 사이에 금을 그었다. 슐라이트하임 신앙고백서Schlitheim Confession, 1527는 세상으로부터의 분리가 가지는 중요성을 분명하게 명시하였는데, 그것은 "모든 교황제도 즉 로마 가톨릭교회를 따르는 것과 교황제도에 반대하는 것, 교회 예배, 모임, 그리고 교회에 출석하는 것"을 포함했다.538)

영국에서는, 침례교 신자와 퀘이커 신자가 청교도 분리주의 진영에서 발생하였고, 그들은 이미 국가교회 사상을 내버린 이들 가운데 있었으며, 그 사상으로부터 감독교회, 장로교회, 혹은 회중교회 정체도 발생하였다. 특별히 퀘이커 신자는 모든 조직화된 종교 행위로부터 떠나기를 원하고, 또 그들에게 보여주시는 행로를 기다리는 이들 중에서 참여자를 얻었다. 독일에서 발생한 형제단은 교회 안에 머물기를 원했던 개혁교회를 따르는 이들로부터 우선 파생하였다. 그러나 그들이 그들 고국과 교회 사이에서 버릴 것, 그리고 상당히 전통 방식을 따른 성경공부와 상호 권면하는 방식 사이

---

538) William L. Lumpkin, 『침례교 신앙고백서』 *Baptist Confessions of Faith* (Philadelphia: Judson Press, 1959), p. 26. [윌리엄 L. 럼킨 편저, 『침례교신앙고백서』 김용복, 김용국, 남병두 역 (대전: 침례신학대학교 출판부, 2008), 34.]

에서 버릴 것을 선택해야만 했을 때, 그들은 전자를 버리는 대가를 치르고 후자를 지켰다. 감리교 신자는 분리주의자가 되기에 가장 주저하였으며, 존 웨슬리는 자신을 성공회에 예속시켰다. 그럼에도 그가 가진 확신과 해외에 있는 모임을 지도할 필요에 의한 방향은 그가 그렇게도 두려워했던 결렬로 무자비하게 이끌었다.

여러 환원주의자—즉 그리스도의 제자교회와 플리머스 형제단—는 다른 여러 자유교회와 함께 그들이 국교에 대하여 맹렬한 비판을 가하는 것으로 유명했으며 또한 그로 인하여 미움을 받았다. 미국 변방 개척지에서 한 감리교 목사는 "캠벨주의Campbellism, 덩커주의Drunkardism, 그리고 각급 마귀주의Devilism에 속하여 배회하는 늑대가 양 떼를 먹어치울 채비를 갖추었다"라고 썼다.[539] 1940년대 영국에서 복음주의연합Evangelical Alliance이 결성되었을 때, 그들은 "불신앙infidelity, 교황제도, 푸시주의Puseyism[옥스퍼드운동 Oxford Movement], 그리고 플리머스 형제단주의Plymouth Brethrenism"와 싸우기 위하여 "자원 체계" voluntary system를 지키는 모든 교회를 망라하는 강력한 후원을 얻었다.[540] 매우 비슷한 정서를 가진 히틀러 제3제국 통치 아래 있던 고백교회는 자신들만이 유일하게 진실한 교회라는 강력한 주장에 의해서 독일에서 일어났다. 만일 지금도 여러 지하교회가 교회 권위자에 대하여 비판하고 있다면, 그들도 역시 같은 방식으로 바라볼 것이라고 예언할 수 있다.

영국 자유교회 여러 교역자는, 만일 성공회 고교회high-church Anglicans에 의해서 그렇게도 칭송을 받은 보편성catholicity보다 더 가치 있지 않지는 않겠지만, 그와 동일할 정도로 "개신교 보편성" Protestant Catholicity 같은 어떤 것이 있을 것인지에 대하여 계속 논쟁했다. 그들 토론 배경은 이그나티우스

539) Phares, *op. cit.*, p. 127.

540) Ruth Rouse and S. C. Neill, eds., 『교회일치운동 역사, 1517-1948』 *A History of the Ecumenical Movement, 1517-1948* (London: S.P.C.K., 1954), p. 319.

Ignatius of Antioch가 서머나에 있는 초대교회에게 보낸 편지에서 "감독episcopus〈감독 [diocese]이 아니라, 각 회중마다 있는 사역자로 이해됨〉이 있는 곳에는 어디나 보편교회가 있다"라고 쓴 것에 근거한다. 교회가 가지는 보편성은 "인식되고, 높임을 받고, 순종을 받으시는" 살아계신 그리스도께서 현존하시는 것에 의해서 결정되었다. 그러므로 보편성을 시험하기 위해서 묻는 것은 위계질서에 포함되어 있는가도 아니었고, 교회조직을 갖추었느냐에 의한 것도 아니었다. 오히려 그 시험은 믿음, 예배, 그리고 윤리를 증언하는 생명으로부터 온다. "오직 그러한 교회, 혹은 공동체, 혹은 전통은 복음으로부터 오는 '온전성' wholeness을 소유한 완전한 의미에서의 보편성 안에 있는 것이며, 그러한 '온전성'은 오직 우리 주님 예수 그리스도, 하나님 왕국에 대하여 그분이 전한 소식, 구원하시는 그분의 능력, 그리고 인류를 향하여 그분이 가지신 생명 길로부터 연원하는 것이다." 여러 자유교회는 이러한 목표에 도달하는 정도에서, 바로 그런 의미에서 보편성에 도달해 있다.541)

교회일치운동에의 강조점

이렇게 보편성에 도달해 있다는 것은, 신자들의 교회를 향하여 그들을 분파라는 경멸하는 용어를 사용하여 그들을 거부하는 경향이 있어왔음을 의미하는데, 트뢸치는 그 용어를 그렇게 경멸하는 의미로 사용하지 않았다. 사실 이에 관한 실상은 신자들의 교회 삶과 행습 안에는 명확하게 여러 교회일치 경향이 있어왔다는 것을 지지한다고 할 수 있다. 최근 수십 년 동안 교회일치운동은 주로 형태에 있어서의 통일성에 강조점을 두는 신앙고백에 의하여 주도된 경향이 있기 때문에, 교회일치운동 이야기에 신자들의 교

541) R. Newton Flew and Rupert E. Davies, eds., 『개신교 보편성』 *The Catholicity of Protestantism* (London; Lutterworth Press, 1950), pp. 21-27.

회가 끼친 공헌은 아직 충분히 인식되지 못해왔다.

이 여러 교회를 지칭하는 바로 그 용어 자체가 열린 입장을 지시한다. 그들은 단순히 "형제", 혹은 "친구", 혹은 "그리스도인"으로 불리기를 소원했다. 그들은 메노나이트 혹은 감리교 등처럼 알려지게 된 호칭을 받아들이기를 매우 주저했다. 그들 자신이 서로 형제라고 생각했기 때문에, 그들은 서로 비슷한 확신을 가진 것을 발견하였을 때, 평등한 기초 위에 다른 이들을 받아들일 준비가 되어 있었다.

몇 장 앞에서 신자들의 교회가 기울여온 선교 열정을 기술하였다. 현재의 교회일치운동이 19세기 선교 프로그램으로부터 직접 자라나온 것은 자명한 사실이다. 돌이켜보면, 근대 선교는 여기서 다루는 여러 교회에 많은 부분을 빚지고 있다. 신자들의 교회가 전혀 거리끼지 않고 지역 제한을 두지 않은 것은 그들 활동 성격을 규명하였다. 왈도파 교회로부터 시작하여 세이비어교회에까지 이르도록, 그들은 만국 정신을 표명해왔다. 초기 아나뱁티스트 신자 중에는 대양을 건너 붉은 인도인에게 갈 것에 대하여 이야기를 나눈 이들도 있었다. 최근 한 논문 저자는 "보편 퀘이커주의" Catholic Quakerism 라는 용어가 다음 의미로 사용될 때 친우회가 가장 잘 정의될 수 있다고 주장한다: "초기 친우회원은 그들에게 선포하라고 주어진 진리는 전 세계 공통이며 그들 신앙은 모든 사람을 위하여 나누어야할 보편 신앙이라는 점을 제기했다."542)

이러한 촉구는 그 어떤 곳보다 여러 환원운동교회 Restorationist Churches 중에서 가장 강했다. 근본 관심은 그리스도인 통일성을 이루어내자는 것이었으며, 이러한 관점은 그들이 초대교회를 보는 것에 가장 많이 근거하였다. "이 새로운 개혁을 위한 '재료 원리' material principle 는 모든 그리스도인이 연합하는 것인 반면, '형태 원리' formal principle 는 원시 그리스도교를 회복하

542) Lewis Benson, 『보편 퀘이커교』 *Catholic Quakerism* (Gloucester, U.K.: the author, 1966), p. 8.

는 것이다."[543] 이 운동에 속한 여러 모임 스스로 몇몇 교단으로 응고되고, 다시 계속되는 분열을 겪었다는 역설과도 같은 사실은 근본 의도가 가진 진정성을 손상시키지 않는다. 토머스 캠벨이 말한 것처럼 "이 땅 위에 있는 그리스도의 교회는 그 본질에 있어서, 그 목적에 있어서, 그리고 기관에 있어서 하나이다." 통일성을 이루기 위한 이 추진력은 그리스도의 제자교회 중에 강하게 유지되어 왔으며, 수차례 통합에 관한 토의로 이끌었고, 가장 최근에는 그들이 교회연합협의회Consultation on Church Union에 참여하는 것으로 드러났다. 한 제자교회 신학대학원 학장은 복음주의 "미국 그리스도인에게 드리는 공개서한"을 발표하여 그들에게 교회연합협의회 궤도 안으로 들어오라고 촉구했다. 그는 알렉산더 캠벨로부터 인용하여 영국 성공회가 제기한 람베쓰 4강령Lambeth Quadrilateral [544]으로 협력하자고 하였다.[545] 플리머스 형제단은 교파 경계선을 뛰어넘어 통일성을 촉구한 것과 함께 시작하였다. 다비Darby에 의하면, 교회는 그리스도 이름으로 두 세 사람이 모인 곳마다 드러난다. 모든 진정한 그리스도인 신자는 그가 어디 있든지 교회론 관점에서 볼 때 그리스도 몸을 구성하는 일부로서 드러난다.

왈도파 교회는 교회일치운동을 후원한다고 거듭하여 공포하였다. 많은 나라가 참여하여 건설한 아가페청소년회관은 세계교회협의회를 통하여 보편교회에게 상징으로 기증되었다. 시실리와 독일에서 행한 봉사 사역은 여러 초교파 팀에 의해서 진행되었다. 로마에 있는 왈도파 신학대학원은 여러 개신교 모임을 위한 훈련을 제공한다. 또한 체코 형제단 중에도 처음부터 교회일치운동에 대한 자각이 있었다. 16-17세기 체코 형제단은 1570년 산

---

543) Rouse and Neill, *op. cit.*, p. 238.

544) 역주-1888년 람베쓰 회의에서 승인된 교회일치운동을 위한 네 가지 기초. (1)성경(Holy Scriptures), (2)사도신경 및 니케아 신조(Apostles' and Nicene creeds). (3)그리스도께서 제정하신 두 가지 성례(two sacraments ordained by Christ himself), (4)역사계승 주교직(historic episcopate). 람베쓰는 런던 중심부에 있는 한 구역 명칭.

545) Ronald E. Osborn, 『이 시대를 위한 교회』 *A Church for These Times* (New York: Abingdon Press, 1965).

도미어즈협약Consensus of Sendomir 546)처럼 공식 토의와 합의에 참여하였다. 1534년 체코 형제단 회원은 그들이 오랜 교회가 가진 좋은 것을 거룩하게 교제하기 위하여 그리고 오직 그 오랜 교회에서 부패한 것만 버리고자 하는 목적으로 그 형제단으로 모였다고 선언했다. 체코 형제단을 이끈 가장 유명한 지도자였던 코메니우스는 "그리스도교 일치운동 초기 선지자" 중에 위치한다. 그는 자신 저작에서 그리고 여행 중에 편협한 신앙고백을 무너뜨리고자 노력했다. 1632년 그는 개신교 가운데 연합을 이룰 세세한 계획을 기초하였으며, 그가 사망하던 시점에는 교회 통일성뿐만 아니라 세계국가 연합을 위한 계획을 포함하는 기념비가 될 내용을 담은 원고를 남겼다.547)

코메니우스 발자취를 따라, 그리고 그에 의해서 직접 영감을 받은 이가 바로 친첸도르프 백작이었는데, 친첸도르프 전기 작가는 그를 "교회일치운동 선구자"로 불렀다. 경건주의를 따르는 루터교 신자로 태어나 자란 친첸도르프는 코메니우스 후손이며 당시에 개혁교 궁정 설교자로 사역하던 다니엘 에르네스트 자블론스키Daniel Ernest Jablonski 로부터 모라비아 형제단 감독으로 안수 받았다. 갱신모라비아교회라는 전달매체를 통하여 친첸도르프는 광범위한 그리스도인 협력을 위하여 수고했다. 그는 생각하기를 모든 그리스도인이 한 큰 단체가 될 필요는 없었다. 대신 모든 그리스도인은 그들 각자를 구분하는 교파 혹은 그가 부른 대로 하자면 "여러 종교Tropuses"에 소속되어 있어야 하는데, 왜냐하면 민족에 따른 배경, 기질, 그리고 성격 등이 각자 다르기 때문이다. "여러 종교는 하나님 경륜으로서, 그분 아들이 주시는 진리와 사랑을 가져오는 기관인데, 이것은 각 나라 기질과 환경에 좌우된다.… 구세주께서는 모든 종교를 그분 보호 아래 두시며, 그들이 멸

546) 역주 – 폴란드–리투아니아 공화국 안에 있던 여러 개신교와 체코 형제단 등이 신앙고백을 통일하고, 서로 설교자와 성례전을 존중하기로 결정. 산도미어즈는 폴란드 남동부 도시.

547) Rouse and Neill, *op. cit.*, pp. 88–89. Ermanno Rostan, 『이태리 왈도교회와 교회일치운동』 *The Waldensian Church of Italy and the Ecumenical Movement* (Genoa: Papini, n.d.)도 보라.

망당하지 않게 하신다." 각 사람은 그 자신 전통에 머물러 있어야만 하며, 무엇보다 우선하여 그리스도께 드리는 충성심을 방해받지 말게 해야 하며, 그 충성심은 반드시 모든 것을 뛰어넘어야만 한다. 모라비아교회 선교사는 이 기반에서 파송되었으며, 사람을 어떤 특정 교파가 아닌 그리스도교로 개종하게 하도록 명령 받았다. 1736년 서부 인도에서 한 모라비아 선교사가 700명을 개종시켰지만, 오직 30명만 모라비아 공동체로 받아들여졌다.548)

이들 모임이 교회일치운동을 지향하는 다른 국면은 그들이 그리스도인이 아닌 이들을 대하는 태도에서 드러난다. 아나뱁티스트 신자는 자신들이 중부 유럽으로부터 투르크족을 몰아내는 십자군에 동참하지 않음으로써 여러 고위 권력자와의 사이에서 문제를 만들었다. 퀘이커 신자는 교황에게 있는 것과 동일한 정도로 술탄Sultan 에게서도 "하나님께 속한 것" that of God 을 찾아낼 준비가 되어있었다. 여러 경건주의자는 유태인과 이교도를 향한 선교를 시작하는 것에 깊이 관심을 기울였으며, 이를 이루기 위하여 결국 할레Halle 에 선교기관과 언어연구소를 설립하였다.

유럽에서는 전혀 관용을 받지 못해왔던 종교상 소수자 후손이 19세기에 북미로부터 다시 돌아와서 복음을 전하고 교회회중을 세웠을 때, 진정 흥미로운 발전이 이루어졌다. 에른스트 벤츠Ernst Benz 와 에리히 베리오이더 Erich Beryeuther 는 함께 이 "역이민"에 대하여 저술하였는데, 이 역이민은 독일과 다른 서부 유럽 나라 종교 지도를 바꾸어 놓고 있다. 침례교, 감리교, 모라비아 형제단, 그리고 좀 더 최근에 탄생한 여러 분파가 고국에서 추종자를 얻고 있다. 미국에 도착할 때부터 자유교회 회원이 된 이주민은 종종 그들이 가진 새로운 믿음을 고국에 있는 그들 여러 친지와 나누려는 강한 충동을 느꼈다. 미국으로부터 가져오는 재정 후원은 유럽 여러 곳에서 이

548) A. J. Lewis, 『친첸도르프: 교회일치운동 선구자』 *Zinzendorf: the Ecumenical Pioneer* (Philiadelphia: Westminster Press, 1962), pp. 138-140.

러한 수고가 계속되도록 도와왔다. 유럽은 아시아 그리고 아프리카와 함께 선교 대상국으로 이해되었다. 이러한 생각은 처음에는 거의 그 가치를 인정받지 못했었지만, 그 이후로 교회일치운동을 다루는 연설이나 논문 어느 곳에서나 자주 언급된다.549)

이상과 같은 여러 방법으로 신자들의 교회는 그들 스스로 교회일치운동을 이루기 위하여 출발하기는 하였지만, 그들 모두가 세계교회협의회라는 조직 안에서 그 정점을 이룬 조직화된 운동에 합류한 것은 아니었다. 일부 경우에 있어서, 세계교회협의회W.C.C 회원교회가 되는 문제는 이 협의회에 소속된 많은 국가교회에 의해서 여러 가지 방법으로 대답이 주어졌다. 예를 들자면, 네덜란드와 독일 메노나이트교회 그리고 미국 친우회는 회원교회이지만, 미국 메노나이트교회와 영국 친우회는 아니다. 이렇게 멀리 떨어져 있는 중 일부는 교리에서의 차이로 인하여, 다른 일부는 그들이 가진 교회에 관한 관점에 반대하는 것에 근거해 왔다.

교회일치운동 기구

1805년 윌리엄 캐리는 인도에 있는 자신 선교 전선에서 "모든 교파 그리스도인"이 모이는 국제 모임을 케이프타운Cape Town 에서 열자고 제안했다. 그 모임 목적은 보통 선교에서 겪는 여러 문제에 관한 정보와 경험을 모으는 것이었다. 그 이후로 정기 모임은 매 10년 마다 열리도록 했다. 이 제안은 후방 영국에 있는 여러 선교기관에 종사하는 직원에 의해 그저 "행복한 꿈" 정도로 치부되었고, 그리하여 결코 성사되지 아니하였다. 그러나 100

549) Ernst Benz, 『교회일치운동 관점에서 본 교회사』 *Kirchengeschichte in ökumenischer Sicht* (Leiden: E. J. Brill, 1961), pp. 75-111; Erich Beyreuther, "미국교회 소급효과가 19-20세기 독일 개신교에 준 변화" (Die Rückwirkung amerikanischer kirchengeschichtlicher Wandlungen auf das Evangelische Deutschland im 19. und 20. Jahrhundert), *Ökumenische Rundschau*, XIII (July 1964), 237-256.

여 년 이후 그 꿈은 유명한 에든버러 세계선교사총회World Missionary Conference at Edinburgh를 통하여 실제로 이루어졌고, 이 총회는 근대 교회일치운동 시발점이 되었다.

캐리가 이러한 제안을 하기 이전에도 이미 초교파로 힘을 모을 것을 제안하고 그 일을 실제로 이룬 이들이 광범위한 경건주의 운동 안에 있었다. 친첸도르프 백작은 펜실베이니아에서 일곱 개에 달하는 지역총회를 조직하였는데, 이는 특별히 독일 배경을 가진 여러 교회를 중심으로 좀 더 범위가 넓은 통일성을 이루고자 하는 목적을 가지고 있었다. 그는 그가 부르는바 성령 안에 있는 하나님 회중을 구성하고자 소원했다. 그가 가진 계획은 실패했지만, 실험은 시도되었다. 친첸도르프는 "19세기에 이르러서도 오직 글로만 시도하였던 가장 용감한 교회일치 마음을 실제로 시도하기에 용감했던 사람"이었다.550)

좀 더 성공을 이룬 것은 복음주의연합Evangelical Alliance이었는데, 이는 유럽과 미국에 있는 자유교회와 국가교회 42개 교단으로부터 참석한 여러 개인이 만든 것이었다. 1846년 그들은 "모두가 공통으로 가지고 있는 위대한 복음주의 원리 기초 위에" 한 동맹을 굳건하게 만들기 위해 모였는데, 참석한 총원은 800여 명에 달하였다. 그 모임이 총회 형태와 좀 더 작은 형태로 모이는 것이 지속적으로 이루어지면서 그 모임은 그 이후 여러 기관에 영향을 주었는데, 그 여러 기관은 결국 세계교회협의회에 반영되었다. 그 연합회는 연합 기도회 주간을 열기를 제안하였고, 그 기도회를 통하여 제각기 분열된 여러 그리스도인이 비록 모든 다른 활동에서 공통 기반을 발견할 수 없더라도 여전히 그들이 협력할 수 있다는 사실을 발견하였다. 그 연합회가 이루어낸 가장 효과 있는 활동은 종교자유에 관한 분야였다. 개신교, 로마 가톨릭교회, 그리고 동방정교 등 소수파는 그들이 보낸 대표자를 통하

---

550) Rouse and Neill, *op. cit.*, p. 230.

여 그들 입장을 옹호하였다.551)

이 시기에 시작한 연합회가 기독교청년회YMCA인데, 이는 회중교도인 조지 윌리엄스George Williams에 의해서 1844년 영국에서 설립되었다. 기독교여자청년회YWCA와 함께하는 이 모임 그리고 그들과 밀접하게 연관되는 그리스도인학생운동Student Christian Movement은 모두 현대 교회일치운동이 그 위에 그 형태를 이루도록 하는 기초석이 되었다. 세계교회협의회 초기 지도자 중 4/5는 이들 운동에서 직접 나왔으며, 그 모임으로부터 그들이 초교파 사역interchurch work을 위하여 나아갈 여러 길을 처음으로 발견하였다. 이상 모든 경우에 있어서 여러 자유교회는 주요한 후원을 제공하였다.

19세기 가장 중요한 복음전도자였던 드와이트 무디는 시카고에서 YMCA 사역으로부터 출발하여, 그 이후 복음전도운동에 모든 시간을 드리기 시작하였다. 무디는 영국 여행 중 과학자인 헨리 드루몬드Henry Drummond에게 설교로 도전했고, 드루몬드는 국제학생사역에 중요한 지도자가 되었다. 또 다른 여행에서 무디는 "케임브리지 7인"을 회심시켰는데, 그들은 운동선수 그리고 캠퍼스 사역자로 구성되었다. 그들 중 한 명이 미국을 여행하는 중에 대학생에게 연설하여 존 R. 모트John R. Mott에게 영향을 끼쳤다. 감리교 평신도 중 한 명으로서 모트는 몇몇 그리스도교 세계 조직의 핵심인물이 되었다. 그는 에든버러 총회 그리고 그 모임이 연장된 국제선교사협의회International Missionary Council 의장, YMCA 국제연맹 회장, 세계기독학생연합World Student Christian Federation 설립자, 그리고 세계교회협의회 명예회장이었다. 모트가 지도자 역할을 맡은 첫 번째 경험은 노쓰필드Northfield에서 열린 총회에서 였고, 이 총회는 무디가 뉴잉글랜드 지역에 창설한 것이었다. 노쓰필드을 방문한 한 스웨덴인 성직자가 있었는데, 그가

551) *Ibid*., pp. 318–324.

후에 대주교가 된 나탄 쇠더블롬Nathan Söderblom 552)이었고, 그는 그리스도교 통일성에 대한 환상에 사로잡혔다. 거기서 그는 다음과 같이 기도했다: "주님 저에게 당신 교회가 자유로운 통일성을 위대하게 이루도록 섬기는 겸손과 지혜를 내려주소서." 쇠더블롬은 세계교회협의회를 탄생하게 하는 주요 줄기 중 하나가 된 이른바 "생명과 사역" Life and Work 운동을 위한 영혼이었다.553)

학생 운동은 좀 더 공식화된 교회일치운동 기구가 되기 위하여 여러 가지 방법으로 분위기를 조성하였다. 그들은 교회 성직자가 각자 교회 배경에 견고하게 충성된 상태로 남아있는 동시에 함께 모여서 공통관심사를 토의하는 것이 가능하도록 하는 원칙을 세웠다. 개인 인간관계와 경험은 후에 교회일치운동 지도자를 길러내는 토대를 제공한 이 학생 운동에서 축적되었다.

이들 운동 안에 자유교회 요소는 매우 강력하였다. 헌신, 합의, 그리고 여러 가지 새로운 형태를 경험해보고자 하는 의지와 같은 성격은 모두 다 신자들의 교회가 가진 특징으로서 이곳에서 찾을 수 있다. 이러한 진보를 이룬 것이 오직 신자들의 교회에만 공로가 있는 것은 아니라는 것은 매우 옳다. 1910년 에든버러총회에 영국 성공회가 참여한 것은 후에 동방정교가 참여한 것에서 보여준 것처럼 새로운 세계를 향한 가능성을 열었다. 그와 동시에 옳은 것은 자유교회 사역자가 가진 많은 참신한 정신이 없이는 현재 교회일치운동은 현재처럼 발전된 위치에 이르지 못했을 것이라는 점이다. 이러한 사실은 항상 충분할 정도로 인식되지는 않았다.

552) 1930년 노벨 평화상 수상-역주

553) Norman Goodall, 『교회일치운동』 *The Ecumenical Movement*, second ed. (London: Oxford University Press, 1964), pp. 7-10.

새로운 빛을 향한 개방성

편협한 분파주의에 반대하여 영향을 끼쳐온 여러 신자들의 교회가 가진 한 특질은 개방성 원리이다. 이 원리가 의미하는 바는 성경으로부터 오는 새로운 빛을 숙고하여 받아들일 준비가 되어 있다는 의미이다. 이것은 1520년 네덜란드에서 신대륙을 향하여 떠나는 필그림Pilgrims에게 존 로빈슨John Robinson 목사가 전하였다고 알려진 고별설교에 잘 나타나 있다. "내가 하나님과 그분께서 복 주신 천사들 앞에서 명령하는 것은, 여러분이 내가 주 예수 그리스도를 따르는 것을 본 것보다 더 많이 나를 따르지 않는 것입니다. 만일 하나님께서 그분이 사용하시는 어떤 다른 사람을 통하여 여러분에게 어떠한 것이라도 계시하신다면, 여러분이 내 사역을 통하여 어떠한 진리라도 받아들였던 것처럼 그것을 받아들일 준비를 갖추시오. 왜냐하면 나는 참으로 주님께서 그분의 거룩하신 말씀 밖으로 아직 가지고 나오지 않으신 진리를 더 가지고 계심을 깨달았기 때문입니다." 로빈슨은 루터교 신자와 칼뱅교 신자가 그들 믿음이 그들 창시자에게 계시되었던 것에만 제한되어 있는 경향성에 대하여 그가 가진 유감을 표현함으로 그 설교를 계속하였다. 루터나 칼뱅이 위대한 이들이기는 하지만, 그들이 하나님께서 보여주신 신비를 충분히 이해한 것은 아니었다.554)

더 나은 빛이 실제로 올 수 있다는 기대는 여러 공식 신조를 받아들이기를 거부하는 가장 중요한 동기가 되었다. 신앙고백은 하지만, 신조는 거부한다. 벤자민 프랭클린Benjamin Franklin은 자서전에 1730년경 펜실베이니아 저먼타운 독일 형제단을 이탈하여 에프라타공동체Ephrata Community를 이끌며, 다채로운 성격을 가진 지도자 마이클 웰패어Michael Welfare : Wohlfahrt에 대하여 한 부분을 할애하여 다룬다. 많은 면에서 그들은 독일 형제단 사상

554) Horton Davies, 『영국 자유교회』 *The English Free Churches* (London: Oxford University Press, 1952), p. 56. 일부 권위 있는 학자는 이 설교가 정말 로빈슨이 한 것인지 그 진정성(authenticity)에 의구심을 갖는다.

을 반영하였다. 웰패어는 자신 공동체는 다른 신념을 가진 많은 회원에 의해 모욕을 당하고 오해받았다고 프랭클린에게 호소하였다. 프랭클린은 그러한 모욕이 그쳐지게 하기 위해서 에프라타 구성원이 그들 신앙을 구성하는 신조와 그들 권징을 빛 가운데 드러나도록 하라고 하였다. 웰패어는 그렇게 하는 것이 고려되기는 하였지만, 숙고 후에 거부되었다며 다음과 같이 대답하였다:

> 우리가 처음에 한 공동체로서 함께 탈퇴하여 나왔을 때, 우리가 한 때 진리라고 생각했던 것이 오류이며 또 우리가 오류라고 여겼던 다른 것들이 진정한 진리였음을 보여주심으로 우리 마음에 빛을 비추어 주신 하나님께 감사했습니다. 때때로 그분은 우리에게 더 나은 빛을 비춰주시기를 기뻐하십니다. 그래서 우리 신앙 원리는 발전하며, 우리 오류는 줄어듭니다. 현재 우리는 우리가 이러한 발전에 있어서 그리고 영성과 신학에 관한 지식에 있어서 완전함에 도달하였다는 확신을 아직 갖고 있지 않습니다. 그리고 만일 우리가 한 번 우리 신앙고백을 인쇄한다면, 우리는 우리 자신이 그 신앙고백에 의해서 묶이고 제한된다는 것을 느낄 수밖에 없고, 아마도 새로운 진보를 받아들이려 하지 않게 될 것이고, 우리 여러 후계자는 그들 선진과 창시자가 뭔가 신성한 것을 이룩하였기 때문에 거기서부터 절대로 떠날 수 없다는 생각으로 더욱 더 그렇게 될 것을 우리는 두려워합니다.555)

퀘이커 신자는 이러한 원리를 그들 마음에 담아 실행으로 옮겼고, 새로운 깨달음으로 인도하는 영혼이 조용히 움직이는 것을 더 잘 간파하고 확인할

---

555) H. W. Schneider, ed., 『벤자민 프랭클린: 자서전』 *Benjamin Franklin: the Autobiography* (New York: Liberal Arts Press, 1949), p. 115.

수 있는 여러 기술을 갈고 닦았다. 계시된 진리에 "열려 있음"이 가능해 지도록 "중요한 문제에 집중하는 것"은 그들에게 있어서 예배와 사역을 위하여 만날 때 생명력을 주는 역할을 감당했다. 이 원리는 사전에 준비된 설교라는 것이 어떻게든 드러날 때 많은 퀘이커 신자가 그렇게도 눈살을 찌푸렸다는 점을 통해서 강조된다. 자서전 작가에 의해서 "퀘이커교 대가"라 불렸던 루푸스 존스Rufus Jones는 그가 정해진 시간에 여러 대학에서 강연해 달라는 초청을 받았다는 이유로 보수주의 퀘이커 모임에서 일부 회원에게 오랜 동안 의심을 받아왔는데, 왜냐하면 그것은 그가 강연하기 이전에 시간을 내어 특별히 강의를 준비해야할 필요가 있다는 것을 의미했기 때문이었다. D. 엘톤 트루블러드D. Elton Trueblood는 퀘이커 신앙 핵심은 "겉으로는 피할 수 없는 형식화 과정 중에도 그 실재성을 잃는 것은 피하고자 계속하는 수고"라는 점에 동의한다. 계시는 단단한 껍질로 쌓여 덮이는 경향성이 있기 때문에, 각 세대에 속한 이들은 폭스가 17세기에 했던 것처럼 반드시 그들 스스로 뚫고 나아가야할 필요가 있다. 그 원리 중 마지막은 참여자가 "고요한 모임" 혹은 좀 더 좋게는 "순종하는 모임"에서 준비되는 단순한 법칙이 주도하는 것이다.[556] 누구도 발언을 하지 않을 것인지 혹은 발언할 것인지를 사전에 결정할 수 없다.

침례교를 시작한 존 스마이스John Smyth는 분리주의자 가운데 있던 여러 반대자로부터 그가 가진 종교에의 입장이 일정하지 않고 안정되지 않다고 비난받았다. 성공회 신자로 자라난 그는 차례대로 분리주의자, 그 다음에는 침례교 신자가 되었으며, 임종을 앞둔 시기에는 메노나이트교 회원으로 가입하고자 하였다. 그는 그러한 공격에 전혀 요동하지 않았으며, 새로운 깨달음이 왔을 때, 옳지 않은 확신을 지키는 것은 아무런 가치가 없는 것이

556) D. Elton Trueblood, 『퀘이커 신자라 불린 사람들』 *The People Called Quakers* (New York: Harper & Row, 1966), p. 65.

라고 응수했다. 그가 낸 마지막 저서는 종교 문제에 있어서 관용을 베풀어야 한다며, 그가 가졌던 이전 입장을 바꾸는 것을 드러내는 목적을 가졌다. 이렇게 입장을 바꾸는 것에 관하여 헬러는 오직 "진실로 고귀한 심령"으로부터 나온 특질에 의해서만 가능하다고 평가하였다. 스마이스는 이렇게 말하였다: "나는 그들이 가는 길에 대하여, 그리고 완전함과 충족함에 대하여 평범한 지식과 확신으로 스스로에게 대답하는 그런 사람 중 하나가 아니다. 이는 그들이 자기들이 이해하는 방식과 다르게 이해하는 모든 사람을 거만하게 비난하는 것에서 드러나는 것과 같다."557) 초기 침례교에 대한 저작에서 윌리엄 브래드포드William Bradford 558)는 그들은 "그들이 알고 있는 혹은 그들에게 앞으로 알려질 대로 그분 모든 길을 걷고자 …" 복음에 근거하여 교회 조직 혹은 언약을 구성했음을 지적하였다.559)

장로교 신자 로버트 배일리Robert Baillie 560)는 이렇게 기꺼이 변하고자 하는 자발성을 "변덕"이라고 불렀으며, 좌익 청교도를 변하기 쉽고 꾸준하지 못하다고 비난하였다. 그런 비난에 대하여 여러 급진주의 청교도radical Puritans는 성령께서는 짓눌리실 수 없으며, 세상이 보기에 바보스러운 일일지라도 성령께서 보여주시는 것을 따라야만 한다는 말로 응답했다. 그들은 여러 고등칼뱅주의자hyper-Calvinists는 종이교황561)을 만든 것이며, 내면에 거하시는 말씀인 성령께서 외면에 거하시는 말씀인 성서를 조명하지 못하도록 한다고 말했다. 그들은 독립교회 크래독Craddock이 다음과 같이 외친 것에 동의하게 될 것이다: "사랑 안에서 정진하시오, 그러면 그 사랑에 이

557) William Haller, 『청교도주의의 발흥』 *The Rise of Puritanism* (New York: Harper Torchbooks, 1957), p. 204; 1938년 처음 출판됨.

558) 역주-필그림 파더스 중 하나로 플리머스 식민지 총독(Plymouth Colony Governor)을 5회 역임, 그가 남긴 『플리머스 대농장의 역사』 *Of Plymouth Plantation*은 중요한 역사자료임.

559) Ernest A. Payne, 『신자들의 교제』 *The Fellowship of Believers*, enlarged ed. (London: Carey Kingsgate Press, 1954), p. 18에서 재인용.

560) 스코틀랜드 장로교 목사-역주

561) 즉 성서-역주

를 때, 우리는 더 많은 빛을 보게 될 것이오."[562]

마르틴 니묄러Martin Niemöller는 그가 처음으로 강제수용소에서 성찬예배를 거행해 달라는 요청을 받았을 때 루터교회 목사로서 그가 느꼈던 억제감에 대하여 말하기를 좋아한다. 어떻게 그가 다른 신앙고백을 하는 이들, 그리고 심지어 분파에 속하는 이들을 위하여 자신 양심으로부터 우러나오게 빵을 뗄 수 있을까? 그러나 그는 그러한 느낌을 뚫고 나아갔으며, 그리스도 안에 있는 심원한 통일성이 그가 이전에 가지고 있었던 의견과 교회 법규를 써놓은 문자를 부끄럽게 하는 여러 가지 방법으로 구현되는 것을 발견하였다. 그 시간 이후로 그는 모든 교회를 위한 사람이 될 수 있었다.

개방성에 관한 동일한 원리가 여러 신자들의 교회 내부에서 그들 삶을 주관하였다. 그들이 결정에 도달하는 방식은 행동으로 옮기기 이전에 공식 투표를 하는 것보다는, 보통은 일치를 구하는 것을 통하여 이루어졌다. 그들은 초대교회와 함께 다음과 같이 말할 수 있을 것이다: "성령과 우리는 옳은 줄로 생각합니다."[563] 프랭클린 H. 라이텔Franklin H. Littell은 많은 저술에서 어떻게 이 방법이 정치와 사업 분야에서 좀 더 광범위하게 발견되는지 보여주었다. 사역과 회중의 삶에 있어서 새로운 형태는 여러 교회로 하여금 만일 그들 사명이 흥왕하게 하려면 이런 형태를 반드시 실행해야만 한다는 발견으로 이끌었다. 교회 정체polity에서의 실용주의는 이런 태도로부터 발전해왔다.

개개인 신자가 성령께 주의를 집중하면 그들이 이전에는 예상할 수 없었던 방법으로 성장할 수 있다는 것이 신자들의 교회가 전하는 증언이다. 성령께 집중할 때, 여러 연약한 사람은 명백히 새로운 능력과 담대함이 생겼고, 둔감함은 진정한 들음에 자리를 내어주었으며, 겉으로 보기에 불가능

562) Geoffrey F. Nuttall, 『가시적 성도』 *Visible Saints* (Oxford: Basil Blackwell, 1957), p. 117.
563) 사도행전 15:28-역주

한 여러 상황에 영혼이 창조력 있게 반응할 수 있도록 만든다. 실수가 많았던 퀘이커 성인 제임스 네일러erring Quaker saint James Nayler가 죽어가면서 남긴 간증에 이 특징을 다음과 같이 감동적으로 표현하였다:

> 악도 행하지 않고 어떠한 잘못된 복수도 하지 않으나 소망 안에서 끝까지 모든 것을 견디는 기쁨들을 느끼는 심령이 있다. 그 심령이 소유한 소망은 모든 분노와 논쟁을 벗어나 살게 하며, 그 자체에 반대되어 본성으로부터 나오는 어떠한 칭송이나 무자비함에 싫증을 낸다. 그 심령은 모든 유혹이 가져오는 결말을 미리 본다. 그 심령은 그 자체에 악을 담고 있지 않으며, 그래서 그 생각 안에 어떠한 다른 것도 품지 않는다. 만일 그 심령이 배신을 당하면, 그것을 참는데, 왜냐하면 그 심령이 서있는 기반과 나오는 원천은 하나님의 자비와 용서이기 때문이다. 그 심령이 쓰는 관은 온유이며, 그 심령이 사는 것은 거짓 없는 영원한 사랑이다. 그 심령은 싸움에 의해서가 아니라, 간절한 청원으로 그 왕국을 받으며, 마음의 낮아짐으로 그것을 지킨다. 비록 어느 누구도 그 심령을 가치 있게 여기지 않지만, 그 심령은 하나님 안에서 기뻐하며 혹은 그 자신의 생명을 소유할 수 있다.564)

여러 신자들의 교회가 남긴 기록은 성령께 열려있어야 하는 목표에 도달한 것을 보여주기에는 실패했음을 부정할 수 없다고 증언한다. 완고한 편협이 지배하던 여러 시대 모든 사람은 헌신과 비전으로 가득 찬 고귀한 초기 모임을 너무 자주 그냥 따라가기만 하였다. 그러나 이러한 운동들이 도달했던 최상의 순간 안에서 세상은 진정하게 그리스도인이 되기를 간절하게 추구하였던 이들의 삶이 일어날 수 있다는 여러 증거를 보아왔다.

---

564) Trueblood, *op. cit.*, p. 16에서 재인용.

저자 후기

신자들의 교회에 대하여 지금까지 역사와 주제를 따라 개관한 내용을 인내로 완독한 이들에게는 당연히 여러 가지 질문이 떠오를 것이다. 저자가 이 여러 운동 초기 모습을 그리는 것에 너무 많은 비중을 둔 것은 균형을 잃게 하고 과도하게 밝은 인상을 남기려고 한 것은 아닌가? 그들 중 일부는 실제로 그들이 처음에 반대하여 일어났던 것과는 달리 결국 국교가 되지 않았던가? 그리스도교 역사에서 한 국면만을 이렇게 강조한 것은, 오랜 동안 기다려왔다가 이제 막 일어나는 교회일치 정신에 반대하는 일은 아닐까? 그들이 가진 찬란한 고립주의는 자동으로 교파로 고착되게 하는 경향이 있지는 않는가? 현재 신자들의 교회를 억압하는 역할을 하는 것은 로마 가톨릭 교회라기보다는 거의 모든 개신교가 신자들의 교회가 개혁하고자 하는 의도와 내용을 억누르고 있지는 않은가? 종합하자면, 이 책은 분파주의 경향을 가진 책이 아닌가?

물어볼 여지없이, 여러 종교사회학자가 사용하는 용어 사용법을 따르자면, 신자들의 교회는 지난 세월 동안 분파 형태에서 교파 양식으로 옮겨가는 변화 과정 가운데 있다. 양육, 사역, 조직존중주의, 그리고 문화변용에 관한 여러 문제가 여러 창시자를 놀라게 할 수 있는 다양한 방법으로 그들의 모습을 만들어왔다. 예를 들면, 19세기 러시아 메노나이트교회 혹은 20

세기 미국 남침례교회는 사회 그리고 정치 국면에서 국교가 된 것이 명백하다. 이 일반화한 발전에 관한 증언은 최근 여러 연구에서 드러났다.[1)]

트뢸치가 제시한 용어 의미에 있어, 여러 "분파주의 특성"이 여러 분파순환 이론가가 예견한 것과는 달리 이들 모임에서 어떻게 수 세기를 걸쳐 꾸준히 존속해왔을 수 있었는지는 그렇게 분명하지 않다. 후터라이트 신자와 같은 모임은 논외로 쳐야 하는데, 왜냐하면 그들은 16세기 이후 이주 그리고 세속 문화로부터 물러나는 방법에 의해서 영속하는 자기 정체감을 놀라울 정도로 획득하였기 때문이다.[2)] 퀘이커교회, 독일 형제단, 그리고 메노나이트교회가 평화주의를 증언한 것도 같은 예로 지적할 수 있을 것이다. 이렇게 광범위한 지지를 얻지 못하는 입장이 놀라울 정도로 생명력을 유지해 왔는데, 여러 가지 부족함이 있고, 사회로부터 그들에 대항하여 계속되고 때로는 엄청나게 가해지는 압력에 계속 직면해왔음에도, 아직도 그들은 강하게 성장하고 있다.[3)] 다른 경우를 보자면, 침례교는 그들 "독특성"을 유지해야만 한다는 결정을 통하여 원성도 샀지만, 또한 경탄을 자아내기도 하였다.

여러 신자들의 교회 안에는 그들이 찾아낸 몇몇 기본 확신을 회복하고자 하는 꾸준한 잠재력이 있어왔다. 이것은 외부로 나타나는 형태가 아니며, 그들 여러 신앙 선조로부터 동기를 부여받아왔던 확신이었다. 현대 메노나이트 신자는 아마도 그 길을 가장 멋지게 예시하여 준다. 그 길은 "아나뱁티

---

1) Langdon Gilkey, 『교회가 스스로를 잃지 않고 세상에서 사역하는 법』 *How the Church Can Minister to the World Without Losing Itself* (New York: Harper & Row, 1964), pp. 1-27은 이에 대한 좋은 예가 될 것이다.

2) Bryan R. Wilson, "이주하는 여러 분파" (The Migrating Sects), *The British Journal of Sociology,* XVIII (September 1967), pp. 303-314에 실린 토의를 주목하라.

3) 오토 파이퍼(Otto Piper)는 그들을 계속 독립해서 존재하는 것이 정당한 여러 교파의 예로서 언급한다. "왜냐하면 그들은 다른 교파는 제시하지 못하는 그리스도인 믿음, 다른 교파에서는 전혀 제시할 수 없는 믿음, 그래서 그 믿음이 완전히 없어진다면 개신교가 심각하게 궁핍해지는 결과를 맞이하게 하는 그런 형태의 믿음을 가지고 있기 때문이다." 그의 책 『교회일치운동 시대 개신교』 Protestantism in an Ecumenical Age (Philadelphia: Fortress Press, 1965), p. 170을 보라.

스트 비전을 회복"하고자 하는 자기 인식으로, 그들 전통에 관하여 학문 영역에서 뿐만 아니라, 이 자체만으로도 결코 작은 업적은 아니다 그리스도인 삶과 증언을 구성하는 많은 영역을 재생하게 하며 힘을 집중하게 한 것이다.[4] 트뢸치 자신은 이런 종류 재생 가능성을 내다보았다. 또한 그는 분파주의 행위에 대하여 여러 분석자에 의해서 무시되어 왔던 통찰력도 내다보았다.

여러 운동에 대하여 지나치게 아첨하는 방법으로 묘사되었는지는 독자에 의해서 심판을 받아야 할 필요가 있다. 저자가 기울인 노력은 "사랑 안에서 진리를 말하고" 또 그들이 가진 여러 가지 공통된 점과 여러 결점까지 숨김없이 말하는 것이었다. 진보는 모든 교회 역사가 보여주는 많은 예처럼 수많은 실패와 오류를 가진 개인에 의해서가 아니라, 여러 분리주의 전통에서 발견되는 고매한 포부와 명확한 증언에 직접 관심을 집중함으로써 이루어진다고 보는 교회일치운동 대화에는 거의 합의점에 다다른 듯하다. 이 책이 묘사하려고 노력한 목표는 신자들의 교회를 제외한 다른 전통에 속한 이들에게 관심을 받아왔던 신자들의 교회 물줄기에 속한 일부 특질과 신념을 그리는 것이었다.

만일 교회일치운동이 그것이 가진 통찰력에 진실하기만 하다면, 그것은 반드시 광범위하게 이해되어야만 한다는 점이 점점 더 인식되고 있다. 전체적으로 여러 신자들의 교회는 교회일치운동에서 회원과 능력에 걸맞게 적절한 역할을 해 오지는 못했다. 이렇게 된 데에는 자신들이 스스로 참여하

4) Guy F. Hershberger, ed.,『아나뱁티스트 비전의 회복』*The Recovery of the Anabaptist Vision* (Scottdale, Pa.: Herald Press, 1957); "헤롤드 S. 벤더 기념호" (Harold S. Bender Memorial Number), *Mennonite Quarterly Review*, XXXVIII (April 1964), pp. 82–228. 니콜스(J. H. Nichols)는 다음과 같이 평하였다: "메노나이트 신자는 역사 연구 분량에 있어서 미국에 있는 그 어느 다른 그리스도교 전통이 절대로 필적할 수 없을 정도로 현세대에 열정을 보여주었다.… 메노나이트 신자 정체에 대하여 전 세계를 아우르는 위기와 그들이 앞으로도 생존할 수 있는 전통을 분명하게 할 필요성에 일부분 기인하여 그 역사 연구가 이렇게 이루어진 것으로 여겨진다."– "교회사" (The History of Christianity), in Paul Ramsey, ed.,『종교』*Religion* (Englewood Cliffs, N.J.: Prentice Hall, Inc., 1965), p. 188.

지 않고 머뭇거린 것에 일부 책임이 있다. 오이쿠메네oekumene 5)는 신자들의 교회 여러 모임의 참여를 시급하게 필요로 한다. 그것은 마치 신자들의 교회에 속한 이들이 교회 안에 있는 형제 그리스도인과 친밀할 교제를 가져야 하는 필요와 동일한 것이다. 역설과도 같이 현재 교회일치운동에서 진행되는 토의와 연구최소한 세계교회협의회가 주도하는 궤도 안에서에서 많은 부분 신학의 핵심은 여러 신자들의 교회가 가져온 관심과 비슷하다. 여러 교회일치운동가가 새로운 생각, 태도, 행습으로서 흥미롭게 여겨 칭송하는 것, 예를 들자면 평신도 사역, 가정교회, 그리고 아가페 공동식사 등은 지금까지 보아온 대로 오랜 세월 동안 신자들의 교회가 전통으로 지켜온 것 중 일부이다. 신자들의 교회가 이런 경험을 나눈다면 현재의 대화가 풍성해질 것이다.

신자들의 교회와 여러 다른 그리스도교 교파와의 사이에서 상호교환이 일어나지 않도록 억제해왔던 문제는 주요 관심사가 어디에 있느냐가 서로 달랐기 때문이었다. 교회일치운동 내부에서 많은 이는 무엇보다 가장 우선하여, 교회 질서와 정체의 통일성에서 성공회가 다른 교단과 함께 안수와 성만찬을 서로 인정하는 것에 그들 관심을 기울인 것처럼 혹은 교리의 통일성에서 루터교회와 많은 개혁교회가 그렇게 한 것처럼 관심을 기울여 왔지만, 여러 신자들의 교회는 봉사diakonia에 있어서의 통일성에 좀 더 관심을 집중시켜 왔다. 그리스도인 삶에 있어서 이 국면은 임시 사태에 대처하는 것이라기보다는 핵심 구성성분임을 W.C.C. 뉴델리 총회1961에서 인식한 이후로, 이제는 광범위한 공통기반이 존재한다. 동시에 여러 신자들의 교회는 신학에 있어서의 명료성이 얼마나 중요한지에 대한 부분을 크게 깨달았다는 증거가 있다. 이것은 1957년 이후로 여러 퀘이커 신자 모임 사이에

5)역주–'에큐메니컬'이라는 단어의 헬라어원으로 그 의미는 '모든 사람이 사는 곳과 관련된'이다.

신학 토론 모임이 구성된 것에 의해서 상징화될 수 있는데, 과거에 그들은 그들의 조직신학의 중요성에 특별히 주목한 적이 없었다.6)

로마 가톨릭교회와의 관계에 대하여 언급함에 있어서, 대체로 여러 신자들의 교회는 로마 감독에게 충성스러웠던 이들에 의해 형성된 그리스도교 형태로부터 멀리 떨어져 있음을 그들 스스로 역사를 통해서 깨닫고 있었다. 하지만 이러한 간극은 더 이상 그렇게 넓지 않다. 좀 더 가까운 관계를 형성하도록 공헌한 한 요인은 2차대전 기간과 그 이후에 사회복지, 국제간 구제, 그리고 재건 영역에서 함께 기울인 노력이었다. 또한 일부 로마 가톨릭 학자는 바티칸 제2차 공의회가 일으킨 물결을 따라, 그리스도교 다른 전통에 있는 일부 요소가 그들에게 도전을 줄 뿐만 아니라, 매력으로 다가오기도 한다는 것을 발견한다.7)

이 책은 분파에 관한 것인가? 만일 이 책에서 그려진 여러 모임이 그들 스스로 존재하는 것에 자족하고, 그들을 제외한 전통에 속한 동료 그리스도인은 무시해도 되는 것을 의미한다면, 이 책은 단연코 분파에 관한 것이 아니다. 그러나 만일 분파라는 의미가 여러 신자들의 교회가 비록 미완성이기는 하지만, 그리스도의 몸을 진술함에 있어서 정당한 교회라면, 이 책은 단연코 분파에 관한 것이다. 실로 하나님의 집은 많은 방을 가진 저택이다. 그리고 최소한 그 건물 한 쪽은 여러 신자들의 교회를 위하여 예약되어 있다.

---

6) 퀘이커교가 발행하는 그 학술지는 1959년부터 시작한 『퀘이커교의 종교사상』 *Quaker Religious Thought*이다.

7) Michael Novak, "여러 자유교회와 로마 가톨릭교회" (The Free Churches and the Roman Church), *Journal of Ecumenical Studies*, II (Fall 1965), pp. 426–447을 보라; Rosemary Reuther, 『그 자신에 대항하는 교회』 *The Church Against Itself* (London: Herder and Herder, 1967); John B. Sheerin, C.S.P., "퀘이커 신자는 메시지를 가지고 있는가?" (Have the Quakers a Message?) *The Catholic World*, CCVI (October 1967), pp. 2–3.

색인

한국어

ㄱ

ㄴ

ㄷ

ㄹ

ㅁ

ㅂ

ㅅ

ㅇ

ㅈ

ㅊ

ㅋ

ㅎ